Xpert.press

Die Reihe **Xpert.press** vermittelt Professionals in den Bereichen Softwareentwicklung, Internettechnologie und IT-Management aktuell und kompetent relevantes Fachwissen über Technologien und Produkte zur Entwicklung und Anwendung moderner Informationstechnologien.

Fabian Ahrendts · Anita Marton

IT-Risikomanagement leben!

Wirkungsvolle Umsetzung für Projekte in der Softwareentwicklung

Fabian Ahrendts
Braunschweig
fabian.ahrendts@risikomanagementleben.de

Anita Marton
Hannover
anita.marton@risikomanagementleben.de

ISBN 978-3-540-30024-3 e-ISBN 978-3-540-30025-0

DOI 10.1007/978-3-540-30025-0

ISSN 1439-5428

Bibliografische Information der Deutschen Nationalbibliothek
Die Deutsche Nationalbibliothek verzeichnet diese Publikation in der Deutschen Nationalbibliografie; detaillierte bibliografische Daten sind im Internet über http://dnb.d-nb.de abrufbar.

Lektorat: Kerstin Preuß
Einbandgestaltung: KünkelLopka Werbeagentur, Heidelberg

Gedruckt auf säurefreiem Papier

9 8 7 6 5 4 3 2 1

springer.com

Vorwort

Jede Unternehmung dieser Welt birgt Risiken. Im Laufe der Zeit haben wir gelernt mit gefährlichen Raubtieren, glitschigen Bananenschalen und atemberaubenden Fischgräten umzugehen. Auf die eine oder andere Weise. Schlechter scheint es da um die etwas abstrakteren Risiken zu stehen, wie sie bei Softwareprojekten auftreten. Denn, obwohl wir nun mehr als 40 Jahre industriell Software entwickeln, scheinen uns diese Projekte immer noch einige Probleme zu bereiten. Im Jahr 2006 scheiterten 19% der Projekte gänzlich, 46% waren teurer als geplant oder überschritten ihren Zeitplan deutlich. Der Anteil wirklich erfolgreicher Projekte betrug 35%.[1]

Treten wir einen Schritt von diesen schauerlichen Zahlen zurück, so müssen wir festhalten: Jeder Misserfolg basiert auf Problemen. Wenn ein Risiko ein potenzielles Problem ist, das mit einer gewissen Wahrscheinlichkeit eintritt, dann könnten diese Risiken alle zu Problemen werden – mal mit einem höheren und mal mit einem niedrigeren Schadensausmaß – und wir würden uns oben in der Statistik wiederfinden. Daher ist es nicht weiter verwunderlich, dass das Risikomanagement entdeckt wurde.

Risikomanagement hat die Aufgabe, die Risiken eines Softwareprojektes zu umgehen oder zumindest zu verkleinern, bevor diese zu Problemen werden. Alles nach dem Motto: Wehret den Anfängen! Agieren statt Reagieren! Risiken bekämpfen statt Problemen hinterherlaufen! Wäre dies nicht die Möglichkeit mehr Projekte erfolgreich abzuschließen?

Leider hat die Success-Studie 2006 für den deutschen Softwaremarkt bewiesen: Das Projektergebnis ist unabhängig davon, ob Risikomanagement betrieben wird oder nicht.[2] Andere Faktoren führen zu erfolgreichen Projekten: Risikomanagement ist sinnlos.

---

[1] Vgl. Standish Group (2006)

[2] Vgl. Buschermöhle/Eekhoff/Josko (2006), S. 283

Wie Sie vielleicht schon vermuten, werden wir das Risikomanagement aber nicht so einfach ziehen lassen. Wir haben dieses Buch geschrieben, weil unsere berufliche Praxis und unser wissenschaftlicher Entdeckungsgeist uns zum Risikomanagement geführt haben, insbesondere aber zu den Fragen: Was macht Risikomanagement wirkungsvoll? Wie kann Risikomanagement dazu dienen Projekte erfolgreich abzuschließen?

Das Ergebnis halten Sie in Ihren Händen. Wir hoffen, dass Ihnen dieses Buch als Wegweiser dienen mag, Risikomanagement aus einem neuen Blickwinkel zu sehen und Sie in Ihrem Vorhaben ein Risikomanagement einzuführen oder es zu optimieren unterstützt. Wir haben Risikomanagement als einen zentralen Erfolgsfaktor für Softwareprojekte erlebt. Voraussetzung: Es wird wirklich „gelebt". In der Praxis haben wir Projekte gesehen, die Problemen immer hinterherliefen und ein Feuer nach dem nächsten löschten. Wieder anderen gelang es, Probleme vorherzusehen. Dazu führte sie keine Magie, sondern ein gesundes Risikobewusstsein, getragen von jedem Einzelnen im Projektteam. Wir haben dieses Buch geschrieben, damit immer mehr Projekte und Organisationen zu der zweiten Gruppe gehören. Zu jenen, die gelernt haben, Risiken mutig und effektiv zu begegnen.

Wir wünschen allen Lesern heute und in Zukunft erfolgreiche und spannende Softwareprojekte. Suchen Sie nach einem wirkungsvollen Risikomanagement, das Sie bei dieser Herausforderung unterstützt. Erschließen Sie so die großen Chancen, die sich hinter den Risiken unserer Projekte verbergen!

Diese Erfahrungen und die Rückmeldungen, die wir auf unsere Arbeit bekommen, haben uns den Mut gegeben, unser Wissen um ein effektives Risikomanagement beizutragen. Ein solches Projekt ist nicht einfach, bei Zeiten sogar holprig. An dieser Stelle möchten wir deshalb all jenen danken, die zum Gelingen dieses für uns ganz speziellen Projektes beigetragen haben. Danke an Kerstin Preuß, zum einen weil sie die wundervollste Partnerin der Welt ist und zum anderen die fixeste Lektorin weit und breit. Danke auch an Andreas Marton, der uns für unsere Workshops die passenden Räumlichkeiten geboten hat, um unseren Ideen freien Lauf zu lassen. Danke auch an unsere Familien, Partner und Freunde, die uns immer unterstützt haben. Danke auch an die Volkswagen AG, denn die Zeit in Wolfsburg hat eine Hannoveranerin und einen Braunschweiger erst zusammengeführt. Dort war es auch, wo der erste Gedanke an dieses Projekt entstand. Danke an all unsere Mitstreiter in Wolfsburg, die sich nun über die Republik verteilt haben.

Vielen Dank auch an Sie. Für all das Vertrauen, das Sie uns als Leserin oder Leser schenken. Wir freuen uns auf jede Ihrer Erfahrungen und jeden Kommentar.

Anita Marton und Fabian Ahrendts

autoren@risikomanagementleben.de
http://www.risikomanagementleben.de

Inhalt

Abbildungsverzeichnis

Tabellenverzeichnis

1 Einleitung

Software ist in den letzten Jahren zu einer entscheidenden Ressource unserer Informations- und Wissensgesellschaft geworden. Viele tausend Menschen beschäftigen sich täglich damit, diese Ressource praktisch aus dem Nichts zu erschaffen. Sie verfügen damit über eine riesige wirtschaftliche Macht, denn der technische Fortschritt bedarf heute mehr denn je hochwertiger Softwarelösungen. Von Ihrem Auto bis zur Fabrik, in der es gebaut wurde, von Ihrem Bankkonto bis zu Ihrer Waschmaschine – alles hängt an dieser Ressource. Umso wichtiger ist die Erstellung von Software unter wirtschaftlich günstigen Bedingungen, ihre Entwicklung im Zeit- und Budgetrahmen bei höchster Qualität. Wenn Sie in Ihrem Arbeitsumfeld an der Softwareentwicklung beteiligt sind, Software planen, modellieren oder programmieren, sind Sie hier genau richtig. Denn es geht in diesem Buch um erfolgreiche Softwareprojekte. Ein solches zeichnet sich durch wirtschaftlichen, aber auch durch den ganz individuellen Erfolg aus, mit dem Gefühl, etwas geschaffen zu haben. Dieser Erfolg wird heute leider noch allzu oft von Problemen und Risiken bedroht.

Risikomanagement ist ein Erfolgsfaktor

Willkommen in der Welt des Risikomanagements. Wir werden Ihnen in diesem Buch vorstellen, wie Sie die Leistung und den Erfolg ganzer Projekte und Ihrer persönlichen Arbeit durch den Einsatz von Risikomanagement sichern können. Wie Sie dem Risikomanagement das Leben einhauchen können, das es benötigt, um hervorragend zu sein.

Besonderheiten des Buches

Bevor wir starten, möchten wir Sie noch auf einige Besonderheiten dieses Buches aufmerksam machen. Das Buch kann von Ihnen stark situativ eingesetzt werden. Das bedeutet, dass Sie es nicht linear lesen müssen, sondern Inhalte entnehmen können, wenn Sie das Wissen für Ihre jeweilige Situation benötigen. Sie halten ein Buch für den Praxiseinsatz in den Händen. Diese Einleitung ist deshalb folgendermaßen aufgebaut: Im nächsten Abschnitt werden wir Ihnen die Ziele dieses Buches vorstellen. Danach werden wir Ihnen einen Überblick über die einzelnen Kapitel des Buches geben. Zum Abschluss folgt dann eine Leseanleitung für den situativen Einsatz des Buches.

1.1 Ziele des Buches

Wenn Software denn nun eine so entscheidende Ressource ist, so gilt es, den Problemen zu begegnen, die den Projekterfolg gefährden. Das Risikomanagement besitzt den Anspruch, proaktiv diese Probleme gar nicht erst entstehen zu lassen. Es bekämpft die Risiken, die zu einem Schaden führen könnten. Was zeichnet aber ein effektives Risikomanagement aus? Wir haben uns zum Ziel gesetzt unsere Erfahrungen zusammenzutragen und Ihnen die Kriterien an die Hand zu geben, diese Frage für sich und Ihre Projekte zu beantworten. Wir möchten Ihnen die Möglichkeit geben, das Risikomanagement auf folgende Ziele zu trimmen:

Ziele

- Das proaktive Erkennen und Behandeln von Risiken verhindert das Entstehen von Problemen und steigert die Produktivität der Mitarbeiter. Diese können sich auf Wertschöpfung und Qualität konzentrieren.
- Das Projektmanagement erhält durch das Risikomanagement Entscheidungsgrundlagen, um Zeit-, Ressourcen- und Budgetplanung zu optimieren.
- Es wird für alle Mitarbeiter ein motivierendes Arbeitsumfeld geschaffen werden, das zu Leistung und Erfolg führt.
- Die Projektgesamtkosten sinken durch den Einsatz des Risikomanagements.

1.2 Orientierungshilfe

Wir möchten Sie unterstützen, Ihr Risikomanagement in drei Schritten auf diese Zielsetzung einzustellen:

Vorgehen

- **Schritt 1:** Verstehen Sie, was Risikomanagement bedeutet, was dazu gehört und was nicht!
- **Schritt 2:** Lernen Sie die oft versteckten Stellschrauben zu bedienen, die ein Risikomanagement wirkungsvoll machen und bewerten Sie regelmäßig die Qualität Ihrer Arbeit!
- **Schritt 3:** Wenden Sie das gelernte Wissen rigoros an!

Diese Schritte finden sich wie folgt in der Kapitelstruktur wieder:

1.2.1 Schritt 1: „Grundlagen"

- **Kapitel 2** bietet einen Schnelldurchlauf durch den heutigen Stand des allgemeinen Risikomanagements. Hier kann Grundlagen- und Überblickswissen gewonnen werden: Was ist ein Risiko? Woraus besteht ein Risikomanagementsystem? Welche Techniken werden im Rahmen des Risikomanagements bereits eingesetzt? In der zweiten Hälfte von Kapitel 2 erfolgt dann der konkrete Bezug zur Softwareentwicklung. Dazu werden zunächst die Grundlagen analysiert, die der Softwarestandort Deutschland bietet. Dazu gehört eine Betrachtung der Marktstruktur, aber auch der aktuellen Problemlage. Anknüpfend daran werden die derzeitigen Herausforderungen des Risikomanagement in der Softwareentwicklung aufgezeigt. Durch Kapitel 2 erfahren Sie, was Risikomanagement bedeutet und welchen Herausforderungen es heute gegenübersteht. *Kapitel 2*

1.2.2 Schritt 2: „Wirkung"

- **Kapitel 3** wird auf die Herausforderungen von Kapitel 2 mit „10 Thesen" antworten. Entnehmen Sie hier, welche Prinzipien einem wirkungsvollen Risikomanagement zugrunde liegen! Dabei werden die qualitativen Kriterien benannt, die ein „herkömmliches" Risikomanagement von einem „besonderen" Risikomanagement unterscheiden. Mit diesen Informationen können Sie auch ein bereits bestehendes Risikomanagementsystem bewerten und eine Marschrichtung bestimmen, wie Ihr Risikomanagement wirkungsvoller werden kann. *Kapitel 3*
- **Kapitel 4** enthält die Beschreibung eines Risikomanagementprozesses, der auf den Prinzipien aus Kapitel 3 aufbaut. Hier wird der Inhalt der formulierten Thesen in eine konkrete Form gegossen. Dies kann Ihnen als Referenz dienen, Ihr Risikomanagement anhand der Prinzipien auszurichten. *Kapitel 4*

1.2.3
Schritt 3: „Anwendung"

Kapitel 5

- **Kapitel 5** beleuchtet die Schritte zur Integration eines Risikomanagements in die bestehenden Abläufe eines Softwareprojektes. Dazu wird eine Checkliste aufgestellt und deren Anwendung beispielhaft an verbreiteten Vorgehensmodellen der Softwareentwicklung verdeutlicht. Damit wird Ihr erster Schritt zur Umsetzung eines Risikomanagements direkt unterstützt.

Kapitel 6

- **Kapitel 6** beschreibt den Aufbau und den Einsatz einer Risikoschablone. Diese fasst alle Daten zu einem bestehenden Risiko zusammen. Dazu gehören eine Beschreibung des Risikos, Indikatoren, die auf einen Risikoeintritt hindeuten, aber auch Maßnahmen, die gegen das Risiko unternommen werden.

Kapitel 7

- **Kapitel 7** ist ein umfassendes Risikolexikon. Hier ist für mehr als 70 bekannte Risiken von Softwareentwicklungsprojekten die Risikoschablone aus Kapitel 6 bereits umfangreich vorbefüllt. Hier können Sie also direkt Wissen entnehmen, wenn Sie selbst einem solchen Risiko gegenüberstehen.

Da es sich um ein Buch für die konkrete Anwendung in der Praxis handelt, folgt nun noch eine Leseanleitung. So können Sie genau die Dinge entnehmen, die Sie derzeit benötigen.

1.3
Leseanleitung

Um unsere Zielsetzung zu erreichen, haben wir unser gesammeltes Wissen und unsere Erfahrungen in diesem Buch zusammengetragen. Es handelt sich dabei explizit um Praxiswissen und nicht um eine wissenschaftliche Arbeit. Dies hat den großen Vorteil, dass ein Wissenstransfer der Inhalte in Ihre tägliche Anwendung wesentlich erleichtert wird. Sie werden daher viele Checklisten und Vorgehensweisen vorfinden, die direkt übernommen werden können, deren deduktiver Beweis aber zumeist sehr kurz kommt.

Lesereihenfolge und unterschiedliche Zielgruppen

Dieses Buch ist dabei ohne weiteres linear lesbar. Da es sich aber an eine breite Zielgruppe wendet, sind manche Teile für manche Leser nützlicher als andere. Wenn Sie Projektmanager sind, sollten Ihnen viele der Grundlagen aus Kapitel 2 bereits klar sein. Sie könnten dieses Kapitel entsprechend überspringen und direkt mit den Qualitätskriterien eines Risikomanagements in Kapitel 3 einsteigen. Während Kapitel 2 sehr gut als Einstieg für jeden Beteiligten an einem

Softwareprojekt geeignet ist, der bisher keine Leitungsfunktion inne hatte und mit Risikomanagement bis dato nicht in Berührung kam. Denn es stellt die gemeinsame Begriffswelt zur Verfügung, um über Risikomanagement zu sprechen und zu diskutieren. Studenten sollten ebenfalls mit Kapitel 2 beginnen.

Situatives Lesen des Buches

Des Weiteren kann das Buch situativ eingesetzt werden. Wenn Sie also an einen Entscheidungspunkt im Risikomanagement oder bei dessen Planung kommen, können Sie es zur Hand nehmen und schnell die entsprechenden Informationen entnehmen. Beispiele dafür sind:

Einsatzfelder des Buches

- **Durchführung des Risikomanagements:** Für die konkrete Umsetzung können Sie Checklisten, Tipps und Vorgehenshinweise jeweils aus den Beschreibungen der Risikomanagementaktivitäten aus Kapitel 2 und Kapitel 4 entnehmen. Beide Kapitel betreffen prinzipiell die gleichen Aktivitäten, einmal in der allgemein verbreiteten und einmal in der speziell von uns weiterentwickelten Variante. Aus Kapitel 6 können Sie den Aufbau einer Risikoschablone zur Dokumentation Ihrer Projektrisiken entnehmen.
- **Identifikation und Analyse von Risiken:** Im Risikolexikon am Ende des Buches finden Sie nicht nur Ideen für vielleicht noch nicht entdeckte Risiken, sondern es werden auch Indikatoren und erprobte Maßnahmen für diese bekannten Risiken vorgeschlagen. Prinzipiell können Sie hier sofort loslegen.
- **Bewertung eines bestehenden Risikomanagements:** In Kapitel 3 finden Sie die zu beachtenden Qualitätskriterien eines effektiven Risikomanagements. Aus Kapitel 4 können Sie wiederum die Kriterien für jeden Prozessschritt eines Risikomanagementprozesses entnehmen.
- **Einführung eines individuellen Risikomanagementprozesses:** Kapitel 4 kann hier als Orientierung dienen, da es ein Risikomanagementsystem vorschlägt, das an den Thesen aus Kapitel 3 ausgerichtet ist. Kapitel 5 bietet weiterhin Unterstützung bei der Integration des Risikomanagements in Ihr Vorgehensmodell.

Exkurse

Noch eine Anmerkung zu den Exkursen, denen sie unterwegs immer wieder begegnen werden. Sie sind jeweils mit dem Wort „Exkurs" in der Überschrift markiert und erweitern den Inhalt. Für das Verständnis des umgebenen Textes sind sie nicht notwendig und können nach Belieben übersprungen werden.

Genus

Bevor wir nun gleich intensiv in die Thematik einsteigen, möchten wir noch einmal darauf hinweisen, dass wir als Autorenteam nur aus Gründen besserer Lesbarkeit ausschließlich die männliche Form für Personenbezeichnungen verwenden. Wir hoffen, dass dies auch im Sinne unserer Leserinnen ist.

2 Einführung in das Risikomanagement

In diesem Kapitel werden Sie nun endlich mehr über Risikomanagement erfahren. Falls Sie bereits Risikomanagement betreiben, haben Sie sich vielleicht schon einmal gefragt, ganz abseits von Kosten-Nutzen-Rechnungen und einer gehörigen Portion Projektpessimismus – warum kann Risikomanagement eine spannende Geschichte sein? Das hat zu tun mit einer der Grundregeln des Risikomanagements. Am Ende ist Risikomanagement immer eines: Kommunikation. Und das in einer spannenden, zielgerichteten Form jenseits fachlicher Grenzen. Aus dem Bauch heraus geschätzt, besteht Risikomanagement zu 95% aus Kommunikation. Selten hört man Betriebswirtschaftler, Wirtschaftswissenschaftler, Informatiker und Projektmitarbeiter jeder Fasson so um die Sache diskutieren, wie in Softwareprojekten und nur zu gerne am Kristallisationspunkt Risikomanagement. Eines können Sie daraus bereits mitnehmen. Alles, was Sie im Risikomanagement erreichen werden, hängt direkt mit erfolgreicher Kommunikation zusammen. Sie werden berechtigterweise fragen, warum wir ein Buch geschrieben haben und keinen Kommunikationskurs anbieten. Die Antwort ist einfach – vor der erfolgreichen Kommunikation muss man einfach die Vokabeln verstehen – jene Basics, von denen jeweils die eine Seite annimmt, die andere würde sie wie selbstverständlich verstehen. Glauben Sie uns, nichts ist schlimmer als sich misszuverstehen. Außer vielleicht es zu spät zu merken. Damit Sie gar nicht erst in diese unangenehme Situation geraten, möchten wir dieses Kapitel den Grundlagen des Risikomanagements widmen. Dies sind die Begriffe einer Disziplin, die jeder so (oder so ähnlich) verwendet und verstehen muss – egal ob Programmierer, Tester, Projektmanager oder Controller. Ein möglichst „gleicher Sprachgebrauch" und das grundlegende Verständnis für das Risikomanagement für alle Projektteilnehmer ist Ziel für Kapitel 2.

2.1 Was ist Risikomanagement?

Wie jede Fachliteratur, beginnen auch wir mit knackigen Definitionen rund um das Risikomanagement. Es ist natürlich besonders wichtig eine begriffliche Grundlage zu schaffen, um das Gelesene so effizient wie möglich in der Praxis umsetzen zu können. Wir versprechen, es wird kurz und schmerzlos.

2.1.1 Begriffe des Risikomanagements

In unserem Alltag finden sich bereits viele Beispiele für den Begriff Risiko. Wenn Sie genauer hinsehen, dann werden Sie feststellen, dass jeder unbewusst für sich und seine Umwelt aktiv Risikomanagement betreibt. Sie kennen sicher auch die Situation: Sie stehen morgens auf, schauen aus dem Fenster und können das Wetter nicht genau einschätzen. Wird es heute regnen? Sicherheitshalber stecken Sie einen Regenschirm ein, da es bewölkt ist. Sie tun nichts anderes, als sich vor dem natürlichen Risiko zu schützen, nass zu werden, falls es in Strömen anfangen sollte zu regnen. Um das Risiko durchweichter Kleidung so gering wie möglich zu halten, treffen Sie Maßnahmen, die das Risiko verringern. Sie packen Ihren Regenschirm ein.

Das ist Risikomanagement im Alltag. Wir praktizieren es unbewusst tagtäglich. Ein komplexes Managementsystem dafür aufzustellen, ist nicht nötig, da wir gelernt haben mit dem Risiko umzugehen. In diesem Buch hingegen warten Risiken auf Sie, mit denen wir bisher nicht so gut gelernt haben umzugehen. Hierzu später mehr, vorweg noch die versprochenen Definitionen der wichtigsten Begriffe rund um das Thema.

Risiko

Der Begriff *Risiko* wird in der Literatur unterschiedlich erklärt. Eine allgemeingültige Definition gibt es nicht. Je nach Betrachtung und Rahmenbedingungen in dem Risikomanagement, werden unterschiedliche Anforderungen an den Risikobegriff gestellt. Wir wollen ihn einerseits aus Sicht der Wirtschaft und andererseits aus Sicht der Informationstechnologie betrachten. Danach möchten wir Ihnen unser Verständnis für den Risikobegriff ans Herz legen.

Das Risiko in der Wirtschaft

In der Wirtschaft wird bei unternehmerischen Entscheidungen „die Möglichkeit der Abweichung des tatsächlichen Ertrages vom erwarteten Ertrag“ als Risiko beschrieben. Unterschieden wird dabei zwischen: „Kapitalrisiko, Marktrisiko, Inflationsrisiko, Zinsrisiko, Bonitätsrisiko, Währungsrisiko und Informationsrisiko (falsche oder verspätete Information)“[3]. Aus der Perspektive der Betriebs- und Volkswirtschaft wird demnach das Risiko auf finanzielle Aspekte fokussiert. Es handelt sich also beim Risiko um die monetären Abweichungen, die durch die unterschiedlichen Risikoarten hervorgerufen werden. Bei Softwareprojekten ist die Wahrnehmung der Kosten ebenso ein bedeutender Gesichtspunkt.

Ein weiterer Betrachtungswinkel des Risikobegriffs findet sich im Normvorschlag ONR 49000 wieder. Diese betriebswirtschaftliche Definition besagt:

„Risiko bezeichnet das Ausmaß, in dem die Erreichung geschäftlicher Ziele und die Umsetzung geschäftlicher Strategien gefährdet sind durch Ereignisse oder Handlungen/Unterlassungen innerhalb oder außerhalb des Unternehmens.“ [4]

Beide Definitionen weisen auf Gefahren und das Nichterreichen unterschiedlicher Ziele hin – ersteres auf die Erträge und letzteres auf die geschäftlichen Ziele und Strategien. Wie sieht es denn nun bei den von uns betrachteten Projekten aus?

Das Risiko in der Informationstechnologie

Im Bereich der Informationstechnologie gibt es auch eine Vielzahl von Definitionen. Beispielhaft sei an dieser Stelle die Definition von Schnorrenberg, der sich mit Risikomanagement in Projekten auseinandersetzt und folgenden Risikobegriff definiert:

„Ein Risiko ist ein Ereignis, von dem nicht sicher bekannt ist, ob es eintreten und/oder in welcher genauen Höhe es einen Schaden verursachen wird. Es lässt sich aber eine Wahrscheinlichkeit für den Eintritt dieses Ereignisses (Risikowahrscheinlichkeit) und/oder für die Höhe des Schadens (Schadenswahrscheinlichkeit) angeben.“[5]

Auf den ersten Blick wirken diese drei vorgestellten Definitionen des Risikobegriffs sehr unterschiedlich. Wenn Sie Wirtschaftswissenschaftler sind, seien Sie auf der Hut, einem Informatiker gegenüber den Begriff „Risiko“ zu verwenden. Gegebenenfalls verstehen Sie etwas fundamental anderes darunter. Deshalb empfehlen wir, dass Sie ihren persönlichen Risiko-Begriff an den zwei wesentlichen Charakteristika aufhängen, die alle Definitionen gemein haben: Unsicherheit und Schaden. Ein Risiko ist immer eine noch nicht eingetretene Situation. Tritt ein Risiko ein, haben Sie übrigens ein „Problem“ (wichtig: achten Sie darauf, dass die Begriffe „Risiko“ und

---

[3] Vgl. Kyrer (2001), S. 483

[4] Vgl. Wallmüller (2004), S. 7 ff.

[5] Vgl. Schnorrenberg (1997), S. 6

„Problem" nicht vermischt werden). Des Weiteren haben Sie immer einen Schaden, wenn das Risiko eintritt. Wie auch immer dieser aussehen mag, ob finanziell oder nicht. Fakt ist, dass Sie ein Ziel nicht erreichen werden können.

Verinnerlichen Sie die minimalistischste Definition und wenden Sie sie an. Wir werden dies im Weiteren tun:

Unsere Definition „Risiko"

Ein Risiko ist die Möglichkeit des Eintritts eines Schadens.

Damit ist ein Risiko ein mögliches Ereignis, von dem nicht klar ist, ob es eintreten wird. Genau hier liegt die Bedeutsamkeit des Risikomanagements. Es bietet die Möglichkeit, den Eintritt eines Schadens vorzubeugen – also zu agieren und nicht nur zu reagieren.

Risiko vs. Chance

Das Antonym von Risiko ist die Chance, eine noch nicht Realität gewordene Situation des Gewinns. Mit jedem Projekt nimmt man für das operative Geschäft Chancen wahr, allerdings gibt es keine Chancen ohne Risiken. Andersherum verbirgt sich auch hinter jedem Risiko eine Chance. Risiken sind daher unvermeidbar, jedoch nicht grundsätzlich schlecht. Dennoch müssen Chancen und Risiken in einem ausgewogenen Verhältnis zueinander stehen und Risiken, die ein Projekt zum Scheitern bringen könnten, müssen zudem frühzeitig erkannt und beseitigt werden.

Wenn es um Risiken geht, sollten Sie lernen bewusst zwischen zwei Arten von Risiken zu unterscheiden – externen und internen Risiken.

Externe vs. interne Risiken

Externe Risiken ergeben sich für ein Unternehmen bzw. ein Projekt in Form von diversen Rahmenbedingungen und Umwelteinflüssen, die nicht unmittelbar von den eigenen Handlungen beeinflusst werden können. Negative Auswirkungen aufgrund von Veränderungen in der Marktlage, dem Wettbewerb, der Konjunktur, von technologischen oder rechtlichen Regelungen sind nicht auf interne Entwicklungen zurückzuführen. Hier ist das Gegensteuern durch strategische Anpassungen im Unternehmen möglich, seltener jedoch durch operative Maßnahmen. Im Gegensatz zu den externen Risiken sind die internen Risiken, die in einem Projekt auftreten, durch Entscheidungen und Handlungen der Mitarbeiter selbst bedingt. Sie sind somit durch operative Maßnahmen direkt beeinflussbar. An dieser Stelle sei erwähnt, dass wir uns in diesem Buch ausschließlich auf die internen Risiken konzentrieren werden.

Die besagten operativen Maßnahmen werden innerhalb des Risikomanagements definiert, gebündelt und koordiniert:

Risikomanagement ist der geplante Umgang mit Risiken in einem Projekt.

Risikomanagement

Um mit den vielfältigen Risiken und ihren unterschiedlichen potentiellen Auswirkungen umgehen zu können, wird ein strukturierter Prozess etabliert. Erst auf der Grundlage einer systematischen Identifikation und Analyse von Risiken können Gegenmaßnahmen eingeleitet werden.

Risikomanagement vs. Krisenmanagement

Risikomanagement konzentriert sich darauf, Probleme, die noch nicht eingetreten sind, möglichst zu eliminieren, denn jedes Problem stellte vor seinem Eintritt ein Risiko dar. Aus der Sicht des Risikomanagements wird die Abgrenzung zum Problem- und Krisenmanagement sehr deutlich. Das Problemmanagement löst aufgetretene Probleme, das Krisenmanagement hingegen beschäftigt sich mit eingetretenen „Krisen", also schwerwiegenden Problemen in einem Projekt. Vorhandene Probleme zu lösen ist mit einem hohen Kosten- und Zeitaufwand verbunden. In diesem Zusammenhang können Sie noch zwei weitere Vokabeln mitnehmen. Es werden grundsätzlich zwei unterschiedliche Arten von Risikomanagement unterschieden: Reaktives und proaktives Risikomanagement. Reaktives Risikomanagement wartet, bis ein Risiko zum Problem wird und beschäftigt sich dann mit einer Lösung. Der proaktive Ansatz arbeitet an den Risiken, bevor sich Probleme aus diesen ergeben. Dieses Buch wird sich ausschließlich mit proaktivem Risikomanagement auseinandersetzen, ausschweifendes Problem- und Krisenmanagement sind uns schlichtweg zu teuer.

Speziell in der Softwaretechnik hat sich der Autor Barry W. Boehm sehr früh mit diesem Thema auseinandergesetzt und stellt folgende Definition für das Risikomanagement auf:

„Software Risk Management is an emerging disciplines whose objectives are to identify, address and eliminate software risk items before they become either threats to successful software operation or major sources of software rework."[6]

Risikomanagementsystem

Um ein Risikomanagement erfolgreich in Unternehmen und Projekten einzuführen und es umzusetzen, spielen noch zwei weitere Faktoren eine wichtige Rolle: die Risikomanagementkultur und die Risikomanagementorganisation. Auf diese kommen wir später in diesem Kapitel noch zurück. Alle Bestandteile gemeinsam entsprechen dann einem so genannten kompletten Risikomanagementsystem.

---

[6] Vgl. Boehm (1989), S.1

2.1.2 Exkurs „Risiko ist weder gut noch schlecht!“

Definiert wird Risiko als die „Möglichkeit Verlust zu erleiden“. Überlegt man, welche Arten von Verlust es gibt, dann scheint nichts Positives an diesem. Redet man vom Risiko, haben Menschen normalerweise das grausame Bild des „Verlustes“ im Kopf. Eine der wichtigsten, wenn nicht die wichtigste Botschaft des Risikomanagements ist aber eine ganz andere, nämlich, dass Risiko im Grunde weder gut noch schlecht ist. Es gibt einen Begriff, der konträr zum Begriff des Risikos ist, die „Chance“. Eine Chance ist die Möglichkeit einen Gewinn zu machen und bildet das andere Ende des Risiko-Chance-Kontinuums. Beide Begriffe sind daher sehr nah miteinander verbunden. Um ihre Kunden nicht zu vergraulen, werden Betreiber von Rouletttischen sich allerdings hüten von Risiken anstatt von Chancen zu sprechen.

Kein Null-Risiko

Es gibt einfach kein Null-Risiko auf dieser Welt. Risiken bestehen auf ganz natürliche Weise immer und überall. Selbst wenn ihr Team den Auftrag erhält eine helloWorld-Anwendung zu programmieren, die die Zeichenkette „helloWorld“ auf dem Bildschirm eines handelsüblichen PCs ausgibt, laufen Sie in eine Horde von Risiken hinein. Sie nehmen nur auf Basis Ihrer Erfahrungen an, dass dies ein Null-Risiko-Projekt ist. Was machen Sie, wenn Ihre gelieferte Programmversion nicht mit der aktuellen Compilerversion zusammenarbeitet? Und wer hat eigentlich, wie und warum die Schreibweise von „helloWorld“ festgelegt? Zugegebenermaßen – das Risiko ist gering. Entsprechend sind die Chancen aber auch gering, berühmt werden Sie mit dieser Software sicher nicht. Oder kürzer: Wenn das Risiko klein ist, sind meistens auch die Chancen klein. Meiden Sie derartige Projekte. Sie verursachen nur unnötigen Ärger und das bei geringsten Chancen.

Chancenmanagement

Übrigens: Im Chancenmanagement bemüht man sich, Chancen zu generieren und zu nutzen. Mit den größten Chancen kommen auch oft die größten Risiken. Kalkulieren Sie möglichst genau und nehmen Sie Risiken auf sich. Liegt ein aussichtsreiches, aber gehörig unsicheres Projekt vor Ihnen, ist es an der Zeit etwas zu tun, dass Menschen tun seitdem Sie diesen Planeten unsicher machen. Kämpfen oder fliehen. Meiden Sie das Risiko, wenn Sie nicht bereit sind es mit ihm aufzunehmen. Oder kämpfen Sie um die Chance, die sich Ihnen bietet! Ein erfolgreiches Risikomanagement ist dabei die Absicherung Ihrer Chancen, mit dem Ziel so viele Chancen wie möglich zu nutzen. Hier heben Sie die Schätze in den Projekten. Im Sinne eines Marktdarwinismus gewinnt nämlich die Unternehmung, die das größte Risiko bei bester Risikobeherrschung auf sich nimmt. Insofern ist Risikomanagement eine der vitalen wirtschaftlichen Funktionen in Teams, Projekten, Unternehmen, Konzernen und natürlich für uns selber.

„Nichts geschieht ohne Risiko,
aber ohne Risiko geschieht auch nichts“
Carl Amery, dt. Schriftsteller

2.1.3 Risikomanagementsystem

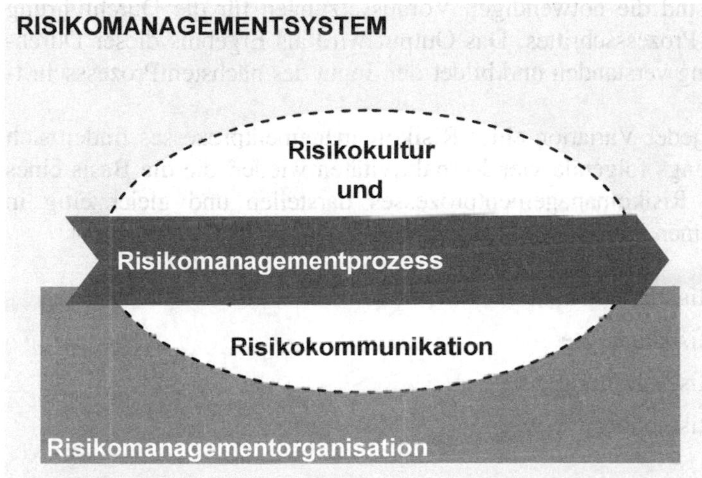

Abbildung 2.1: Risikomanagementsystem

Zu einem Risikomanagementsystem in einem Unternehmen und bei Projekten gehört mehr als nur der eigentliche Prozess, der Risiken bearbeitet. In dem folgenden Abschnitt stellen wir Ihnen die Bereiche vor, die für die Einführung eines Risikomanagements Beachtung finden sollten.

Einerseits gibt es den eigentlichen Risikomanagementprozess, der die einzelnen Aufgabenschritte abbildet. Andererseits gilt es, eine Risikomanagementorganisation zu schaffen, die es erlaubt, die Unternehmens- bzw. Projektstruktur und alle relevanten existierenden Prozesse auf die neuen Anforderungen des Risikomanagements einzustellen. Des Weiteren ist eine passende Risikomanagementkultur zu etablieren, denn Risiko muss sich neben den klassischen Dimensionen Kosten, Qualität und Leistung als weitere wichtige Kenngröße im strategischen und operativen Denken und Handeln von Mitarbeitern und Führungskräften wieder finden.[7]

2.1.3.1 Risikomanagementprozess

Der klassische Risikomanagementprozess ist das Kernstück eines jeden Risikomanagementsystems und sollte je nach Unternehmen und Branche individuell angepasst werden. Ebenso wie andere Prozesse, sollten für jeden Schritt Rollen und Verantwortlichkeiten sowie In- und Outputs definiert werden. In- und Outputs sind im Sinne des Risikomanagements zumeist Dokumente und Informationen. Inputs sind die notwendigen Voraussetzungen für die Durchführung eines Prozessschrittes. Das Output wird als Ergebnis dieser Durchführung verstanden und bildet den Input des nächsten Prozessschrittes.

Vier Kernaktivitäten

In jeder Variation eines Risikomanagementprozesses finden sich allerdings folgende vier Kernaktivitäten wieder, die die Basis eines jeden Risikomanagementprozesses darstellen und gleichzeitig in sich einen Kreislauf bilden:

1. Risikoidentifikation
2. Risikoanalyse
3. Risikosteuerung
4. Risikoüberwachung

Abbildung 2.2: Der Risikomanagementprozess

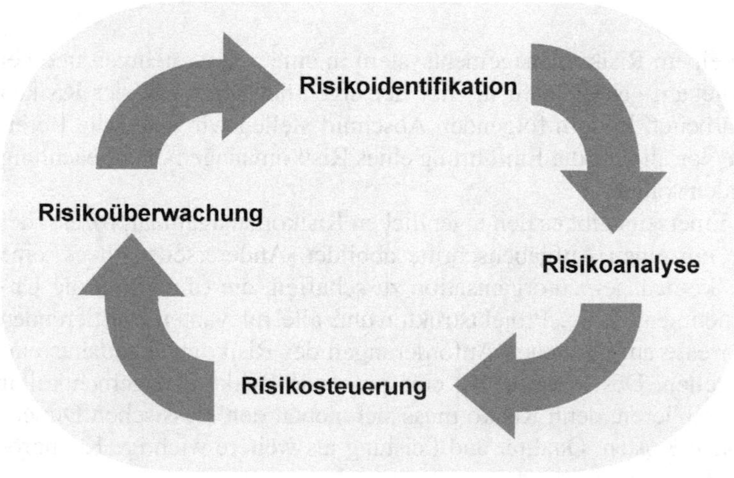

[7] Vgl. Merbecks (2004), S. 58 ff.

Risikoidentifikation

Die Identifikation von Risiken bildet den Beginn des Risikomanagementprozesses. Die Notwendigkeit, am besten alle potentiellen Risiken für das Projekt zu erkennen, verdeutlicht schon die landläufige Weisheit: „Gefahr erkannt, Gefahr gebannt." Die Aktivitäten während der Identifikation führen zu einer Bestandsaufnahme, in der zunächst alle möglichen Risiken für ein konkretes Projekt, unabhängig von ihrem Einfluss und ihrer Eintrittswahrscheinlichkeit, aufgedeckt werden. Besonders bei Softwareprojekten gestaltet sich die Identifikation als eine besondere Herausforderung, da hohe Komplexität und ein dynamisches Umfeld für eine stete Veränderung sorgen. Somit ändern sich auch die bestehenden Risiken. Andersherum entstehen auch immer wieder neue Risiken, die es zu betrachten gilt.

Im Rahmen der Identifikation entsteht eine Risikoliste, die eine Kurzbeschreibung, Daten zur Risikoart und Angaben zu Ursachen des Risikos enthält. Diese Liste kann dann nach der Analyse und Bewertung der Risiken verfeinert und ergänzt werden. Des Weiteren werden Risikoindikatoren für jedes identifizierte Risiko aufgestellt, die als Frühwarnsystem anzeigen sollen, woran ein Risikoeintritt erkannt werden kann.

Risikoanalyse

An die Risikoidentifikation schließt die Risikoanalyse an. Ziel der Risikoanalyse ist es, zu den Ursachen des Risikos vorzudringen und eine möglichst genaue und vollständige Beschreibung der Risikosituation zu liefern. Diese wiederum ist Grundlage für die Risikosteuerung und ermöglicht die Entwicklung von geeigneten Maßnahmen gegen das Risiko. Um dies zu gewährleisten, müssen die identifizierten Risiken hinsichtlich ihrer Eintrittswahrscheinlichkeit eingeschätzt und auf ihre potentielle Risikohöhe, den zu erwartenden Schaden, beurteilt werden. Aufgrund dieser Bewertung kann die unterschiedliche Bedeutung für das Projekt eingeschätzt werden. Je höher Eintrittswahrscheinlichkeit und Schaden, desto bedrohlicher ist das Risiko.

Kurz gesagt beantworten Risikoidentifikation und -analyse folgende Fragen:

- Was kann schief gehen? (Risikoentdeckung)
- Woran kann ich feststellen, ob es schief geht? (Risikoindikatoren)
- Wie wahrscheinlich ist es, dass es schief geht? (Eintrittswahrscheinlichkeit)
- Welche Konsequenzen hat der Eintritt? (Möglicher Schaden)

Risikosteuerung

In der Risikosteuerung werden zunächst auf der Grundlage der Ergebnisse aus der Analyse die Strategien festgelegt, die auf die Risiken anzuwenden sind. In der Regel wird abhängig von der Risikopriorität eine von vier Grundstrategien gewählt:

1. Risikoakzeptanz
2. Risikoverlagerung
3. Risikoverminderung
4. Risikovermeidung

Die vier Risikostrategien im Einzelnen:

Risikoakzeptanz

- **Risikoakzeptanz** bedeutet nichts anderes als das Eintreten des Risikos in Kauf zu nehmen, denn nicht gegen jedes Risiko muss aktiv gehandelt werden. Es bleiben immer einige Risiken, deren Eintrittswahrscheinlichkeit und/oder die Risikohöhe (Schadensausmaß) relativ niedrig sind. Für Risiken, die nach dieser Strategie behandelt werden, wird bewusst auf jegliche Steuerungsmaßnahmen verzichtet.

Risikoverlagerung

- **Risikoverlagerung** oder auch der Risikotransfer sehen vor, Risiken auf eine andere Partei zu übertragen. Normalerweise wird diese Strategie für Risiken angewandt, die zu hohen Schäden, vor allem finanziellen, führen könnten, wobei deren Eintrittswahrscheinlichkeit relativ niedrig ist. Typische Maßnahme ist hier der Abschluss einer Versicherung.

Risikoverminderung

- **Risikoverminderung** oder auch Risikominimierung genannt setzt aktiv am Risiko an. Es betrifft Risiken, die nicht akzeptiert oder verlagert werden können und ihr Schadensausmaß und/oder die Eintrittswahrscheinlichkeit nicht so enorm sind, dass sie vermieden werden müssen. Andersherum könnte es sich auch um Risiken handeln, die gar nicht vermieden werden können und nur die Strategie der Minderung bleibt. Hierbei besteht dann die Aufgabe darin, die Eintrittswahrscheinlichkeit eines Risikos zu reduzieren und zusätzlich den eventuellen Schaden möglichst zu begrenzen.

Risikovermeidung

- Risiken, die sich durch eine sehr hohe Eintrittswahrscheinlichkeit und einen hohen Schaden kennzeichnen, sollten vermieden werden. **Risikovermeidung** erfordert Maßnahmen, die die Eintrittswahrscheinlichkeit praktisch auf Null senken und somit das Risiko keine Möglichkeit mehr hat, Realität zu werden.

Risikoüberwachung

Die Risikoüberwachung versteht sich als eine Art Risikoradar und zeigt auf, welche Risiken derzeit existieren sowie ob und wie diese sich verändert haben. An dieser Stelle sollte zum Vorschein kommen, inwiefern die gewählten Maßnahmen für die Behandlung des Risikos geeignet sind und die erhoffte Wirkung zeigen. Besonderes Augenmerk ist dabei auf die Entwicklung der Projektparameter (Kosten, Zeit, Qualität, Umfang) zu richten, da von diesen Schlüsselfaktoren die erfolgreiche Realisierung Ihrer Projekte direkt abhängt.

Die identifizierten und bewerteten Risiken können sich demnach im Laufe des Projektes ändern – nicht unbedingt immer positiv. Des Weiteren können neue Risiken auftauchen, die dann identifiziert, analysiert, bewertet und gesteuert werden müssen. Grund genug, dass der Prozess einen sich immer wiederholenden Kreislauf darstellt.

2.1.3.2 Risikomanagementkultur

Faktoren, wie Risikokultur und Risikobewusstsein, dürfen in ihrer Bedeutung für den langfristigen Erfolg des Risikomanagements nicht unterschätzt werden. Ausschlaggebend für die Wirksamkeit eines Risikomanagementsystems sind letzten Endes alle Mitarbeiter in einem Team. Ohne ihre Zuarbeit, z.B. bei der Identifikation von Risiken, Problembewusstsein sowie eine aktive und offene Kommunikation, kann ein Risikomanagement nicht erfolgreich sein. Dies ist unabhängig davon, wie detailliert und vollständig das System gestaltet ist.[8] Der Mensch ist der entscheidende Erfolgsfaktor für jedes Risikomanagementsystem.

Es wird deutlich, wie wichtig es ist, dass Führungskräfte sowie Projektleiter eine Risikokultur fördern und Risikobewusstsein vorleben. Sie sollten einen offenen Umgang mit dem Begriff „Risiko" anstreben. Das Aussprechen von Problemen, Sorgen und sogar von „Zukunftssarkasmen", die übrigens ein gutes Indiz für ein Risiko sein können, darf nicht als fachliche, technische oder persönliche Schwäche des Einzelnen betrachtet werden. Solche Hemmungen können sehr schnell dazu führen, dass Probleme auftreten, die in einem systematischen Risikomanagementsystem und einer offenen Risikokultur längst hätten eingegrenzt werden können.

Kontinuierliche Risikokommunikation

Eine kontinuierliche Risikokommunikation ist dementsprechend die Voraussetzung für eine Risikokultur. Nichts ist schlimmer als Mitarbeiter und Manager, die sich zwar der bestehenden Risiken bewusst sind, sich aber nicht trauen, diese offen zu kommunizieren. Ein solches Verhalten kann sogar im schlimmsten Fall zum Schei-

[8] Vgl. Wallmüller (2004), S. 20 ff.

tern eines Projektes führen, weil nur entschlossen angepackt werden kann, was auch als Risiko erkannt wurde.

2.1.3.3 Risikomanagementorganisation

Hinter der Risikomanagementorganisation verbirgt sich alles Organisatorische, was einerseits mit der Einführung und andererseits mit der Durchführung des Risikomanagementsystems in Zusammenhang steht.

Ziele definieren

Zentrale Aufgabe ist die Definition der Ziele des Risikomanagements. Was soll mit dem Risikomanagement erreicht werden und mit welchen Mitteln? Aufbauend darauf können dann Maßnahmen zur Weiterbildung der betroffenen Mitarbeiter im Bereich Risikomanagement getroffen werden. Des Weiteren werden Aktivitäten aufgesetzt, um den Risikomanagementprozess so effektiv und konsequent wie möglich zu gestalten und mit der regulären Arbeit zu verzahnen. Besonders neue Mitarbeiter müssen in die Thematik eingeführt werden und Rollen im Prozess zugeordnet bekommen. In Großprojekten und in Linienfunktionen wird eventuell auch die Position eines separaten Risikomanagers geschaffen, der die Risikomanagementorganisation teilverantwortlich übernimmt.

Kommunikationswege

Hier ist auch festzulegen, wer die Risiken auf Gesamtunternehmensebene aggregiert und an die Unternehmensleitung weiterleitet. Dabei handelt es sich in der Regel um besonders kritische strategische und politische Risiken. Insbesondere in größeren Unternehmen muss die Risikokommunikation durch die Geschäftsleitung geregelt werden. Dies sollte vom Stellenwert mindestens vergleichbar zur Problemeskalation sein.

Des Weiteren sind die organisatorischen Elemente, die für die Umsetzung des Risikomanagements notwendig sind, festzulegen. Dazu zählen unter anderem die Definition der Risikomatrix, die Anpassung des Risikomanagementprozesses und weitere Dokumente, Listen oder Schablonen, die für die Erreichung der Ziele des Risikomanagements notwendig sind. Genaue Aktivitäten für diesen Bereich können Sie Kapitel 4 entnehmen, wenn wir unseren Risikomanagementprozess vorstellen.

2.1.4 Exkurs: Gründe nicht Alarm zu schlagen

Im Jahr 1999 haben Mark Keil und Daniel Robey in den USA eine Studie durchgeführt, wie Softwareprojekte, die den Zeit- und Kostenrahmen überschritten haben, wieder auf den Pfad der Tugend zurückgebracht werden können.[9] 1999 scheint lange her zu sein, wenn man überlegt, wie schnell sich die Technologie seitdem entwickelt hat. Aber es ist wieder einmal nicht die Technologie, die den Ausschlag über Erfolg oder Misserfolg in diesem Punkt gibt, es ist der übliche Verdächtige, der Mensch. Leider entwickelt sich dieser viel langsamer als die Technologie, so dass die eher organisationspsychologischen Erkenntnisse auch heute noch nur zu gut Wirklichkeit sind. Die beiden gehen der Kernfrage nach, warum es so schwierig scheint, die Probleme von Softwareprojekten offen zu kommunizieren. Wir wissen ja bereits, dass jedes Problem immer ein eingetretenes Risiko ist, deshalb lassen sich die Erkenntnisse der beiden auch auf das Risikomanagement ausdehnen.

Was tat Aztekenherrscher Montezuma, als ihm ein Bote die Nachricht von den nahenden Truppen des Eroberers Cortez überbrachte? – Er ließ dem Boten der schlechten Nachricht den Kopf abschlagen.

Ausgangssituation zum Risikoreporting in Unternehmen

In vielen Unternehmen sind für das Reporting von Problemen Projektverantwortliche, Manager oder interne, manchmal auch externe, Prüfabteilungen zuständig. Dies hat Konsequenzen auf die Identifikation und Kommunikation von Problemen und Risiken. Direkt Betroffene, wie z.B. der Projektmanager, sind oft schlecht geeignet einen Status über Probleme und Risiken aus ihrem Verantwortungsbereich zu geben, da sie unter Umständen bezüglich ihrer Kompetenzen angezweifelt werden könnten. Bei den Prüfabteilungen verhält es sich nicht besser. Zwar sind diese Personen per Definition für das Reporting von Problemen und Risiken zuständig. Sie müssen dies aber auch gegen die persönlichen Risiken abwägen, die sich aus der Reaktion auf einen Problembericht ergeben könnten. Dazu gehören insbesondere Einschränkungen bei Karrieremöglichkeiten im eigenen Unternehmen, wenn Mitarbeit allein auf Basis ihrer Stellenbeschreibung negative Berichte verfassen. Denn wie der Römer treffend formuliert hat: „semper aliquid haeret" – etwas bleibt immer in den Köpfen „hängen".

Mund halten-Effekt

Die beschriebene Auswirkung wird passend der „Mund halten"-Effekt genannt. Dieser kann von Unternehmen zu Unternehmen unterschiedlich stark ausgeprägt sein. Die Konsequenz ist, dass Entscheidungsträger nicht über den wirklichen Zustand eines Projektes informiert sind.

Einen wahren Zustandsbericht zu geben, ist eine gute Voraussetzung, doch schon der irische Politiker Michael Collins sagte eins:

[9] Vgl. Keil/Robey (1999)

„Von einem guten Rat zu profitieren, erfordert mehr Weisheit, als ihn zu geben“ oder wie es uns das Alte Testament lehrt: „Der Tor hält sein eigenes Urteil für richtig, der Weise aber hört auf Rat.“[10]

Nicht-hinhören-Effekt

Der „Mund halten“-Effekt führt dazu, dass Probleme und Risiken nicht weitergegeben werden. Hinzu kommt der so genannte „Nicht hinhören“-Effekt. Er tritt bei den Beteiligten auf, die einen Zustandsbericht erhalten. Eine mögliche Reaktion ist nämlich das Nichtreagieren bzw. das Herunterspielen der Inhalte. Dies kann unterschiedliche Gründe haben, seien es politische Machtspiele im Unternehmen oder auch die Persönlichkeit des Berichtempfängers, der vielleicht die Wahrheit nicht „wahrhaben“ kann oder darf. Es ergibt sich das Problem, dass nicht gehandelt wird, obwohl es notwendig wäre.

Falls Sie schon etwas vorweg lesen möchten: In Kapitel 3.4.3.1, wenn es um die Gestaltung einer erfolgversprechenden Risikokultur geht, werden wir auch die weiteren Ergebnisse der hier zitierten Studie vorstellen.

2.1.5 Risikomanagement-Techniken

Um die Phasen des Risikomanagementprozesses effektiv umzusetzen, gibt es diverse Techniken, die Anwendung finden. An dieser Stelle seien einige Wichtige erwähnt, die sich in der Praxis bewährt haben und zu den klassischen in ihren Bereichen gehören und damit auch zu Ihrem Standardrepertoire gehören sollten.

2.1.5.1 Techniken für die Identifikation der Risiken

Die Risikoidentifikation hat nicht nur am Anfang eines Projektes eine wesentliche Bedeutung. Während des gesamten Projektverlaufes müssen Risiken identifiziert werden. Besonders bewährt haben sich in der Praxis drei Methoden, die leicht und schnell umsetzbar sind.

Brainstorming

Die Brainstorming-Technik ist eine beliebte Kreativtechnik, bei der die Teilnehmer frei Ideen äußern können und zunächst jede Wertung der Ideen verboten ist. Wie genau ein effektives Brainstorming durchgeführt wird, kommt in Kapitel 4.4.1 zur Sprache. Deshalb hier nur in aller Kürze: Beim klassischen Brainstorming decken in einer informellen und offenen Diskussionsrunde alle Teilnehmer gemeinsam potentielle Risiken auf. Solche Risikodiskussionen können als

[10] Bibel: Buch der Sprüche (12,15)

Teil von Projekttreffen organisiert werden und sollten regelmäßig wiederholt werden. Besonders wichtig ist bei dieser Methode, dass die Mitarbeiter sowohl ihre negativen als auch positiven Erfahrungen von zurückliegenden Projekten einbringen. Des Weiteren ist die Auswahl der Teilnehmer des Brainstormings ein ausschlaggebender Faktor.

Checklisten

Die zweite sehr bekannte Technik, die wir an dieser Stelle vorstellen möchten und im Risikomanagement sehr verbreitet ist, ist die Technik der Checklisten. Sie können in Gruppen- oder Einzelgesprächen zur Identifikation genutzt werden. Dies setzt jedoch eine fleißige Vorarbeit voraus. Denn je umfangreicher und vollständiger eine solche Checkliste ist, desto schneller geht das Bestimmen der Risiken.

Post Mortem Analyse

Die letzte Technik, die wir Ihnen an dieser Stelle kurz darlegen möchten, ist die Post-Mortem-Analyse zur Identifikation von Risiken. Diese Technik verfolgt die Strategie: „Aus Fehlern lernen". Bei der Post-Mortem-Analyse geht es darum, alte Projekte Revue passieren zu lassen und die aufgetretenen Probleme der Vergangenheit als Risiken für die Zukunft aufzunehmen, um beim nächsten Projekt möglichst nicht wieder in dieselben Fallen zu tappen. Alte Probleme werden leider noch zu oft verdrängt und es wird gehofft, dass die Probleme diesmal nicht wieder auftreten. Das „Prinzip Hoffnung" ist jedoch keine Aktivität des Risikomanagements.

Die vorgestellten Techniken sind auch kombinierbar, denn alle haben ihre Vor- und Nachteile. Während die Brainstorming-Variante sehr auf Spontaneität Wert legt und hohe Anforderungen an die Teilnehmer stellt, versuchen Checklisten Risiken strukturiert zu identifizieren. Und dies mit einem eher niedrigeren Diskussionsaufwand, aber eben auch einem Mangel an projektspezifischer Kreativität.

Kategorisierung der Risiken

Nach der Identifikation werden die Risiken in Kategorien eingeteilt. Die Kategorisierung kann selbstverständlich jedem Unternehmen selber überlassen werden. Sie bildet aber die Basis für Risikoberichte und die Risikoüberwachung.

Risikoliste

Die identifizierten Risiken sollten als Abschluss der Identifikation jeweils in eine Risikoliste abgelegt werden. Dies geschieht in Form einer standardisierten Risikoschablone, in die alle Merkmale eines Risikos eingetragen werden. Auf diese Weise haben Sie für jedes Risiko alle wichtigen Informationen auf einen Blick und können die Risikoüberwachung effektiv durchführen. Sie können sich dabei gerne an unserer Risikoschablone orientieren, die wir für das Risikolexikon am Ende des Buches als Vorlage genommen haben.

2.1.5.2
Die Identifikation eines Beispielrisikos

Lassen Sie uns noch mit einem Beispielrisiko beginnen, das mit großer Wahrscheinlichkeit, bei jedem Softwareprojekt auftreten könnte – nein, das mit Sicherheit auftreten wird. Die „Änderung der bestehenden Anforderungen". In fast jedem Projekt, unabhängig von der Projektgröße, kommt es nachträglich zu Änderungen bei den Anforderungen. Nehmen wir im Folgenden an Sie haben dieses Risiko soeben in einer Brainstormingsitzung „entdeckt" (was wahrscheinlich nicht allzu schwer war). Wir wollen später sehen, wie es mit diesem Risiko weitergeht.

2.1.5.3
Techniken für Analyse und Bewertung von Risiken

Welche Informationen müssen nun für jedes Risiko ermittelt werden und was genau wird bewertet? Zunächst geben wir Ihnen einen kleinen Wegweiser, der Sie durch den umfangreichen Prozessschritt „Risikoanalyse und -bewertung" führt. Im Anschluss werden diese einzelnen Aktivitäten genauer erläutert:

Ablauf der Analyse und Bewertung

1. Untersuchung der Risiken auf ihre Ursachen, Eintrittswahrscheinlichkeit und Risikohöhe
2. Berechnung des Schadensausmaßes
3. Priorisierung der Risiken
4. Erstellung einer Risikomatrix
5. Definition der unternehmens- und/oder projektindividuellen Risikobereiche
6. Untersuchung der Risiken auf ggf. vorhandene Beziehungen bzw. Abhängigkeiten
7. Analyse der Risiken auf Trends. In welche Richtung bewegen sich die Risiken?
8. Eintragung der Risiken in die Risikomatrix anhand der ermittelten Kennzahlen (nicht zu vergessen sind Beziehungen und die Tendenzen)
9. Vervollständigen der Risikoliste mit allen ermittelten Merkmalen

Lassen Sie uns einfach von vorne beginnen. Eine Risikoanalyse führt zunächst die Ursachen des Risikos auf. Danach werden dann die Begriffe Eintrittswahrscheinlichkeit und Schadenshöhe mit Leben gefüllt. Entsprechend werden Sie in der Wirtschaft, wie auch in der Informationstechnologie, immer wieder auf diese beiden „Kennzahlen des Risikomanagements" stoßen.[11] Für jedes Risiko müssen diese bestimmt werden:

Kennzahlen

- Die **Eintrittswahrscheinlichkeit** beschreibt, wie hoch die Wahrscheinlichkeit ist, dass das Risiko eintritt.
- Die **Risikohöhe** beschreibt, wie hoch der erwartete Schaden bei Eintritt des Risikos wäre.

Die Bewertung der Risiken erfolgt nun mit Hilfe des Produktes aus diesen beiden Kennzahlen. Dieses Produkt stellt das Schadensausmaß dar. Trivial gesagt ist ein Risiko also umso gefährlicher, je höher die Eintrittswahrscheinlichkeit und das Ausmaß des potentiellen Schadens sind. Mathematisch gesprochen:

Formel für die Risikobewertung

Schadensausmaß = Eintrittswahrscheinlichkeit x Risikohöhe

(Noch eine Anmerkung am Rande: Leider ist die beschriebene Formel nur für große Unternehmen in dieser Weise zu berechnen. Wenn Sie ein kleines Unternehmen sind, müssen Sie gegebenenfalls bei einigen Risiken mit folgender Formel vorlieb nehmen: „Schadensausmaß = Risikohöhe". Das liegt einfach an dem Umstand, dass Sie sich den Eintritt mancher Risiken schlichtweg nicht leisten können. Während ein Großunternehmen schon mal einen mittleren Prozentsatz gescheiterter Projekte wegstecken kann, wird ein Unternehmen mit einem oder zwei Projekten Risiken anders behandeln müssen, da sonst sein Fortbestand massiv gefährdet ist. Erst recht darf hier nicht am Risikomanagement gespart werden.)

Die Eintrittswahrscheinlichkeit und die Risikohöhe werden nach der Risikoidentifikation ermittelt. Dafür werden wir an dieser Stelle drei Verfahren vorstellen: Einzelinterviews, Workshops/Gruppenarbeit und die Analyse von Projektabschlussberichten im Sinne einer Post-Mortem-Analyse.

Verfahren zur Ermittlung der Kennzahlen und der Ursachen

Einzelinterviews, die auch je nach Situation per Umfrage durchgeführt werden, beruhen auf den Erfahrungen der Mitarbeiter. Mit anderen Worten, fragen Sie nach der Einschätzung anderer Personen!

Die Durchführung von Workshops zur Ermittlung der Kennzahlen ist weit verbreitet und beruht ebenfalls auf den Erfahrungen der Mitarbeiter. Bei der Risikobewertung wird der Erfahrungsschatz der Mitarbeiter als besonders wertvoll angesehen. Das dies nur zum Teil stimmt, werden wir späten in Kapitel 3 aufzeigen. Grundsätzlich sollten Sie jedoch immer beachten, dass die Bewertung eine Prognose ist und entsprechend ein Fokus der Risikoüberwachung ist, auch diese zu überwachen.

---

[11] Vgl. Versteegen (2003), S. 110 ff.

Das dritte Verfahren, das wir Ihnen vorstellen, wird in der Literatur die Post-Mortem-Analyse genannt und beruht auf historische Daten, aus denen die Erfahrungen vergangener Projekte nutzbar gemacht werden. Dies geschieht über die massenhafte Auswertung eingetretener Risiken. Falls Ihr Unternehmen über keine breite Datenbasis aus vorangegangenen Risikomanagementprozessen verfügt, werden Sie es allerdings mit dieser Methode schwer haben.

Bewertungsskala

Bei allen Methoden ist darauf zu achten, dass eine eindeutige Definition der Bewertung vorliegt. Es hat sich bewährt, die Skala für die Bewertung von 1 bis 5 zu wählen, von sehr gering bis sehr hoch. Verständigen Sie sich auf ein relatives Verständnis für die einzelnen Stufen, z.B. auf die von uns im Kapitel 6 über die Risikoschablone vorgelegten. Menschen können nur schwer einschätzen, ob ein Risiko eine Eintrittswahrscheinlichkeit von 17,3 oder 18,1 Prozent hat.

Auswertung und Priorisierung

Sowohl bei der Umfrage-Technik als auch bei der Durchführung von Workshops, erhalten Sie von allen beteiligten Mitarbeitern Werte für die Kennzahlen. Um sich aber auf jeweils eine Kennzahl pro Risiko für die Eintrittswahrscheinlichkeit und auch die Risikohöhe zu einigen, die dem Risiko dann letztendlich zugewiesen wird, nehmen Sie an dieser Stelle aus pragmatischer Sicht einfach den Mittelwert der Zahlen. Sie erhalten am Ende dann für jedes identifizierte Risiko genau einen Wert für die Eintrittswahrscheinlichkeit und einen Wert für die Risikohöhe. Nun können Sie auch nach der oben genannten Formel für jedes Risiko das Schadensausmaß berechnen. Im Anschluss sollten die Risiken an Hand der Schadenshöhe priorisiert und in eine Rangliste aufgestellt werden. Das hilft die wesentlichen Risiken immer im Auge zu behalten.

Risikomatrix

Um die Risiken nun auf weitere Merkmale zu analysieren sowie eine effektive Steuerung vorzubereiten, wird eine Risikomatrix (auch Risikoportfolio genannt) eingesetzt. Sie dient zur Visualisierung der ermittelten Risikobewertung. Zusätzlich können Abhängigkeiten zwischen Risiken und Trends der Risiken dargestellt werden, wodurch sie zum Werkzeug für die Überwachung und Steuerung der Risiken werden:

Abhängigkeiten zwischen Risiken

1. Die **Abhängigkeiten** zwischen Risiken stellen Beziehungen zu anderen Risiken dar. Es kann durchaus sein, dass ein bestimmtes Risiko erst oder nur dann eintritt, wenn ein anderes Risiko bereits eingetreten ist.

Trend eines Risikos

2. Risiken sollten auch auf **Trenderscheinungen** analysiert werden. Hierbei wird untersucht, in welche Richtung sich ein Risiko bewegen könnte und zwar sowohl hinsichtlich der Risikohöhe als auch der Eintrittswahrscheinlichkeit. Ausschlaggebend für den Trend eines Risikos sind die jeweiligen Bedin-

gungen während der Betrachtungszeit des Risikos. Der Trend wird in der Risikomatrix mit einem Pfeil in die Richtung gekennzeichnet, in der sich das Risiko wahrscheinlich bewegen wird (siehe Abbildung 2.3). Das Analysieren auf solche Trends wird erst bei der Überwachung der Risiken möglich sein und stellt somit eine der Techniken für die Überwachung dar.

Wie sieht nun eine solche Risikomatrix aus, und wie werden die Risiken eingetragen? In der Abbildung 2.3 ist ein Beispiel einer solchen Risikomatrix dargestellt, wie sie in den meisten Fällen in der Praxis vorkommt. Grundsätzlich besteht eine Risikomatrix aus einer Ordinate, die die Risikohöhe abbildet, und einer Abszisse, die die Eintrittswahrscheinlichkeit abbildet. Diese entsprechen exakt den Kennzahlen, die im Rahmen der Bewertung ermittelt wurden. Beide Achsen werden mit der relativen Skala versehen, die auch zur Bewertung verwendet wurde.

Definition der Bereiche in der Risikomatrix

Unternehmens- und projektindividuell müssen anschließend die Bereiche gekennzeichnet werden, die dann Voraussetzung für die Auswahl der Risikostrategie im Rahmen der Risikosteuerung sind. Hoch kritische Bereiche, die in der Risikomatrix mit dunkelgrau eingefärbt sind, sind diejenigen, bei denen die Eintrittswahrscheinlichkeit sehr hoch (bzw. fast sicher ist) und der potentielle Schaden gravierend ist. Je heller die Farbe wird, umso geringer ist das Schadensausmaß. Natürlich hängt die Einteilung der Bereiche von der Risikobereitschaft des Unternehmens und von der Relevanz und Größe des Projektes ab. Die Einteilung der Bereiche sollte bereits im Vorfeld in der Risikoorganisation geschehen sein, so dass Sie eine Risikomatrix besitzen, die Ihrer Unternehmensphilosophie und der Projektstrategie angepasst ist.

In unserer Darstellung sind drei Bereiche zu unterscheiden. Das Schadensausmaß für das Projekt steigt dabei von Bereich zu Bereich:

- Akzeptanzbereich
- Kritischer Bereich
- Gefahrenbereich

Die Trends der Risiken sind in unserer Beispielmatrix mit Pfeilen gekennzeichnet und zeigen in die Richtung, in der sich das Risiko der projektindividuellen Einschätzung nach, wahrscheinlich bewegen wird.

Aktualisierung der Risikoliste

Zur vollständigen Dokumentation und für die Erleichterung der Risikoüberwachung sollten alle Merkmale der Risiken, die in der Analyse untersucht werden konnten, in die erstellte Risikoliste aufgenommen werden.

Abbildung 2.3: Risikomatrix inkl. Beispielrisiken

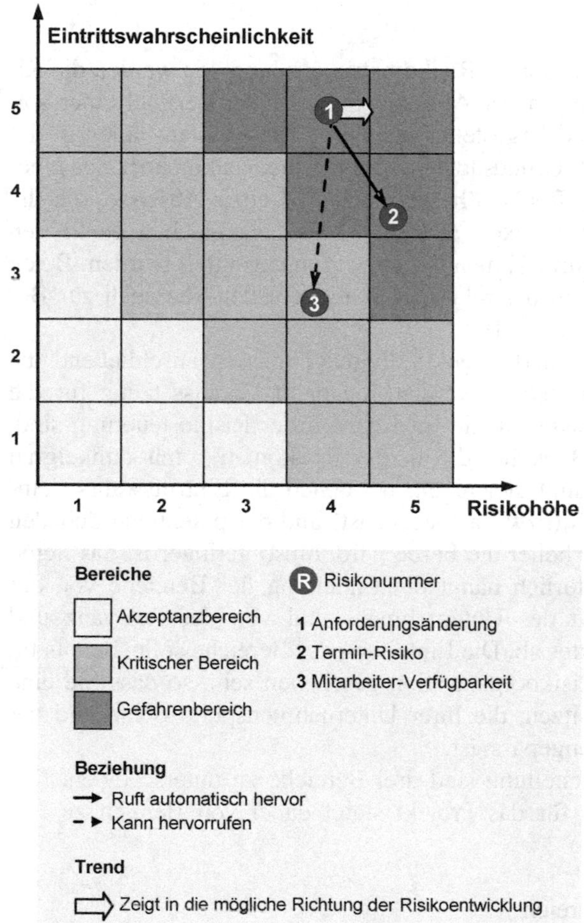

2.1.5.4 Die Risikobewertung für unser Beispielrisiko

Beispielrisiko: „Anforderungsänderung"

Um Ihnen die neun Schritte der Risikoanalyse und -bewertung an unserem Beispiel „Anforderungsänderungen" zu erläutern, hangeln wir uns an der oben aufgestellten Checkliste entlang:

1. **Analyse des Risikos auf seine Ursachen, Eintrittswahrscheinlichkeit und Risikohöhe**: Bezüglich der Ursache, sollten Sie feststellen, warum dieses Risiko besteht. Beschreiben Sie die Situation, beispielsweise das eine neue Anspruchsgruppe entdeckt wurde, die innerhalb der nächsten Woche Ihre Projektbeteiligung aufnehmen wird. Bei der Bewertung kann Ihnen dann die Post-Mortem-Analyse zur Seite stehen, indem Sie untersuchen, wie häufig es bei bereits abgeschlossenen Projekten zu Anforderungsänderungen bzw. zu neuen Anforderungen kam. Aus den historischen Daten lesen Sie auch den zu erwartenden Schaden dieses Risikos ab. Aus unseren Erfahrungen nehmen wir die Werte – bei einer Bewertungsskala von 1 bis 5 – 5 für die Eintrittswahrscheinlichkeit und 4 für die Risikohöhe an. Damit gehört dieses Risiko eindeutig zu den Risiken im Gefahrenbereich.
2. **Berechnung des Schadensausmaßes:** Die Multiplikation der beiden Kennzahlen ergibt somit 20. Das Maximum für das Schadensausmaß wäre 25, mit einer Bewertung von 20 hat unser Beispielrisiko also schon ein bemerkenswert hohes Schadenspotential.
3. **Priorisierung:** Bei der Priorisierung der Risiken würde dieses Risiko entsprechend einen hohen Rang einnehmen und damit eine hohe Priorität erhalten.
4. **Erstellung der Risikomatrix:** Als nächstes erstellen wir eine Risikomatrix, wie sie z.B. in der Abbildung 2.3 dargestellt ist.
5. **Definition der unternehmens- und projektindividuellen Risikobereiche:** Auch die Risikobereiche haben wir beispielhaft für unser fiktives Projekt in die Risikomatrix eingetragen.
6. **Untersuchung der Risiken auf ggf. vorhandene Beziehungen bzw. Abhängigkeiten:** Wie Sie in der Abbildung erkennen können, haben wir den „Änderungsanforderungen" zwei Abhängigkeiten zugeordnet. An dieser Stelle sei erneut erwähnt, dass es sich hierbei lediglich um ein Beispiel handelt. Es existieren mehr Abhängigkeiten als in der Beispielmatrix aufgenommen. Eine Beziehung existiert zum „Termin-Risiko". Möchte der Kunde eine neue Anforderung oder eine schon implementierte Anforderung ändern, tritt automatisch ein Problem mit der Zeit auf, zumindest wenn Sie dies nicht einkalkuliert haben. Zusätzlich könnte es zum Risiko einer nicht ausreichenden „Mitarbeiter-Verfügbarkeit" kommen. Ist das Entwicklungsteam bei Risikoeintritt überlastet? Benötigen wir einen bestimmten Spezialisten, um die neuen Anforderungen

umsetzen zu können? In der Abbildung 2.3 sind diese Beziehungen mit den unterschiedlichen Pfeilen versehen. Das Termin-Risiko tritt in unserem Beispiel automatisch ein, wobei das Risiko „Mitarbeiter-Verfügbarkeit" nur unter bestimmten Umständen auftreten würde.

7. **Analyse der Risiken auf Trends:** Die Trends der Risiken sollten, wie in den nächsten Abschnitten näher erläutert wird, während des Projektverlaufes immer wieder aktualisiert werden. Sollten sich in der Zukunft Anforderungen gravierend ändern und wird absehbar, dass sogar grundlegende Anforderungen von Änderung bedroht sein könnten, dann wird das Risiko immer weiter in den Gefahrenbereich driften. Einem Risiko weisen wir in der Regel zu Beginn noch keinen Trend zu, da sich dieser erst im Laufe des Projektes und der Risikoüberwachung ergeben wird. Risiken, bei denen dies absehbar ist, sollten Sie die Trends allerdings markieren. Der besseren Beispielhaftigkeit wegen, haben wir auch einen Trendpfeil in die Abbildung mit aufgenommen.
8. **Eintragung der Risiken in die Risikomatrix:** In der Abbildung 2.3 finden Sie unser Beispielrisiko mit den anderen Risiken, auf die es Auswirkungen hat.
9. **Vervollständigen der Risikoliste mit allen Merkmalen:** Wie die Felder einer Risikoliste nach der Bewertung aussehen können, entnehmen Sie unserem Risikolexikon. Letztendlich benötigen Sie eine Dokumentation Ihrer soeben erfolgreich erledigten Analyse und Bewertung.

2.1.5.5 Techniken für die Steuerung der Risiken

Hier auch gleich der Wegweiser, der uns durch den Dschungel der Risikosteuerung führt:

Ablauf der Risikosteuerung

1. Festlegen der einzusetzenden Strategie für jedes Risiko
2. Definition der Maßnahmen für die Umsetzung der Strategie
3. Festlegen von Aktivitäten, die innerhalb einer Maßnahme durchzuführen sind
4. Bestimmen der Verantwortlichkeiten für die Umsetzung
5. Vervollständigen der Risikoliste
6. Umsetzung der Maßnahmen

Wie bereits oben beschrieben, sind die Ziele der Risikosteuerung die Vermeidung von nichtakzeptablen Risiken und die Minimierung von nicht vermeidbaren Risiken auf ein akzeptables Maß.

Festlegen der Risikostrategie

Die Standardtechnik und auch ein wesentlicher Bestandteil aller Variationen von Risikomanagementmodellen ist die Definition von Risikomanagementstrategien. Die vier wesentlichen Strategien haben wir bereits in 2.1.3.1 vorgestellt. An dieser Stelle seien sie noch einmal kurz erwähnt, falls Sie sie schon verdrängt haben sollten:

- Risikoakzeptanz
- Risikoverlagerung
- Risikoverminderung
- Risikovermeidung

Die Entscheidung, welche Strategie für welches Risiko eingesetzt wird, kann nun mit Hilfe der Risikomatrix erfolgen. Dort sind die Risiken auf diverse Merkmale hin untersucht worden und bereits in Bereiche einsortiert.

Risiken aus dem Akzeptanzbereich haben demzufolge eine geringe Eintrittswahrscheinlichkeit sowie eine geringe Risikohöhe. An dieser Stelle wäre die Strategie „Akzeptanz" – wie auch schon der Name sagt – eine geeignete Möglichkeit mit dem Risiko umzugehen. Andersherum gilt es möglichst für kritische Risiken, die Sie in dem bedrohlich dunkelgrauen Bereich finden, die Risikovermeidung zu suchen. Ist dies jedoch nicht möglich, sollten Sie sofort Maßnahmen zur Risikoverminderung ergreifen, bevor das Risiko zum Problem wird. Spätestens an dieser Stelle erkennen Sie, warum die Definition der Risikobereiche in der Risikomatrix eine solche wichtige Aufgabe darstellt – sie dient als Wegweiser für die folgenden Tätigkeiten.

Definieren von Maßnahmen

Stehen die Strategien für die Risiken fest, können Sie die entsprechenden Maßnahmen zur Risikovermeidung oder -minimierung definieren. Festzulegen ist außerdem:

- Welche Aktivitäten sind mit den Maßnahmen verbunden und bis wann müssen diese angefangen bzw. beendet sein?
- Wer übernimmt die Umsetzung der Aktivitäten?
- Müssen die Maßnahmen von der Geschäftsleitung freigegeben werden?
- Wer ist verantwortlich für die Überwachung des Risikos?

Alle diese Informationen sollten Sie ebenfalls dokumentieren. Dafür ist es von Vorteil, wenn Sie den Risiken einen Status zuordnen (offen, in Arbeit, geschlossen). Das hilft jedem sich einen Überblick über das Projekt, die Gefahren und natürlich den Risiken zu verschaffen. Nicht zu vergessen ist nun die Umsetzung der Maßnahmen und der damit verbunden Aktivitäten. Viel Erfolg!

2.1.5.6 Die Risikosteuerung für unser Beispielrisiko

Risikosteuerung am Beispiel

Wie könnte man nun bei unserem Beispielrisiko „Anforderungsänderungen" vorgehen?

1. **Festlegen der einzusetzenden Strategie:** Die Veränderung der Anforderungen kann nicht direkt vom Projektteam beeinflusst werden, da sie z.B. vom Auftraggeber kommt. Somit ist die Eintrittswahrscheinlichkeit schwer zu senken. Da das Risiko kritisch ist, könnten Sie jedoch versuchen es zu minimieren, indem Sie beispielsweise eine gut organisierte Anforderungsaufnahme am Anfang des Projektes durchführen und einen einheitlichen Weg für Anforderungsänderungen definieren. Das gibt Ihnen natürlich nicht die absolute Gewissheit, Sie wollen das Risiko aber auch nur mindern.
2. **Definition von Maßnahmen für die Umsetzung der Strategie:** Welche Maßnahmen müssen eingeleitet werden, um die Eintrittswahrscheinlichkeit und die Schadenshöhe zu verringern? Besonders hohe Priorität liegt in diesem Fall im Anforderungsmanagement und dort in der Anforderungsanalyse. Die Aufnahme der Anforderungen für das Projekt sollte möglichst lückenlos ablaufen, dies bedarf dann z. B. sehr effektiv geführter Interviews oder Workshops mit Ihrem Kunden. In Bezug auf die Anforderungen sollte der Kontakt zu dem Kunden immer wieder aufgenommen werden und Teilergebnisse vorgestellt werden. Das sind, stark vereinfacht, zwei Maßnahmen, die für die Minderung des Risikos vorstellbar wären.
3. **Festlegen der Aktivitäten, die innerhalb der Maßnahme bearbeitet werden müssen:** An dieser Stelle sollten konkrete Aktivitäten festgelegt bzw. die vereinbarte Maßnahme konkretisiert werden. Welche Aktivitäten sollten in der Anforderungsanalyse umgesetzt werden? Wie sollte der Kontakt zum Kunden aussehen, um das Risiko zu minimieren? Zusätzlich sollten Sie zu diesem Zeitpunkt die Mitarbeiter festlegen, die für die Durchführung verantwortlich sind.

4. **Vervollständigen der Risikoliste:** Dokumentieren Sie Ihre Taten in der bereits begonnenen Liste!

Die konkreten Beschreibungen, Bewertungen und Maßnahmen zu den hier aufgeführten Beispielrisiken können Sie detailliert unserem Risikolexikon entnehmen.

2.1.5.7
Techniken für die Überwachung der Risiken

Risikoüberwachung

Mit der Überwachung der Risiken schließt sich der Kreis des Risikomanagementprozesses. Denn einerseits werden die bestehenden Risiken überwacht und andererseits werden parallel neue Risiken gesucht. Es gilt das Motto: „Wenn ich keine neuen Risiken mehr entdecke, ist mein Projekt beendet." Bei der Überwachung der Risiken ist es wichtig gründlich zu arbeiten, den Fortschritt der getroffenen Risikomaßnahmen zu überwachen, alles zu hinterfragen. Bei der Risikoüberwachung kommen Ihnen die Informationen zu gute, die Sie bis hierher gesammelt haben. Hinzu kommen die schon bewährten Methoden der anderen Prozessschritte, die Sie einsetzen müssen, um ihre Risikoliste aktuell zu halten. Für jedes Risiko haben Sie alle wichtigen Merkmale, Besonderheiten und Maßnahmen auf einen Blick. Das Wichtigste ist, die Risikokommunikation niemals zum Erliegen kommen zu lassen.

Halten Sie es wie ein Jäger. Seien Sie behutsam, liegen Sie auf der Lauer, reagieren Sie nie überhastet und reden Sie während der Jagd mit ihren Mitjägern!

2.2
Risikomanagement in der Softwareentwicklung

Nachdem Sie nun einen Überblick über die Inhalte des Risikomanagements gewonnen haben, wollen wir im Folgenden zur Softwareentwicklung umschwenken und einen Blick auf die heutige Ausgangslage in der Softwarebranche werfen. Dies soll nicht in eine detaillierte Marktanalyse ausarten, wir konzentrieren uns hierbei gezielt auf die Softwarebranche in Deutschland. Abschließend vermitteln wir einen Überblick, wie das Risikomanagement in der Praxis gelebt wird und welche Probleme wir heute haben. Auf dieser Struktur bauen dann unsere Überlegungen für ein wirkungsvolles Risikomanagement in Kapitel 3 auf.

2.2.1 Ist-Situation der Softwareentwicklung in Deutschland

Der deutsche Markt für Software, dazu zählen wir alle softwarenahen Dienstleistungen, von Softwareentwicklung bis zur Technologieberatung, ist geradezu wunderbar vielfältig. Wir wollen einen kurzen Abriss über Markt, Personal und Organisation geben.

2.2.1.1 *Marktstruktur der Softwarebranche*

Hier einige markante Daten zum Softwaremarkt in Deutschland[12]:

Softwaremarkt in Zahlen

- Im Jahr 2007 werden im Softwaremarkt 48,4 Mrd. Euro umgesetzt. Dabei beträgt das Marktvolumen der Softwarebranche 17,9 Mrd. Euro, das für die weiteren IT-Dienstleistungen 30,5 Mrd. Euro.
- In Deutschland gibt es 10.500 Unternehmen der Primärbranche, also Unternehmen, die Software entwickeln. Hinzu kommen 8.700 softwareentwickelnde Unternehmen in den bedeutendsten Sekundärbranchen Maschinenbau, Elektrotechnik, Fahrzeugbau, Telekommunikation und Finanzdienstleistungen.
- Das Marktvolumen der Produkte, die von Softwareentwicklung abhängen, wird für alle Primär- und Sekundärbranchen auf etwa 500 Mrd. Euro geschätzt.
- Die Unternehmen sind zum großen Teil durch Ausgliederungen von Softwareabteilungen aus etablierten Unternehmen bzw. durch Ausgründungen durch Mitarbeiter von Universitäten und Forschungseinrichtungen entstanden.
- Zwei Drittel der Unternehmen der Primärbranche sind nach 1990 gegründet.
- Die Marktanteile verteilen sich am IT-Dienstleistungsmarkt im Jahr 2006 folgendermaßen: Platz 1 belegt die Firma T-Systems 11,1%, Platz 2 IBM 8,8%, auf den weiteren Plätzen folgen Große mit allesamt Marktanteilen von wenigen Prozent, wie Siemens (5,2%), HP (4,9%), SAP (2,9%), EDS (2,9%) und Accenture (2,1%). Den größten Marktanteil besitzen allerdings die

---

[12] Vgl. Evasoft (2000) und BITKOM (2006)

Mittelständler und Kleinunternehmen. Diese KMUs bedienen 57,2% des Marktes.[13]

- 372.000 Beschäftigte arbeiten in der Softwarebranche und sind damit direkt mit der Erstellung, Wartung und Planung von Software verbunden. Tendenz steigend. Dies sind übrigens 49,7% aller Beschäftigten der Informations- und Telekommunikationsindustrie in Deutschland.
- 98% der Unternehmen der Softwareentwicklung haben weniger als 200 Mitarbeiter, wobei der größte Teil der Unternehmen der Primärbranche über ein bis neun Mitarbeiter verfügen.

Es ist einer der wichtigsten Befunde, dass der Großteil des milliardenschweren Softwaremarktes von vielen kleinen und jungen Unternehmen mit wenigen Mitarbeitern abgedeckt wird. Fast 60% des gesamten Marktes werden durch kleine und mittelständische Unternehmen dominiert.

Große Abhängigkeit zur Softwareentwicklung

Für den Standort Deutschland ist insbesondere auch die Verbindung zu den Sekundärbranchen, wie dem Fahrzeug-, Anlagen- und Maschinenbau relevant. Produktinnovationen in diesen Bereichen sind oft durch den verstärkten Einsatz von Software verbunden. Gleichsam steigen damit die Risiken für die Sekundärbranche. Das wohl am häufigsten aufgetretene Risiko ist die nicht termingerechte Lieferung der Softwareanteile der Produkte. So ist bereits heute Realität, dass Produktionsstarts verschoben werden müssen, wenn die Zulieferung durch die Softwareentwicklung nicht rechtzeitig erfolgt. In diesem Zusammenhang sind auch Rückrufaktionen und erzwungene Softwareupdates zu nennen, die bei bereits ausgelieferten Produkten vorgenommen werden müssen. Alles in allem geht es bei der Softwareentwicklung somit auch um Qualität und Kosten ganzer Unternehmen.

2.2.1.2 Personal

In 2005 sind 372.000 Personen direkt im Softwaremarkt beschäftigt – Tendenz steigend. Der überwiegende Teil von ihnen besitzt eine akademische Qualifikation, wobei in der Primärbranche Informatiker die Mehrheit darstellen, während in der Sekundärbranche branchenspezifische Ausbildungswege überwiegen. Beispielsweise Diplom-Ingenieure bei Automobilherstellern. Durch die kurzen Innovationszyklen und die hohe Marktdynamik ist der Qualifizierungs-

[13] Pierre Audoin Consultants, Computerwoche 14/2006 und IT-Business News 15/2006

druck in der gesamten Branche besonders hoch. Mitarbeiter müssen gefördert und weitergebildet werden, um mit neuen Methoden und Technologien Schritt halten zu können und auch in Zukunft Wettbewerbsvorteile zu erzielen. Als Autorenteam ist es natürlich besonders schön, über fast 400.000 potentielle Leser zu verfügen.

2.2.1.3 Linienorganisation und Projekte

Linie

Software wird in unterschiedlichen Organisationsformen entwickelt. Bei einer Linienorganisation handelt es sich um eine hierarchische Struktur an Abteilungen, die mit Linienmitarbeitern Software erstellen und in den Einsatz bringen. Abteilungen werden anhand von Unternehmensfunktionen bzw. Verantwortlichkeiten aufgestellt. Beispielsweise eine Abteilung für die Softwareentwicklung und eine für das Rechnungswesen. Wollen Sie eine neue Software für die Buchhaltung einführen ist eine derartige Organisation oft hinderlich.

Projekte

Die abteilungsübergreifende Ergänzung der Linienorganisation für die zielorientierte Erstellung bzw. Beschaffung von Software stellen Projekte dar. Projekte sind per Definition Vorhaben, die sich durch eine weitgehende Einmaligkeit, kombiniert mit einer gewissen Komplexität, auszeichnen. Projekte besitzen eine festgelegte Zielsetzung, die es gilt in vorgegebener Zeit und mit gegebenen Mitteln zu erreichen. Die konkrete Realisierung erfolgt über die Freistellung von Linienmitarbeitern oder durch Zusammenarbeit mit externen Dienstleistern und Beratern.

2.2.1.4 Projektmanagement in der Softwareentwicklung

Projekte stellen die vorherrschende Organisationsform bei der Erstellung von Software dar und besitzen ihre eigene Dynamik. Deshalb bedarf es entsprechender Methoden und Fähigkeiten, die in der Disziplin des Projektmanagements zusammengefasst werden. Wir werden später noch sehen, dass Projekt- und Risikomanagement eine große Schnittmenge besitzen und sich gegenseitig bedingen.

Das grundlegende Modell für das Projektmanagement von Softwareprojekten ist das magische Viereck[14], ein vierdimensionales Kontinuum aus Zeit, Budget, Qualität und Funktionsumfang.

---

[14] Das Viereck wird auch gern Teufelsquadrat genannt. Vgl. Sneed (1987), S.42. Im Gegensatz zum Teufelskreis kann es aber nicht durchbrochen werden, sondern ist mehr als Naturgesetz der Softwareprojektplanung zu verstehen.

4 Dimensionen

- **Zeit:** Werden die Arbeitspakete und das Gesamtprojekt „in-time“ abgeschlossen oder kommt es zu Verzögerungen gegenüber der Projektplanung?
- **Kosten:** Werden die Ressourcen (Finanzbudgets, Personal, etc.), die dem Projekt zur Verfügung stehen, effizient genutzt und sind sie für die Erreichung des Projektziels ausreichend?
- **Qualität:** Stimmt die Qualität des Produktes?
- **Funktionsumfang:** Stimmt der Funktionsumfang des Produktes im Hinblick auf die Erwartungen vor Beginn der Entwicklung?

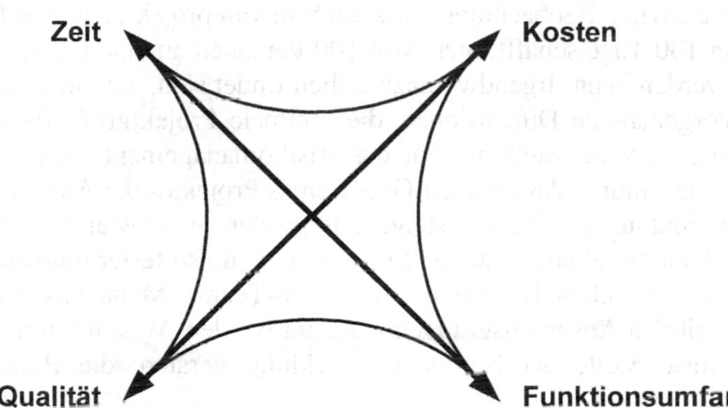

Abbildung 2.4: Das magische Viereck

Projektmanagement optimiert die Dimensionen

Jede zielorientierte Aktivität in einem Projekt optimiert eine oder mehrere Dimensionen des Vierecks. Als besondere Schwierigkeit erweist es sich, dass nicht immer allen Dimensionen entsprochen werden kann. Will man ein verspätetes Projekt in den Griff bekommen, werden üblicherweise Abstriche bei Qualität und Funktionsumfang gemacht. Typischerweise wird in Projekten der Funktionsumfang auch erst während der Laufzeit final festgelegt. Alle vier Dimensionen werden aber normalerweise im Vorfeld und während des Projektes entweder explizit in einer Projektplanung festgehalten oder implizit durch die Erwartungen der Anspruchsgruppen definiert.

Risiken bedrohen die Optimierung

Mit dem magischen Viereck wird die Schnittstelle zwischen Projekt- und Risikomanagement am deutlichsten. Ein Risiko gefährdet immer die Optimierung einer oder mehrer Dimensionen des magischen Vierecks. Ein gutes Management der Risiken arbeitet damit den Zielen des Projektmanagements direkt zu.

2.2.1.5 Großprojekte und Kleinprojekte

Auch die Struktur der Projekte lässt sich für Deutschland in Zahlen fassen. Über den Daumen gepeilt haben über 60% der Projekte in der Softwareentwicklung weniger als 10 Mitarbeiter, die weiteren bestehen aus maximal 40 und nur 1-2% haben bis zu 100 oder mehr Mitarbeiter. Die vorherrschende Projektgröße in Deutschland ist also „klein".[15]

Projektgröße = Erfolgsgröße

Eine kritische Erfolgsgröße für das Gelingen von Projekten scheint übrigens die Projektgröße selbst zu sein. Ob nun die Größe durch Umfang, Dauer, Kosten oder Personaleinsatz definiert ist. Es ist eine triviale Beobachtung, dass ein Softwareprojekt, das eine Person in 100 Tage schafft, nicht von 100 Personen an einem Tag erledigt werden kann. Irgendwo dazwischen findet sich, egal in welcher der vorgenannten Dimensionen, die optimale Projektgröße für eine gegebene Problemstellung. Für das Risikomanagement relevant ist die Beobachtung, dass mit der Größe eines Projektes die Anzahl und die Bedeutung der Risiken steigen. Je größer, je schwieriger, umso mehr Kommunikation müssen Sie betreiben, umso fester müssen die Prozesse zwischen Teammitgliedern, Sub-Teams, Management und den weiteren Anspruchsgruppen verzahnt werden. Womit wir an die kritischste Stelle der Softwareentwicklung geraten, die Prozesse selbst.

2.2.1.6 Softwaretechnik und Vorgehensmodelle

Softwaretechnik

Heute sind wir in unserem öffentlichen und wirtschaftlichen Leben von Software abhängig. Dies wird insbesondere deutlich, wenn man sich die „versteckte" Software vor Augen führt, die uns täglich umgibt. Kein Auto würde fahren, keine Waschmaschine waschen und keine Produktionsanlage würde ohne Software mehr etwas herstellen. Da Software mit immer höherer Geschwindigkeit in immer mehr Bereiche unseres Lebens eindringt und zum Teil sicherheitskritische Aufgaben wahrnimmt, hat sich in den letzten 40 Jahren eine neue Disziplin der Informatik entwickelt. Die „Softwaretechnik", zu neudeutsch „Software-Engineering", ist eine Disziplin, die sich mit den Prozessen und Methoden zur Erstellung von Software beschäftigt. Zentrale Errungenschaft der Softwaretechnik sind Vorgehensmodelle (Wasserfallmodell, V-Modell, Unified Process, etc.), die die kosteneffiziente, qualitätsbewusste und prozessorientierte Erstellung von Software zum Ziel haben. Eben die systematische Optimierung des magischen Vierecks.

---

[15] Vgl. Buschermöhle/Eekhoff/Josko (2006), S.135

Trend: Steigender Umfang und Komplexität

Warum derartige Prozesse notwendig sind, ist schnell erklärt. Einige unserer Leser mögen sich noch an Windows 3.1 der Firma Microsoft erinnern. Dieses Betriebssystem für PCs umfasste 1990 vier Millionen Programmzeilen, der modernste Nachfolger Windows Vista umfasst 2007 bereits 50 Millionen Programmzeilen. Wenn Sie der Projektleiter für Windows Vista wären, würden Sie allein Prozesse und Methoden benötigen, um nicht den Überblick zu verlieren. Verglichen mit den jeweiligen Vorgängern befindet sich dieses Betriebssystem übrigens in einem exponentiellen Wachstum, was allein den Umfang des Programmcodes entspricht. Wir sollten an dieser Stelle keinen Systemtheoretiker befragen, inwieweit eine Verdopplung des Umfangs sich auf die inhärente Komplexität eines Systems auswirkt. Aus eigener Erfahrung mögen wir aber annehmen, dass die innere Systemkomplexität noch stärker steigt, als der reine Umfang. Dies ist auch der vorherrschende Trend der Softwareentwicklung: Software wird komplexer. Für das Risikomanagement als solches relevant ist die nicht überraschende Beobachtung, dass bei steigender Komplexität auch die Anzahl und Auswirkung der Risiken steigt.[16]

Trend: Kurze Produktzyklen

Es sind noch weitere Trends zu beobachten. Parallel zur steigenden Komplexität werden die Zeitfenster für Produkte und Software immer kleiner. Dies bedingt einen stetig kürzer werdenden Zeitraum für den Entwicklungsprozess von Software, um die immer kürzeren Produkt- und Innovationszyklen am Markt realisieren zu können.

Trend: Unerfahrene Benutzer

Anhängig ist übrigens auch eine Schar unerfahrener Benutzer von Softwaresystemen. Sie werden keine Zeit für Schulungen Ihrer Endanwender haben, wenn Sie umfangreiche Softwareversionen alle drei Monate ausliefern. Dies ist übrigens einer der Punkte, in dem der schon fast verbrauchte Satz vom „lebenslangen Lernen" eine konkrete Bedeutung gewinnt. Kurz:

- Softwaresysteme werden umfangreicher und komplexer
- Der Entwicklungsprozess wird immer kürzer
- Die Software wird von unerfahrenen Benutzern bedient

Fazit

Mit anderen Worten, die Softwareentwicklung befindet sich heute in einer Komplexitätsfalle, die durch geraffte Zeitpläne noch verschärft wird. Das bewährte Wundermittel in einer derartigen Situation liegt in der Steigerung der Produktivität. Jede erfolgreiche Anstrengung die Komplexität zu bewältigen, seien es Modelle oder überlegene Methoden, kann nur in einer Produktivitätssteigerung münden.

[16] Vgl. Higuera/Haimes (1996), S. 6

Landwirte hatten 150 Jahre Zeit den Schritt von der Sense zum Mähdrescher zu machen, der Softwareentwicklung wird nicht so viel Zeit zu Teil werden. Letztendlich muss die Produktivität in den nächsten Jahren um eine Größenordnung gesteigert werden.[17]

Prozesse zur industriellen Softwareproduktion

In diesem Zusammenhang kommen die Forschungs- und Praxisergebnisse der Softwaretechnik zum Tragen. Das Paradigma der „industriellen Softwareproduktion“ unter Berücksichtigung bewährter Erfolgsfaktoren und softwaretechnischer Vorgehensmodelle muss Einzug in die Praxis erhalten. Die gleiche Studie, die diese Diagnose trifft, stellt auch fest, dass nur 30% der Unternehmen überhaupt Vorgehensmodelle der Softwaretechnik einsetzen.[18] Diese Zahl lässt den Schluss zu, dass vielen Unternehmen entweder die wissenschaftlich evaluierten Vorgehensmodelle nicht bekannt sind oder zu „schwergewichtig“ erscheinen. Besonders kleine Unternehmen und Projekte tendieren dazu, keine festen Prozesse zu etablieren, um „beweglich“ zu bleiben. In den letzten Jahren wurden deshalb leichtgewichtige oder auch „Agile Methoden“ Gegenstand der wissenschaftlichen Untersuchung, deren Gewicht auf der schnellen Auslieferung von Software und der Weiterentwicklung in möglichst kleinen Inkrementen liegt. Wobei der Zauber der Leichtgewichtigkeit durch die Minimierung von Prozessbürokratie und -dokumentation erzeugt wird.[19]

Im Endeffekt ist es mehr oder minder egal, wie „schwer“ Ihr Prozess ist, am Ende zählt das Ergebnis. Anders ausgedrückt bedeutet dies, Sie benötigen den richtigen Prozess zu Ihrem Softwareprojekt und Sie werden im Sinne des Erfolges nicht darum herumkommen festzulegen, was Sie tun und wie Sie es tun. Das ist der eigentliche Prozess, den es zu optimieren und zu entwickeln gilt. Dies ist ein starkes Argument, nicht zu den 70% Vorgehensmodelllosen zu gehören. Warum sollten Sie die gleichen Fehler immer wieder machen?

Prozessreifegrad beachtenswert

Die Prozesse werden künftig noch an Relevanz gewinnen, denn die Erteilung von Aufträgen wird in naher Zukunft auch an den Prozessreifegrad eines Unternehmens geknüpft werden. Entsprechende Modelle zur Bewertung der Prozesse liegen mit CMMI und SPICE bereits vor. Das Capability Maturity Model Integration (CMMI) sieht im Übrigen folgende drei Anforderungen an das Risikomanagement vor: *Prepare for Risk Management*, *Identify and Analyze Risks* und *Mitigate Risks*. Diese entsprechen der Risikomanagementorganisation, der strukturierten Identifikation und Analyse der

[17] Vgl. Evasoft (2000)
[18] Vgl. Evasoft (2000)
[19] Vgl. Sommerville (2004), S. 396

Risiken und dem Ergreifen von Maßnahmen gegen die Risiken. Wie Sie bemerken, sind „Messbereiche der Prozessqualität“ in den obigen Erläuterungen zum Risikomanagement bereits erhalten. Ein Risikomanagement in diesem Sinne ist damit kompatibel zur Bestimmung von Prozessreifegraden.

An dieser Stelle die große Empfehlung, falls Sie es noch nicht getan haben: Lesen Sie Bücher über Softwaretechnik, Vorgehensmodelle sowie Software- und Prozessqualität! Wie der Prozess des Risikomanagements optimal gestaltet und in Ihr Vorgehensmodell integriert werden kann, ist Thema in Kapitel 3. Eine der großen Herausforderungen der Softwaretechnik liegt übrigens in der Berücksichtigung der Marktstruktur in Deutschland. Wir haben bereits festgehalten, dass der Markt von kleinen und mittleren Unternehmen dominiert wird und auch die durchschnittliche Projektgröße „klein“ ist. Hingegen werden die großen Marktteilnehmer und Projekte durch die wissenschaftlich evaluierten Methoden und Prozesse der Softwaretechnik auf dem heutigen Stand bevorteilt, da insbesondere ihre Interessen berücksichtigt werden.[20] Die Praxis kleiner Projekte sieht oft anders aus und bedarf in Zukunft einer größeren Beachtung. Diesem Umstand trägt unser später vorgestelltes Risikomanagementsystem bereits Rechnung. Es wird für kleine wie große Projekte und Unternehmen gleichermaßen anwendbar sein.

2.2.1.7 Exkurs: Vorgehensmodelle

Was ist eigentlich ein Vorgehensmodell? Eine Antwort, die den meisten Nachfragen standhält, ist vielleicht, dass ein Vorgehensmodell eine Sammlung von Methoden, Werkzeugen und Ablaufprozessen zur systematischen Entwicklung von Software ist.

Unterschiedliche Phasen

In der Regel gliedern sich Vorgehensmodelle nach Phasen. Zuerst wird ein Problem analysiert, dann die Softwarebausteine für dessen Lösung konzipiert und anschließend implementiert. Gebräuchliche Phasen sind sicher die Folgenden: Planung, Analyse, Design, Implementierung, Test, Auslieferung und im Anschluss die Softwarewartung. Bei inkrementellen oder iterativen Vorgehensmodellen können sich diese Phasen auch überlappen und sich wiederholen. Die Wiederholungen werden übrigens Iterationen genannt. Ebenso können Tätigkeiten verschieden stark ausgeprägt sein. Aus jeder der genannten Phase sind jedoch auch Tätigkeiten in jedem Vorgehensmodell vorhanden.

[20] Vgl. Manifest (2006), S. 214

Aktivitäten und Rollen

Die Tätigkeiten in Vorgehensmodellen werden auch Aktivitäten genannt. Für die Durchführung von Aktivitäten sind Rollen zuständig. Besonders bei Kleinprojekten können dabei Überschneidungen bei der Rollenzuordnung auf die konkreten Mitarbeiter auftreten.

Arbeitsprodukte

In Aktivitäten erstellen die Rollen Arbeitsprodukte, manchmal auch Artefakte genannt, die normalerweise individuelle Ergebnisse in standardisierter Form sind. Beispielsweise eine programmierte Klasse, die einer Programmierrichtlinie entspricht.

Prozess, Methoden, Werkzeuge

Werden die Aktivitäten in einen zeitlichen und logischen Ablauf gebracht, ergeben sie den Prozess, der betrieben wird, um die Software zu entwickeln. Hinzu kommen Methoden, wie Workshops, Brainstormings oder Ähnliches, die für einzelne Aktivitäten vorgesehen sind. Außerdem auch noch die Werkzeuge, die für die effiziente Ausführung des Vorgehensmodells vorgesehen sind. Im einfachsten Fall sind dies Excellisten, während es mittlerweile zu einigen Vorgehensmodellen komplett integrierte Werkzeugsammlungen gibt, die praktisch alle Phasen und Aktivitäten unterstützen.

2.2.1.8 Herausforderung Kleinprojekte

In der Praxis werden Sie in kleinen Projekten und Teams mit anderen bzw. veränderten Herausforderungen konfrontiert. Wer vorher nur auf Großprojekten tätig war, wird sich wundern, was Kleinprojekte möglich machen und welche neuen Schwierigkeiten sich ergeben.

Vorgehensmodelle nicht 1:1 übertragbar

In Kleinprojekten wird in der Regel nicht mit denen auf Großprojekte anwendbaren Vorgehensmodellen gearbeitet. Wenn ein Projekt praktisch nur aus zwei IT-Spezialisten besteht, dann steht kein Raum zur Verfügung, um Rollen, Produkte und Prozessabläufe zu definieren. Vielmehr sind die Individuen für die einzelnen Prozesse und den Methoden-Mix zuständig. Dieser Mix entspricht keinem standardisierten Vorgehensmodell, sondern wird dynamisch durch den Projektkontext, die Erwartungen des Kunden und die Präferenzen der Projektmitglieder bestimmt. Dies führt zu Rahmenbedingungen, wie Nichteinhaltung von Standards oder undokumentierter Programmcodes, aber bis zu einem gewissen Grad auch zu einer schnelleren Anpassungsfähigkeit. Bei einem Kleinprojekt kann eine geänderte Beschriftung eines Datenbankfeldes schon mal in wenigen Minuten in Produktion gebracht werden, da der Weg von der Anforderungsänderung zum geänderten Code durch nur einen Kopf muss. Auf einem Großprojekt kann das Ändern der Beschriftung hingegen eben mal zwei bis drei Monate dauern.

Ein weit größeres Gewicht bei Kleinprojekten erhalten auch die Fähigkeiten des Kunden selbst. Diese kennen sich in vielen Fällen nicht mit den Methoden der Softwaretechnik aus. Sie befürchten unter Umständen, dass ein starrer Prozess, wie ihn einige Vorgehensmodelle vorgeben, nicht zu optimalen Ergebnissen führe und eher den Projekterfolg im Hinblick auf die gewünschten Funktionalitäten gefährde. Auftraggeber, die an Kleinprojekten beteiligt sind, verstehen oft nicht, welcher Entwicklungsaufwand durch ihre Anforderungen und Wünsche entsteht. Es fehlt dem Auftraggeber häufig an der Vorerfahrung im Softwarebereich, denn wiederholt werden nur einzelne Projekte vergeben, für die keine branchenübliche Standardsoftware geeignet erscheint. Umso mehr machen genau diese Projekte einen Wettbewerbsvorteil für die Kunden aus, denn Sie lösen ein spezifisches Problem und können im Vergleich zu Wettbewerbern einen Unterschied machen. An dieser Stelle sind wieder die Erfahrungen und die Fähigkeiten des IT-Spezialisten gefragt, das technische Verständnis beim Kunden aufzubauen. Dies hat zur Folge, dass praktisch alle Mitarbeiter in einem derartigen Projekt über ein hohes Maß an sozialer Kompetenz verfügen müssen, um die entscheidende Kunden-Lieferentenbeziehung pflegen und gestalten zu können. Diese Beziehung ist so stark, dass Sie die Arbeitsweisen entscheidend bestimmt. Trotz besseren Wissens werden ggf. wichtige Tätigkeiten, wie Testzyklen nicht durchgeführt, weil es das Finanzbudget des Kunden es nicht vorsieht oder er die Notwendigkeit nicht einsieht.

Starke Abhängigkeit von den Fähigkeiten des Kunden

Kleinprojekte zeichnen sich durch veränderliche Prozesse, inkonsistente Verwendung von Methoden und eine hohe Betonung auf der Kunden-Lieferantenbeziehung aus. Für uns werden diese Umstände später von Bedeutung, denn sie bestimmen den Risikomix kleiner Projekte. Eine genaue Analyse der Eigenschaften von Kleinprojekten folgt auch noch in Kapitel 4. Dort geht es dann konkret um die Abbildung eines Risikomanagements unter diesen Voraussetzungen. Jetzt haben wir aber erst einmal einen kleinen Praxisbericht für Sie, der die Konsequenzen auf Kleinprojekten verdeutlicht.

2.2.1.9 Exkurs: Kleinprojekt „Dokumentenmanager"

Wir wollen einen kleinen Exkurs zu unseren Erfahrungen mit Kleinprojekten machen. Wenn Sie mehr Theorie wollen, überspringen Sie einfach dieses Kapitel. Die Muster von Kleinprojekten sind folgende:

- **Persönliche Empfehlung:** Ein Bekannter aus Studienzeiten ruft Sie an und erzählt, dass er jetzt bei einem kleinen Ingenieurbüro einen Übergangsjob hat. Der Chef hat einen drängenden Bedarf für eine kleine Webanwendung, um damit Konstruktionszeichnungen für Großmaschinen mit Projektpartnern auszutauschen.

- **Keine Zeit, kein Geld, ungenaue Vorstellungen:** Zwei Wochen später haben Sie endlich einen Termin bekommen. Ihr neuer Geschäftspartner legt die Karten gleich auf den Tisch: „Implementieren Sie ein Programm, in dem meine Mitarbeiter Konstruktionszeichnungen hinterlegen können. Wir haben dafür etwa eintausend Euro vorgesehen und das Projekt, für das wir das Programm brauchen, hat vorgestern angefangen." Natürlich sind Sie Vollprofi und wählen Ihre Lieblingsmethode zur Erfassung der Anforderungen. Typischerweise hat Ihr neuer Kunde keinerlei Erfahrungen mit Anforderungen, vertraut Ihnen und sagt praktisch zu jeder Ihrer Ideen, die Sie aus ihrer Praxis als IT-Fachmann einbringen, deutlich „Ja.". Sie fahren nach Hause, sichten die erhobenen Anforderungen (Webapplikation, 12 Mitarbeiter laden Pläne hoch, Benutzer- und Projektverwaltung, optionale Beschreibungen, Verzeichnisbaum, E-Mailversand bei Aktualisierungen) und schicken Ihr Angebot über ein paar tausend Euro noch am gleichen Tag per E-Mail an den Kunden.
- **Kunde gibt Budget und Zeittakt vor:** Natürlich fragen Sie in der kommenden Woche zweimal nach, aber Ihr Auftraggeber hat es bisher nicht geschafft das Angebot zu sichten. Noch eine Woche später klingelt das Telefon. Ihr Geschäftspartner möchte das Projekt unbedingt realisieren, da er sonst enorme Mehrkosten bei der Versendung der Zeichnungen auf konventionellem Wege hat. Die paar tausend Euro scheinen ihm aber dann doch zu überzogen. Frage: Was kann man denn am Preis machen? Ergo: Features werden zusammengestrichen (Wer braucht schon eine automatische E-Mail bei Aktualisierungen?) und der Preis sinkt. Da nun aber schon zwei Wochen vergangen sind, bekommen Sie den Termin für die Fertigstellung der Software auf nächsten Montag gelegt. Sie weisen dezent darauf hin, dass noch keine Zeile programmiert wurde und bis eben noch nicht einmal der Funktionsumfang feststand. Antwort: Warum? Es wäre doch nur ein einfaches Programm und Sie würden das schon schaffen. Man einigt sich auf übernächste Woche Montag. Sie beginnen umgehend wild loszuarbeiten.
- **Auslieferung der ersten Version und Eröffnung des Wunschkonzertes:** Sie haben das geschäftliche Problem Ihres Kunden erkannt, merken aber auch, dass er sehr unsicher bezüglich seiner Anforderungen ist. Entsprechend entscheiden Sie sich für ein inkrementelles Vorgehen und liefern eine Woche

später die erste Version, die die Funktionen mit der größten Wertschöpfung enthält. Nun brechen alle Dämme, denn die erste Version wird ausgiebig im Büro Ihres Kunden getestet, für gut befunden und es werden Wünsche und Anforderungen formuliert und das praktisch unbegrenzt. Diese Anforderungen orientieren sich an den bekannten Funktionen aus aktuellen Hype's und bekannten Programmen (Versionierung, Projektforum, Nachrichtensystem etc.). Ohne Frage sind Sie jetzt in einer problematischen Situation, denn auf der einen Seite stehen die Benutzererwartungen, die selbstverständlich auch bei kleinen Unternehmen entscheidend für das Projektergebnis sind, wobei auf der anderen Seite praktisch alle Zusatzfunktionen für den günstigen Preis geopfert wurden. Ergebnis: Es wird eine Liste von Anforderungen aufgestellt, die nachgeschoben werden soll, wenn die Grundfunktionen stehen.

- **Auslieferung der Grundfunktionalitäten, Produktivstellung und sprunghafte Anforderungsänderungen:** Geschafft – die Grundfunktionen laufen, das erste Projekt wird angelegt, Dateien werden ausgetauscht. Nun kommt der zweite Quell von Anforderungen zum Tragen. Die externen Benutzer melden Wünsche an, an welche Sie die weitere Benutzung der Software knüpfen. Ergo: Zunächst bauen Sie innerhalb von einem Tag einen Versand von E-Mails ein, wenn eine Aktualisierung vorliegt. Die Externen sind einfach zu faul jeden Tag nachzusehen, ob eine neue Datei eingestellt wurde. Einen Tag später setzen Sie dann die Anforderung um, dass Benutzer konfigurieren können, ob Sie E-Mails zu Aktualisierungen bekommen oder nicht – nicht jeder Externe möchte den täglichen Update-Spam erhalten.

Ohne Zweifel beschäftigen Sie sich hier mit Dingen, die Sie gegebenenfalls bereits vorausgesehen hatten. Ein weiterer Punkt ist, dass der Kunde für die neu entdeckten Zusatzanforderungen vielleicht sogar einen höheren Preis zahlt als er dies mit einer ordentlichen benutzerorientierten Anforderungsanalyse getan hätte. Da aber die Kunden-Lieferantenbindung so wichtig ist, sind Kleinprojekte stark von der Kompetenz von Kunde und Lieferant abhängig, und die kann sehr unterschiedlich sein. Vielmehr als bei Großprojekten hängt der Erfolg an den Fähigkeiten Einzelner, insbesondere Ihrer Fähigkeiten.

In Kapitel 5 liefern wir Ihnen die Anhaltspunkte, wie Sie unter diesen Projektbedingungen aktiv Risikomanagement betreiben, um den Projekterfolg sicherzustellen.

2.2.2 Probleme von Softwareprojekten

Wir haben viel über die Prinzipien und die aktuellen Herausforderungen heutiger Softwareprojekte erfahren. Es bleibt uns nicht erspart einen Blick auf die Probleme heutiger Softwareprojekte zu werfen. Leider fehlen für den deutschen Markt konsolidierte Zahlen, da Studien zur Erfolgswahrscheinlichkeit von Softwareprojekten meist im angelsächsischen Raum durchgeführt werden. Folgende Kennzahlen haben aber auch eine Bedeutung für deutsche IT-Projekte:

- **Finanzbudget:** Nur 2% der Projekte halten ihr geplantes Budget, während 65% ihr Budget um weniger als 30% überschreiben. 19% der Projekte überschreiten dieses um 31-60% und 5% enden mit 61-100% Überschreitung.[21]
- **Zeitplan:** Nur 1% der Projekte halten den Zeitplan. 58% überschreiten ihn um weniger als 30%. 25% der Projekte liegen zwischen 31-60% Überschreitung und 10% realisieren 61-100% Überschreitung.[22]

Abbildung 2.5: Problemlagen bei Softwareprojekten

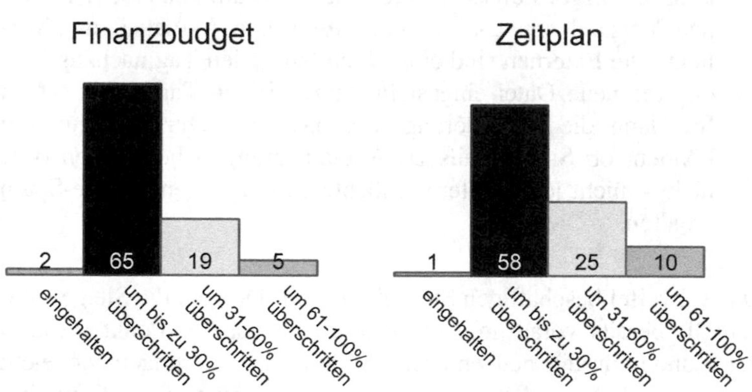

- Im Jahr 2000 waren 51% der IT-Projekte teurer als geplant bzw. überschritten ihren Zeitplan. Der Anteil erfolgreicher Projekte im Budget- und Zeitrahmen betrug im Jahr 2002 34%.[23]
- 2004 wurde festgestellt, dass 18% der IT-Projekte gänzlich scheitern.[24]

---

[21] Capgemini, Computerwoche 8/2006
[22] Capgemini, Computerwoche 8/2006
[23] Vgl. Standish Group (2003)

Die für den deutschen Markt durchgeführte Success-Studie zeigt ebenfalls Probleme auf, wenn auch nicht derart schwerwiegende wie die oben angeführten:[25]

Deutsche Success-Studie

- **Zeit:** 25% der IT-Projekte in Deutschland überschreiten ihren Endtermin deutlich.
- **Budget:** 12% setzten mehr finanzielle Mittel ein als geplant.
- **Funktionsumfang:** Ein Anteil von 18% der Projekte erreichte nicht die geplanten Hauptfunktionen, 43% nicht die geplanten Nebenfunktionen.

Zwei Interpretationen

Lassen Sie uns diese Statistiken auf zwei Wegen interpretieren. Auf den ersten Blick scheinen unsere Methoden in Projektmanagement und Softwaretechnik nicht ausgereift genug zu sein, um Zeit- und Finanzpläne aufzustellen und einzuhalten. Zudem treten Risiken, die ja die Planungen gefährden, anscheinend recht oft auf – öfter als sie erwartet und durch ein entsprechendes Risikomanagement behandelt werden. Der zweite Weg der Interpretation bedingt die Annahme, dass bei der Auswahl der betrachteten Projekte marktwirtschaftliche Grundsätze am Werk waren. Anscheinend kauft der Markt nur Projekte, die auf Fehlglauben basieren und „unseriös" gerechnet sind.

In der Praxis sind beide Interpretationen richtig und hängen, wie so oft, am weichsten Faktor – uns Menschen selbst. Wir neigen dazu, wenn wir etwas erreichen wollen (z.B. ein Projekt aufzusetzen), die Situation positiver zu sehen als sie eigentlich ist. Wir haben oben bereits erläutert, dass Risiken auch immer Chancen bedeuten. Der Glaube an das positive Ende ist ein wichtiger Faktor für Motivation, Leistungsbereitschaft und Zielstrebigkeit – verlieren Sie diesen Glauben nicht. Nutzen Sie die Chance, aber erkennen und managen Sie die Risiken, die damit verbunden sind. Erkannte Chancen stellen sich für uns Menschen leider schnell in einem übertrieben positiven Licht dar.

„Wir glauben viel – wir wissen wenig."

Praxisbeispiel: Projektpläne in der Praxis

Wo unser Fehlglauben herkommt, lässt sich mit folgender Geschichte erklären: Stellen Sie sich vor Ihr Chef sucht Sie in Ihrem Büro auf, legt Ihnen eine halbseitige „Management Summary" für eine neue zu erstellende Individualsoftware für die Buchhaltung der Fir-

---

[24] Vgl. Standish Group (2004)
[25] Vgl. Buschermöhle/Eekhoff/Josko (2006)

ma auf den Tisch und erklärt Ihnen, dass Sie nun Projektleiter für dieses Projekt seien. Als nächstes folgt die obligatorische Frage: „Wie lange brauchen Sie für dieses Projekt? Es ist sehr wichtig, insbesondere für das Weihnachtsgeschäft." Natürlich haben Sie bis morgen Zeit die Frage zu beantworten, aber was sagen Sie morgen? Dauert das Projekt eine Woche? Einen Monat? Ein Jahr? Sie werden einen entsprechenden Plan aufstellen, wie das Projekt zu schaffen ist, welche Ressourcen Sie benötigen und wie alles zusammenspielt, damit das Weihnachtsgeschäft gesichert ist. Wenn Sie jetzt mit dem berechneten Endtermin zu ihrem Chef gehen, haben Sie wahrscheinlich den bestmöglichen Endtermin dabei. Aber was ist nun mit den Risiken? Sie rechnen also noch einen Risikopuffer von zwei Wochen ein, weil dies Ihnen auf Basis ihrer Erfahrung vernünftig erscheint. Das Problem ist, dass alles was Sie jetzt haben Glauben ist und kein Wissen. Eines der Probleme als Projektmanager ist es, dass Sie eine erste echte Risikoanalyse parallel zur ersten Projektplanung fahren müssen, die dann zu einer Antwort wie dieser führen würde: „Wir werden die Software mit einer Sicherheit von 80% innerhalb der Kalenderwochen 41 bis 48 fertig stellen. Die Wahrscheinlichkeit, dass die Software für das Weihnachtsgeschäft zu KW 47 zur Verfügung steht, beträgt 70%." Auf Basis einer Risikoanalyse haben Sie Ihr Unwissen in Wahrscheinlichkeiten überführt. Dieser Ansatz ist natürlich wesentlich genauer als einen festen Endtermin zu nennen. Sie wissen um das Problem, dass ihr Chef einen Termin als Antwort braucht. Wenn es in der Praxis so weiterlaufen soll wie bisher, dann nennen Sie Ihrem Chef den zuerst berechneten Endtermin und fangen rechtzeitig im laufenden Projekt an, an Qualität und Funktionsumfang zu sparen. Wenn die Quote der erfolgreichen Softwareprojekte steigen soll, darf es übrigens nicht so weitergehen. Dazu gehört es auch den Positivglauben einmal ablegen zu dürfen, möge dies auch der Unternehmenskultur widersprechen.

Wie ein etwas „genauerer" Termin in Wahrscheinlichkeiten ausgedrückt aussehen kann, verdeutlicht Abbildung 2.6. Wir möchten an dieser Stelle nur das Prinzip vorstellen, Sie können sich das Prinzip aber recht schnell zunutze machen, um ihre Planungen akkurater zu gestalten.

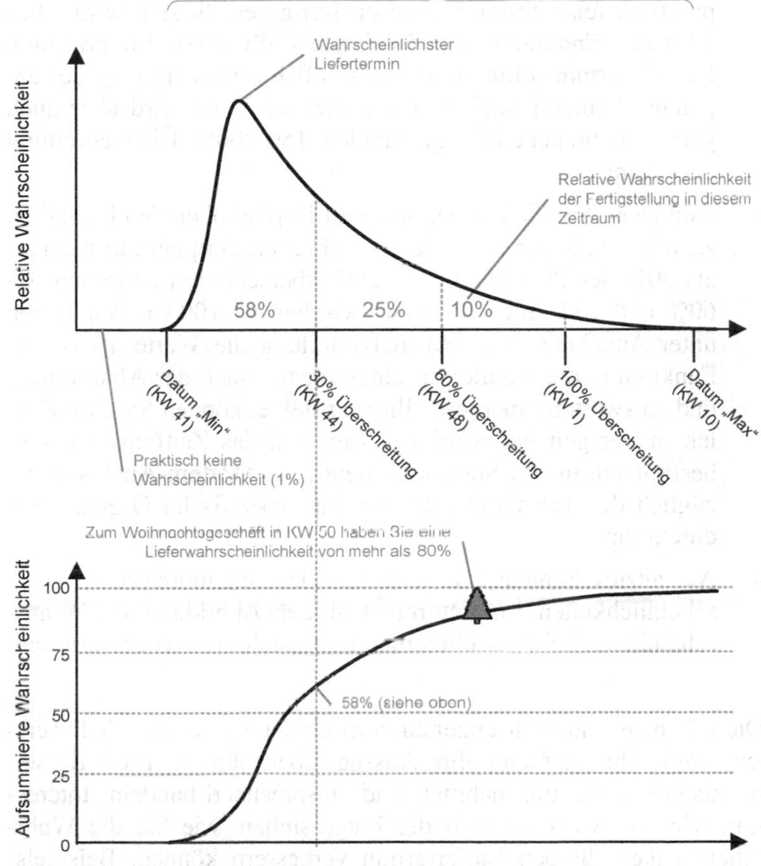

Abbildung 2.6: Risikodiagramm

Risikodiagramm

Die Abbildung 2.6 zeigt im oberen Teil ein so genanntes Risikodiagramm, das den von Ihnen gesuchten Termin relativ beschreibt. Auf der y-Achse ist die relative Wahrscheinlichkeit für die Fertigstellung aufgetragen, während auf der x-Achse die Zeit in Form markanter Projektdaten aufgeführt ist. Ein Risikodiagramm konstruieren Sie nach folgender Anleitung:[26]

Vorgehen zur Bestimmung des Termins

1. Bestimmen Sie das Datum „Min", zu dem das Projekt frühestens fertig gestellt werden kann – basierend auf der von Ihnen durchgeführten optimalen Projektplanung. Dort ist die Abzweigung des Graphen von der x-Achse. Nennen Sie diesen Termin auf keinen Fall als Endtermin! Er wird es mit großer Wahrscheinlichkeit nicht sein.

[26] Vgl. DeMarco/Lister (2003), S. 51 ff.

2. Bestimmen Sie das Datum „Max“, an dem das Projekt mit praktisch felsenfester Sicherheit fertig gestellt sein wird. Dies wird der Endpunkt des Zeitfensters für Ihren Liefertermin. Dieser Termin sollte mindestens 100% Überschreitung der geplanten Laufzeit umfassen. An diesem Punkt wird aber auch gern von branchenübergreifenden 150-200% Überschreitung ausgegangen.
3. Nun legen Sie die Zahlen aus dem Kapitel oben an (1% halten Zeitplan, 58% der Projekte überschreiten Zeitplan mit weniger als 30% der Projektlaufzeit, 25% überschreiten zwischen 31-60% und 10% überschreiten zwischen 61-100%). Wir haben unter Annahme einer Normalverteilung die Werte als stetige Funktion in die Abbildung eingetragen. Nach der Abarbeitung und Auswertung mehrerer Ihrer Projekte, können Sie ihre Zahlen immer genauer werden lassen und das Zeitfenster besser bestimmen, indem Sie konsequent Post-Mortem-Analysen bezüglich der Terminplanung für Ihre spezifische Organisation durchführen.
4. Als letztes können Sie jetzt aus den aufsummierten Wahrscheinlichkeiten im unteren Teil der Abbildung die Wahrscheinlichkeit für die einzelnen Fertigstellungstermine ablesen.

Diese Zahlen sind zwar ungenau, aber eindeutig „realer“ als Ihr erster Termin. Ihr Chef kann Ihre Aussage aber selbst als Basis für seine Risikoeinschätzung nehmen und entsprechend handeln. Interessant wird es, wenn Sie sich die Frage stellen, wie Sie die Wahrscheinlichkeit für den Liefertermin verbessern können. Beispielsweise mit mehr Ressourcen. In diesem Fall könnten Sie Ihren Chef vielleicht auch mit zwei unterschiedlichen Risikodiagrammen überzeugen. Und natürlich werden Sie in der Realität einen Termin nennen müssen. Wählen Sie einen möglichst wahrscheinlichen.

2.2.3 Exkurs: Die 5 Stufen der Unwissenheit

Wir wollen noch ein grundlegendes Prinzip genauer darstellen, auf dem Fehleinschätzungen und Risiken allzu oft beruhen – Unwissenheit. Der Projektkenner Philip G. Armour beschreibt „5 Stufen der Unwissenheit“ in einem für uns sehr interessanten Zusammenhang.[27] Seine Grundthese, dass Softwareprogramme „aktiviertes

[27] Vgl. Armour (2003), Kapitel 1

Wissen" sind, kann sicher leicht nachvollzogen werden. Um ein gutes Programm zu implementieren, muss man vorher eine ordentliche Systemanalyse durchgeführt haben, die Wissen z.B. einer Fachabteilung auf z.B. haufenweise Papier festhält. Im Kontext dieser Wissensakquise treten fünf Stufen von Unkenntnis in Erscheinung und es gilt, sie mit einem möglichst guten Softwareentwicklungsprozess zu überbrücken. Risikomanagement sollte auch deshalb integraler Bestandteil Ihrer Prozesse sein, weil es direkt beim Übergang zwischen den einzelnen Stufen hilft. Aber auch in Ihrem täglichen Leben werden Sie folgende Stufen vorfinden, denken Sie einfach darüber nach:

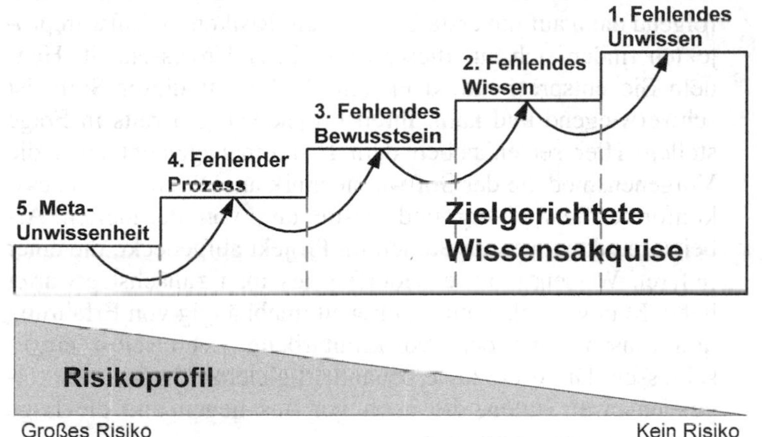

Abbildung 2.7: Fünf Stufen der Unwissenheit

Fehlendes Unwissen

1. Stufe (**Fehlendes Unwissen**) – „Ich weiß alles und kann das auch beweisen.": Wenn Sie alles wissen, haben Sie die wünschenswerteste Anzahl aller Risiken. Nämlich gar keine, zumindest keine, die auf fehlendem Wissen beruhen. Die Erreichung der ersten Stufe sollte damit das Ziel all Ihrer Bemühungen sein, sozusagen der Weg zur Erkenntnis.

Fehlendes Wissen

2. Stufe (**Fehlendes Wissen**) – „Ich weiß etwas nicht und bin mir dessen bewusst.": Auf dieser Stufe ist Ihr Risiko äußerst gering, denn Sie können auf die Dinge, die Sie nicht wissen, passend reagieren. Mit anderen Worten, Sie kennen die Frage, die es zu stellen gilt, um an das Wissen zu gelangen, das Ihnen fehlt. Beispielsweise können Sie sich auf Ihr Lexikon im Regal verlassen, um die neumodischen Fremdwörter nachzuschlagen, die Ihnen Ihre Programmierer um die Ohren schlagen.

Fehlendes Bewusstsein

3. Stufe (**Fehlendes Bewusstsein**) – „Ich weiß etwas nicht und weiß das nicht.“: Die dritte Stufe ist damit umso gefährlicher. Wenn Sie nicht einmal eine Frage formulieren können, weil Ihnen das Bewusstsein für Ihre Unwissenheit fehlt, werden Sie auch keine Antwort bekommen. Nehmen wir an, Sie lassen eine unzureichende Benutzerschnittstelle entwickeln, weil Sie sich nicht der mangelnden Kenntnisse der Benutzer bewusst sind. Ihr Produkt wird sich nur schlecht verkaufen lassen und wenn, werden es Ihre Benutzer nur ungern oder fehlerhaft benutzen. Es böte sich also an, rechtzeitig Usability-Tests mit einem Prototypen durchzuführen, um dieses Risiko zuerst auf die zweite Stufe Ihrer Unwissenheit zurückzuführen und nachfolgend dann auf die erste Stufe. Viele Risiken in Softwareprojekten finden sich auf dieser Stufe Ihrer Unwissenheit. Handeln Sie entsprechend, denn ein Risiko auf dieser Stufe ist schwerwiegend und kann Ihren Projekterfolg bereits in Frage stellen. Hier setzen neben dem Risikomanagement auch die Vorgehensmodelle der Softwaretechnik an. Durch die prozesskonforme Bearbeitung und Festlegung von definierten Arbeitsprodukten werden Stellen im Projekt aufgedeckt, die einer tieferen Wissensakquise bedürfen, als man zunächst erwartet hätte. Man wird also ein Stück weit unabhängig von Erfahrung und Einschätzung der Projektmitarbeiter, sich selbst eingeschlossen. Diese Prozesse behandeln gleichzeitig auch die folgenden zwei Stufen, die noch vor uns liegen und die Lage noch interessanter machen.

Fehlender Prozess

4. Stufe (**Fehlender Prozess**) – „Ich kenne keinen Weg, um herauszufinden, ob es noch etwas gibt, von dem ich noch nicht weiß, dass ich es nicht weiß.“: Stufe Drei hält ein fatales Risiko für Sie bereit, denn Sie besitzen weder eine Frage noch besitzen Sie einen systematischen und in vertretbarer Zeit umsetzbaren Weg, der Ihr Risiko auf die erste Stufe führt. Bleiben wir beim Beispiel mit der ungeeigneten Benutzerschnittstelle: Wenn Sie keine Usability-Tests kennen, müssten Sie auf dieser Stufe welche erfinden. Daran lässt sich leicht erkennen, dass Risiken, die auf dieser Stufe Ihrer Unwissenheit auftreten, einige unangenehme Eigenschaften besitzen. Sie sind erstens schwierig zu erkennen und zweitens schwierig zu behandeln. Sie werden dies aber tun müssen, es gibt nämlich keinen Grund anzunehmen, dass für Sie keine Risiken dieser Stufe existieren. Unterstützung werden Sie auch durch dieses Buch erhalten. In Kapitel 3 erhalten Sie einen Prozess für ein erfolgreiches Risikomanagement und in Kapitel 4 folgt das Risikolexikon. Er wird Ihnen helfen Risiken zu erkennen, die Sie

vielleicht noch gar nicht bedacht haben und Maßnahmen anzugehen, die Sie vielleicht noch nicht erfunden haben.

5. Stufe (**Meta-Unwissenheit**) – „Ich beachte die 5-Stufen-der-Unwissenheit nicht.“: Wenn Sie nicht wissen, dass Softwareprojekte ein Prozess der permanenten Wissensaneignung sind und Ihnen entsprechend auch die Kenntnis über die „5 Stufen der Unwissenheit“ fehlt, dann werden Sie – einfach gesagt – große Erfolgsprobleme bekommen oder bereits haben. Dieses Risiko sollte von nun an aber minimal sein, Sie kennen ja nun die fünf Stufen. Bleibt nur noch, nicht über die Verbleibenden zu stolpern.

Meta-Unwissenheit

Ein funktionierendes Risikomanagementsystem zeichnet sich übrigens dadurch aus, dass es die „5 Stufen der Unwissenheit“ berücksichtigt und Sie unterstützt auf Stufe Eins zu kommen.

2.2.4 Probleme in der Umsetzung des Risikomanagements

Sie haben bis hierhin schon einige gewichtige Punkte erfahren, warum ein Risikomanagementsystem sinnvoll ist. Dazu brauchen wir uns lediglich die Zahlen und Fakten der Projekte auf dem Softwaremarkt vor Augen zu halten. Dabei stellt sich die Frage, wieso das Risikomanagement bis heute nicht zu den Standardprozessen bei Softwareprojekten gehört. Wieso häufen sich jedoch so viele Probleme während der Umsetzung und Einführung eines Risikomanagement an, die dann vielleicht sogar zu dessen Scheitern führen? Wenn es an dieser Stelle kaum Probleme gäbe und das Risikomanagement nicht so bedeutend für Softwareprojekte wäre, würden wir uns nicht gezwungen fühlen über dieses Thema zu schreiben. Zum Abschluss dieses Kapitels stellen wir Ihnen vor diesem Hintergrund einige Fakten und den Status Quo des Risikomanagements bei Softwareprojekten vor.

2.2.4.1 Exkurs: Stellenwert des Risikomanagements im produzierenden Gewerbe

Abbildung 2.8 visualisiert den Stellenwert des Risikomanagements in Firmen des produzierenden Gewerbes. Während in 90 Prozent der befragten Unternehmen eine Zentralfunktion zur Budgetierung und eine Ergebnisrechnung sowie interne Revisionen existieren, verfügen lediglich nur 20 Prozent der Unternehmen über eine Zentralfunktion Risikomanagement. Weit aus drastischer ist die Anzahl der Personalstärke, die nur bei 0,06 Prozent liegt. Weitere Umfragen, die hier in der Grafik nicht dargestellt sind, ergaben, dass bestenfalls bei jedem zweiten Unternehmen beispielsweise Aufgaben und Verantwortlichkeiten für das Identifizieren und Steuern von Risiken klar zugeordnet sind.[28] Das spiegelt auch die Situation auf den Softwaremarkt wider und sichert die Erkenntnis, dass Probleme in der Umsetzung des Risikomanagements bestehen.

Abbildung 2.8: Stellenwert des Risikomanagements im produzierenden Gewerbe

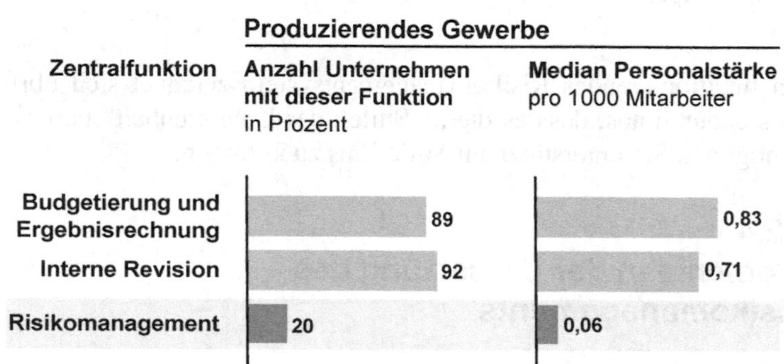

Anders sieht es in Finanzdienstleistungsunternehmen aus, wo das Thema Risikomanagement bereits seit langem einen hohen Stellenwert besitzt: „Die Übernahme von Risiken gilt für diese schließlich als Kerngeschäft und -kompetenz. Finanzdienstleister verfügen daher meist über entsprechende organisatorische Strukturen und Prozesse."[29]

2.2.4.2 Ursprung der Probleme

Einer der Erfolgsfaktoren jeder Fachliteratur, jedes Meetings oder Projektes ist die Definition einer gemeinsamen Grundlage für alle Beteiligten. Wir müssen von der gleichen Basis aus kommunizieren und agieren, egal ob Autor und Leser, Moderator und Teilnehmer oder das Projektteam. Wir folgen diesem Prinzip beispielsweise, indem wir dieses Kapitel mit einer Menge Definitionen begonnen haben.

[28] Vgl. Merbeck/Stegemann/Frommeyer (2004), S. 223 ff.
[29] Vgl. Merbeck/Stegemann/Frommeyer (2004), S. 223

Existiert jedoch in einem Projektteam ein unterschiedliches Verständnis über Schlüsselbegriffe, wie „Risiko“ und „Risikomanagement“, ist es schwer, ein Risikomanagementsystem erfolgreich einzuführen und es im Anschluss umzusetzen. Oft scheitert das Risikomanagement bereits in den Anfängen, einfach aufgrund unterschiedlicher Interpretationen.

Verständnisschwierigkeiten

Hinzu kommt das negative Charisma des „Schadens“ und der „Bedrohung“, zu selten werden die Chancen, die sich hinter vielen Risiken verbergen, thematisiert und in die Überlegungen mit eingebunden. Im Projektteam haben die Mitarbeiter letztendlich oft ein falsches Verständnis über das Risiko bzw. sie verwenden und kommunizieren es widerstrebend. Nicht ganz unschuldig sind dabei die Projektleiter, die das Risikobewusstsein in den seltensten Fällen fördern, selbst risikobewusst kommunizieren oder entscheiden und vielleicht auch kein proaktives Risikomanagement vorleben.

Negativer Beigeschmack des Schadens

2.2.4.3 Die häufigsten Probleme in der Umsetzung des Risikomanagements

Ein weiterer wesentlicher Faktor, der Probleme im Risikomanagement bereitet, ist oftmals der eigentliche Prozess. Dieser wird zu schnell vernachlässigt oder noch schlimmer – es gibt gar keinen. Alles startet mit einem Prozess – wird dieser nicht von Anfang an definiert, dokumentiert und kommuniziert, kann die Umsetzung nicht erfolgreich werden. Hinzu kommen dann noch die weiteren Aktivitäten (Integration in vorhandene Prozesse, Festlegung von Aktivitäten und Aufgaben, Definition von Rollen und Verantwortlichkeiten, usw.), die eine Einführung und Umsetzung eines Risikomanagements ausmachen und erfolgreich gestalten. Dies alles erfordert auf den ersten Blick viel „zusätzliche Arbeit“. In der Praxis dominieren allerdings oft enge Zeitpläne und das Erreichen des nächsten Meilensteines erhält höchste Priorität. Das strategische Investment Risikomanagement wird entsprechend als nicht bedeutend genug empfunden und daher oft vernachlässigt oder erst gar nicht praktiziert. Risiken werden so lange verdrängt oder sogar übersehen – bewusst und unbewusst – bis sie letztendlich zu Problemen werden. Können es sich Unternehmen und Projekte auf Dauer leisten, immer wieder Probleme zu bearbeiten anstatt sich auf die Wertschöpfung zu konzentrieren? Muss ein Projekt automatisch in ein Krisenmanagement münden?

Probleme bei der Umsetzung des Risikomanagementprozesses

Oft liegen hier die Herausforderungen auf einer anderen Ebene, im politischen Bereich. Laut Kleuker und Ebrahim-Pour in einem Artikel der RISKNEWS, können Barrieren bei der Einführung und Umsetzung des Risikomanagements in drei Kategorien eingeteilt

Zumeist politische Herausforderungen

werden: Persönliche Folgenabschätzung, mangelndes Verständnis des Risikomanagementprozesses und fehlende Unternehmenskultur im Umgang mit Prozessen.[30] Die folgenden aufgeführten Probleme treffen auch unsere Ansichten – zum Teil schon im oberen Abschnitt erwähnt – genau auf den Punkt:

- Projektleiter befürchten die Aufdeckung früherer und gegenwärtiger Fehlentscheidungen in ihren Projekten, die die Projektteams mit Hilfe des Risikomanagements aufdecken könnten.
- Projektleiter befürchten einen Mehraufwand für ihr Projektteam und die damit verbundenen Kosten für risikominimierende Maßnahmen.
- Es wird eine verstärkte externe Kontrolle befürchtet. Wenn erst einmal Daten und Zahlen zu Risiken vorliegen, erscheint es möglich, diese „kontraproduktiv" auszuwerten.
- Durch das Risikomanagement können auch Risiken entdeckt werden, die die mangelhafte Umsetzung des Vorgehensmodells aufdecken.
- Trotz eines definierten Risikomanagementprozesses kann dieser nicht effektiv umgesetzt werden, weil er nicht mit anderen Prozessen verzahnt ist.
- Projektmitarbeiter können noch so viele Risiken erkennen und identifizieren, wenn sie sich jedoch nicht trauen sie anzusprechen, bleiben diese immer unbehandelt.

Uns allen sind diese Hürden bekannt und wir alle wissen, dass es geeigneter Methoden und Verhaltensweisen bedarf, diese für ein erfolgreiches Risikomanagements zu überspringen. Um das Risiko, dass Ihr Risikomanagement nicht erfolgreich werden könnte zu minimieren bzw. Ihr bestehendes Risikomanagement noch erfolgreicher zu gestalten, möchten wir Ihnen im nächsten Kapitel nicht nur wertvolle Tipps auf den Weg geben, sondern parallel auch einen Leitfaden und Ansätze für ein erfolgreiches Risikomanagementsystem vorstellen. Insbesondere werden wir auch die Merkmale aufführen, an denen effizientes Risikomanagement erkannt werden kann.

2.2.4.4 Wie geht es weiter?

Wir hoffen, dass wir Ihnen die Grundlagen des Risikomanagements und die Ausgangslage in der Praxis näher bringen konnten. Insbe-

---

[30] Kleuker/Ebrahim-Pour (2005)

sondere sollten Sie nun die Tragweite des Risikomanagements als Erfolgsfaktor für Softwareprojekte einschätzen können. Hinzu kommt die Vielzahl der Anforderungen an ein erfolgreiches Risikomanagementsystem, das das Projektmanagement in praktisch allen Bereichen ergänzen soll – technische, organisatorische und psychologische Elemente müssen auf Erfolg getrimmt werden. Wie Sie dies erreichen, stellen wir nun in Kapitel 3 vor.

3 Prinzipien wirkungsvollen Risikomanagements

Lassen Sie uns gleich zu Beginn eine düstere Vision heraufbeschwören. Nehmen wir an Sie arbeiten gerade in einem IT-Projekt und Sie haben Ihren Arbeitsbereich voll zu verantworten. Nehmen Sie jetzt die Zahlen aus Kapitel 2. Besteht für Sie eine Gefahr? Mit einer gewissen nicht zu knappen Wahrscheinlichkeit werden Sie Opfer eines Risikos werden. Es wird sich in ein Problem wandeln, die ersten Meilensteine werden nicht erreicht, die Arbeitslast steigt, die Nachfragen Ihres Vorgesetzten werden häufiger...soviel zu Ihrem Einzelfall. Weil diese Zwickmühle in unserer düsteren Vision aber nicht nur bei Ihnen vorkommt, sondern auch bei praktisch allen anderen, werden Probleme und Arbeit immer mehr. Wir haben in solchen Situationen nur zwei Möglichkeiten. Entweder wir gehen unter oder wir stumpfen ab und nehmen die Dinge nicht mehr ernst – wir kennen ja die Problemspirale schon, die uns immer wieder gefangen nimmt.

Und dabei ist doch eines der stärksten Grundmotive der Softwareentwicklung ganz einfach die Lieferung einer konkreten Problemlösung, einer Hilfestellung, einer Vereinfachung, einer Innovation. Es geht nicht um die Bearbeitung selbst gemachter Probleme, es geht um die Sache, und genau hier kann Risikomanagement seinen Beitrag gegen diese zugegebenerweise übertrieben düstere Skizze unserer Gegenwart und Zukunft leisten. Sie lesen dieses Buch vielleicht, weil Sie sich nicht mit dem immerwährenden „auf" und „ab" zwischen Problemen und anderen Problemen abfinden wollen. Zu Recht.

Die schlechte Nachricht lautet also: Ihr Projekt sieht sich derzeit Risiken gegenüber. Und in diesem Kapitel erfahren Sie nun, welche Faktoren und Merkmale ein solch effektives Risikomanagement auszeichnen sollten, damit Sie Gestaltungsfreiräume für Ideen und Innovationen schaffen. Wie Sie mit all den zusammengetragenen Erfahrungen, Empfehlungen und dem Wissen umgehen, liegt dann in Ihren Händen. Es wird aber sicher nicht reichen, eine Person zum

Risikomanager zu benennen und zur Tagesordnung überzugehen. Einiges hier bricht vielleicht auch mit den Konventionen eines herkömmlichen Risikomanagements und mag zur Diskussion anregen, aber diese Diskussion muss allein schon im Rückblick auf die Negativstatistiken aus Kapitel 2 geführt werden. Auch das Risikomanagement selbst muss diskutiert werden, es scheint seine Ziele in den letzten Jahren nicht erreicht zu haben.

„After all, would such numbers of projects have failed so badly if their risks hat been properly managed?[31]*"*

Entdecken wir also das Risikomanagement neu.

3.1 Die Mission eines wirkungsvollen Risikomanagements

Zunächst wollen wir die konkreten Ziele des Risikomanagements noch einmal festhalten – ja, die Mission beschreiben, die wir verfolgen wollen, um den Problemen aus Kapitel 2 mit den Mitteln des Risikomanagements zu begegnen. Dabei ist das vorgegebene Ziel des Risikomanagements die Beseitigung oder Minderung aller für die Erreichung einer konkreten Zielsetzung relevanten Risiken.

Ein effektives Risikomanagement hebt sich allerdings durch ganz bestimmte Merkmale ab. Die Ziele eines solchen Risikomanagements haben wir bereits in der Einleitung des Buches definiert. Bevor es nun konkret wird, hier noch einmal zur Auffrischung:

Ziele des Risikomanagements

- Das proaktive Erkennen und Behandeln von Risiken verhindert das Entstehen von Problemen und steigert die Produktivität der Mitarbeiter. Diese können sich auf Wertschöpfung und Qualität konzentrieren.
- Das Projektmanagement erhält durch das Risikomanagement Entscheidungsgrundlagen, um das magische Viereck zu optimieren.
- Es wird für alle Mitarbeiter ein motivierendes Arbeitsumfeld geschaffen, das zu Leistung und Erfolg führt.
- Die Projektgesamtkosten sinken durch den Einsatz des Risikomanagements.

---

[31] Stepanek (2005), S. 48

- Im großen Maßstab werden die Ergebnisse der Projekte insgesamt verbessert. Weniger Projekte laufen aus dem Zeit- und Kostenrahmen.

Mission

Mit anderen Worten ist die Mission des Risikomanagements die Sicherstellung des Projekterfolges in den Kategorien Zeit, Budget, Qualität und Umfang durch proaktives Handeln und die Vermeidung von Problemen. Dies alles unter der Berücksichtigung, dass nur Menschen das Risikomanagement zum Erfolg führen können.

3.2 Ausblick auf die weiteren Kapitel

In den nächsten Kapiteln wollen wir wie folgt vorgehen, um Sie bei der Erreichung dieser Ziele zu unterstützen:

Kapitel 3

- Zunächst werden wir zehn Thesen für ein wirkungsvolles Risikomanagement in Kapitel 3 formulieren. Sie erhalten dabei konkrete Kriterien für die tägliche Arbeit an die Hand, nach denen Sie beispielsweise auch ein bestehendes Risikomanagementsystem bewerten und weiterentwickeln können. Des Weiteren geben wir auch Tipps, die Sie bei der Einführung eines Risikomanagementsystems beachten sollten.

Kapitel 4

- Danach werden wir in Kapitel 4 einen Risikomanagementprozess beschreiben, der auf den formulierten Thesen aufbaut und eine konkrete Implementierung des Risikomanagements in der Praxis darstellt. Er kann Ihnen als Referenzprozess dienen, um Ihren eigenen Prozess aufzusetzen oder einen bestehenden zu verbessern.

Kapitel 5

- Zum Abschluss werden Sie in Kapitel 5 einen Überblick bekommen über die Schritte, die Sie konkret unternehmen können, um ein Risikomanagementsystem in diesem Sinne in Ihr bestehendes Vorgehensmodell zu integrieren. Dazu werden wir exemplarisch den Einstieg anhand verbreiteter Vorgehensmodelle aus der Praxis skizzieren.

3.3 Der Risikomanagementkontext

Risikokontext = IT-Projekte

Wir wollen zum besseren Verständnis bereits hier definieren, welchem Risikomanagementkontext die folgenden Ausführungen zugrunde liegen. Wir gehen davon aus, dass die „Zielsetzung", die das Risikomanagement für Sie sichern soll, einen projektähnlichen Charakter besitzt. Das heißt es liegen Merkmale von Projekten vor, wie ein gewisser Grad an Einmaligkeit in Kombination mit begrenzten Ressourcen (Zeit, Budget, Personal), um die definierten Ziele zu erreichen.[32] Dies ist sowohl in Projekt- als auch in Linienorganisationen nichts Ungewöhnliches. Zudem gehen wir von IT-Projekten aus, die sich mit der Erstellung, Anschaffung und dem Betrieb von Software beschäftigen.

3.4 10 Thesen für wirkungsvolles Risikomanagement

Im Folgenden nun 10 Thesen zum Risikomanagement, die die Erreichung der formulierten Ziele sicherstellen sollen:[33]

- These 1: „Verteilen Sie Risikobewusstsein und Risikoverantwortung!"
- These 2: „Betreiben Sie Projektmanagement als Risikomanagement und umgekehrt!"
- These 3: „Fördern Sie eine offene und professionelle Risikokommunikation und -kultur!"
- These 4: „Lernen Sie von anderen!"
- These 5: „Passen Sie den Risikomanagementprozess an und benutzen Sie ihn!"
- These 6: „Integrieren Sie den Risikomanagementprozess in Ihre vorhandenen Prozesse!"
- These 7: „Nutzen Sie bewusst das Prinzip der Evolution für sich!"

---

[32] Vgl. DIN 69901

[33] Wir sind bei weitem nicht die einzigen, die Merkmale eines guten Risikomanagements zusammengetragen haben. Ähnliche Arbeiten finden sich beispielsweise von Van Scoy (1992), die durch Higuera/Dorofee/Audrey et al. (1994) erweitert wurden.

- These 8: „Lernen Sie schätzen!“
- These 9: „Überblicken Sie die Wirtschaftlichkeit!“
- These 10: „Risikomanagement handelt von den Menschen!“

3.4.1 These 1: „Verteilen Sie Risikobewusstsein und Risikoverantwortung!“

Wir sind mit dem Ziel angetreten, ein effektives Risikomanagement zu beschreiben. Dazu folgen wir zunächst dem aktuellen Risikospektrum, das bei Softwareprojekten jeder Art heutzutage auftritt, zu seinen Ursprüngen zurück. Wo liegt der Ursprung von Projektrisiken? Die wahrscheinlichste Ursache für interne Risiken ist die allzu menschliche Unwissenheit über Sachverhalte, Technologien, Menschen, Methoden, Machtverhältnisse etc. Die Liste ließe sich beliebig fortsetzen. Wir wissen einfach nicht genug. Das haben wir auch schon am Beispiel der 5-Stufen-der-Unsicherheit in Kapitel 2 erfahren. Unwissenheit ist ein starker Gegner, insbesondere wenn Ihnen kein Weg bekannt ist, Ihre Unwissenheit zu beseitigen. Die Unwissenheit wiederum findet ihren Ursprung in zwei Problemen. In der anhaftenden Komplexität heutiger Vorhaben und in der eingeschränkten Perspektive der Projektmitarbeiter.

3.4.1.1 Grund 1: Komplexität führt zu Unwissenheit

Komplexität ist ein Problem

Wie wir aus Kapitel 2 wissen, ist einer der Trends der Softwarebranche die steigende Komplexität.[34] Sie ist die Quelle der Unwissenheit, weil es nicht mehr möglich ist, sichere und beweisbare Entscheidungen zu treffen. Wenn wir die Konsequenzen unserer Handlungen eindeutig bestimmen könnten, würden wir sichere Entscheidungen treffen und das Risiko wäre gleich Null. Im Projektalltag haben derartige Entscheidungen leider einen Seltenheitswert. Vielmehr geht es heute darum, das Risiko unterschiedlicher Optionen gegeneinander abzuwägen und den optimalen Weg möglichst objektiv zu bestimmen. Die Systemtheorie stellt die Problematik sehr einleuchtend dar. Je komplexer und umfangreicher das System, umso mehr „ungünstige“ Systemzustände existieren. In jeden dieser ungünstigen Zustän-

[34] An dieser Stelle mag die eine oder andere Quelle auch nach einer „neuen Einfachheit“ rufen, aber die Komplexität, die wir heute behandeln müssen, wird uns auch morgen noch konfrontieren – wir werden Systeme bauen müssen, die in Größe und Abhängigkeit wachsen.

de bringt Sie ein Risiko. Typischerweise ist kein Individuum mehr in der Lage, das Gesamtsystem und seine Abhängigkeiten zu überblicken – derartige Unwissenheit ist Alltag. Auch kann niemand allein alles erfassen und fortwährend kontrollieren.[35]

3.4.1.2 Grund 2: Perspektivität führt zu Unwissenheit

Perspektivität ist ein Problem

Zur Komplexität gesellt sich die eingeschränkte Perspektive der Projekt- und Risikoverantwortlichen. Wird heute nur ein einzelner Risikomanager ernannt oder der Projektleiter nimmt diese Funktion selbst wahr, dann ignorieren wir eine grundlegende Ursache heutiger Risiken. Risiken werden aus einer subjektiven Perspektive wahrgenommen und bewertet. Dies hängt hauptsächlich an zwei Aspekten. Zum einen an den Erfahrungen und zum anderen am Informationsstand des Betrachtenden. Mit anderen Worten, jeder Mensch nimmt das existierende Risikospektrum anders wahr. Setzen Sie nur einen Mitarbeiter auf die Behandlung aller Projektrisiken an, dann wird Ihr Risikomanagement stark monoperspektivisch aussehen, denn diese eine Person hat nur eine einzige Perspektive, ihre eigene. Zunächst wollen wir den Informationsstand des Betrachters begutachten. Dieser wird in Abbildung 3.1 verdeutlicht.

Abbildung 3.1: Informationsstand eines Entscheidungsträgers[36]

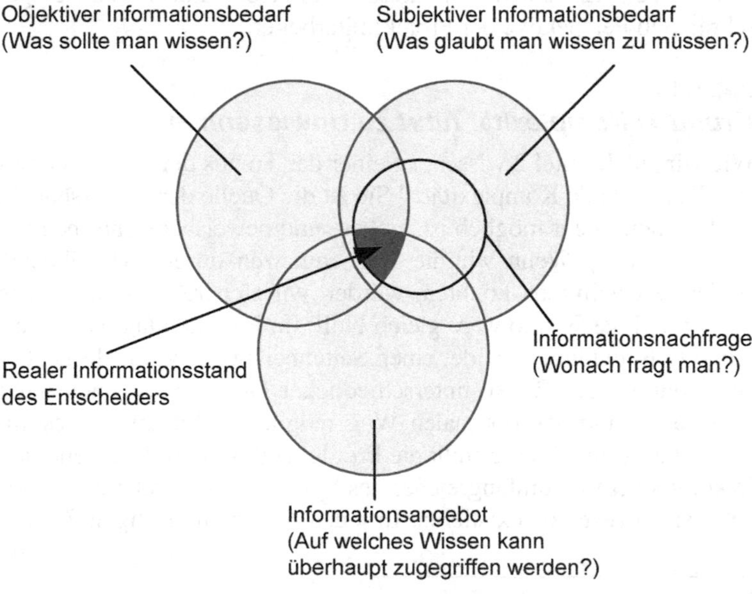

---

[35] Vgl. Romeike/Finke (2003), S. 46 ff.

[36] Vgl. Picot/Reichwald (1991), S. 275 f.

Um eine Entscheidung zu treffen, kann der Betrachter nur auf den kleinen Informationsausschnitt in der Mitte zurückgreifen. Der Rest ist individuelle Unwissenheit – und die besitzen wir unglücklicherweise alle.

Der wirkliche Informationsstand

Aus dem individuellen Informationsstand und den persönlichen Vorerfahrungen heraus, besitzt jeder, vom Projektleiter über den Programmierer bis zum Hausmeister, seine eigene Perspektive, sein subjektives Bild des Projektes. Erschaffen aus seinen individuellen Erfahrungen, Lebenseinstellungen, seiner Projektrolle, Ausbildung und vielen weiteren Faktoren mehr. Jeder verfügt damit über ein Stück vom Wissen über das Projekt und über seine Risiken. Haben Sie schon einmal überlegt, wie Sie an dieses Wissen partizipieren können, um die Unwissenheit als Ursache von Risiken auf Ihrem Projekt zu bändigen und Entscheidungen sicherer zu machen? Wir haben oft die Erfahrung gemacht, dass die mangelnde Berücksichtigung der Perspektivität zu Projektgefährdungen geführt hat, da Risiken entweder nicht erkannt oder vom Einzelnen verkannt wurden.

3.4.1.3 Lösungsansatz: Verteilung

Lösung = Verteilung und Vernetzung

Wenn wir Risiken erkennen und eliminieren möchten, müssen wir die bestehende Unwissenheit effektiv bekämpfen. Die Daten und Fakten aus Kapitel 2 zeigen eindrucksvoll, dass die bisher in der Praxis verfolgten Methoden des Risikomanagements nicht ausreichen. Vielmehr muss der Ansatz eines effektiven Risikomanagements breiter werden und die Herausforderungen der Komplexität und der Perspektivität berücksichtigen. Dieses kann nur erreicht werden, wenn damit begonnen wird, Risikobewusstsein und Risikoverantwortung über das gesamte Projekt und an jeden einzelnen Mitarbeiter zu verteilen.

Analogie „Körper"

Stellen wir uns unser Risikomanagementsystem als menschlichen Körper vor. Wir besitzen Sinne, um Risiken wahrzunehmen, ein Gehirn um Risiken zu analysieren und Extremitäten, um Maßnahmen gegen Risiken in die Tat umzusetzen. Folgen wir herkömmlichen Risikomanagementansätzen, so nutzen wir allenfalls das rechte Auge, um ein Risiko zu erkennen, im Sehzentrum des Gehirns analysieren wir das Risiko und mit der linken Hand unternehmen wir dann eine Minderungsmaßnahme. Wirkliche Exzellenz erreichen wir nur, wenn wir alle unsere Sinne einsetzen und das Zusammenspiel zwischen ihnen perfekt koordinieren. Im Risikomanagement müssen wir diesem Gedanken der Vernetzung unserer Möglichkeiten folgen.

Risikobewusstsein verteilen

- **Risikobewusstsein verteilen:** Zunächst muss ein adäquates Risikobewusstsein auf alle Projektbeteiligten verteilt werden. Dazu muss jeder zunächst über ein Grundwissen im Risikomanagement verfügen, um Begriffe, Konsequenzen und Handlungsweisen einschätzen zu können. Im Übrigen ist Kapitel 2 dieses Buches genau für diese Aufgabe konzipiert. Es trägt die weit verbreiteten Begriffe und Praktiken des Risikomanagements zusammen. Aufbauend auf diesem Grundwissen und dem Bewusstsein für mögliche Konsequenzen der Risiken, kann jeder Mitarbeiter zu einem erfolgreichen Risikomanagements beisteuern. Der erste Schritt ist also das Bewusstsein für die Relevanz des Risikomanagements zu schärfen.

Risikoverantwortung verteilen

- **Risikoverantwortung verteilen:** In einem zweiten Schritt sollte die Verantwortung im Risikomanagement verteilt werden. Jeder Mitarbeiter ist durch seine spezielle Rolle im Projekt fähig, Risiken in seinem und angrenzenden Bereichen zu identifizieren und für diese im Anschluss die notwendigen Maßnahmen zu treffen. Jetzt bedarf es nur noch einer entsprechenden Koordination und Delegation. Bei der Einrichtung eines effektiven Risikomanagementsystems kommt diesem Punkt besondere Wichtigkeit zu, denn erst wenn sich jemand für etwas verantwortlich fühlt und das Bewusstsein für dessen übergreifende Relevanz entwickelt hat, wird er diese Aufgabe auch auf seiner persönlichen Agenda priorisieren. Nur auf diese Weise kommt dem Risikomanagement die notwendige Bearbeitungstiefe zu, die es zu seiner Zielerreichung benötigt. Es klingt im ersten Moment etwas verwunderlich, aber wenn wir möchten, dass Risikomanagement funktioniert, müssen wir es aus der Hand geben. Dabei kann Verantwortung idealerweise so übertragen werden, dass sie dem jeweiligen Arbeitsbereich des Mitarbeiters entspricht und den individuellen Kompetenzen gerecht wird. Dieses Vorgehen bietet sich damit auch zum Einsatz in der Personalentwicklung an, denn er verbindet Verantwortung für projektkritische Inhalte mit Kommunikation über Hierarchien und funktionale Einheiten hinweg. Anhaltspunkte für Risiken, die delegiert werden können und an wen, finden Sie auch in unserem Risikolexikon.

3.4.1.4 Exkurs: „Richtig delegieren"

Grundsätze beim Delegieren von Aufgaben

Die Weitergabe der Risikoverantwortung stellt eine Herausforderung für Führungskräfte dar. Unter Berücksichtigung der Perspektivität nutzt die einfache Übertragung der Aufgabe zusammen mit einer vorgegebenen Lösung nichts. Diese Art der Delegation ist geprägt von der Überzeugung des Delegierenden, die Lösung und den Weg für eine Aufgabe bereits zu kennen. Der kritische Schritt ist zu lernen, wie sie Aufgaben im Risikomanagement vollkommen an einen Mitarbeiter übergeben werden können, so dass dieser selbst die Erreichung der notwendigen Qualität sicherstellt und die Arbeit im Zeitrahmen erledigt. Dazu müssen zunächst die erwarteten und gewünschten Resultate, verfügbare Ressourcen und die Faktoren zur Leistungsbewertung klar beschrieben werden. Kommunizieren Sie, was erreicht werden soll und nicht, wie dieses erreicht werden soll – allenfalls kleine Tipps sind erlaubt. Fragen Sie dann nach Feedback, um herauszufinden, wie Ihr Gegenüber die Aufgabe sieht und wie er sich dabei „fühlt" und was ihm gegebenenfalls noch fehlt.[37] Auf diese Weise setzten Sie das Ziel zwischen Ihnen beiden fest, übertragen die Verantwortung und fördern das übergeordnete Ziel. Ziel der Delegation ist schließlich die Unterstützung der Verteilung von Wissen, Stärkung des Risikobewusstseins und gleichzeitig die Nutzung des Wissens und der Kreativität des Mitarbeiters.

3.4.1.5
Qualitätskriterien für die Verteilung von Risikobewusstsein und -verantwortung

Aus der Verteilung von Risikobewusstsein und -verantwortung im Kontext eines breiten Risikomanagementansatzes ergeben sich folgende Kriterien, die ein effektives Risikomanagement auszeichnen:

1. **Risiken werden verteilt identifiziert, analysiert und überwacht**

Verteilung ist allgegenwärtig

Dieses Merkmal folgt direkt dem Grundsatz der Verteilung. Nur, wenn Sie alle Potentiale der Perspektivität nutzen und verteilt die vielfältigen Aufgaben angehen, werden Sie ein effektives Risikomanagement betreiben und dem Ziel näher kommen, ein ruhiges und erfolgreiches Projektleben zu führen. Wie dieses im Einzelnen aussehen kann, können Sie im Kapitel 4 über den Risikomanagementprozess nachlesen.

2. **Kommunikationskanäle für das Risikomanagement sind geschaffen und werden benutzt**

Kommunikationskanäle funktionieren

In „vernetzten" Systemen, wie dem vorgestellten Ansatz, kommt der Kommunikation eine besondere Bedeutung zu. Zu den Kommunikationskanälen gehört sicher auch ein entsprechendes Berichtssystem, aber vielmehr müssen die Mitarbeiter in die Lage versetzt werden, in eigener Verantwortung über hierarchische und funktionale Grenzen

[37] Vgl. Covey (2004), S. 173 f.

hinweg zu kommunizieren. Genaueres hierzu in These 3 zur offenen Kommunikation (Kapitel 3.4.3).

Verantwortliche sind benannt

3. **Die Verantwortlichkeiten im Risikomanagementprozess sind definiert**

Oben haben wir die Bedeutung der Verantwortungsdelegation bereits beschrieben. Zu dieser konsequenten Verteilung der Aufgaben auf die passenden Mitarbeiter müssen zusätzlich die Verantwortungen im zugrunde liegenden Risikomanagementprozess festgelegt werden. Es ist klar zu definieren, wie ein neu entdecktes Risiko mitgeteilt wird oder wer eine beschlossene Maßnahme zur Risikominderung freigibt. Zu diesem Thema erfahren Sie im Laufe dieses Kapitels unter 3.4.5 und 3.4.6 mehr.

Risikoindikatoren sind aufgestellt

4. **Risikoindikatoren sind aufgestellt und werden verteilt überwacht**

Wie in Kapitel 2 beschrieben, dienen Risikoindikatoren der Überwachung, ob ein Risiko eintritt. In der Praxis sollte mindestens ein Indikator pro Risiko bestehen, der ebenfalls verteilt überwacht wird. Dabei sollte einem ausgewählten Mitarbeiter die Verantwortung übertragen werden. In Kombination mit einem wachen Risikobewusstsein und einem entsprechenden Kommunikationsweg kann auf diese Weise eine schnelle und passende Reaktion erreicht werden.

3.4.1.6 Fazit

Fazit

Kehren wir einen Moment zu unserer Körpermetapher zurück. Wenn es gelingt, das Risikomanagement im Sinne dieser These abzubilden, dann nutzen wir zum Erkennen der Risiken alle unsere Sinne, weil jeder Sinn beteiligt ist. Das Gehirn vernetzt die Zusammenhänge und wir sind zu einer koordinierten und komplexen Reaktion fähig.

Vernetzung ist der Schlüssel in einem verteilten System

Die Verteilung und Vernetzung trägt zudem den Tätigkeiten im Risikomanagement Rechnung. Viele sind kreativer und interdisziplinärer Natur. Von der Risikoidentifikation bis zum Aufsetzen von Minderungsmaßnahmen, benötigen Sie das Wissen über funktionale Bereiche und Einzelrollen hinweg. Dies ist insbesondere in Linienorganisationen (vgl. Kapitel 2.2.1.3) eine der großen Herausforderungen, da hier oft funktionale und politische Gräben verlaufen, die einem effektiven Risikomanagement im Wege stehen. Letztendlich benötigen Sie für viele Risikomanagementtätigkeiten das Wissen von Kunden und Fachabteilung, genauso wie vom Entwicklungs- und Testteam. Die Verteilung des Risikowissens hat für Projekte noch einen weiteren Vorteil. Ein derart vernetztes System ist immer auch resistenter gegen Fehler. Fällt ein Mitarbeiter aus, kann die entstehende Lücke mit großer Wahrscheinlichkeit durch andere Mitarbeiter kompensiert werden.[38]

3.4.2 These 2: „Betreiben Sie Projektmanagement als Risikomanagement und umgekehrt!"

Erinnern wir uns an die Mission des Risikomanagements von oben. So war dies die Sicherstellung des Projekterfolges in Hinblick auf Zeit, Budget, Qualität und Umfang. Damit ist die Schnittstelle zum Projektmanagement, dessen dominierendes Ziel das Optimieren des magischen Vierecks ist, bereits umrissen. Beide, sowohl Projektmanagement als auch Risikomanagement, wollen im Prinzip das Gleiche, wobei das Risikomanagement eben auf proaktives Handeln spezialisiert ist, das mögliche Probleme erkennt und vermeidet, bevor sie eintreten. Praktiziertes Risikomanagement ist ein horizontaler Schnitt durch alle Aktivitäten in jedem Softwareentwicklungsprozess. Aus diesem Grund wird es bisher auch dem Projektmanagement als Disziplin zugeschlagen. Es ist auch nicht vom Projektmanagement zu trennen. Vielmehr baut das eine auf dem anderen auf. Das Projektmanagement plant die Zukunft, es werden Visionen entwickelt, wie etwas aussehen wird und wie dies und bis wann erreicht werden kann. Es wird praktisch das Idealbild für das magische Viereck entworfen. Da das Risikomanagement sich mit den Bedrohungsszenarien für diese geplante Zukunft auseinandersetzt, muss es integraler Bestandteil des Projektmanagements sein.

Projektmanagement bedient einen Regelkreis

Wir wollen an dieser Stelle mit dem Regelkreis ein Grundmodell der Betriebswirtschaftslehre aufgreifen, um den Zusammenhang zu verdeutlichen. Ein Regelkreis zeichnet sich dadurch aus, dass ein Verhalten durch Steuergrößen immer wieder beeinflusst wird und ein potentiell günstigeres Verhalten einstellt. In einem solchen Modell wäre das Risiko demzufolge eine der entscheidenden Steuergrößen, die den Regelkreis für das operative Projektgeschäft kontrolliert. Natürlich gibt es dort noch weitere, wie Chancen, Gewinnmaximierung und Ressourcen, aber DeMarco und Lister formulieren es äußerst treffend: „Risikomanagement ist Projektmanagement für Erwachsene".[39]

---

[38] Vgl. Romeike/Finke (2003), S. 166

[39] Vgl. DeMarco/Lister (2003), S. 9

Aufgabe eines Risikomanagers ist die Vernetzung

In der ersten These wurden bereits Gründe dargestellt, warum das Risikomanagement von jedem Einzelnen in einem Softwareprojekt verantwortet werden sollte und nicht nur von einem spezifischen Risikomanager oder dem Projektleiter. Dies erscheint zunächst als Widerspruch, da Projektmanagement generell mit der Person des Projektleiters verbunden wird. Dieser übernimmt in einem vernetzten System allerdings mehr die Funktion eines Organisators und Kommunikators, während die Verantwortung für das Projektergebnis sowieso direkt und indirekt bei den Beteiligten und Mitarbeitern liegt. Und nur hier kann Risikomanagement ansetzen, dort wo Qualität im Zeit- und Budgetrahmen entsteht. Risikoverantwortung und -wissen auf das Projekt zu verteilen, bedeutet demnach nichts anderes, als ein bewusstes Steuern des Projektes, und genau das ist Projektmanagement.

3.4.2.1 Omnipräsentes Risikomanagement

Aber wie erreichen wir mit dem Risikomanagement diesen hohen Anspruch? Einerseits natürlich durch die Verteilung des bereits angesprochenen Risikobewusstseins andererseits muss der Projektmanagementstil auch dem Risikomanagement den Weg bereiten und Risikobewusstsein überall „säen". Dann wird eine neue Art des Risikomanagements ermöglicht. Ein „omnipräsentes" oder auch indirektes Risikomanagement wird möglich, das in der Projektkultur aufgeht. Dieses Risikomanagement „in allem" zeichnet sich durch folgende Merkmale aus, die Sie durch ein entsprechendes Projektmanagement sicherstellen sollten:

Entscheidungen basieren auf Ergebnissen des Risikomanagements

1. **Eine Risikobetrachtung ist Grundlage von Entscheidungen**

Auf allen Ebenen des Projektes wird durch ein ausgebildetes Risikobewusstsein nach den Paradigmen des Risikomanagements entschieden. Dies bedeutet, dass überall dort, wo Entscheidungen fallen, diese auch bewusst im Sinne der Risikooptimierung getroffen werden.

Beispielsweise kann im Anforderungsmanagement bei der Priorisierung von Anforderungen neben den Aufwandsschätzungen auch eine Risikoeinschätzung erfolgen. Welches Risiko ist für die Stabilität unserer Software mit einer speziellen Anforderung verbunden? In einem weiteren Schritt erlaubt man pro Entwicklungsiteration nur ein gewisses Maß an „Risiko", das zur Implementierung freigegeben wird. Ein anderes Beispiel ist die Planung von Hotfixes, die am laufenden System Fehler beheben sollen. Greift die Behebung eines Fehlers zu tief in die Systemarchitektur ein, können Sie nicht garantieren, dass nicht unerwünschte Nebeneffekte entstünden. Hier muss ebenfalls eine Risikobetrachtung stattfinden. Es gibt die Option von der Umsetzung des Hotfix abzusehen, wenn das Risiko zu groß wäre.

Exkurs: Die wichtigste Entscheidung von allen

Projektvorbetrachtung

Die wohl wichtigste Entscheidung, die natürlich auch mit den Mitteln des Risikomanagements begründet werden sollte, ist die Entscheidung, ob Sie ein angebotenes Projekt überhaupt übernehmen (sofern Sie eine Wahl haben). Im Vorfeld sollten Sie mit allen zur Verfügung stehenden Informationen eine Risikobetrachtung durchführen. Die Abschätzung der Risiken, die ein Projekt mit sich bringt, im Gegenpol zu den sich bietenden Chancen, ist Ihre gewichtigste Entscheidungsgrundlage. Entscheiden Sie sich für die Übernahme großer Risiken, sollten Sie die Risikoanalyse auch zur Bestimmung des Preises heranziehen. Denn wenn die Risiken übergroß sind, müssen gegebenenfalls die Chancen erhöht werden.

2. **Es existieren qualitativ hochwertige Arbeitsprodukte aus dem Risikomanagement**

Qualität der Arbeitsprodukte stimmt

Sie betreiben ein Risikomanagement, das dem Projektmanagement direkten Input liefert. Das heißt auch, dass Arbeitsprodukte bestehen, die nur dem Risikomanagement dienen und hohen qualitativen Ansprüchen an Aktualität und Relevanz genügen.
Dazu gehört, je nach Projektgröße, ein Berichtssystem für Risiken, welches alle bestehenden Risiken beispielsweise in einem Ranking nach der Risikohöhe wöchentlich auflistet. Aus der Liste heraus sollte es auch möglich sein, die Risikoindikatoren, getroffene Maßnahme, Analyseergebnisse etc. zu prüfen.

Um die Qualität sicherzustellen, bietet es sich an, Vorlagen für die einzelnen Arbeitsschritte, beispielsweise für Risikoidentifikation oder Risikoprüfung, bereitzustellen. Damit könnten dann die Mindeststandards für Risikobeschreibungen sichergestellt werden und die für Managementberichte relevanten Kategorien gleich mit abgefragt werden. Auch der Einsatz eines eigenen Informationssystems kann in Erwägung gezogen werden.

3. **In generellen Arbeitsprodukten findet eine Risikobetrachtung statt**

Risikobetrachtung in generellen Arbeitsprodukten

In einem Softwareentwicklungsprozess entstehen Arbeitsprodukte, die über den reinen Programmcode hinausgehen. Von der Vereinbarung der Projektziele, über Spezifikationen bis zu Designentwürfen. In jedes dieser Dokumente gehört eine Risikobetrachtung, die folgende Fragen beantwortet: Welche Risiken gehen aus den Inhalten dieses Dokuments hervor? Welche Risiken hängen mit den Inhalten dieses Dokuments zusammen?

Nehmen wir eine einfache Kurzbeschreibung für eine Anforderung, die ein Fachbereich verfasst hat. Wenn Sie diese in ein Konzept gießen und zur Implementierung weitergeben, sollten die Risiken ausformuliert werden, die Sie im Zusammenhang mit dieser Anforderung sehen und welche der bekannten Projektrisiken aus der aktuellen Risikoliste mit diesen im Zusammenhang stehen. Ein anderes Beispiel seien die verwendeten Klassen in ihrem objektorientierten Entwurf. Fügen Sie per Kommentar eine neue Zeile ganz oben in der Quelldatei ein, die die Risikorelevanz des dort enthaltenden Quellcodes klassifiziert. Dies muss keine fein ausgearbeitete Komplexitätsmetrik sein, sollte aber die einfachen von den komplizierten Programmteilen trennen. Der Kern beider Beispiele ist, dass Mitarbeiter, die nicht direkt beteiligt sind, Entscheidungsgrundlagen zur Risikooptimierung bekommen. Nebenbei führt eine Risikobetrachtung in Arbeitsprodukten zur Stärkung des Risikobewusstseins. Als „Bonbon“ wird zudem noch die Risikokommunikation angeregt.

Risikomanagement gehört in eine Zielvereinbarung

4. **Zielvereinbarungen erhalten Risikomanagement als Aufgabenbeschreibung der Projektrollen**

Im Rahmen der Personalführung durch das Projektmanagement besitzen die Mitarbeiter sicherlich Stellenbeschreibungen und Zielvereinbarungen, die die Erwartungen an sie dokumentieren. In diese gehört auch das Risikomanagement. Eine formale Dokumentation, dass Risikomanagement die Aufgabe eines jeden Mitarbeiters ist, zeigt, dass dem Risikomanagement der notwendige Stellenwert eingeräumt wird. Abgesehen davon gehört in die Zielvorgaben eines Projektleiters selbstverständlich die Sicherstellung von Qualitätsmerkmalen eines zu unterstützenden Risikomanagementsystems, z.B. im Sinne der hier vorgestellten Kriterien.

Fazit

In dieser These haben wir gesehen, wie das Projektmanagement auf das Risikomanagement angewiesen ist und umgekehrt. Auf Basis dieser Feststellung führt die Entfaltung des Risikomanagements zu einer Verbesserung des Projektmanagements, als auf Erfolg getrimmte Steuergröße in allen Managementaktivitäten. Bei der Wirkung, die das Risikomanagement entfaltet, gibt es eine schöne Parallele zur Softwaretechnik. Dort wissen wir, dass es umso teurer wird, einen Programmfehler zu beseitigen, je später er im Entwicklungsprozess entdeckt wird. Dies lässt sich auf das Risikomanagement übertragen, das ja per Definition eine Problemfrüherkennung ist: Je später ein Problem erkannt wird, umso höher fallen Aufwand und Kosten für eine Reaktion aus.

3.4.3 These 3: „Fördern Sie eine offene und professionelle Risikokommunikation und -kultur!“

Jedes Projekt lebt mit und von Risiken, die wir ja mit dem Risikomanagement in den Griff bekommen möchten. Über die Risiken sollte offen geredet und kommuniziert werden. Dies gelingt in der Praxis oft nur bedingt. Das Entscheidende an dieser Stelle ist zunächst eine passende und offene Risikokultur, die von Mitarbeitern, Projektleitung und Management gleichermaßen getragen wird und eine echte Risikokommunikation ermöglicht. Ein Erfahrungswert ist, dass gerade die Mitarbeiter in einem Projekt auch die Risiken am besten benennen können. Jedoch lassen sich viele Mitarbeiter durch die „bösen Seiten“ eines Risikos, das sie lediglich mit Problemen, Schaden und Kosten in Verbindung bringen, dazu verführen, lieber still zu schweigen. Eine Erfolg versprechende Risikokultur ist keine Selbstverständlichkeit, sondern Ergebnis dessen, wie eine Organisation mit Risiken umgeht. Wird der Entdecker eines Risikos belohnt oder bestraft? Können alle Mitarbeiter entdeckter Risiken zweckmäßig kommunizieren? Gehört ihre Organisation vielleicht sogar zu den „Mund halten-„ und „Nicht hinhören-Organisationen“ aus Kapitel 2.1.4?

Um die Risikokultur positiv zu beeinflussen, sollten folgende Verhaltensweisen angestrebt werden:

Verhaltensweisen für die Risikokultur von oben

1. **Risikokultur von oben: Die Projektleitung lebt eine vertrauensvolle und offene Risikokultur vor**

Mitarbeiter müssen ermutigt werden Risiken weiterzugeben, ohne dass daraus negative Konsequenzen entstehen oder befürchtet werden müssen. Legen Sie in Sachen Risiko Ihren Mitarbeitern gegenüber eine vertrauensvolle und offene Einstellung an den Tag. Gehen Sie positiv mit negativen Nachrichten um und ermutigen Sie zum „Risikodenken“ und „Risikosprechen“. Lassen Sie das Risiko als Argument gelten und verwenden Sie es selbst als solches. Belassen Sie es keinesfalls nur bei Lippenbekenntnissen und zeigen Sie aktiv eine Handlung. Denn wird ein Mitarbeiter erneut ein Risiko berichten, wenn der Projektleiter es nicht einmal notiert oder es für den Mitarbeiter gar unersichtlich irgendwo verschwinden lässt? Nein! Dabei ist es egal, wie viele Worte zuvor über die Relevanz des Risikomanagements verloren wurden. Ausschlaggebend ist die ernsthafte Handlung der Führungskraft. Dies führt zu einer fortlaufenden positiven Konditionierung des Gesamtprojektes.

Des Weiteren muss Risikomanagement ein präsentes Thema darstellen, um das Risikobewusstsein der Mitarbeiter zu fördern und Handlungen fordern zu können. Es ist originäre Aufgabe im Projektmanagement, die Dinge, die wichtig für den Erfolg sind, in ihrer Relevanz zu betonen und aufzubauen.

Eine offene Risikokultur lässt sich aber auch indirekt erreichen, indem auch in anderen Bereichen Offenheit gepflegt wird. Teilen Sie beispielsweise Ihr Wissen über Strategien oder das aktuelle Big-Picture mit. Dann entsteht Vertrauen, das auch wieder Grundlage für die Risikokultur sein kann.

Verhaltensweisen für die Risikokultur von unten

2. Risikokultur von unten: Die Projektmitarbeiter arbeiten aktiv am Risikomanagement mit

Alle Mitarbeiter sind in der Pflicht, auf Basis eines ausgeprägten Risikobewusstseins, proaktives Verhalten zu zeigen. Aus der übertragenen Verantwortung müssen Handlungen emporkommen, die dem gemeinsamen Projektziel dienen. Risiken werden aufrichtig berichtet, analysiert und behandelt. Dies werden die Mitarbeiter insbesondere dann tun, wenn ihre Arbeitsergebnisse begründeterweise Einfluss auf Entscheidungen haben. Dann, wenn das Risiko zum Argument wird und realen Einfluss erwirkt. In einem entwickelten Risikomanagementsystem beruhen deshalb auch Entscheidungen der Projektleitung auf Ergebnisse des Risikomanagements. Die Mitarbeiter nehmen an dieser Stelle einen direkten Einfluss ihrer eigenen Arbeit auf den übergeordneten Gesamtzusammenhang wahr.

Verhaltensweisen für die Risikokultur von ganz oben

3. Risikokultur von ganz oben: Die Geschäftsleitung und der Projektsteuerkreis sind an einem erfolgreichen Risikomanagement interessiert

Der Projektsteuerkreis und das obere Management eingeschlossen sollten als übergeordnete Funktion zum einen ein Risikomanagement einfordern und zum anderen ebenso konstruktiv und offen mit den Ergebnissen umgehen, wie dies auch auf der Projektebene notwendig ist. Die Kultur eines Projektes oder einer Abteilung kann durch die übergeordnete Stelle stark beeinflusst werden. Es soll in der Praxis vorkommen, dass Projekte mit einer besonders langen Risikoliste als besonders riskant eingestuft werden – genau das Gegenteil ist wahrscheinlich der Fall. Ist die Risikokultur von derartigen Überlegungen geprägt, wird ein Steuerkreis sicher nie ein realistisches Bild der Situation bekommen können.

Ohne Risiko keine Chance, ohne Chance kein Gewinn. Das Management hat demnach ein vitales Interesse ein funktionierendes Risikomanagement in den betriebenen Projekten zu gewährleisten. Dazu kann es beispielsweise die regelmäßigen Sitzungen nutzen, um auch Kennzahlen des Risikomanagementprozesses zu besprechen. Dies können sein: Werden noch neue Risiken entdeckt? Wie lange dauert es bis Strategie, Maßnahmen oder Indikatoren aufgestellt sind? Zugleich sollte auch die Qualität betrachtet werden. Dies könnte beispielsweise durch eine Einsicht in die aktuelle Risikoliste geschehen. Wenn Sie Mitglied in einem Steuerkreis sind, lassen Sie sich doch einmal die zehn am gewichtigsten bewerteten Risiken präsentieren und reagieren Sie positiv darauf, welche Gedanken sich die Projektleitung gemacht hat. Es sind die Kleinigkeiten, die die Risikokultur weiterbringen. Ist die Risikokultur hingegen etwas restriktiver, so ist es natürlich auch denkbar, dass ein Steuerkreis ein Risikomanagement einfordert und kontrollieren kann, ohne alle Risiken sehen zu wollen. Worauf es hinausläuft ist die Erlaubnis, dass entgegen der Unternehmensphilosophie auch negativ gedacht werden darf.

3.4.3.1 Merkmale einer ungeeigneten Risikokultur

Unternehmen und Projekte, die keine entwickelte Risikokultur pflegen, zeichnen sich durch einige Merkmale aus, an denen wir sie gut erkennen können. Diese Projekte besitzen nie akkurate Pläne, da die Erwartungen „von oben" vorformuliert werden. Es wird ein Termin genannt und entsprechend hat das Projekt zu laufen. Es erfolgt keine offene Kommunikation, was natürlich auch an beiden Seiten liegen kann, „unten" wie „oben". Ein anderer Punkt ist die stetige „Feuerbekämpfung" bei auftretenden Problemen. Um im Bild mit dem Feuer zu bleiben, in diesen Projekten lodert oder züngelt immer wieder die eine oder andere Flamme auf, wird zum Problem ernannt und mit Methoden bis hin zum Krisenmanagement bekämpft. Diese Unternehmen und Projekte sind schlichtweg „problemgetrieben". Wir ziehen eine problemvermeidende oder auch risikogesteuerte Herangehensweise vor. Derartige Vorkommnisse sind natürlich mit einem hohen Stresspotential für die Mitarbeiter verbunden. In diesem Sinne kann Risikomanagement auch der Mitarbeiterfluktuation vorbeugen.

Fortsetzung des Exkurses aus Kapitel 2.1.4: Gründe nicht Alarm zu schlagen – Teil 2

Gründe nicht Alarm zu schlagen – Teil 2

Passenderweise möchten wir Ihnen an dieser Stelle nicht die Ergebnisse der Studie aus dem Exkurs aus Kapitel 2.1.4 verschweigen. Es wurde festgestellt, dass sowohl der „Mund halten"- und der „Nicht hinhören"-Effekt in praktisch allen Organisationen vorkommt. Sie sind allerdings unterschiedlich stark ausgeprägt. Für Sie bedeutet das, dass Sie lernen müssen Ihre Organisation bezüglich der Ausprägung von beiden Effekten einzuschätzen. Verbesserung kann dann nur eine offene und von Vertrauen getragene Arbeitsatmosphäre ermöglichen.

Ergebnis der Studie ist auch, um noch einen Tipp mit auf den Weg zu geben, dass die Positionierung eines möglicherweise für Projekte existenten Prüfteams entscheidend ist. Diese müssen als Teamspieler in der eigenen Organisation gesehen werden, das heißt nicht als dazukommende Mitarbeiter, die Negativmeldungen verbreiten, sondern als regelmäßig integrierte Mitarbeiter, die helfen ein Projekt auf Kurs zu halten. Prüfer dürfen keine Polizei darstellen, sondern sind unterstützende Projektmitglieder. Externe Prüfer haben im Gegensatz zu internen Prüfern überdies den Vorteil, dass ihre Karriere nicht direkt an die zu überprüfte Organisation gebunden ist. Der große Nachteil ist aber, dass erst Vertrauen aufgebaut werden muss, um diese als unterstützende Mitarbeiter am Unternehmens- und Projekterfolg zu positionieren.

Als weiteren Erfolgsfaktor sollten Prüfer über eine starke Verbindung zu den jeweils höheren Managementebenen verfügen und von diesen direkt unterstützt werden.

3.4.3.2 Probleme mit der Risikokultur

Transparenz löst Hierarchien auf

Ein Umstand steht der reifenden Risikokultur allerdings entgegen und kann nur über einen gewissen Entwicklungszeitraum abgebaut werden. Die Furcht der Projektbeteiligten, insbesondere der Leitungsfunktionen, vor Aufdeckung ihrer Schwächen, die vielleicht als Risiken auffallen könnten. Offenheit bedeutet zu einem gewissen Grad Auflösung von Hierarchie, eine gewisse Gleichstellung, da in beide Richtungen auf einer Ebene, der Risikoebene, kommuniziert wird. Vor dem Hintergrund der Komplexität heutiger Vorhaben und dem Umstand, dass nicht ein Mensch allein alles wissen kann, werden derart flache Kollaborationsmodelle an Bedeutung gewinnen. Sie müssen sich allerdings dem schmalen Grad bewusst sein, auf dem die Entwicklung hin zu einer offenen Risikokultur stattfinden kann. Nicht jeder ist vielleicht so weit wie Sie.

3.4.3.3 Risikokommunikation

Es klingt wahrscheinlich bereits die ganze Zeit durch und wird erst recht beim Thema Risikokultur besonders deutlich, dass der Kommunikation eine besondere Stellung im Risikomanagement zukommt. Wieso ist dieser Punkt so bedeutungsvoll? Lassen Sie uns zunächst einen Exkurs unternehmen und darstellen, was wir für eine erfolgreiche Kommunikation berücksichtigen sollten.

Exkurs: Die 4 Seiten einer Nachricht

Jede Nachricht hat 4 Seiten

„Kommunikation ist die Kunst, so ,Guten Tag' zu sagen, dass auch ,Guten Tag' ankommt.“ (V. Birkenbihl)

An diesem Zitat wird deutlich, welche Fallstricke in jedweder Art von Kommunikation lauern können. Ein Sender übermittelt eine Nachricht an einen Empfänger. Hier sind wir auch schon beim Thema, denn sind wir uns immer sicher, dass beim Empfänger dasselbe verstanden wird, was wir als Sender vermitteln wollten? Dazu passend möchten wir Ihnen das Kommunikationsmodell von Friedemann Schulz von Thun vorstellen.[40] Es kann Ihnen nicht nur im Risikomanagement eine kleine Hilfe sein.

Nach Schulz von Thun können wir vier Seiten einer Nachricht unterscheiden. Das nennt er dann die „4 Seiten der Nachricht“: Sachebene, Appell, Beziehungsebene und die Selbstkundgabe. Nach Schulz von Thun enthält jeder unserer Äußerungen diese vier Botschaften, die wir dem Zuhörer teils bewusst und teils unbewusst übermitteln:

1. **Sachebene: Worüber will ich den Empfänger informieren?**

Sachebene

Die „Sachebene“ beschreibt die Ebene der reinen sachlichen Information. Die Daten und Fakten, über die der Empfänger informiert werden soll.

2. **Appell: Wozu möchte ich den Empfänger veranlassen?**

Appell

Wenn wir mit jemandem kommunizieren, wollen wir in der Regel eine von uns gewünschte Reaktion, beispielsweise ein bestimmtes Verhalten, beim Empfänger erreichen. Dabei kann der „Appell“ offen oder indirekt ausgedrückt werden.

[40] Vgl. Schulz von Thun (1999)

Beziehungsebene

3. **Beziehungsebene: Wie stehe ich zu dem Empfänger und was halte ich von ihm?**

Auf der „Beziehungsebene“ wird die Beziehung zwischen dem Sender und dem Empfänger bekundet. Was hält der eine von dem anderen, und was halten sie voneinander?

Selbstoffenbarung

4. **Selbstoffenbarung: Was ich von mir zu erkennen gebe?**

Mit der „Selbstoffenbarung“ gibt der Sender, gewollt oder nicht, Informationen (Gedanken, Gefühle etc.) über sich mit. Sind Sie sich dieses Umstandes bewusst, wenn Sie in E-Mails, bei Meetings oder in Workshops kommunizieren?

Beispiel

Ein Beispiel: Als Projektleiter treffen Sie vor Ihrem Team folgende Aussage: “Laut dem Projektplan liegen wir zwei Tage zurück.“. Die 4 Seiten Ihrer Nachricht könnten also sein:[41]

- **Sachebene**: Das Projektende verzögert sich um zwei Tage.
- **Appell**: Macht voran, damit wir das Projekt trotzdem in der vorgegebenen Zeit fertig kriegen!
- **Beziehungsebene**: Ich habe mich auf euch verlassen. Ihr habt mich enttäuscht. Wie konnte das passieren?
- **Selbstoffenbarung**: Ich mache mir Sorgen, ob wir den Zeitplan einhalten können.

Empfänger darf eine der 4 Seiten aussuchen

Der Sender hat nur eine Aussage getroffen, aber der Empfänger hat nun die freie Auswahl, wie er die Botschaft interpretieren möchte. Somit nimmt die Kommunikation einen dementsprechend unterschiedlichen Verlauf, denn durch die entsprechende Antwort des Empfängers wird der weitere Kommunikationsprozess gesteuert. Sicher kennen Sie Menschen, die grundsätzlich jede Aussage auf sich beziehen oder Nachrichten stark stimmungsmäßig interpretieren. Bei dieser Art der Kommunikation steht die Sachebene oft nicht im Vordergrund.

Die hier vorgestellten vier Seiten einer Nachricht sind bei jeder Art der Kommunikation mit im Spiel. Oft unterschiedlich „laut“ bzw. „leise“, aber es ist immer eine Fehlinterpretation möglich, so dass es schnell zu Missverständnissen kommen kann.

Weitere Kommunikationsstörungen

Leider gibt es auch noch weitere Prinzipien, die die Kommunikation stören können. Letztendlich ist Kommunikation ein dynamischer Prozess zwischen Sender und Empfänger, der sich durch eine

---

[41] Vgl. Kramer, Barbara

immerwährende Rückkopplung auszeichnet. Jedes Argument, aber auch jede Handlung und jegliche Art von Körpersprache usw. bestimmen den Ablauf der Kommunikation selbst. Wir treffen Annahmen über den Gegenüber, die nicht stimmen. Wir antworten nach eingefahrenen Mustern, anstatt uns die Mühe zu machen die Nachricht erst einmal richtig verstehen zu wollen. Kommunikation ist ein schwieriges Feld und doch ist sie die einzige Möglichkeit effektiv Risikomanagement zu betreiben.

3.4.3.4 Qualitätskriterien der Risikokommunikation

Was zeichnet denn nun eine gute und offene Risikokommunikation aus? Im Folgenden haben wir als eine Antwort auf diese Frage einige Merkmale zusammengestellt.

1. **Es wird offen kommuniziert**

Offene Kommunikation

Grundsätzlich ist es für die Erfüllung von Projektaufgaben für jeden Mitarbeiter notwendig, sich über aktuelle Geschehnisse und Situationen auszutauschen. In den hier geführten Konversationen und Diskussionen steckt das große Potential Risiken, die sonst nur schwer zu identifizieren sind, ans Licht zu bringen. Für die Risikoidentifikation ist eine offene Kommunikation ein wesentlicher Bestandteil. Im Berufsleben existieren allerdings Aspekte, die eine offene Kommunikation erschweren. Zum einen kann der Gesprächspartner nicht frei ausgewählt werden und zum anderen müssen wir uns auf jede Art von Person einstellen können. Beides stellt bereits für viele eine enorme Herausforderung dar. Hinzu kommen dann noch Einflussfaktoren mit ins Spiel, die je nach Situation dazu führen, dass eine Kommunikation zurückhaltender geführt wird, als dies im Sinne des Risikomanagements wünschenswert wäre:[42]

Einflussfaktoren in der Kommunikation

- Abhängigkeitsverhältnisse
- Status der Gesprächspartner
- Gesprächskontext und -umgebung
- Unterschiedliche Perspektiven verschiedener Berufsgruppen

Sie sollten sich aber nicht von derartigen Faktoren, die die Kommunikation in der Praxis nicht unbedingt vereinfachen, abschrecken lassen. Sie müssen sich vielmehr dieser Punkte bewusst sein, um erfolgreich im Sinne des Risikomanagements zu kommunizieren. Ge-

[42] Vg. Dr. Wernecke

rade als Projektleiter bzw. Führungskraft stehen Sie in der Pflicht eine offene Kommunikation zu fördern, da den Kollegen die oben genannten Einflussfaktoren gegebenenfalls immerzu im Nacken sitzen. Es ist daher Aufgabe der Verantwortungsträger, den offenen Austausch über Sachverhalte, auch über kritische, zu fördern, zu verlangen und zu belohnen.

Feedback äußern

Ein anderer Punkt ist auch die Möglichkeit zu schaffen, gegenseitig Feedback zu äußern. Was finde ich machst du gut? Was finde ich machst du nicht so gut? Dies muss immer auch in beide Richtungen möglich sein, sonst erfährt ein Projektleiter nie, dass ein Mitarbeiter sich nicht traut Risiken offen anzusprechen.

Anzeichen einer zu restriktiven Kommunikation sind Auslassungen oder Beschönigungen bei Antworten auf Fragen oder Statusberichten, Diskussion auf der Ebene der Beziehungsebene, anstatt auf der Sachebene und die mangelnde Fähigkeit Kritik zu formulieren und Kritik anzunehmen.

Professionelle Kommunikation

2. **Es wird professionell kommuniziert**

Auszeichnendes Merkmal einer professionellen Kommunikation ist eine Fokussierung auf die Sachebene. Wenn Sie den Exkurs von oben (vgl. Kapitel 3.4.3.3) nicht übersprungen haben, wissen Sie ja schon, dass mehr als nur die Sachebene existiert. Genauso geht es bei Kommunikation auch immer um Beziehungsaspekte der beteiligten Personen. Für ein funktionierendes Risikomanagement ist eine sachliche und ergebnisorientierte Kommunikation entscheidend, die auf das Projektziel hinarbeitet. Dabei sollten aber nicht die Fähigkeiten der Mitarbeiter vernachlässigt werden, die „Beziehungsprobleme" innerhalb des Projektes oder der Organisation zu thematisieren. Gerade in politischen Spielchen und persönlichen Abneigungen lauert oft ein großes Gefährdungspotential. Die bewusste Beobachtung der Beziehungsebene der geführten Kommunikation kann bei der Aufdeckung von Risiken ein wichtiger Anhaltspunkt sein.

Weiterhin ist der in problemgetriebenen Unternehmen vorherrschende Endzeitsprachgebrauch dem Risikomanagement gegenüber kontraproduktiv. Verwendete Endzeitausdrücke („Bei uns brennt es!", „Das gibt einen Flächenbrand." oder „Wir müssen es jetzt tun, sonst klatscht es aber richtig!") handeln immer von Konsequenzen aus Problemen. Lassen Sie keine Eskalation des Sprachgebrauches zu. Lösen Sie das bestehende Problem überlegt und nicht wie ein apokalyptischer Reiter. Danach aber beginnen Sie die Kommunikation risikogetrieben zu gestalten, also zu fragen, wo sind die Ursachen und wie können wir derartige Risiken frühzeitig erkennen? Risikoorientierter Sprachgebrauch handelt von den Möglichkeiten, nicht von Konsequenzen.

3. **Risikokommunikation findet vertikal statt**

Vertikale Kommunikation

Stimmt die Risikokultur und wird offen kommuniziert, dann zeichnet sich die vertikale Risikokommunikation zwischen Mitarbeitern und Vorgesetzten durch zwei Merkmale aus. Zum einen ist das Zuhören zu nennen. Sie sollten sich als Projektleiter angewöhnen mehr zuzuhören als zu reden, denn wenn Sie doppelt so viel zuhören wie sie reden, besitzen Sie doppelt so viele Informationen. Und Risiken können nur durch Informationen erkannt und bewertet werden.

Zum anderen muss der Informationsfluss durch bewusstes Stellen von Fragen angespornt werden. Dabei sollten auf beiden Seiten offene Fragen verwendet werden, das heißt es werden Fragen verwendet, auf die nicht mit „Ja." oder „Nein." geantwortet werden kann. Sie könnten fragen: „Ist Risiko A von der Implementierung von Funktion B abhängig?" oder „Wovon ist Risiko A abhängig?" Mit der zweiten Frage werden Sie schlichtweg mehr Informationen erhalten, die vielleicht selbst wieder zu neuen Risiken führen könnten. Geschlossene Fragen nehmen Optionen vorweg oder schließen diese implizit aus, was nicht im Interesse des Risikomanagements liegt.

4. **Risikokommunikation findet horizontal statt**

Horizontale Kommunikation

Wenn Sie eine Führungskraft sind und Ihre Mitarbeiter regelmäßig und freudig mit neuen Risiken zu Ihnen kommen, um Sie über Entdeckung oder Analyse auf dem Laufenden zu halten, so ist dies nur die halbe Miete. Wirklich präsentes Risikomanagement lebt insbesondere von der horizontalen Kommunikation zwischen Mitarbeitern auf der gleichen Ebene. Wenn Sie es erreichen, dass das Risikobewusstsein in die Kommunikation auf der Arbeitsebene einzieht, haben Sie einen gewichtigen Meilenstein erreicht. Denn die Qualität der Arbeitsprodukte wird dann direkt vom Risikobewusstsein beeinflusst. Machen Sie dies beispielsweise daran fest, dass Mitarbeiter untereinander Sachargumente austauschen, die auf risikobewussten Überlegungen basieren.

Fazit

Projekte leben immer mit Risiken. Risiken verändern sich, lösen weitere Risiken aus und haben diverse Beziehungen zueinander. Um sie erfolgreich in den Griff zu bekommen, müssen sie kommuniziert werden. Und zwar ohne, dass das Team zurückzuckt, um bloß nicht eventuell Negatives – was Risiken ja auch nicht sind – ansprechen zu müssen. Fördern Sie in Ihrem Projekt eine offene, ehrliche und professionelle Kommunikation und reflektieren Sie, wie weit Ihre Organisation, die Mitarbeiter und Sie in Bezug auf die Merkmale dieser risikoaffinen Kommunikation sind. Ohne die passende Kommunikation wird Risikomanagement nicht funktionieren. Risikokultur und -kommunikation bilden die Grundlage für die reale Inthronisation des Risikomanagements.

3.4.4 These 4: „Lernen Sie von anderen!"

Für ein Risikomanagementsystem ist der Risikoprozess, der bestehende Risiken behandelt, sicher ein wichtiger Punkt. Aber ein wirkungsvolles Risikomanagement baut eben auch auf vielfach erprobten und erfolgreichen Verfahrensweisen auf, z.B. Best-Practices. Diese Erfolgsrezepte basieren auf gemachten Erfahrungen, mit denen Sie Risiken abbauen können, ohne dass Sie direkt Risikomanagement betreiben. Mit anderen Worten: Lernen Sie von anderen.

Von Menschen lernen

1. **Lernen Sie von erfahrenen Mitarbeitern**

Suchen Sie den Kontakt zu anderen Mitarbeitern, die in vergleichbaren Projekten schon Erfahrungen gesammelt haben. Diese können Sie wahrscheinlich aus dem Stehgreif mit möglichen Risiken versorgen. Nehmen Sie Tipps von Ihren Kollegen an. Diese Art der Kommunikation ist sehr wertvoll in einem Unternehmen und für das Projektgeschäft. Hierbei geht es um das implizite Wissen, das jeder einzelne über Risiken im Kopf hat, auch wenn er nicht bewusst Risikomanagement betreibt. Sie wissen ja, Risikomanagement ist Kommunikation.

Aus Top-Risiken lernen

2. **Lernen Sie aus den Top-Risikolisten**

In Literatur und Praxis finden sich immer wieder Top-Risikolisten, also beispielsweise eine Top 10-Liste mit den am häufigsten und kritischsten auftretenden Risiken in Softwareprojekten. Bei diesen gibt es bestimmte Risiken, die immer wieder auftreten – die so genannten Standardrisiken. Dazu gehören z.B. Änderungen von Anforderungen, Kommunikationsprobleme zwischen Auftraggeber und Auftragnehmer, Terminrisiko usw. Diese Standardrisiken treten nicht nur so gut wie immer auf, sondern haben zusätzlich auch noch ein sehr hohes Schadenausmaß. Daher empfiehlt es sich bei Projekten, je nach Größe und strategischer Relevanz, für jedes dieser Risiken schon von vornherein einen Prozess zu etablieren, um diese zu mindern und ihr Schadensausmaß möglichst gering zu halten.

Mit dem Top-Risiko „Änderungen von Anforderungen" haben wir uns schon alle oft genug herumgeschlagen und uns über die Sprunghaftigkeit unserer Kunden geärgert. Es lässt sich jedoch nicht vermeiden. Aus diesem Grund gibt es hier auch bereits diverse Vorschläge, setzen Sie doch für dieses Risiko einen Changemanagementprozess ein – Beschreibungen dazu werden Sie schnell finden. Definieren Sie solche Prozesse für Ihre Standardrisiken und nutzen Sie sie. Gebrauchen Sie das Wissen, dass diese Risiken so gut wie immer auftreten werden und betreiben Sie bereits vor dem Auftreten des Risikos Gegenmaßnahmen.

3. **Lernen Sie aus Risikosammlungen**

Aus Risikosammlungen lernen

Neben den Top-Risiken gibt es natürlich auch noch eine Reihe weiterer Risiken, die Sie kennen sollten. Ein Beispiel dafür ist das Risikolexikon in diesem Buch. Greifen Sie auf das gesammelte Wissen und die vorhandenen Erfahrungen zu bereits bekannten Risiken zurück. Mit hoher Wahrscheinlichkeit müssen Sie das Rad nicht neu erfinden, sondern können Risiken neben den Kreativtechniken auch per Katalog identifizieren. Dadurch steigt Ihre Produktivität, Ihre Vorhersagewahrscheinlichkeit wird akkurater und Sie erhalten Maßnahmenvorschläge direkt an die Hand. Die Sammlung lässt sich so auch einfach mit eigenen Erfahrungen erweitern.

4. **Lernen Sie von den Erfolgsfaktoren anderer IT-Projekte**

Aus Erfolgsfaktoren lernen

Aus Kapitel 2 wissen wir, dass über die Hälfte aller IT-Projekte nicht im Zeit- und Budgetrahmen abgeschlossen werden. Die Standish Group kehrt folgerichtig die Fragestellung auch um und fragt, welche Faktoren dazu geführt haben, dass Projekte erfolgreich waren.[43] Berücksichtigen Sie diese so genannten Erfolgsfaktoren, ist die Wahrscheinlichkeit größer, dass Ihr Projekt erfolgreich ist. Folgende Erfolgsfaktoren werden sortiert nach Relevanz genannt:

Erfolgsfaktoren von Projekten

1. **Unterstützung durch das Management:** Die Projektziele werden von der Geschäftsleitung getragen und unterstützt. Zudem besteht für den Projektleiter ein adäquater Zugang zur Geschäftsleitung, damit er bei Konflikten Ansprechpartner erreichen kann. Ist dies nicht der Fall, droht das Projekt insbesondere in großen Organisationen schnell zu einem politischen Interessensspielball zu werden.
2. **Beteiligung der Anwender:** Dieser Faktor meint die Einbindung der späteren Anwender des Softwareproduktes während Planung, Design und Test, also über den gesamten Entwicklungszyklus. Wird dies nicht beachtet, kann die Software gegebenenfalls an den grundlegenden Anforderungen der Anwender vorbei entwickelt werden.

---

[43] Vgl. Standish Group (1999)

3. **Erfahrener Projektleiter:** In seiner Rolle als Vermittler zwischen Management, Auftraggeber und Projektmitarbeitern kommt dem Projektleiter eine bedeutsame Rolle zu. Er benötigt Fähigkeiten und Wissen über IT-Projekte, fachliche Hintergründe, organisatorische Einbettung des Projektes, Methoden und das Führen von Mitarbeitern.
4. **Klare geschäftliche Zielvorgaben:** Die geschäftlichen Ziele, die mit einem IT-Projekt erreicht werden sollen, sind im Vorfeld klar festzulegen und zu kommunizieren. Vorgaben sollten die Beschreibung des erwarteten Nutzwertes enthalten, also beispielsweise Kostensenkungen oder ein verbesserter Kundenservice.
5. **Begrenzter Projektrahmen:** Größe und Umfang eines Projektes haben Einfluss auf dessen Erfolgsaussichten. Je größer ein Projekt, je größer ist in der Regel der Kommunikationsbedarf und die Komplexität, die durch mannigfaltige Abhängigkeiten und Schnittstellen entstehen. Ein Projekt sollte daher in einem begrenzten Rahmen stattfinden. Es ist sogar denkbar Großprojekte in mehrere unabhängige Teile zu trennen, um die Erfolgswahrscheinlichkeit zu erhöhen.
6. **Standardisierte Softwareinfrastruktur:** Während die funktionalen Anforderungen einer konstanten Veränderung unterworfen sind, sollte dies keinen Einfluss auf die zugrunde liegende Architektur der Software haben. Überspitzt gesagt besitzen Sie eine derart entwickelte Infrastruktur, bei der nicht die Neuaufnahme eines Formularfeldes zum Austausch der eingesetzten Datenbank führt.
7. **Stabile Basisanforderungen:** Die Definition von minimalen und stabilen Basisanforderungen, die es pro Iteration umzusetzen gilt, erlaubt es den Anwendern und Verantwortlichen sehr genau die Prioritäten für die nächste Phase des Projektes festzulegen.
8. **Formale Methoden:** Für Projektmanagement und Softwareentwicklung sollten Methoden, z.B. ein Vorgehensmodell, definiert sein, an die die Mitarbeiter gebunden sind. Genauso sollten die Ergebnisse von Zwischenschritten dazu führen, dass formal überprüft werden kann, ob in einer Richtung weitergearbeitet wird oder nicht.
9. **Verlässliche Schätzungen:** Manager und Projektleiter müssen auf verlässliche Schätzungen zurückgreifen können, damit eine realistische Planung möglich ist und Entscheidungen passend getroffen werden können.

10. **Weitere Faktoren:** Hier wird eine Sammlung aus Faktoren genannt, wie zeitlich nah zusammen liegende Meilensteine, gute Planung, kompetente und motivierte Mitarbeiter und Mitarbeiterverantwortung.

Vorsicht: Managementtendenz erkennbar

Da die Erhebung der zugrunde liegenden Studie auf Aussagen von IT-Managern beruht, ist eine gewisse Managementtendenz zu erkennen, insbesondere auch im vorgenommenen Ranking. Die Berücksichtigung von Methoden der Softwaretechnik, wie Vorgehensmodellen, kommt sicherlich etwas zu kurz. Dennoch sollten wir im Sinne des Risikomanagements den Schluss ziehen, dass eine Gefährdung eines der hier genannten Erfolgsfaktoren ein Risiko darstellt, welches kritisch genug ist den Erfolg des Projektes zu gefährden. Werden andersherum diese Erfolgsfaktoren, sozusagen als Vorgehensvorschläge beachtet und die Risiken, die diese gefährden könnten miniert oder behoben werden so ist die Wahrscheinlichkeit für einen Projekterfolg um so größer.

Fazit

Zum Schluss dieser These noch einmal der Hinweis zu den hier angerissenen Faktoren. Wenn ein Unternehmen sich an diesen ausrichtet, setzt es bewährte Erfahrungen ein, die von anderen Unternehmen als getestetes und bewährtes Verfahren gelten. Sie sollten diese für sich adaptieren. Machen Sie sich klar, dass jede einzelne auch nur durch schmerzhafte Erfahrungen mit fehler- und risikobehaftetem Vorgehen entstanden ist. Nutzen Sie also die Erfahrungen Ihrer Kollegen in der Branche.

3.4.5 These 5: „Passen Sie den Risikomanagementprozess an und benutzen Sie ihn!"

Risikomanagementprozess anpassen

In Kapitel 2 haben wir Ihnen den Risikomanagementprozess aus der Literatur mit den typischen vier Phasen Risikoidentifikation, Risikosteuerung, Risikoanalyse und Risikoüberwachung vorgestellt und erläutert. Wenn Sie Risikomanagement in Ihrem Unternehmen bzw. in Ihrem Projekt einführen möchten, sollten Sie sich zunächst mit dem eigentlichen Risikomanagementprozess auseinandersetzen. Ganz egal, ob Sie unseren Ideen oder einem anderen Modell folgen, sollte der Prozess einerseits immer diese vier Grundphasen widerspiegeln und andererseits an Ihr Unternehmen bzw. Projekt angepasst werden. In Kapitel 4 stellen wir Ihnen auch noch einen Risikomanagementprozess vor, der auf den hier vorgestellten Thesen beruht und die vier Grundphasen aus der Literatur berücksichtigt – auch diesen sollten Sie jedoch an Ihre Gegebenheiten anpassen. Mit „Gegebenheiten“ meinen wir in diesem Zusammenhang die Philosophie und Strategie in Ihrem Unternehmen, das Projektteam und die Projekte, die Sie umsetzen.

Risikomanagementprozess strukturiert dokumentieren

Haben Sie den Risikomanagementprozess für sich definiert und angepasst, sollten Sie ihn strukturiert dokumentieren, damit Sie eine Grundlage erhalten, auf der Sie weiterarbeiten und über die Sie gemeinsam mit den Beteiligten reden können. Grundsätzlich sollte die Einführung eines Risikomanagementsystems mit den Projektbeteiligten abgestimmt werden. Haben Sie den Prozess jedoch nicht gemeinsam mit Ihrem Projektteam entwickelt, sollten Sie ihn spätestens jetzt kommunizieren und sicherstellen, dass alle den Prozess verstanden haben und mit Ihnen konform gehen. Denken Sie dabei an das Prinzip des Senders und Empfängers, das wir Ihnen in der These „Fördern Sie eine offene Kommunikation“ vorgestellt haben. Dieses Kriterium ist eines der Voraussetzungen für das erfolgreiche Umsetzen und Leben des Risikomanagements in Ihren Projekten. Alle Projektbeteiligten sollten ein einheitliches Grundlagenwissen über den Risikomanagementprozess erlangen und dessen Relevanz für das Erreichen der Projektziele kennen.

Definieren der In- und Outputs

Um zusätzlich noch jeden Prozessschritt abzurunden und die Ergebnisse festhalten zu können, mit denen dann im nächsten Prozessschritt weitergearbeitet werden soll, empfiehlt es sich Inputs und Outputs zu definieren. Lassen Sie sich ruhig von unserem Risikoprozess in Kapitel 4 inspirieren. Gehen wir eine Ebene tiefer in den Prozess, sollten für die einzelnen Prozessschritte noch die eigentlichen Aktivitäten festgelegt werden, welche die Outputs erzeugen. Mit der Definition der In- und Outputs kann ein Prozess sehr effektiv beschrieben werden, weil er die Aufgaben und Ergebnisse der einzelnen Aktivitäten in den Vordergrund stellt.

Aktivitäten ableiten mit den zugehörigen Verantwortlichkeiten

Ein Prozess ist noch nicht vollständig, wenn den einzelnen Aktivitäten, die aus den Prozessschritten abgeleitet worden sind, keine Verantwortlichkeiten zugewiesen wurden. Sie sollten sich überlegen, welchen Mitarbeitern welche Aktivitäten zugewiesen werden und wie Verantwortlichkeiten verteilt werden – der Risikomanagementprozess erhält damit den finalen Schliff.

Um den Prozess zusätzlich noch mit Leben zu füllen, geht es an die Umsetzung und die dazu benötigten Techniken und Methoden. Sie sollten sich Gedanken machen, mit welchen Techniken Sie die einzelnen Phasen des Prozesses umsetzen wollen und können. Welche Möglichkeiten haben Sie in Ihrem Team? Mit folgenden Fragestellungen sollten Sie sich an dieser Stelle auseinandersetzen:

- Wie werden Risiken identifiziert?
- Wie werden die identifizierten Risiken strukturiert und dokumentiert?
- Wie werden die Risiken analysiert und bewertet?
- Wo sind unsere Akzeptanzgrenzen für Risiken?
- Wie können die Risiken überwacht werden?
- Wie werden Maßnahmen definiert?
- Wie können die Maßnahmen gesteuert und überwacht werden?
- Wie kann der Risikomanagementprozess bzw. das gesamte System optimiert und überwacht werden?

Festlegen der Techniken für die Umsetzung der Aktivitäten

Keine Sorge, wenn Sie noch keine Vorstellung davon haben, wie Sie diese Fragen beantworten sollen. Mit dieser These wollten wir Ihnen die Bedeutung der Definition eines Risikomanagementprozesses näher bringen und Ihnen ans Herz legen den Risikomanagementprozess immer individuell an Ihr Unternehmen bzw. an Ihr Projekt anzupassen. Im weiteren Verlauf des Buches werden wir versuchen die meisten dieser Fragen zu beantworten.

Fazit

Hier noch einmal kurz eine kleine Checkliste der einzelnen Schritte aus dieser These:

1. Definieren Sie einen Risikomanagementprozess und passen Sie diesen an die individuellen Gegebenheiten an!
2. Dokumentieren und kommunizieren Sie den Prozess!
3. Definieren Sie für jeden Prozessschritt Inputs und Outputs! Was kommt herein? Was kommt heraus?
4. Leiten Sie einzelne Aktivitäten der Prozessschritte ab und ordnen Sie diesen einen Verantwortlichen zu!
5. Legen Sie Methoden und Techniken für die Umsetzung der Aktivitäten fest!
6. Ergänzen Sie ihre Dokumentation aus Punkt 2 und finalisieren Sie diese!

Checkliste: Risikomanagementprozess adaptieren

Die erstmalige Definition von Prozessen ist immer eine sehr mühselige Aufgabe und erfordert viel Schweiß und Geduld und am Ende weiß man noch nicht einmal, ob der Prozess auch in der „Praxis" ankommt. Dies ist einer der Gründe, warum Unternehmen oft die Wichtigkeit und die Bedeutung der Prozesse in ihren Geschäftabläufen vernachlässigen. Daher sollten wir alle nur „lebendige" Prozesse

Warum ein Prozess?

schaffen. Dazu gehört es auch, die einzelnen Aktivitäten und Aufgaben den jeweilig Verantwortlichen zuzuweisen. Am Ende haben wir dann nicht nur einen Prozess, sondern vielmehr einen detaillierten Ablaufplan, der auf Fragen (Wer? Was? Wann?) Antworten geben kann. Ganz nebenbei haben Sie mit der Gesamtdokumentation die Wissensbasis für das Risikomanagement verbreitert und ermöglichen neuen Mitarbeitern einen einfachen Einstieg in das Projektteam. Stricken Sie Ihren Risikomanagementprozess aber nicht zu detailliert und fest, schließlich dürfen Sie nicht die Kreativität der Beteiligten und die Kommunikationswege einschränken, die für die Entdeckung besonders kniffliger Risiken notwendig sind. Ein Prozess muss helfen und nicht den Mitarbeitern die *Luft zum Arbeiten* abschnüren.

3.4.6 These 6: „Integrieren Sie den Risikomanagementprozess in Ihre vorhandenen Prozesse!"

Prozesse integrieren

Sind Sie These 5 gefolgt und haben Sie einen Risikomanagementprozess für Ihr Unternehmen oder Projekt definiert, folgt nun ein weiterer Schritt, um das Risikomanagement umzusetzen. Sie dachten ja wohl nicht, dass es mit der Definition schon getan wäre? Wenn Sie den Thesen folgen, sollte es nun hoffentlich auch nicht allzu schwer sein, den Risikomanagementprozess in Ihre vorhandenen Prozesse zu integrieren. Es ist übrigens egal, ob Sie formal ausdefinierte Prozesse besitzen oder informelle Arbeitsabläufe pflegen. Achten Sie darauf, dass der Risikomanagementprozess, so wie Sie ihn definiert haben, mit den anderen Prozessen zu vereinbaren ist. Eventuell sind noch weitere Anpassungen am Prozess notwendig. Berücksichtigen Sie bei der Integration, dass Sie Schnittstellen zu anderen Prozessen und zum Vorgehensmodell, das Sie für die Softwareentwicklung verwenden, klar beschreiben.

Definieren der Schnittstellen

Mit den „Schnittstellen" meinen wir in diesem Zusammenhang, dass das Risikomanagement mit anderen standardisierten Abläufen, wie regelmäßige Meetings, Dokumentationen, Statusberichten, ohne viel Mehraufwand – aber mit einem hohen Mehrwert – zusammengebracht wird. Regelmäßigkeit ist hier das Schlagwort.

Beispiel

Aber was bedeutet dies konkret? Wenn Sie den Risikomanagementprozess und beispielsweise den Rational-Unified-Process (RUP) zusammenbringen, dann können Sie das Vorgehensmodell nutzen, um konkrete Aktionen des Risikomanagements durch dieses auslösen zu lassen. Verknüpfen Sie die Risikoidentifikation doch mit der Iterationsplanung im Arbeitsschritt Projektmanagement. Bei jeder Iterationsplanung finden dann Workshops zur Risikoidentifikation statt. In einem stärker experimentell entwicklungsgetriebenen Projekt bietet es sich vielleicht aber auch eher an, die Risikoidentifikation kurz vor die Entwicklungsiterationen zu legen, da zu vermuten ist, dass insbesondere technologische Risiken auftreten könnten. Bei kurzer Projektlaufzeit bieten sich natürlich auch die Meilensteine im RUP für eine Verknüpfung an.

Integration in die einzelnen Aktivitäten des Vorgehensmodells

Neben diesen direkten Schnittstellen, soll die Integration auch auf die konkreten Arbeitsprodukte des Vorgehensmodells wirken und diese mit Elementen des Risikomanagements individuell erweitern. Zum Beispiel könnten in das „Iteration Assessment“, einer Art Rückbetrachtung, die Risiken aufgenommen werden, die in der letzten Iteration mit Maßnahmen behandelt wurden. Er kann auch gleich mit der Erfolgsbewertung der getroffen Maßnahmen angeschlossen werden.

Fazit

Jeder neu eingeführte Prozess sollte in vorhandene Prozesse integriert werden – so auch der Risikomanagementprozess. Da besonders der Risikomanagementprozess in allen Phasen des Projektes auftaucht und somit auch in allen Ebenen des Projektteams Aktivitäten besitzt, sollten Schnittstellen klar definiert werden. Dies vereinfacht das Leben des Prozesses im Projekt, da dieser mit den anderen Schritten im Entwicklungsprozess in Einklang gebracht wird. Ein durchschlagender Punkt, um den Risikomanagementprozess zur Gewohnheit werden zu lassen.

3.4.7 These 7: „Nutzen Sie bewusst das Prinzip der Evolution für sich!“

Im Gegensatz zu der These „Lernen Sie von anderen!“ folgen wir an dieser Stelle dem Ansatz „Lernen aus den *eigenen* Fehlern“. Denn wie jeder andere Prozess auch muss der Risikomanagementprozess immer wieder angepasst werden. Damit werden bestehende Fehler behoben und der Prozess wird nach und nach optimiert. An dieser Stelle lohnt es sich, zwischen den Verbesserungen während und nach der Projektlaufzeit zu unterscheiden. Nach dem Projekt beziehen sich die Verbesserungen auf die Zukunft. Während der Projektlaufzeit sind sie gegenwartsbezogen. Für die Gegenwart sollten Sie sich hier mit folgenden Fragestellungen auseinandersetzen:

2 Bestandteile dieser These

- Wie bewerte ich meinen eigenen Risikomanagementprozess derzeit? Stimmen die Ergebnisse?
- Wie kann der Risikomanagementprozess optimiert werden? Wer ist dafür zuständig?

In diesem Zusammenhang ist festzuhalten, dass wenn ein Prozess sich zu mehr Effizienz und Qualität entwickeln soll, auch der zugehörige Verbesserungsprozess organisiert und dokumentiert werden muss. Dabei sollten Sie festlegen, wer bei dem Verbesserungsprozess teilhaben soll und wie die Verbesserungen umgesetzt werden können. Zudem ist es wichtig, dem Verbesserungsprozess ein Timing zu geben. Ein Maß an Regelmäßigkeit, das zu den gegebenen Umständen passt.

Kontinuierlicher Verbesserungsprozess

Wir möchten Sie jedoch nicht nur für den Verbesserungsprozess sensibilisieren, sondern auch darauf aufmerksam machen, während des ganzen Ablaufes des Projektes immer wieder Elemente im Risikomanagementsystem anzupassen, die nicht zielführend laufen. Manchmal müssen die Verantwortlichen für einzelne Schritte kurzer Hand umdisponiert werden oder Prozessschritte kurzfristig an die aktuellen Gegebenheiten angepasst werden. All diese Aktivitäten zur Prozessentwicklung finden im *Kontinuierlichen Verbesserungsprozess* (KVP) statt.

Exkurs: „Kaizen"

Von japanische Managementmethoden lernen

In diesem Exkurs wollen wir einen kurzen Ausflug in die Managementsysteme machen und den grundsätzlichen Verbesserungsprozess unabhängig vom Risikomanagement erläutern. Der KVP wurde in den 80er Jahren als wesentlicher Teil des japanischen Management-Prinzips *Kaizen* entwickelt und wird demnach mit dessen Bedeutung gleichgesetzt. Der KVP ist mittlerweile ein gängiges Managementkonzept und wird in allen Arbeits- und Wirtschaftsbereichen eingesetzt. Um jedoch die vollen Vorteile des KVP zu entfalten, müssen die Verantwortlichkeiten eine Veränderung der Organisationskultur herbeiführen. Die Grundlage und das Ziel für die ständige Verbesserung der eigenen Arbeit und der gelebten Prozesse ist nämlich das *Organisatorische Lernen*. Hier müssen die Mitarbeiter geschult und motiviert werden, den bestehenden Zustand immer wieder in Frage zu stellen und sich mit Erreichtem nie zufrieden zu geben. Also auf Exzellenz ausgerichtet zu handeln.

Nach einem Projekt, eben am Ende eines speziellen Risikomanagementprozesses, wird ein umfassender Rückblick durchgeführt, in dem der Prozess kritisch beleuchtet und überprüft wird, um festzustellen, ob das Risikomanagementsystem seine Aufgaben und Ziele erfüllt hat. Im Vordergrund steht dabei die Verbesserung der Prozessqualität in der Zukunft. Besonderes Gewicht kann dabei den Mitarbeitern zukommen, die ermutigt werden sollten, Verbesserungsvorschläge beizusteuern. In dieser Post-Mortem-Analyse sollten unter anderem folgende Fragen beantwortet werden:

Review am Ende des Projektes

- Was lief besonders gut? Was lief nicht gut?
- Hat das Risikomanagement seine Ziele erfüllt?
- Konnten Risiken früh genug behandelt werden? Konnte ihr Eintreten und Schadensausmaß minimiert oder ganz verhindert werden?
- Waren alle Mitarbeiter effektiv am Prozess beteiligt?
- Wurden effiziente Strategien und Maßnahmen gewählt? Wurden die Maßnahmen gut bzw. überhaupt umgesetzt?
- Welche Risiken wurden nicht rechtzeitig erkannt und warum?
- Sind neue noch unbekannte Risiken aufgetreten?

Die Antworten auf die letzte Frage können besonders wertvoll sein, denn „die Probleme von gestern sind die Risiken von morgen".[44] An dieser Stelle beginnen Sie auch Ihre ganz individuelle Risikosammlung aufzubauen, die für Sie bei zukünftigen Unternehmungen von großem Wert sein kann, da sie Identifikation, Analyse und Bewertung von Risiken erleichtert.

Im ersten Abschnitt dieser These haben wir uns auf die Prozessschritte selbst konzentriert. Optimieren sollten Sie jedoch auch die Dokumente und eventuell vorhandene Systeme, die innerhalb des Risikomanagements eingesetzt werden, denn auch hier können sich Ecken und Kanten verbergen. Somit sollten Sie im Kontinuierlichen Verbesserungsprozess von der Dokumentenvorlage, über den Risikomanagementprozess an sich bis hin zum Meetingstil, alles immer wieder auf den Prüfstand stellen. Auf diese Weise errichten Sie nach und nach ein für Sie optimales Risikomanagementsystem, das auf Ihre Projekte und Ihr Unternehmen angepasst und ausgerichtet ist.

Auch Dokumente weiterentwickeln

---

[44] Vgl. DeMarco/Lister (2003), S. 60

Fazit In dieser These haben wir uns auf zwei wesentliche Arten der Prozessverbesserung fokussiert. Zunächst sollten Sie einen grundsätzlichen Verbesserungsprozess am Ende eines Projektes definieren. Dieser soll als Review über das Risikomanagementsystem dienen und die Erreichung der Ziele des Risikomanagements kritisch analysieren. Des Weiteren haben wir darauf aufmerksam gemacht, einen kontinuierlichen Verbesserungsprozess während der Projektlaufzeit zu leben. Der Unterschied zu einer Post-Mortem-Analyse am Ende des Projektes ist hierbei die ständige Verbesserung der eigenen Arbeit im individuellen Arbeitsbereich der einzelnen Mitarbeiter im Projekt. Das geht von den Dokumentenvorlagen bis hin zu der Umsetzung von Minderungsmaßnahmen. Hierzu muss das Projektteam einerseits geschult werden, um mit Kritik bezogen auf die eigene Arbeit konstruktiv umzugehen. Andererseits müssen die Mitarbeiter motiviert werden, Kritik in einer konstruktiven und offenen Weise zu äußern. So kann die Qualität des Risikomanagements verbessert, Redundanzen beseitigt und Störungen verringert werden.

Reflektieren Sie Diese These stellt einen wichtigen Teil Ihres Risikomanagementsystems dar. Seien Sie selbstkritisch und ebenso kritisch bezüglich des Risikomanagementprozesses – egal welchen Sie verwenden. Dulden Sie keinen Stillstand und beachten Sie, dass in der Marktwirtschaft auch der von Herbert Spencer 1851 geprägte Satz gilt: „Survival of the fittest" – das beste Risikomanagement gewinnt und kann damit ein Wettbewerbsvorteil sein. Das Ausschlaggebende ist anzufangen und aus einem kümmerlichen Pflänzchen Risikomanagement einen starken Baum zu machen, der sich in einem Wald behaupten kann.

3.4.8 These 8: „Lernen Sie schätzen!"

Im Risikomanagement müssen Sie sicherstellen, dass Sie zunächst die Risiken entdecken und diese dann richtig einschätzen. Die Verwendung des Wortes „einschätzen" anstatt des Wortes „messen" zeigt bereits eine der großen Problematiken des Risikomanagements. Es wäre wünschenswert, Risiken genau zu vermessen, um entsprechende Rücklagen z.B. in Form von Zeit oder Budget zu bilden. Risiken sind aber unmessbar, es ist per Definition schließlich noch nichts geschehen, was Sie messen könnten. Ihnen bleibt also nichts anderes übrig, als mit der Unmessbarkeit umzugehen und zu schätzen. Natürlich verwenden Sie die in Kapitel 2 vorgestellte Gleichung Schadensausmaß = Eintrittswahrscheinlichkeit x Risikohöhe, um Ihre Rücklagen für den zu erwartenden Schaden zu bilden, jedoch werden hier genaue Berechnungen auf ungenauen Zahlen durchgeführt. Sie benötigen also für die Variablen der Gleichung die akkurateste Schätzung, die Sie bekommen können. In der Praxis stoßen wir immer wieder auf das Problem der Unmessbarkeit. Wie quantifizieren Sie beispielsweise die Risikohöhe eines Imageschadens, der durch eine verspätete Auslieferung Ihrer Software entsteht?

3.4.8.1 Menschen können keine Risiken einschätzen

Schätzungen sind relativ zur Wahrnehmung

Wenn Sie Eintrittswahrscheinlichkeit und Risikohöhe beziffern möchten, werden Sie zudem mit einer Eigenschaft des Menschen konfrontiert, die einer möglichst objektiven Bewertung des Risikos im Wege steht. Unsere Risikoeinschätzung hängt kurz gesagt mit unserem Risikoempfinden zusammen. Dies wird durch Wahrnehmung und Eigenkontrolle gesteuert. Wir neigen dazu Sachverhalte, die wir besonders stark wahrnehmen und die sich unserer Eigenkontrolle entziehen, als besonders riskant einzustufen. Im Gegensatz dazu akzeptieren wir Risiken eher, die wir nur als schwach empfinden. Beispiele lassen sich dafür viele finden. Während wir uns ohne Ängste auf die Autobahn wagen, haben wir Flugangst vor einem potentiellen Absturz. Und das obwohl die Eintrittswahrscheinlichkeit einer tödlich verlaufenden Autobahnfahrt um ein vielfaches über der Wahrscheinlichkeit liegt im Flugverkehr Opfer eines Unfalls zu werden. Ein anderes Beispiel ist das Rauchen. Täglich sterben einige hundert Menschen an den Folgen des Rauchens, viele wählen dennoch die Risikoakzeptanz als Strategie. Wie sehr dies mit unserer Wahrnehmung des Risikos zusammenhängt mag folgender Vergleich zur zivilen Luftfahrt verdeutlichen: Wenn jeden Tag eine vollbesetzte Passagiermaschinen in Deutschland abstürzen würden, hätten wir wohl keinen zivilen Flugverkehr mehr. Gleichzeitig stirbt aber die gleiche Anzahl Opfer an den Folgen des Rauchens. Dieses menschliche Verhaltensmuster muss auch auf das Risikomanagement übertragen werden. Wir neigen also dazu die Eintrittswahrscheinlichkeit bei Sachverhalten zu überschätzen, die wir nicht selbst kontrollieren können (z.B. die Unterstützung durch das obere Management, wenn Sie Projektleiter sind). Zugleich unterschätzen wir die Sachverhalte, die wir selbst kontrollieren und akzeptieren daher dieses Risiko viel eher (z.B. unzureichende Dokumentation im Programmcode, wenn Sie ein Programmierer sind). Unser Risikoempfinden weicht also vom objektiv vorliegenden Risiko ab. Das heißt wir müssen uns Strategien überlegen, diesen Umstand auszugleichen, um zu besseren Schätzungen zu gelangen. Hier bietet es sich an, die Vorzüge der Verteilung mit der Konsolidierung in der Gruppe zu verbinden. Wenn ein Programmierer die Aufgabe hat, das

Risiko „Unzureichende Dokumentation im Programmcode" zu analysieren, wird er es im Regelfall unterschätzen. In der Risikobewertung ist das Ergebnis zu diskutieren und so weit wie möglich zu objektivieren. Hier nutzt der erweiterte Erfahrungsschatz der Gruppe wie auch die funktional übergreifende Zusammenarbeit.

Schätzprobleme in Gruppen

In der Gruppe ist die Risikoeinschätzung allerdings einem weiteren Phänomen unterworfen, dem so genannten „risky shift"[45] (dt. Risikoverschiebung). Dies wurde für Gruppeneinschätzungen beschrieben und beinhaltet zwei Kernaussagen, die leider auch nicht in einer eindeutigen Richtung interpretiert werden können. Gruppen schätzen Risiken niedriger ein, je mehr sie mit der Aufgabenstellung vertraut werden. Das bedeutet, dass Informationsaustausch und die fortschreitende Analyse der Aufgabenstellung dazu führen, dass Risiken geringer eingeschätzt werden, als Sie objektiv sind. Es ist aber auch der gegenteilige Effekt zu beobachten. Nämlich, dass die Risikoanalyse weitere Risikovarianten aufdeckt und verbundene Risiken entdeckt werden und so das Risikoempfinden für das auf diese Weise wahrgenommene Risiko steigt. In diesem Fall überproportional, obwohl dies objektiv nicht zu begründen ist.

Beide Effekte zeigen sich in der Gruppendiskussion und beeinflussen das Ergebnis. Es ist weiterhin festzuhalten, dass Gruppendiskussionen mit großer Wahrscheinlichkeit zu einem „risky shift" führen.

3.4.8.2 Schätzen Sie bewusst

Letztendlich kennen wir nur drei Schätzmethoden. Erstens können Sie eine Schätzung direkt aus dem Aufwand berechnen: Erwartete Anzahl von neuen Programmzeilen mal der Durchschnittsproduktivität eines Programmierers. Zweitens können Sie auf Basis früherer ähnlicher Aktivitäten die gegenwärtigen Aufwände ableiten. Drittens können Sie ein Expertenurteil einholen, dass den Umfang bewertet. Alle drei Möglichkeiten sind allerdings weder für Risikomanagement noch für Software geeignet, da Software weder in festen Maßen noch durch Analyse direkt zu greifen ist. Kombiniert mit dem beschriebenen menschlichen Unvermögen Risiken objektiv einzuschätzen und der Verschiebung der Einschätzung in der Gruppendiskussion ist zu folgern, dass Risikoschätzungen generell bewusst reflektiert werden sollten. Werden die psychologischen Effekte wachsam verfolgt, kann ein „bewusstes Schätzen" erfolgen, das akkuratere Werte liefert. Allemal besser als jede Überlegung „aus dem Bauch heraus".

---

[45] Vgl. Stoner (1968)

Idealerweise gelingt es, die formalen Schätzmodelle der Softwareentwicklung mit Ihrem Risikomanagementsystem zu verbinden. Dazu wollen wir unseren Horizont über das Risikomanagement hinaus erweitern.

3.4.8.3
Schätzmodelle in der Softwareentwicklung

Im Softwareerstellungsprozess kommen Schätzmodelle zum Einsatz und berechnen auf Basis einer begrenzten Zahl an Einflussgrößen Aufwände für Tätigkeiten. Mit einem funktionierenden Modell sollten beispielsweise Spezifikationsaufwände anhand von Einflussgrößen, wie geänderten Bildschirmmasken oder der Komplexität der zu beschreiben funktionalen Anpassungen geschätzt werden können, ohne dass in eine Detailplanung eingestiegen wird. Viele Unternehmen besitzen bereits derartige Werkzeuge, die auf Daten abgeschlossener Projekte beruhen. Diese sind ein guter Ausgangspunkt, um sie zum Schätzmodell für das jeweils aktuelle Projekt zu verfeinern.

Schätzmodell sollte Risikosituation berücksichtigen

Das Schätzmodell sollte zudem die vorliegenden Risiken berücksichtigen, denn es erzeugt als Ergebnis Aufwände und Termine, damit Sie Aussagen in folgender Form treffen können: „Zwei Mitarbeiter benötigen drei Wochen um am 13.01. die Spezifikationen an die Programmierer zu liefern.“ Da es sich um eine Schätzung handelt, wird in Verbindung zum Risikomanagement die enthaltene Unsicherheit als Risikodiagramm dargestellt, wie wir es in Kapitel 2 bereits kennen gelernt haben. Je genauer Ihre Schätzungen über die Projektlaufzeit werden, umso geringer können Sie die Unsicherheit ansetzen. Sie wird aber nie ganz verschwinden.

Gute Schätzmodelle zeichnen sich auszugsweise durch folgende Punkte aus:

Qualitätsmerkmale von Schätzmodellen

- Das zugrunde liegende Vorgehensmodell wird berücksichtigt und alle durchgeführten Tätigkeiten werden quantifiziert.
- Aufwände werden standardisiert ausgegeben, so dass es möglich ist, mehrere Schätzmodelle für Teilaufgaben zu einer großen Schätzung zusammenzuführen.
- Das Schätzmodell entwickelt sich über die Projektlaufzeit und wird zunehmend akkurater.
- Das Modell lässt sich effizient nutzen. Das bedeutet, dass z.B. kein detailliertes Konzept angefertigt werden muss, bevor die erste Schätzung vorliegt. Hier wird z.B. mit Aggregation gearbeitet, um Einflussgrößen zu erfassen. Das heißt es findet bei-

spielsweise nur eine Festlegung in den Stufen leicht, mittel und schwer statt.

- Es gelingt die aktuelle Risikosituation mit der Schätzzahl objektiv zu verbinden. Findet parallel die Auslieferung einer neuen Programmversion statt, besteht die nicht geringe Wahrscheinlichkeit, dass die parallel entwickelte Folgeprogrammversion nicht „in-time“ von Ihrem Testteam bearbeitet werden kann, da vielleicht viele Fehler in Ihrem Produktionssystem beseitigt werden müssen. Entsprechend mehr Risikoaufschläge sind zu kalkulieren.
- Risikodiagramme stellen die Unsicherheit des Schätzergebnisses explizit dar. Einprägsamer: „Überall finden sich Risikodiagramme.“[46]

3.4.8.4 Risikoaufschläge

Risikoaufschläge

Führen Sie Teilschätzungen zu einer Gesamtschätzung zusammen. Wenn Sie dabei die derzeitige Risikolage berücksichtigen, erhalten Sie die Möglichkeit die Rückstellungen aus Zeit- und Budgetressourcen wesentlich genauer zu beziffern, als dies spontan möglich gewesen wäre. Planen Sie aktiv Risikoaufschläge ein, die der spezifischen „Gefährdungslage“ entsprechen und definieren Sie gegebenenfalls schon frühzeitig Alternativpläne für ausgewählte kritische Entscheidungen. Derartige Überlegungen finden grundsätzlich im Rahmen des Risikomanagements Platz, da Alternativpläne durch den Eintritt eines Risikos ausgelöst werden. Wie Sie kommunikativ mit den Rückstellungen umgehen, hängt von der Risikokultur im Unternehmen ab. Ist sie offen und Ihr Risikomanagementsystem entwickelt, können auch Begriffe wie „situativer Risikoaufschlag“ verwendet werden. In der Regel werden wir in der Praxis allerdings in diesem Bereich restriktiver kommunizieren müssen.

Fazit

Egal von welcher Seite wir es betrachten, ein funktionierendes Risikomanagementsystem hängt auch von guten Schätzungen ab, denn je akkurater die Schätzung, umso genauer können Sie kalkulieren und umso mehr hilft das Risikomanagement Ihren Softwareentwicklungsprozess so günstig und effektiv wie möglich zu gestalten. Letztendlich münden unsere Bemühungen in dem Ziel, unsere Schätzungen möglichst objektiv und unabhängig vom Empfinden einzelner zu berechnen. Dabei können wir auf die Methoden der Verteilung und der Gruppendiskussion zurückgreifen. Da Schätzun-

[46] Vgl. DeMarco/Lister (2003), S. 188

gen ihrer Natur nach in der Regel nicht zutreffen, ist die Risikoüberwachung eine der verantwortungsvollsten Aufgaben im Risikomanagement.

3.4.9 These 9: „Überblicken Sie die Wirtschaftlichkeit!"

Risikomanagement zu betreiben scheint mit einer Menge Aufwand verbunden zu sein. Wir haben gesehen, welche Anstrengungen wir unternehmen müssen, um es an seinen Platz zu bekommen. Risikowissen verteilen, dazulernen, Prozesse definieren und kommunizieren sind ein umfangreiches Investment. Berechtigterweise stellen Sie sich die Frage, wann sich ein derart umfangreiches Risikomanagementsystem lohnt.

Wann lohnt sich der Aufwand für ein Risikomanagement?

Diese Frage kann theoretisch korrekt beantwortet werden. Ihr Risikomanagement war dann erfolgreich, wenn Ihre Kosten (Geld, Arbeitszeit, Personal, Aufregung etc.) mit Risikomanagement geringer sind als ohne. Dabei müssen Sie theoretisch den Schaden berechnen, der durch die „behandelten" Risiken entstanden wäre. Ihre zu erwartenden Risikogesamtkosten setzen sich mit der in Kapitel 2 beschriebenen Formel wie folgt zusammen: Sie ist die Summe aller Schadensausmaße, welche der Eintrittswahrscheinlichkeit mal der Risikohöhe entsprechen. Allerdings können Sie diese Formel nur für bekannte, also entdeckte Risiken bestimmen. Für unentdeckte Risiken können Sie nach ein paar Post-Mortem-Analysen Ihren individuellen Faktor bestimmen, indem Sie berechnen, welcher Schaden zusätzlich aus unentdeckten Risiken eingetreten ist und wie sich dieser relativ zu den entdeckten Risiken verhält. Wenn Sie mit dem Risikomanagement beginnen, nehmen Sie an dieser Stelle den Faktor 2 an, da dieser dem Mittelwert der erschreckenden Zahlen aus Kapitel 2.2.2 entspricht.

Leider beantwortet sich die gestellte Frage nach dem „Lohnen" in der Praxis nicht so einfach, da Sie wieder vor dem bekannten Problem „genaues Rechnen auf ungenauen Zahlen" stehen. Sicher werden Sie weiche Konsequenzen, wie Imageschäden oder Garantieverpflichtungen, für ein konkretes Projekt nur relativ ungenau einschätzen können. Versuchen Sie trotzdem mit einer der folgenden Techniken, die bestehende Lage, soweit es möglich ist, zu objektivieren.

3.4.9.1 *Bedrohung des Nutzwertes*

Als erstes können Sie am Nutzwert ansetzen. Stellen Sie sich die Frage, wie groß der Nutzwert des konkret betrachteten Projektes oder Projektteiles ist, also wie viel dieser Teil zur Gesamtwertschöpfung beiträgt. Betrachten Sie nun die regulären Aufwände, die Sie in diesen Projektteil zu stecken planen. Wägen Sie in einem nächsten Schritt die Aufwände gegen die gegebenenfalls bereits entdeckten Risiken ab. Vergessen Sie nicht die Schadensausmaße durch die noch nicht identifizierten Risiken zu berücksichtigen. Wenn Sie den Nutzwert für den Projektteil ausreichend genau bestimmt haben, besitzen Sie nun zumindest die Größenordnung, in der sich Risikomanagement in diesem Teilbereich rechnet.

3.4.9.2 Praxisbeispiel: Risikoliste

Risikolisten steuern

Als Praxisbeispiel in diesem Bereich dient die Risikoliste. Sie enthält eine Zusammenstellung aller bestehenden und identifizierten Projektrisiken. Es ist nun Aufgabe der Verantwortlichen im Risikomanagement diese Liste zu priorisieren und Kriterien für eine Umformung dieser Liste in eine TOP-Liste aufzustellen, die alle Risiken enthält, die wirklich behandelt werden. Als Priorisierungskriterium bietet sich das Schadensausmaß oder natürlich der höchste bedrohte Nutzwert an. Die Wahl der Anzahl der am Ende wirklich behandelten Risiken ist eine Wirtschaftlichkeitsabwägung. Für kleine Projekte kann eine TOP-5-Liste ausreichend sein, während Großprojekte wesentlich mehr Risiken behandeln sollten. Durch die Einführung der Verteilung der „Arbeitslast“ im Risikomanagement (vgl. These 1) ist es zudem möglich, wesentlich mehr Risiken zu behandeln. Während heute oftmals TOP-10-Listen geführt werden, ist auf Großprojekten mit den vorgestellten Ansätzen auch eine TOP-100-Liste möglich. Die Bestimmung der richtigen Anzahl behandelter Risiken ist eine Einstellgröße für die Kosten des Risikomanagements selbst.

3.4.9.3 Wahl der richtigen Strategie

Risikostrategien kosten unterschiedlich

Einer der weiteren Kostenfaktoren für das Risikomanagement ist die Wahl der Strategie zur Risikobehandlung (vgl. Kapitel 2.1.3.1). Es bedeutet einen signifikanten Risikokostenunterschied, ein Risiko zu „akzeptieren“ oder aktiv zu „vermindern“. Die Risikoakzeptanz führt zu Risikokosten gleich Null, während bei Wahl der Risikominderung Kosten für die Beschaffung von Informationen, Überwachung von Indikatoren und Durchführung von Maßnahmen anfallen. Ein gutes Risikomanagement handelt auch hier bewusst wirtschaftlich und findet „das richtige Maß an Maßnahmen“. Generell besteht hier allerdings die, heute im Risikomanagement weit verbreitete, Gefahr, dass Sie an der falschen Stelle sparen. Wenn Sie ein Risikomanagementsystem neu einführen oder Ihr bestehendes nach der Lektüre dieses Buches erweitern möchten, handeln Sie zunächst nach der Maxime: „Lieber ein Risiko zuviel analysieren, als eines zu wenig." Alles Weitere kann dann durch persönliche und teambasierte Erfahrungen und durch die laufende Betrachtung der Wirtschaftlichkeit Ihres Risikomanagementsystems kommen. Auch hier findet sich das Evolutionäre Prinzip aus These 4 wieder.

3.4.9.4 Optimaler Sicherheitsgrad

Wie Sie wahrscheinlich schon mitbekommen haben, plädieren wir übrigens nicht für ein „Sparen am Risikomanagement", sondern für einen bewusst wirtschaftlichen Umgang mit diesem. Als Annahme gehen wir davon aus, dass für jedes Projekt ein *optimalen Sicherheitsgrad* existiert. Dieser zeichnet sich dadurch aus, dass er unter den gegebenen Voraussetzungen, den optimalen Grad an Sicherheit, in Wechselseitigkeit zu den Risikokosten liefert. Dieses Verhältnis ist in Abbildung 3.2 dargestellt. Auf der einen Seite haben Sie Kosten durch Risikoeintritte zu verarbeiten und auf der anderen Seite entstehen Ihnen durch das Risikomanagement selbst Aufwände. Diese stehen in Verbindung zueinander: Wenn Sie das Schadensausmaß der Risikoeintritte senken möchten, dann steigen die Kosten für Sicherungsmaßnahmen. Hinzu kommt die Beobachtung, dass es effizienter ist hohe Gesamtrisikokosten zu verkleinern, als geringe Kosten noch weiter zu minimieren.

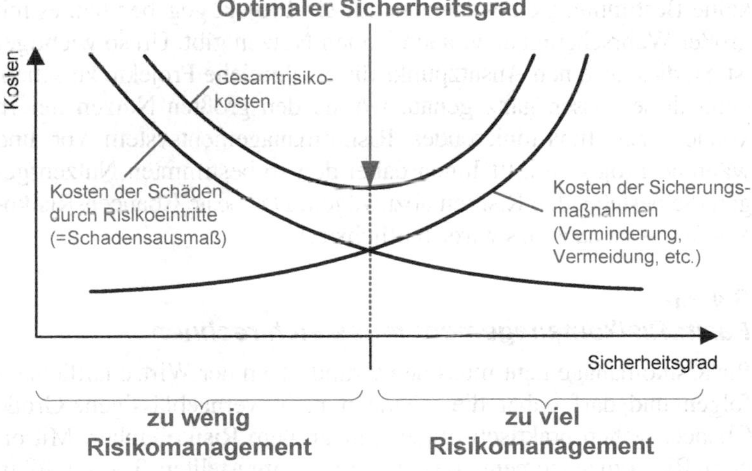

Abbildung 3.2: Optimaler Sicherheitsgrad[47]

[47] Vgl. Romeike/Finke (2003), S. 254

Nähern Sie sich dem optimalen Sicherheitsgrad an

In der Regel bedeutet ein moderner Risikomanagementansatz Kostenersparnisse. Schauen Sie sich Abbildung 3.2 noch einmal genau an und trauen Sie sich, sich mit Ihrem Projekt dem optimalen Sicherheitsgrad zu nähern. Die Zahlen in Kapitel 2 zeigen auch, dass sehr viele Projekte unterhalb dieses Punktes operieren. Zudem können Sie die Ansätze in diesem Buch nutzen, um die Effizienz des Risikomanagements weiter zu steigern und so „Luft nach oben" zu gewinnen.

3.4.9.5 Chancenmanagement

Im Zusammenhang mit der Wirtschaftlichkeit steht auch die globalste aller Projektbetrachtungen. Treten Sie ruhig ein Stück von den täglichen Geschehnissen im Projektalltag zurück. In Kapitel 2.1.2 haben wir nicht ganz unbegründet behauptet, dass das Risiko einen natürlichen Gegenspieler haben sollte. Die Chance. Sie begründet alleine die Frage nach dem „warum". Warum sollten Sie das beträchtliche Risiko eines Softwareprojektes auf sich nehmen? Die Chance kann dabei in unterschiedlichen Bereichen liegen, sie tritt beispielsweise als strategischer Vorteil, Produktivitätsverbesserung, Kostensenkung oder auch als monetäre Einnahme in Erscheinung. Genau diesen Punkt sollten Sie, so gut wie möglich, beschreiben. Was wollen und können wir erreichen? Auch hier kommt der bereits erwähnte Nutzwert ins Spiel, der die Chance beziffert. Die Bestimmung des konkreten Nutzwertes als sagen wir feste Zahl zwischen 0 und 100 ist sehr schwierig. Gehen Sie aber davon aus, dass, wenn es bisher keine Bestimmung eines Nutzens für ein Projekt gegeben hat, es mit großer Wahrscheinlichkeit auch keinen Nutzen gibt. Umso wichtiger ist es, dies als einen Ansatzpunkt für erfolgreiche Projekte zu sehen, denn diese wissen ganz genau, wo sie den größten Nutzen liefern können. Ein funktionierendes Risikomanagementsystem vor und während Projekten hilft Ihnen dabei den so bestimmten Nutzen gegen die bestehenden Risiken abzuwägen. Das beste Chancen-Risiko-Verhältnis ist auch das wirtschaftlichste.

3.4.9.6 Fazit: Risikomanagement muss sich rechnen

Risikomanagement muss sich rechnen

Ihr Risikomanagement muss den Grundsätzen der Wirtschaftlichkeit folgen und darf dabei die Chancen nicht vernachlässigen. Große Chancen gehen praktisch immer mit großem Risiko einher. Mit einem Risikomanagement, das den hier vorgestellten Thesen folgt, werden Sie sich nicht vor diesem verstecken müssen. Unsere persönliche Erfahrung lehrt an dieser Stelle, dass Risikomanagement sich (fast) immer auch wirtschaftlich lohnt. Die Wirtschaftlichkeitsabwägungen sehen auf Großprojekten anders aus, als auf Kleinprojekten. Bei Kleinstprojekten haben Sie viel kürzere Kommunikationswege und damit allein ist die Anzahl der Risiken kleiner. Hier reicht vielleicht die beschriebene TOP-5-Risikoliste aus, um Ihr Projekt effizient zum Erfolg zu führen. Achten Sie einfach auf die Gesetze der Wirtschaftlichkeit und Ihre individuelle Prägungen.

3.4.10 These 10: „Risikomanagement handelt von den Menschen!"

Wenn Sie die neun vorherigen Thesen gelesen haben, besitzen Sie nun ein breites Grundverständnis, was ein gutes Risikomanagementsystem auszeichnet und wie es wirkt. Zum Abschluss möchten wir noch einmal auf das zentrale Element des Risikomanagements eingehen, das sich bereits durch die vorherigen Thesen gezogen hat – uns Menschen selbst.

3.4.10.1 Relevanz des Menschen

Akteure im Risikomanagement sind Menschen

Die Akteure in einem Risikomanagementsystem sind Menschen, entsprechend müssen Sie auch so behandelt werden. Es reicht nicht, einen Risikomanagementprozess aufzusetzen und die Risiken zu entdecken und zu analysieren. Vielmehr ist eine kontinuierliche Entwicklung des Risikomanagements in Ihrer Organisation notwendig, wie auch immer die Ausgangslage aussieht. Dabei besteht die Herausforderung den Mix aus Motivation, Verantwortung, Wissen, Risikobewusstsein, Verlässlichkeit usw. derart zu gestalten und zu entwickeln, dass nach und nach immer mehr Merkmale eines wirkungsvollen Risikomanagements zum Vorschein kommen. Letztendlich definieren Sie im Vorfeld nur einen Prozess, der sich entwickeln muss. Ein Prozess in diesem Sinne ist keine feststehende Arbeitsorganisation oder gar organisatorischer Selbstzweck. Ein Risikomanagementprozess muss vielmehr zur „Gewohnheit" für alle Beteiligten werden. Ein gutes Risikomanagement können Sie schulen, ein exzellentes Risikomanagement wird gelebt. Es wirkt indirekt und findet sich überall wieder, weil Risikobewusstsein zum Alltagsgeschäft gehört.

Schlüsselrolle = Psychologie + Organisation

Wenn Sie im Risikomanagement die Natur des Menschen berücksichtigen, werden Sie den größten Erfolg haben, denn psychologische und organisatorische Faktoren spielen die Schlüsselrolle auf dem Weg zu einem derartigen Risikomanagement. Menschen haben kein Grundbedürfnis Mehrarbeit für das Risikomanagement zu leisten, folgen aber Dingen, die sie verstehen, die sie für wichtig halten und die Wirkung und Einfluss haben (vgl. Kapitel 3.4.2). Es sind ebenfalls Grundbeobachtungen, dass Menschen Risiken schlecht einschätzen können und die Risikobewertung in der anschließenden Gruppendiskussion auch noch stark verändert wird (vgl. Kapitel 3.4.8). Dies ist aber kein Grund das Risikomanagement zu lassen und auf seine Vorzüge zu verzichten. Rein theoretisch reicht es in der Marktwirtschaft ja zunächst auch, wenn das eigene Risikomanagement dem der anderen Marktteilnehmer überlegen ist.

3.4.10.2 Kommunikation und Vernetzung

Verteilung und Vernetzung ist nur über Kommunikation zu erreichen

Zum Anmischen der richtigen Mixtur stehen Ihnen übrigens nur Kommunikation und die Gestaltung der Organisation zur Verfügung. Beide zusammen haben als Basisbausteine großen Einfluss auf die vorherrschende Risikokultur.

Sie müssen mit Kommunikation erreichen, dass Risikobewusstsein und -wissen verteilt werden. Trotz organisatorischer Hürden, wie Abteilungs- oder Teamzugehörigkeit, muss es dennoch möglich sein, die Verteilung und Vernetzung der Mitarbeiter herzustellen. Auf diese Weise erreichen Sie es, die vielfältigen Aufgaben im Risikomanagement gemeinsam zu bewältigen und zu einem möglichst objektiven und umfassenden Blickwinkel auf die Bedrohungslage zu kommen, der Sie gegenüberstehen. Die Risikokultur spielt hier entsprechend die wichtigste Rolle, denn ohne eine Risikokultur im Sinne der in Kapitel 3.4.3 vorgestellten Merkmale, wird das Risikomanagement unnötig behindert. Ohne Risikobewusstsein keine horizontale Risikokommunikation, ohne Kommunikation und Offenheit keine realistischen Risikoanalysen, ohne Berücksichtigung der Risikoanalysen in Entscheidungen keine Motivation das nächste Risiko zu entdecken.

3.4.10.3 Relevanz von uns

Rein philosophisch betrachtet sind immer Menschen der Ursprung eines in diesem Buch behandelten Risikos. Es liegt an uns, eine Umgebung zu schaffen, die Menschen befähigt wirkungsvoll jedem Risiko entgegenzustehen. Hier müssen wir ein optimales Verhältnis zwischen formalem Prozess und menschlicher Kreativität einstellen, das für alle Beteiligten ein wünschenswertes Ergebnis gestattet.

Wir können nur uns selbst ändern

Ohne noch weiter philosophisch abschweifen zu wollen, möchten wir abschließend darauf hinweisen, dass das Einzige, was wir wirklich ändern können, wir selbst sind. Wir müssen zuerst unsere eigene Einstellung zu Risiken, zu Mitarbeitern, zu schlechten Nachrichten und schließlich zum Risikomanagement ändern, ansonsten werden wir den Status-Quo nur verteidigen und keine wirklichen Entwicklungen und Verbesserungen ermöglichen. Falls notwendig, verändern Sie sich einfach gleich heute!

4 Ein Risikomanagementsystem nach Art des Hauses

In diesem Kapitel möchten wir Ihnen unser Risikomanagementsystem vorstellen, so wie wir es für wirkungsvoll halten und es den 10 Thesen aus Kapitel 3 entspricht. Durch diese haben Sie auch schon einen Einblick erhalten, welche Punkte wir strategisch und organisatorisch für sinnvoll und unvermeidbar halten, um ein Risikomanagementsystem zum Erfolg zu führen. Wir wollen in diesem Kapitel das Rad nicht neu erfinden – genauso wenig wie das Risikomanagement. Wir nehmen uns die Thesen zum Grundsatz und folgen dem Leitsatz „Lernen Sie von anderen!" und nutzen vorhandene und an gepasste Elemente, die aus Wirtschaft und Wissenschaft stammen und sich in der Praxis bewährt haben.

Wie wir des Öfteren in Kapitel 2 und auch in unseren Thesen erwähnt haben, benötigt die erfolgreiche Umsetzung des Risikomanagements ein übergreifendes Risikomanagementsystem, das nicht nur aus einem Prozess an sich besteht. In Abbildung 4.1 stellen wir diesen Gesamtüberblick visuell dar. Zusätzlich zum Risikomanagementprozess gehört auch der Aspekt der Risikomanagementorganisation in die Betrachtung. Sie wird vor dem eigentlichen Risikomanagementprozess durchgeführt und definiert den Rahmen für das Risikomanagement und die initiale Gestaltung des Risikomanagementprozesses selbst.

Innerhalb des Risikomanagementprozesses findet sich der Risikoprozess, der für jedes identifizierte Risiko durchgeführt wird. Grundsätzlich beinhaltet er die grundlegenden Tätigkeiten, die Sie auch schon aus Kapitel 2 kennen und wird für jedes Risiko, das aus der fortlaufenden Risikoidentifikation stammt, einzeln gestartet. Parallel zur Risikoidentifikation verlaufen das Monitoring und der kontinuierliche Verbesserungsprozess (KVP) zur Überwachung und Entwicklung des Risikomanagementprozesses selbst.

Abbildung 4.1: Unser Risikomanagementsystem

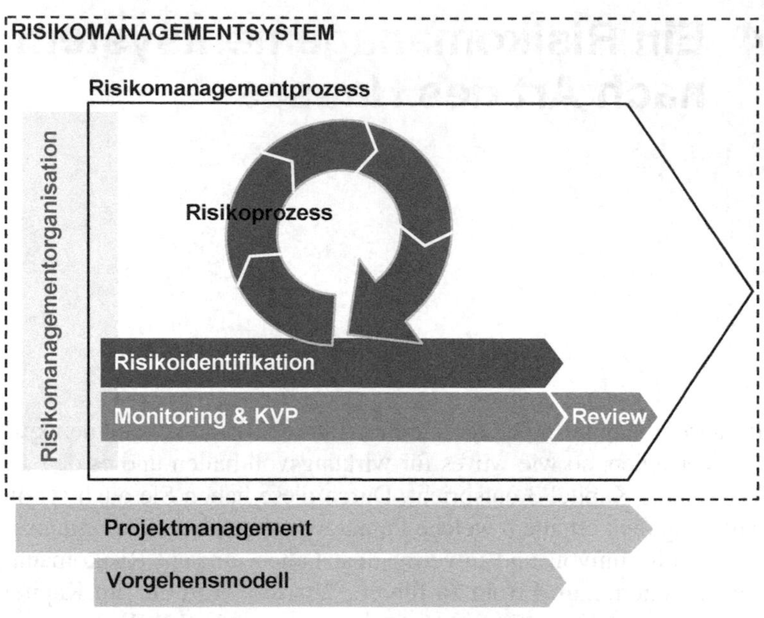

In der Abbildung sind zusätzlich das Projektmanagement und das Vorgehensmodell enthalten, denn das Zusammenspiel mit diesen Bereichen ist unvermeidbar. Nicht in der Abbildung, aber vielmehr das Fundament des gesamten Risikomanagementsystems, sind die Risikokommunikation und -kultur.

Bevor wir aber all diese Kernbereiche im Einzelnen betrachten, wollen wir zunächst den Projektstart beleuchten und Ihnen erläutern, warum Sie sich bereits vor Projektbeginn mit Risiken auseinandersetzen sollten und wie.

4.1 Vor Projektbeginn: Projektbewertung mit Hilfe des Risikomanagements

„Sage mir, wie ein Projekt beginnt, und ich sage Dir, wie es endet." (Alte Projektleiterweisheit)[48]

Risikoidentifikation vor dem offiziellen Projektbeginn

Oben in Abbildung 4.1 fehlt eine wichtige Tätigkeit, die Projektbewertung vor dem tatsächlichen Projekt. Hier wird das Projekt nach Budget, Zeit, Umfang und Realisierbarkeit mit vorhandenen Ressourcen bewertet. Die Projektbewertung ist somit die entscheidende Tätigkeit vor dem tatsächlichen Projekt und sollte die Fragen *„Kön-*

[48] Vgl. Hansel/Lomnitz (2000)

nen Sie das Projekt umsetzen?“ und *„Wollen Sie das Projekt überhaupt umsetzen?“* beantworten.

Um eine Antwort auf diese beiden wesentlichen Fragen zu finden, müssen Chancen und Risiken, die die Umsetzung des Projektes mit sich bringt, abgeschätzt werden. Das bedeutet, dass Sie, sobald Sie von der Existenz eines potentiellen Projektes erfahren, eine erste Risikoidentifikationsrunde starten. Erfahrungsgemäß existiert an dieser Stelle noch nicht das vollständige Wissen über alle Einzelheiten und Anforderungen, die das Projekt im späteren Verlauf benötigt. Desto wichtiger ist es, die vorhandenen Informationen auszuwerten, die Sie durch die Ausschreibung, die Projektziele oder die beteiligten Parteien erhalten. Bevor Sie sich in teure und umfangreiche Arbeit stürzen, um ein Angebot zu erstellen oder ein Projekt aus dem Bauch heraus zu übernehmen, identifizieren Sie zunächst einige Risiken und schätzen Sie deren Auswirkung ab. Übrigens: Im Risikolexikon am Ende des Buches haben wir explizit die Risiken markiert, die oftmals bereits in der Projektvorbetrachtung behandelt und erkannt werden können. Typische Bereiche, in denen Risiken auf Sie warten, sind:

Checkliste: Typische Bereiche in denen sich Risiken verbergen

- **Ziel des Projektes:** Sind die Projektziele so scharf definiert, dass Sie auf dieser Basis den groben Umfang notwendiger Ressourcen und Investitionen abschätzen können? Wie hoch ist die Gefahr, dass sich der Fokus des Projektes ändert?
- **Zeit und Ressourcen:** Ist bereits ein konkreter Zeitrahmen für das Projekt in der Ausschreibung vorgesehen? Wenn ja, müssen Sie gezielt Ihre vorhandenen Ressourcen überprüfen. Wie sieht es mit der Mitarbeiterverfügbarkeit aus? Müssen Sie eventuell Experten bzw. Externe in das Projekt Boot holen? Sind neue Technologien gesetzt oder werden diese benötigt und Sie haben kein passendes Know-how vor Ort? Passt das ins Budget?
- **Anforderungen:** Reichen die Anforderungen in der Ausschreibung aus, um ein Angebot erstellen zu können? Passen genannte Anforderungen zu den Zielen des Projektes? Können Sie auf Basis dieser auch den Zeitrahmen und die notwendigen Ressourcen abschätzen?
- **Schlüsselpersonen:** Sind die wesentlichen Schlüsselpersonen des Projektes auf Auftraggeberseite bekannt? Sie sollten wenigstens die wesentlichen Ansprechpartner im Vorfeld kontaktieren: den „Treiber des Projektes“, den „Besitzer des Budgets“ und den „technischen Leiter“. In der Regel sind Sie erst nach einem Gespräch mit diesen Personen fähig, ein realistisches Bild über das Projekt skizzieren zu können. Besonders wichtig ist

dieser Schritt, wenn Sie die oben aufgelisteten Punkte nur teilweise oder negativ beantworten konnten.[49]

- **Stellenwert des Projektes:** Welchen Stellenwert hat das Projekt beim Kunden? Ist es ein strategisch wichtiges Projekt oder läuft es nur nebenher und ist eher ein „Nice to have"-Projekt? Kommt es zu Krisen im Projektverlauf, können Sie bei einem „Nice to have"-Projekt nicht viel Unterstützung erwarten. Die Gespräche mit den oben aufgeführten Personen, sollten Ihnen dabei helfen, Erkenntnis über den Stellenwert des Projektes zu erhalten.[50]
- **Auftragnehmer:** Hat der Auftraggeber bereits einen potentiellen Auftragnehmer in Sicht? Oder steht vielleicht schon ein Auftragnehmer fest? Diese Frage ist fast unmöglich zu beantworten. Sofern Sie es jedoch abschätzen können, lohnt es sich nicht, weitere Arbeit in ein Angebot zu stecken.[51]
- **Andere Projekte:** Finden sich bereits weitere Projekte in Ihrem Unternehmen, die ebenso in diesem Zeitraum starten werden? Sie sollten aufpassen, dass Ihnen eventuell Mitarbeiter, die Sie bei Angebotserstellung noch eingeplant hatten, zum Projektstart auch zur Verfügung stehen.

Dies sind die beliebtesten Ursprünge der Risiken, über die Sie sich vor und während der Angebotserstellung Gedanken machen sollten. Potentielle Risiken, wie z.B. keine Unterstützung durch den Auftraggeber, bringen bereits in der anschließenden Planungsphase eine mittlere bis große Problematik mit sich. Je niedriger der Stellenwert des Projektes, umso weniger können Sie auch auf die Unterstützung des Auftraggebers während der Projektumsetzung zählen.

Denken Sie daran, ob Sie die Risiken, die das Projekt aufwirft, tragen können und ob es sich lohnt diese zu tragen! Beispielsweise aufgrund der enormen Chance, die Sie realisieren können. Tarieren Sie Chance und Risiko so gut es geht aus! Die Risikoidentifikation in der Projektvorbetrachtung ist wegen der bestehenden Unwissenheit sehr ungenau und es fehlt oft an kurzfristig wirksamen Risikomaßnahmen. Dennoch verschafft die Identifikation der Risiken Ihnen eine akkuratere Entscheidungsbasis. Auch um mögliche Risikoaufschläge zu kalkulieren, die das Gleichgewicht zwischen Chance und Risiko wieder herstellen.

---

[49] Vgl. Versteegen (2003), S. 69
[50] Vgl. Versteegen (2003), S. 70
[51] Vgl. Versteegen (2003), S. 71

Geschafft. Das Projekt sagt Ihnen zu und der Auftraggeber möchte mit Ihnen zusammenarbeiten. Nun folgt die Vertragsverhandlung. Auch hier können schon Risiken auftreten. Während der Vertragsverhandlungen erscheinen hauptsächlich kaufmännische und terminliche Risiken auf der Bildfläche, die zusätzlich zu den Punkten oben ihren Ursprung hier finden:[52]

Vertragsverhandlungen

Checkliste: Besonderer Risiken bei der Vertragsverhandlung

- **Technologie und Werkzeuge:** Wie verpflichtend sind die Angaben, was die einzusetzende Technologie und die dazu benötigten Werkzeuge angeht? Wie groß ist das Risiko für Sie und Ihr Team mit diesen Werkzeugen umzugehen? Haben Sie bereits Erfahrungen in den zu verwendenden Technologien? Ist der Auftragnehmer eventuell flexibel, was diese Aspekte angeht?
- **Lieferanten:** Werden gezielte Lieferanten vom Auftraggeber erwünscht? Wie hoch ist das Risiko mit diesen zusammenzuarbeiten? Prüfen Sie Referenzen und gemachte Erfahrungen!
- **Geforderte Meilensteine:** Werden bereits konkrete Meilensteine vom Auftraggeber gefordert? Wenn ja, ist die pünktliche Einhaltung dieser zu realisieren? Mit welcher Wahrscheinlichkeit? (Risikodiagramm!)
- **Ressourcenplanung:** Ist der Auftragnehmer dem Auftraggeber bereits aus Vorprojekten bekannt, ist es überaus wahrscheinlich, dass bestimmte Mitarbeiter für bestimmte Rollen im Projekt erwünscht werden. Sind diese jedoch an anderen Projekten beteiligt, muss eine alternative Lösung gefunden werden.

Sind sich beide Seiten, Auftraggeber und Auftragnehmer, über die Zusammenarbeit einig, kann die Projektplanung für die Umsetzung des Projektes starten. Somit beginnt auch das Risikomanagement. Zusammen mit der Planung des Projektes, muss auch für das Risikomanagement ein Plan aufgestellt werden. Dieses geschieht innerhalb der Risikomanagementorganisation.

4.2 Die Risikomanagementorganisation

Wie Sie der Abbildung 4.1 entnehmen können, ist die Risikomanagementorganisation eine Vorphase des eigentlichen Risikomanagementprozesses. Bevor dieser durchstartet und mit ihm das Projekt

[52] Vgl. Versteegen (2003), S. 67ff.

und die Softwareentwicklung, müssen für das Risikomanagement je nach Projektgröße wichtige Aspekte festgelegt werden. Aus Kapitel 3 haben Sie sicher mitgenommen, dass Sie einen Risikomanagementprozess den Gegebenheiten im Projekt anpassen müssen und dabei natürlich Erfahrungen aus alten Projekten berücksichtigen sollten. Die Ergebnisse der Risikomanagementorganisation sollten einerseits allgemeine Aspekte enthalten, wie die Definition des Betrachtungsgegenstandes, als auch andererseits organisatorische Regelungen treffen, die für die Durchführung des Risikomanagements notwendig sind.

Die Risikoorganisation findet in der Regel in einem gemeinsamen Treffen des Projektleiters mit ausgewählten Projektmitarbeitern statt, in deren Verantwortungsbereich die Umsetzung späterer Maßnahmen fallen wird. Dies sollte in der Regel alle Bereiche betreffen. Idealerweise werden auch schon Vertreter der Anspruchsgruppen des Projektes an dieser Stelle einbezogen.

4.2.1 Die Ausgangbasis definieren

Welche grundsätzlichen Festlegungen müssen Sie für ein wirkungsvolles Risikomanagement vor dem eigentlichen Projektbeginn treffen?

Wenden Sie sich zunächst dem Gegenstand des Risikomanagements zu, über den Sie sich, vor allem wenn Sie das erste Mal Risikomanagement betreiben, Gedanken machen sollten:

Ziele des Risikomanagements definieren

- Was sind die **Ziele** des Risikomanagements für Ihr Projekt und das Unternehmen? Was erhoffen Sie sich aus der zusätzlichen Arbeit des Risikomanagements? Machen Sie sich und Ihrem Team bewusst, welches Potential das Risikomanagement für den Projekterfolg mit sich bringt. Diese Ziele helfen Ihnen sie nicht im Projektalltag zu vernachlässigen, sie stiften das Risikobewusstsein eines Teams. Im Übrigen ist dies auch eine bewährte Gelegenheit, um das initiale Team, das wahrscheinlich noch sehr klein sein wird, ins Boot zu holen. Erarbeiten Sie die Ziele in einem kleinen Workshop zusammen. Wir haben bereits öfter darauf verwiesen, dass es besonders wichtig ist, eine gemeinsame Basis innerhalb eines Projektteams zu erarbeiten und zu pflegen. Ohne diese Basis, die Sie im Späteren durch die kontinuierliche Verbesserung im Risikomanagementprozess pflegen, ist keine Verteilung von Risikobewusstsein und -verantwortung möglich.

- Welchen **Umfang** soll das Risikomanagement in dem aktuellen Projekt erhalten und welchen Aufwand planen Sie für die Umsetzung? Bedenken Sie dabei auch die Wirtschaftlichkeit Ihres Projektes. These Nr. 9 gibt Hinweise zu diesem Thema.

Umfang und Aufwand für Risikomanagement festlegen

4.2.2 Die organisatorischen Rahmenbedingungen festlegen

Welche organisatorischen Rahmenbedingungen müssen Sie vor dem eigentlichen Projektbeginn festlegen?

Die vereinbarten Ziele und der Umfang des geplanten Risikomanagements müssen im Folgenden mit der Organisation des Risikomanagements in Einklang gebracht werden. Welche organisatorischen Aspekte sollten an dieser Stelle abgestimmt und definiert werden bzw. falls vorhanden, dem aktuellen Projekt angepasst werden? Je nach Ausgangslage müssen Sie hier entscheiden, ob es notwendig ist, die folgenden Punkte zu berücksichtigen oder zu überspringen:

- Gegebenfalls ist eine Anpassung bzw. Optimierung des Risikomanagementprozesses, falls Sie in vorherigen Projekten bereits einen solchen betrieben haben, an die Gegebenheiten des aktuellen Projektes notwendig. Dies sollte zu diesem Zeitpunkt des Projektes so weit wie möglich geklärt werden. Weitere Verbesserungen erfolgen dann während des Projektes innerhalb des KVP. Um beurteilen zu können, inwieweit der Risikomanagementprozess angepasst werden muss, sollten Sie sich an dieser Stelle bereits einigermaßen bewusst sein, wie „groß" bzw. „klein" Ihr Projekt ist. Bei kleinen Projekten können Sie z.B. Aufgaben oder Schritte zusammenfassen, um den Aufwand so gering wie möglich zu halten. Denken Sie dabei an die Wirtschaftlichkeit Ihres Projektes! An dieser Stelle hilft Ihnen auch These Nr. 5 „Passen Sie den Risikomanagementprozess an und benutzen Sie diesen!" weiter. Dort finden Sie genau zu diesem Punkt wertvolle Tipps und Ansatzpunkte.

Anpassung und Optimierung des Risikomanagementprozesses

- Wie sieht es mit der Risikomatrix aus? Denken Sie daran, dass die Definition der Risikomatrix vor jedem neuen Projekt kurz überdacht werden sollte. Diese ist auch den Gegebenheiten anzupassen, denn sie spiegelt ebenso die Risikobereitschaft des Projektes wider, in dem die Bereiche in der Matrix definiert werden, die wiederum die Strategien für die Risikobehandlung beeinflussen. Die Definition der Risikomatrix ist somit eine strategisch sehr wichtige Entscheidung für das Risikomanagement.

Definition der Risikomatrix

Rollen und Verantwortlichkeiten

- Auch die Festlegung der Rollen und Verantwortlichkeiten für die Aufgaben im Risikomanagementprozess erfolgt in einem ersten Wurf vor Projektbeginn. Zu diesem Thema finden Sie in der These Nr. 1 „Verteilen Sie Risikobewusstsein und Risikoverantwortung!“ Hinweise, die Ihnen für die Definition der Rollen und Verantwortlichkeiten behilflich sein können. Diese These besagt unter anderem, dass Risiken verteilt, identifiziert, analysiert und überwacht werden sollen, was Sie bei der Verteilung der Rollen und Verantwortlichkeiten unbedingt beachten sollten. Wie in der These beschrieben, haben alle Mitarbeiter in unterschiedlichen Bereichen der Softwareentwicklung eine unterschiedliche Sicht auf das Projekt und somit auch auf die Risiken selber. Mitarbeiter in der Realisierung können Risiken identifizieren, die Projektleiter erst viel zu spät oder nie entdecken könnten.

Dokumentvorlagen erstellen

- Welche Dokumentenvorlagen werden für die Durchführung benötigt? Können Sie alte Vorlagen aus abgeschlossenen Projekten verwenden? Ist für die Risikobeschreibung eine eigene Schablone notwendig oder reicht es für ihre Projektgröße, die Risiken in andere Arbeitsprodukte zu integrieren? Wenn nicht, sollten Sie an dieser Stelle eine Schablone für die Risiken definieren bzw. eine vorhandene anpassen und abstimmen. Kopieren Sie beispielsweise die Schablone aus Kapitel 6. Ebenso, wie beim Prozess, gelten die Prinzipien *„Lernen Sie von anderen!“* und *„Lernen Sie aus alten Projekten!“*.

Art und Umfang der Überwachung festlegen

- Wie wird die Überwachung realisiert? Legen Sie bereits hier schon die Art und den Umfang der Überwachung für die Risiken fest. Integrieren Sie die Überwachung in feste Projektstatusmeetings und -telefonkonferenzen oder planen Sie zusätzliche Regeltermine für das Risikomanagement, wo jeder Risikoüberwacher den Status seiner Risiken vorstellt? In diesem Zusammenhang überdenken Sie erneut die Dokumente, die Sie für das Risikomanagement benötigen – können Sie damit auch eine effektive Risikoüberwachung garantieren?

Kategorien für die Sammlung der Risiken definieren

- Als letzten Punkt weisen wir auf die Definition von Kategorien für die Risiken hin. Diese können ggf. von alten Projekten übernommen werden, müssen letztendlich jedoch auch angepasst und erweitert werden. Beispiele sind Kategorien, wie Anforderungsrisiken, Prozessrisiken oder auch politische Risiken. Wie bereits auch schon in Kapitel 2 aufgegriffen, werden Kategorien für die Strukturierung der Risiken benötigt, beispielsweise für akkurate Risikoberichte. Risikokategorien können Ihnen aber auch bei der Verteilung der Verantwortlichkeiten sehr behilflich sein und sollten daher nicht vernachlässigt werden.

Noch eines zum Abschluss. Stellen Sie an dieser Stelle auch fest, welche Prozesse im Projekt Sie für Risiken benötigen, deren Eintritt Sie *sowieso* stündlich erwarten (vgl. These 4 „Lernen Sie von anderen."). Beispielsweise einen Changemanagementprozess für Anforderungsänderungen, regelmäßige informelle Steuerkreistreffen, die einer Veränderung des Projektfokus vorbeugen oder ein Kommunikationskonzept für die Standardisierung von Benutzeranfragen an das Projekt.

4.3 Der Risikomanagementprozess

Wie Ihnen vielleicht schon in der ersten Übersichtsabbildung (Abbildung 4.1) aufgefallen ist, besteht unser Risikomanagementprozess, der die konkreten Tätigkeiten der Risikobehandlung beschreibt, aus vier Hauptbereichen:

Aufgabenbereiche des Risikomanagementprozesses

- Risikoidentifikation
- Risikoprozess
- Monitoring & Kontinuierlicher Verbesserungsprozess (KVP)
- Review

Das alles sind wichtige Elemente, auf die Sie bereits in Kapitel 2 in den Grundlagen gestoßen sind. Der einzige neue Begriff für Sie müsste der *Risikoprozess* sein.

Wir haben, was den Risikoprozess und die Ausgliederung der Identifikation aus dem Kreislauf angeht, uns ein wenig vom Standard abgewandt. Das im Folgenden aufgezeigte Risikomanagement beinhaltet jedoch im Ganzen alle notwendigen Schritte, die laut Wissenschaft und Literatur notwendig sind – nur aus der Sicht einer praxiserprobten Umsetzung.

Wie kommen wir zu diesem Aufbau? Das ist eine berechtigte Frage. Wir setzen voraus, dass die Risikoidentifikation während des gesamten Projektverlaufes gelebt wird. Das bedeutet, dass einerseits regelmäßig Aktivitäten zur Risikoidentifikation laufen und andererseits, dass jeder jederzeit auf allen Ebenen Risiken meldet, allein aus seinem gesunden Risikobewusstsein heraus. Die Identifikation beginnt damit mit dem Projekt und endet mit dem Projekt und sollte so leichtgewichtig wie möglich und so organisiert wie nötig geschehen. Je entwickelter die Risikokultur, umso weniger formale Ereignisse, wie Workshops oder Abfragen, werden notwendig.

Abbildung 4.2: Der Risikomanagementprozess

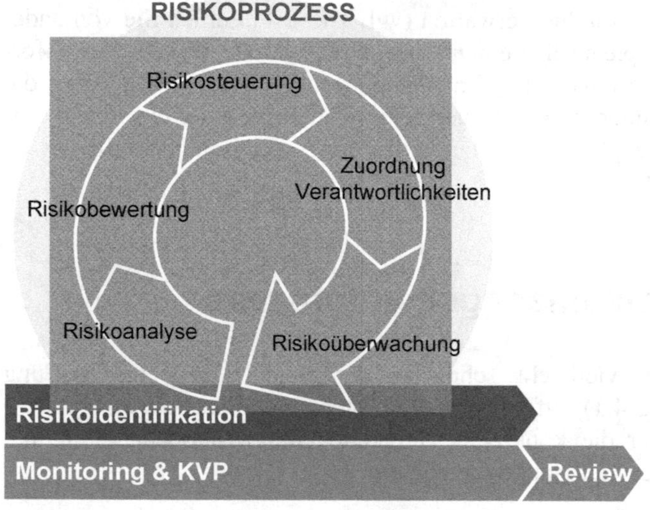

Ablauf des Risikomanagementprozesses

Für jedes identifizierte Risiko wird dann der Risikoprozess ausgelöst, der zum Großteil die aus Kapitel 2 bekannten Schritte enthält. Neu hinzugekommen ist allerdings die explizite Zuordnung von Verantwortlichkeiten für die Risikoüberwachung. Ohne diese ist es nicht möglich, die Verteilung von Risikowissen und -verantwortung aktiv zu unterstützen. Der Risikoprozess selbst wird für jedes identifizierte Risiko mindestens einmal durchlaufen.

Parallel läuft das ständige Monitoring und der Kontinuierliche Verbesserungsprozess (KVP). Wie Sie aus den Thesen bereits wissen, gehört das Lernen während der Projektlaufzeit zu den Erfolgsfaktoren für ein erfolgreiches Risikomanagement. Hier wird die Frage gestellt, ob der Risikomanagementprozess funktioniert (Monitoring) und was getan werden kann, um ihn noch weiter zu verbessern (KVP). Am Ende des Projektes und somit auch am Ende des Risikomanagements wird noch ein Review durchgeführt, um zu analysieren, ob das Risikomanagement erfolgreich war und warum.

Wir wollen vorne mit dem Herzstück des Risikomanagementprozesses beginnen, der Risikoidentifikation. Im Anschluss gehen wir dann auf die weiteren Schritte des Risikoprozesses ein.

4.3.1 Risikoidentifikation

Die Risikoidentifikation findet während des ganzen Projektes statt. Durch jedes identifizierte Risiko wird dann der im Anschluss erläuterte Risikoprozess ausgelöst, der alle notwendigen Phasen für die Behandlung eines Risikos durchläuft. Entsprechend können nur Risiken analysiert, bewertet, überwacht und bekämpft werden, die auch identifiziert wurden. Deshalb: *Identifizieren Sie lieber ein Risiko zuviel, als eines zu wenig!*

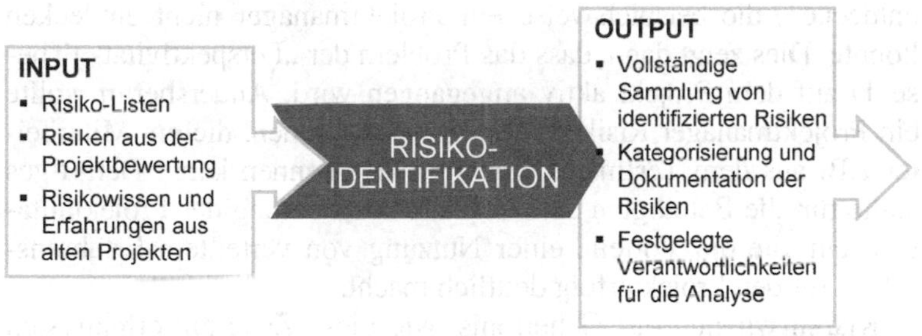

Abbildung 4.3: Umfang der Risikoidentifikation

Ziel der Risikoidentifikation ist somit die kontinuierliche Aufdeckung aller *relevanten* Risiken vor und während eines Projektes. Mit *relevant* meinen wir, die Risiken, die eine greifbare Auswirkung im magischen Viereck aufweisen. Als Gegenbeispiel möge das Risiko gelten, dass ein Erdbeben den Projektstandort verwüsten könnte. Dieses Risiko hat an den meisten Orten der Erde eine Eintrittswahrscheinlichkeit von fast Null und ist somit auch nicht relevant.

Durch die Aufdeckung der relevanten Risiken wird die Voraussetzung geschaffen, dass Probleme behandelt werden, bevor sie entstehen und nicht plötzlich und unerwartet eintreten. Des Weiteren sollte an dieser Stelle bereits eine erste Festlegung der Verantwortlichkeiten für die Risikoanalyse stattfinden – denken Sie an die Potentiale, die in der Verteilung der Risikoverantwortung stecken!

4.3.1.1 Qualitätsmerkmale der Risikoidentifikation

Bevor wir zu der tatsächlichen Umsetzung und den Aktivitäten der Risikoidentifikation kommen, wollen wir uns der Frage widmen, was die Qualitätsmerkmale einer effektiven Risikoidentifikation sind. In Kapitel 2 und in unseren Thesen haben wir des Öfteren erwähnt, dass eine offene Risikokommunikation und das Risikobewusstsein die Grundlage des Risikomanagements sind – sie bilden für die Risikoidentifikation besonders wichtige Erfolgsfaktoren.

Durch eine offene Kommunikation und das risikobewusste Denken und Arbeiten, sollten Risiken aus allen Projektbereichen identifiziert werden können. Ist der kontinuierliche Zufluss neuer Risiken aus jeder Phase bzw. jedem Bereich der Softwareentwicklung, von der Projektbewertung über die Implementierung bis zur Auslieferung, unterbrochen, muss die Qualität der Risikoidentifikation in Frage gestellt werden. Risikomanagement wird gelebt, wenn die Mitarbeiter motiviert sind, Auffälligkeiten aus ihrem aber auch aus übergreifenden Arbeitsbereichen weiterzugeben.

Ein weiteres Qualitätsmerkmal ist, dass die Spezialisten, die es für jede Phase des Projektes unter den Mitarbeitern gibt, Risiken entdecken, die beispielsweise ein Projektmanager nicht entdecken konnte. Dies zeigt dann, dass das Problem der „Perspektivität" (These 1) auf dem Projekt aktiv angegangen wird. Andersherum sollte ein Projektmanager Risiken identifizieren können, die ein Mitarbeiter z.B. aus dem Testmanagement nicht erkennen kann. Derartiges sollte für alle Beteiligten eine normale Erscheinung des Projektalltages sein, die die Vorteile einer Nutzung von verteiltem Erfahrensschatz für den Projekterfolg deutlich macht.

Klären wir nun das Geheimnis, wie diese Ziele am effektivsten erreicht werden können. Sie haben hierzu bereits einiges in den Grundlagen in Kapitel 2 sowie in Kapitel 3 erfahren, daher werden wir an dieser Stelle die, unserer Meinung nach, wirkungsvollsten Aktivitäten konkretisieren. Grundsätzlich sollten Sie dem Prinzip folgen, dass jeder in einem Projekt Risiken identifizieren und melden soll und das egal zu welchem Zeitpunkt und an welchem Ort.

4.3.1.2 Welche Inputs können Sie bei der Risikoidentifikation verwenden?

Aus der Projektvorbetrachtung

Durch die Projektvorbetrachtung und die Aktivitäten der Risikomanagementorganisation gehen Sie nicht mit leeren Händen in die Risikoidentifikation, vielmehr knüpfen Sie genau dort an. Sie haben sich bei der Projektbewertung bereits mit einigen Risiken auseinandergesetzt. Zu diesen besitzen Sie also bereits eine erste Dokumentation. Zusätzlich fließen bei der Identifikation am Projektanfang auch Ihre Erfahrungen von Vorprojekten mit ein: Sie können aus dem Stehgreif Risiken, mit denen Sie sich bisher in jedem Projekt herumschlagen haben, aufnehmen. Auch die Probleme, die Sie in Vorprojekten nicht als Risiken erkannt haben und mit einem teuren Krisenmanagement behandelt haben, werden für die Risikoidentifikation berücksichtigt.

4.3.1.3
Wie identifizieren Sie ihre Risiken?

Bevor Sie sich nun in umfangreiche und teure Workshops und Meetings stürzen, sollten Sie mit dem beginnen, was Sie jetzt schon zur Verfügung haben:

1. **Nutzen Sie das vorhandene Wissen aus Risikosammlungen und Checklisten**

Wenn Sie sich fragen, welche Projekte Ihrem derzeitigen ähneln und welche Risiken dort aufgetreten sind, erhalten Sie einen ersten Hinweis auf mögliche aktuelle Risiken. Idealerweise können Sie hierbei auf strukturiertes Wissen in Form von Risikosammlungen zurückgreifen. Unserer Meinung nach hat sich hier der Einsatz einer Risikoschablone für die Beschreibung der einzelnen Risiken durchgesetzt. In Kapitel 6 werden wir Ihnen die für unser Risikolexikon verwendete Schablone noch näher vorstellen. Tipp: Achten Sie bereits während der Durchführung des aktuellen Risikomanagements darauf, dass Sie in zukünftigen Projekten, das Wissen des aktuellen Projektes nutzen und gebrauchen könnten. Dokumentieren Sie entsprechend.

Vorhandene Risikosammlungen

Nutzen Sie an dieser Stelle also die Ihnen zugänglichen allgemeinen Risikosammlungen, wie das Risikolexikon dieses Buches. Im Folgenden stellen wir Ihnen noch die wohl bekannteste und älteste Top-10-Liste vor, die je für die Softwareentwicklung aufgestellt wurde. Die Top-10-Risiken nach Barry Boehm:[53]

1. „Personal shortfalls“: Personalknappheit
2. „Unrealistic schedules and budget“: Unrealistische Zeitpläne und Budgets
3. „Developing the wrong functions and properties“: Entwicklung der falschen Funktionen
4. „Developing the wrong user interface“: Entwicklung einer ungeeigneten Benutzungsschnittstelle
5. „Gold-plating“: Goldrandlösungen mit Unmengen unspezifizierter Funktionen
6. „Continuing stream of requirements changes“: Ständige Änderung der Anforderungen
7. „Shortfalls in externally furnished components“: Unzulänglichkeiten externer Komponenten

---

[53] Vgl. Boehm (1989), S.35

8. „Shortfalls in externally performed tasks“: Unzulänglichkeiten im Rahmen externer Aufträge
9. „Real-time performance shortfalls“: Mängel im Echtzeitverhalten
10. „Straining computer-science capabilities“: Anforderungen jenseits des derzeit technisch Möglichen

Nutzen Sie unser Risikolexikon aus Kapitel 7

Diese Liste wurde noch im letzten Jahrtausend aufgestellt und ist nach wie vor ein interessanter Ausgangspunkt. Die Entwicklung ist natürlich in der Zwischenzeit nicht stehen geblieben, deshalb sind moderne Zusammenstellungen, wie unser Risikolexikon in Kapitel 7 auf die Herausforderungen moderner Projekte ausgerichtet und entsprechend breiter aufgestellt. Unser Risikolexikon kann Ihnen bei der Risikoidentifikation zur Seite stehen und Ihnen bei der ersten Identifikation der Risiken als Brainstorming-Werkzeug unter die Arme greifen. In Kapitel 6 können Sie nachlesen, wie Sie unser Risikolexikon einsetzen. Die Risiken sind anhand der typischen Phasen des Entwicklungsprozesses gegliedert und können sehr zielgenau eingesetzt werden. Dieses Lexikon entstand ebenfalls auf der Basis von Erfahrungen aus vergangenen und aktuellen Projekten sowie natürlich aus Anregungen gegenwärtiger Wissenschaft und Literatur. Profitieren Sie in Ihrer eigenen Risikoidentifikation davon – das kann Ihnen viel Zeit ersparen. Folgen Sie bei der Risikoidentifikation also zunächst der Aufforderung *„Lernen Sie von anderen!“*. Auch der folgende Punkt geht in diese Richtung:

Verwenden Sie vorhandene Checklisten

Es existieren Checklisten, die die einzelnen Risikobereiche abfragen und die Risikoidentifikation gezielt in die risikobehafteten Bereiche lenken. Daher können Sie diese Checklisten in einem Workshop oder Einzelgesprächen effektiv als Kontrolle oder Diskussionsleitfaden einsetzen: Haben Sie an alles gedacht oder gibt es noch Bereiche, die vergessen wurden? Als Beispiel möchten wir Ihnen eine solche Checkliste an dieser Stelle kurz vorstellen. Das Software Engineering Institute der Carnegie Mellon University hat bereits 1993 eine 194 Fragen lange Checkliste, die *Risk Taxonomy,* für die Identifizierung von Risken in Softwareprojekten entwickelt.[54] Sie besteht im Grunde aus den drei Hauptbereichen Produktentwicklung, Entwicklungsumgebung und Projektrestriktionen, die sich in weitere Unterkategorien und jeweils spezifische Fragen aufteilen. Wir wollen hier nicht ins Detail einsteigen, aber

---

[54] Vgl. Carr et al. (1993)

lassen Sie uns an dem Auszug in Abbildung 4.4 verdeutlichen, wie eine solche Checkliste unterstützt.[55]

Abbildung 4.4: Auszug aus der Checkliste des SEI

A. Product Engineering

1. REQUIREMENTS

a. Stability (Are Requirements changing even as the product is being produced?)

[1] Are the requirements stable?

[2] Are the external interfaces changing?

Eine Checkliste enthält im Gegensatz zu unserem Risikolexikon und zu anderen Risikolisten keine tatsächlichen Risiken, sondern Fragen, die Sie an Ihr Projekt stellen. Somit stoßen Sie auf potentielle Risiken, in dem Sie die Gegebenheiten Ihres Projektes an Hand dieser Fragen reflektieren.

Dies sollten die Ausgangspunkte für eine Risikoidentifikation sein. Beginnen Sie auf dieser Basis nun die Erfahrung der Mitarbeiter anzuzapfen, um die Liste ihrer projektspezifischen Risiken möglichst umfassend zusammenzustellen.

2. **Erfahrung von Mitarbeitern nutzen**

An dieser Stelle kommen nun die schon in Kapitel 2 beschriebenen Methoden, wie Workshops oder Einzelinterviews, zum Einsatz. Grundsätzlich sollten Sie aber bedenken, dass derart formalisierte Aktivitäten sehr teuer sind, da sie vorbereitet, durchgeführt und nachbereitet werden müssen. Dennoch ist der Austausch über potentielle Risiken zwischen den Projektmitarbeitern ein unverzichtbares Instrument, da sonst niemals ein interpersonaler Wissenstransfer stattfinden und kein gemeinschaftlich akzeptiertes Risikobewusstsein ausgeprägt werden kann. Wenn Sie spezielle Workshops organisieren, achten Sie auf folgende Qualitätskriterien:

Qualitätskriterien bei der Risikoidentifikation

- Eine schlagkräftige Gruppe in der Risikoidentifikation hat zwischen 3 und 6 Mitgliedern. Organisieren Sie lieber mehrere Workshops mit unterschiedlichen Mitarbeitern, bevor die Gruppe zu groß wird.
- Es sollten Mitarbeiter aus allen Ebenen und aus allen Phasen der Softwareentwicklung anwesend sein, da wirkungsvolles Risi-

[55] Vgl. Carr et al. (1993), S. B-3

komanagement von der Multiperspektivität lebt. Idealerweise sind auch Mitarbeiter der Fachabteilung und des Auftraggebers beteiligt. Daraus entwickelt sich eine übergreifende Sicht auf diverse Risiken. Besonders bei großen Projekten sollten Sie diesem Hinweis unbedingt folgen – je größer das Projekt, umso mehr ist das Wissen verteilt und somit auch das Erkennen von möglichen Risiken.

- Beachten Sie die Faustregel, dass pro Teilnehmer im Schnitt mindestens 5 Jahre Projekterfahrung eingebracht werden sollten. Eine Gruppe von 5 Personen verfügt also gemeinsam über 25 Jahre aussummierter Projekterfahrung.
- Ein Workshop sollte vorbereitet werden und mindestens eine Kreativitätstechnik nutzen. Ob dies ein „echtes" Brainstorming ist oder ein Szenarioworkshop sollte in der Verantwortung des Organisators liegen. Tipps zu möglichen Kreativitätstechniken finden Sie in einem Exkurs weiter unten.
- Die Teilnehmer sollten offen und ehrlich sein können. Eine nicht adäquate Risikokultur kann einen Workshop stark behindern.
- Es werden zunächst alle Risiken aufgenommen, die genannt werden. Später können Sie diese immer noch bei der Analyse oder Priorisierung streichen, dann aber mit einem guten Grund.
- Sorgen Sie durch aktive Gesprächsführung für ein Gleichgewicht zwischen Weiß- und Schwarzsehern! Weißseher finden praktisch keine Risiken oder spielen diese herunter. Schwarzseher finden noch im kleinsten Detail Risiken. Beides ist nicht besonders förderlich für die Zielsetzung des Workshops. Versuchen Sie die Gruppe auf einem Mittelweg zu halten. Weitere Tipps für Moderatoren finden sich ebenfalls weiter unten.
- Berücksichtigen besonders relevanter Ansprechpartner. Hier können gut auch Einzelinterviews angewandt werden. Achten Sie darauf, dass Personen, die eine ganz besondere Sicht auf die Risiken haben könnten, beispielsweise aus ihrer Stellung heraus, regelmäßig Risiken beisteuern. Dies kann z.B. ein Bereichsleiter des Auftraggebers sein oder der Vorgesetzte auf Auftragnehmerseite, der schon viele Jahre für denselben Auftraggeber arbeitet.

Insgesamt sollten Sie jedoch beachten, dass der Aufwand für diese Aktivitäten immer im Hinblick auf den Nutzen gestaltet werden sollte. Es ist nicht zwingend notwendig und auch nicht immer sinnvoll, für die Risikoidentifikation einen separaten Termin zu vereinbaren.

Die Risikoidentifikation kann auch mit regulären Statusmeetings, Teammeetings und Workshops verknüpft werden. Der Grundsatz der Integration des Risikomanagements in das normale Vorgehen gilt auch bei der Risikoidentifikation.

Regeln für die Moderation kreativer Workshops:

Workshops erfolgreich moderieren

Bevor wir Ihnen einige Kreativitätstechniken aufzeigen, möchten wir vorher noch einen kleinen Schwenker unternehmen und Ihnen die grundsätzlichen Regeln und Tipps darstellen, die der Moderator „kreativer Zusammenkünfte" beachten sollte. Workshops, bei denen gezielte Kreativitätstechniken eingesetzt werden, können zu vielen guten Ergebnissen führen. Leider aber auch zu schlechten. Die Teilnahme unterschiedlicher Mitarbeiter fördert die horizontale und vertikale Kommunikation, stärkt die Zusammenarbeit und kann bei erfolgreicher Durchführung und greifbarer Ergebnisse zur Verbesserung der Teamarbeit und der Risikokultur führen. Es werden Anregungen eingebracht, die andere Teilnehmer „weiterdenken" können und die so wiederum zu neuen Ideen führen. Ein entscheidender Erfolgsfaktor für das Gelingen kreativer Sitzungen ist aber der Moderator – er bereitet die Sitzung vor, leitet die Gruppe und ist für die Ergebnissicherung zuständig. Viele solcher Workshops scheitern leider trotz Erfolg versprechender Zusammenstellung der Gruppe und Auswahl einer passenden Kreativitätstechnik an einer schlechten Moderation. Wir stellen Ihnen im Folgenden fünf Kreativitätsbremser dar, die Sie als Moderator, wenn möglich, bei allen Ideenfindungs-Workshops vermeiden sollten:[56]

Kreativitätsbremser

1. **„Der unsichere Moderator":** Ein unsicherer Moderator ist ungenügend vorbereitet, führt die Gruppe bei Abweichungen nicht zurück auf den Weg zum Ziel und findet keinen Ansatz eine Phase zu beenden, um zum nächsten Punkt überzuleiten. Ergebnis: Der Erfolg hält sich eher in Grenzen und die Teilnehmer verlassen unzufrieden den Workshop.
2. **„Der Alleinunterhalter":** Der Alleinunterhalter spielt sich selbst stark in den Vordergrund, macht unpassende Bemerkungen, die er für besonders amüsant empfindet und hält dies für eine souveräne Moderation. Lockerheit und Humor sind wichtig, jedoch nur in einem geeigneten Maß bei der Moderation – hier sollte die Sache und nicht eine Person im Vordergrund stehen. Mit einer solchen Haltung wirkt der Moderator übrigens schnell unprofessionell und überheblich.

---

[56] Vgl. Nöllke (2004)

3. **„Der Ungeduldige“:** Ihm kann es nicht schnell genug gehen. Er setzt die Teilnehmer unter Druck und geht zu schnell zur nächsten Tagesordnung über, anstatt die Kreativität der Teilnehmer zu fördern – Kreativität braucht seine Zeit.
4. **„Der Kreative“:** Dem kreativen Moderator fallen während des Workshop allerhand Ideen ein und er äußert sich ununterbrochen. Diese Situation kann für die Gruppe sehr bereichernd sein, jedoch wird der Moderator so zum Teilnehmer und die Gruppe steht ohne Moderator da.
5. **„Der Beleidigte“:** Ein Moderator kann sich auch beleidigt und gekränkt fühlen, wenn er sich als Verantwortlicher für die Ergebnisse der Diskussion sieht und keine Vorschläge geäußert werden. Schuldgefühle führen zur Demotivierung aller Beteiligten am Workshop.

Für die unterschiedlichen Kreativitätstechniken, die wir Ihnen im Folgenden aufzeigen möchten, gelten unterschiedlich Erfolgsfaktoren, was den Moderator angeht. Jedoch gelten einige Regeln, die Sie bei keinen der Kreativitätstechniken als Moderator vernachlässigen sollten:[57]

Regeln für eine erfolgreiche Moderation

- Bereiten Sie sich inhaltlich und methodisch auf den Workshop vor!
- Führen Sie knapp und präzise in das Thema ein – holen Sie jeden Teilnehmer bei seinem Vorwissen ab!
- Starten Sie den Workshop mit einer klaren Problemstellung!
- Bemühen Sie sich um Objektivität! Greifen Sie sofort ein, wenn unsachliche Aussagen getroffen werden. Bestehende Konflikte zwischen Mitarbeiter gehören nicht in die Diskussion und werden nicht im Workshop gelöst.
- Halten Sie sich selbst im Hintergrund!
- Lassen Sie keine direkte Bewertung von Ideen und Äußerungen zu, die nicht auf Fakten basiert! Vermeiden Sie so eine Verwässerung von Ideen durch die Teilnehmer, indem sie imponieren, manipulieren oder sich gar verteidigen müssen (Bedenken Sie auch die 4 Seiten einer Nachricht aus Kapitel 3). Greifen Sie ein, wenn Teilnehmer sich für Ideen rechtfertigen müssen. Je nach eingesetzter Technik muss gegebenenfalls eine Bewertung von vornherein ausgeschlossen werden.

[57] Vgl. Nöllke (2004)

- Greifen Sie ein, wenn vom Thema abgewichen wird oder sich die Gruppe an einem Punkt festbeißt. Schaffen Sie Übergänge im Workshop!
- Stoßen Sie die Diskussion an, wenn sie ins Stocken geraten ist. Nicht nur durch eigene Vorschläge, sondern indem Sie die Teilnehmer ermuntern!
- Beziehen Sie alle Teilnehmer ein, fragen Sie bewusst passivere Teilnehmer nach Beiträgen, auch zu anscheinend umfassend diskutierten Punkten.
- Achten Sie auf Wortmeldungen!
- Achten Sie darauf, dass zeitliche Vorgaben eingehalten werden. Geben Sie den Teilnehmern laufend eine Orientierung!
- Fassen Sie immer wieder Diskussionspunkte zusammen: Formen Sie Gedanken der Gruppe neu und geben Sie sie zurück!
- Wichtig: Sorgen Sie für eine Ergebnissicherung! Da der Moderator in der Regel gut ausgelastet ist, sollte diese Aufgabe ein Teilnehmer übernehmen.
- Beschließen Sie die Sitzung mit einem positiven Ausblick und erklären Sie die nächsten Schritte. Stellen Sie die Ergebnisse im Anschluss den Teilnehmern zur Verfügung.

Im Folgenden stellen wir Ihnen einige wichtige Techniken für die Umsetzung von kreativen Workshops vor. Sie können diese wunderbar zur Risikoidentifikation anwenden. Alle sollen Kreativität und die Ideen für die Entdeckung potentieller Risiken durch Mitarbeiter fördern.

Kreativitätstechniken für die Risikoidentifikation:

Brainstorming

Die Brainstorming-Technik ist die älteste und bekannteste Technik zur Ideenfindung im Team. Sie wird in den unterschiedlichsten Situationen und Bereichen eingesetzt und kann auch bei der Risikoidentifikation sehr hilfreich sein. Beim Brainstorming kann in kurzer Zeit eine Vielzahl von unterschiedlichsten Ideen gesammelt werden.

Während des Brainstormings ist jegliche Kritik untersagt – die Teilnehmer sollten ermutigt werden offen und kreativ zu sein. Es werden zuerst alle Vorschläge gesammelt, bevor sie bewertet werden. Hier geht zunächst Quantität vor Qualität. Wichtige Erfolgsfaktoren sind einerseits der Moderator selbst und andererseits die Zusammensetzung der Gruppe. Tipps für eine gute Moderation von Ideenfindungsworkshops haben wir Ihnen im vorigen Exkurs aufgezeigt. Bei der Auswahl der Teilnehmer sollten Sie auch darauf achten, dass keine Konkurrenz- oder Statuskämpfe zu befürchten sind. Eine offene und ehrliche Runde, die ordentliche Ergebnisse erbringt, wäre ideal. Bei der Ideenfindung hat sich übrigens gezeigt, dass eine zweite Welle von Ideen eintritt. Die erste Ideenwelle ist meistens nach 5-10 Minuten abgeebbt. An dieser Stelle sollten Sie nicht vorzeitig abbrechen, denn die Wahrscheinlichkeit für eine zweite Welle ist hoch. Es werden nicht mehr ganz so viele sein, die Ideen sind in der Regel jedoch oft origineller. Warten Sie also die zweite Welle ab. Vielleicht schaffen Sie sogar eine Dritte.[58] Wenn die Ideenphase zu Ende ist und die Teilnehmer eine kurze Pause genießen konnten, sollten Sie die Ideen strukturieren, um am Ende ein konsolidiertes Ergebnis zu erhalten.

Brainstorming bei der Risikoidentifikation verknüpfen mit MindMapping

Für die Risikoidentifikation empfehlen wir am Ende, das Brainstorming mit der **Mindmapping-Technik** zu verbinden. Zunächst werden die Risiken gesammelt. Um ein strukturiertes Ergebnis mitzunehmen, sollten Sie die gesammelten, identifizierten Risiken innerhalb einer Mindmap kategorisieren. Das fällt Ihnen im Team viel leichter als alleine. Mindmaps eignen sich zur Strukturierung komplexer Sachverhalten und zur Sortierung und Visualisierung verschiedenster Ideen. Sie sind prinzipiell hierarchisch aufgebaut und schnell zu erstellen.

So geht's: Sie verwenden ein kleines Softwaretool (es gibt diverse freie im Internet) oder ein großes Blatt Papier. In die Mitte als Hauptknoten notieren Sie das übergreifende Thema, Risikoidentifikation für Ihr Projekt. Nun können Sie mit Hilfe von Unterzweigen Themen hinzufügen. Verwenden Sie hier die Risikokategorien, die Sie in der Risikomanagementorganisation festgelegt haben. Wahrscheinlich werden noch einige Kategorien nach der Identifizierung der Risiken hinzukommen oder einige gestrichen – das ist ganz normal. Wenn nötig, können Sie dann auch Unterkategorien definieren, indem Sie Unterzweige bilden. Spätestens auf die dritte Ebene sollten Sie dann die Risiken schreiben. Notieren Sie Ihre Benennung des Risikos und gegebenenfalls in Unterknoten Informationen, die Ihnen jetzt schon vorliegen. Mehr als 3-4 Ebenen sollte die Mindmap bei der Risikoidentifikation nicht erhalten.

Weitere Techniken

Nicht immer passt ein „einfaches“ Brainstorming, da die freie Form zum Teil für die Risikoidentifikation nicht ausreichend breit genug verläuft. Und es ist eben das Ziel, möglichst alle Risiken zu identifizieren. Ziehen Sie deshalb auch folgende praxiserprobte Techniken und Varianten in Betracht und experimentieren Sie:

---

58 Vgl. Nöllke (2004)

- **Katastrophen-Brainstorming:** Eine Idee, einem Brainstorming eine zielgerichtete Struktur zu geben, ist die gezielte Suche nach Katastrophen für das Projekt.[59] In einem zweiten Schritt bestimmen Sie dann Szenarien, die zu den beschriebenen Katastrophen führen könnten. Und zum Schluss suchen Sie die Ursachen für die Szenarien. Diese sind dann die Risiken für Ihr Projekt, denn sie sind es, die zur Katastrophe führen könnten. Die Schwierigkeit ist hier der Einstieg, also das Auffinden von Katastrophen. Fragen Sie nach den größten Albträumen der Anwesenden bezogen auf das Projekt. Wechseln Sie die Perspektive, indem sie die schönsten Träume notieren lassen und dann das genaue Gegenteil verwenden. Welche unverschuldeten Katastrophen könnten auftreten? Bringen Sie als Impuls eine Zeitungsüberschrift aus der Financial Times mit, die ihren Projektausgang zerreißt. Lassen Sie auch Teilkatastrophen zu, die der einen oder anderen Anspruchsgruppe gar nicht gefallen würden. Jetzt werden die Szenarien zu jeder einzelnen Katastrophe bestimmt. Achten Sie darauf, dass zunächst unwahrscheinlich erscheinende Szenarien nicht vernachlässigt werden, hier kann viel verstecktes Potential liegen. Versuchen Sie dies zu erschließen, indem sie diese Szenarien in die Ursachensuche hinüberretten.
- **Projektdurchgang und Projektplan-Zetteltechnik:** Bei dieser Technik stellen Sie sich die einzelnen Projektphasen vor und zeichnen in der Gruppe eine mentale Skizze über mögliche Verlaufsalternativen. Der Moderator führt auf Entscheidungspunkte im Projekt hin, wie dem Ende der Analyse, dem Anfang der Programmierung usw. Jeweils zwischen Entscheidungspunkten werden die verschiedenen Szenarien verfolgt und die Frage gestellt: Was könnte schief gehen? Was passiert, wenn etwas nicht klappt, beispielsweise ein Meilenstein nicht erreicht wird? Untersuchen Sie jeweils ein Szenario in Ihren Risikokategorien: Was geschieht rund um Anforderungen, Organisation und Technik? Diese spezifische Fragestellung kann Risiken zielgerichtet aufdecken. Eine Variation dieses Vorgehens ist die *Projektplan-Zetteltechnik.*[60] Der übergreifende Zeitplan des Projektes, ein GANTT Diagramm o. ä., wird an der Wand angebracht. Jetzt führt beispielsweise der Projektleiter Woche für Woche, Monat für Monat durch das Projekt und beschreibt, welche Aktivitäten zu welcher Zeit vorgesehen sind und wie diese zusammengehören. Währenddessen stellen sich die Teilnehmer fort-

[59] Vgl. DeMarco/Lister (2003), S. 126 ff.
[60] Vgl. Smith/Merrit (2002), Kapitel 4

während die Frage, was zu einem erwähnten Zeitpunkt schief laufen könnte. Die Teilnehmer schreiben diese potentiellen Probleme auf kleine Klebezettel. Nachdem der Vortrag abgeschlossen wurde, kleben die Teilnehmer ihre Zettel an die entsprechende Stelle des vorbereiteten Projektplans. Hieraus kann sich dann die Diskussion über mögliche Risiken ergeben. Es ist übrigens interessant zu sehen, wenn sich Zettel an bestimmten Stellen häufen.

- **Erfolgsverhinderer suchen:** Beschreiben Sie der Gruppe das Projekt. Danach fragen Sie zunächst nach den fünf wichtigsten Merkmalen, die einen Erfolg für das Projekt bedeuten würden. Nehmen Sie gegebenenfalls noch mehr Merkmale auf und schreiben Sie die Punkte an eine Tafel. Beginnen Sie nun die Gruppe zu fragen, was passieren könnte, damit das „Bild des Erfolges", das die Merkmale skizziert, keine Wirklichkeit wird. Wenn die Äußerungen der Teilnehmer abebben, beginnen Sie in Kategorien zu fragen: Projektphasen, Auftraggeber, Fachbereiche, Technologien, Zulieferer etc.[61] Ein interessanter Nebenaspekt dieser Methode ist auch, dass Sie Widersprüche in den Erfolgsmerkmalen Ihres Projektes feststellen können. Ordnen Sie die Merkmale Ihrer jeweiligen Anspruchsgruppe zu. Sollte ein Konflikt zwischen den einzelnen Merkmalen existieren, können Sie beispielsweise direkt politische Risiken ablesen. Denn die Erfüllung eines Merkmals kann bedeuten, dass ein anderes nicht erreicht werden kann.[62]
- **Annahmen-Analyse:** Sie wissen bereits, dass Unwissenheit ein Ursprung von Risiken ist. Eine Möglichkeit mit Unwissenheit umzugehen, ist diese durch Annahmen zu kompensieren. In einem Projekt gibt es deshalb eine Vielzahl von niedergeschriebenen, rein gedanklichen und unterschiedlichen Annahmen. Da Risiken aus falschen Annahmen entstehen, sollten diese näher analysiert werden. Sammeln Sie zunächst Annahmen, auf denen das Projekt basiert. Beispielsweise: „Anforderung A kann sicher durch Modul der Firma B abgedeckt werden, weil diese Funktion heutzutage zum Standard gehört." oder „Vorstand C unterstützt das Projekt, weil er ein Interesse daran haben muss, unseren Business Case zu realisieren." Prüfen Sie nun, ob diese Annahmen richtig sind und welche Auswirkung es hätte, wenn diese Annahmen falsch wären. Identifizieren Sie daraus Risiken für die „dicken Bretter" unter den Annahmen. Vielleicht können Sie auch schon die eine oder andere falsche Annahme berichtigen.

---

[61] Vgl. Smith/Merrit (2002), Kapitel 4

[62] Vgl. DeMarco/Lister (2003), S. 129

4.3.1.4
Nach der Risikoidentifikation – Risiken für die Analyse aufbereiten

Jedes identifizierte Risiko muss für die Analyse aufbereitet werden. Dies bedeutet, dass Sie drei Aufgaben haben:

Identifizierte Risiken für die Analyse vorbereiten

1. **Anlage der Risikoschablone und Schnellbeschreibung:** Zu jedem Risiko wird eine neue Risikoschablone angelegt. Wie diese auszusehen hat, wurde in der Risikoorganisation festgelegt. Hier sind von einer neuen Zeile in einer Liste, bis hin zu einem neuen Eintrag in einer unternehmensweiten Risikodatenbank viele Wege denkbar. Die angelegte Risikoschablone wird soweit ausgefüllt, wie dies in wirklich kurzer Zeit möglich ist. Entscheidend ist, dass das Risiko benannt und beschrieben wird. In den meisten Fällen sollte es auch kein Problem sein, die bereits bekannten Ursachen für die Analyse mitzugeben.
2. **Kategorisierung des Risikos:** In die Schablone gehören auch die Risikokategorien, die die Risiken strukturieren. Sie erhalten durch die Kategorien vor allem für die Überwachung der Gesamtrisikosituation einen guten Überblick. Die Art der Kategorisierung kann daher je nach Projektziel unterschiedlich sein. Vielleicht lassen Sie sich auch von unseren Kategorien inspirieren, die wir für unser Risikolexikon aufgestellt haben. Die Sortierung im Risikolexikon erfolgt allerdings nicht nach der Kategorie, sondern nach der Phase des Softwareprojektes, in der das Risiko Realität wird. Dies hat für den praktischen Einsatz einige Vorteile, was wir noch in Kapitel 6 erläutern werden. Eine Strukturierung der Risiken nützt auch in späteren Projekten. Sie können zum einen auf bereits definierte Kategorien zurückgreifen und mit diesen weiterarbeiten und zum anderen stellen die Kategorien eine übergreifende Vergleichbarkeit her.
3. **Zuteilung von Verantwortlichkeiten für die Risikoanalyse:** Welche Verantwortlichkeiten sollten an dieser Stelle festgelegt werden? Wir empfehlen in kleinen Schritten zunächst nur die Personen zu benennen, die für die Analyse des Risikos verantwortlich sind. Dies kann eine Person sein. Ist die Analyse allerdings sehr spezifisch oder komplex, ist der Einsatz mehrer zuständiger Personen zu raten. Wer im Anschluss die Bewertung macht, die Maßnahmen festlegt und das Risiko überwacht, ist an dieser Stelle noch zu vernachlässigen. Dennoch geschieht zu diesem Zeitpunkt die erste Verteilung von Ver-

antwortung und Wissen. In der Analyse wird es grundsätzlich auch wichtig sein, die Eingaben aus der Risikoidentifikation zu prüfen. Daher ist es angebracht, dass nicht derjenige ein Risiko analysiert, der es identifiziert hat.

Exkurs: Die Geschichte vom „grünen Ingenieur"

Green Engineer

Sie berücksichtigen sicher schon viele Elemente der Thesen aus Kapitel 3, beispielsweise auch, dass jeder zu jeder Zeit Risiken für das Projekt identifiziert. Wie effektiv Ihre Risikokommunikation vor diesem Hintergrund ist, lässt sich gut an folgendem Gedankenexperiment nachvollziehen. Dies ist besonders für große Projekte aussagekräftig. Es ist die Geschichte vom „grünen Ingenieur".[63] Stellen Sie sich vor, Sie stellen einen neuen Mitarbeiter, den grünen Ingenieur, für Ihr Projekt ein. Und zwar egal in welchem Bereich, Hauptsache ganz am Ende der Entscheidungshierarchie. Und jetzt passiert Folgendes: Ihr Neuer entdeckt am ersten Arbeitstag ein absolut projektkritisches Risiko in der technischen Architektur Ihrer Software. Eintrittswahrscheinlichkeit „sehr hoch", Risikohöhe „enorm". Beantworten Sie jetzt diese Frage:

„Wie schnell und wie präzise werden die folgenden Schritte durchlaufen?"

1. Das Risiko wird als solches auf Ebene der direkt beteiligten Mitarbeiter anerkannt.
2. Das Risiko wird im Sinne des Risikomanagements identifiziert.
3. Das Risiko erhält eine Risikoschablone.
4. Das Risiko wird an den richtigen Entscheidungsträger herangetragen.
5. Es wird eine gemeinsam getragene Risikostrategie festgelegt und eine Minderungsmaßnahme für das Risiko definiert.
6. Die Minderungsmaßnahme wird umgesetzt.

Von diesem Szenario kann auf Projekten viel gelernt werden. Es zeigt sehr gut möglichen Handlungsbedarf auf dem „kritischen Pfad" einer wirkungsvollen Risikokommunikation.

---

[63] Das Szenario existiert in vielen Varianten. Im anglistischen Sprachraum ist es auch als „Green Engineer Test" bekannt, daher auch der Name im Deutschen.

4.3.1.5
Ergebnis der Risikoidentifikation und Input für die Risikoanalyse

Das Ergebnis der Risikoidentifikation ist eine möglichst vollständige und aktuelle Sammlung aller relevanter Risiken, die eine Kategorie haben und einer verantwortlichen Person zugeordnet sind, die die Analyse im nächsten Schritt durchführt. Wie dieser Output in Ihrem Projekt aussieht, hängt zumeist von der Projektgröße ab. Bei kleineren Projekten ist es vielleicht nicht notwendig, wenn auch praktisch, eine einzelne Schablone für jedes Risiko anzufertigen. Bei größeren Projekten werden Sie jedoch nicht darum herumkommen solche Schablonen zu führen. Denn diese stellen nicht nur eine effiziente Dokumentation sicher, sie sorgen auch dafür, dass Sie die Risiken gründlich analysieren, bewerten und Maßnahmen definieren. Menschen tendieren ja bei „Formularen" dazu, möglichst alle Felder zu befüllen. Sie werden diese Ergebnisse dann auch dankbar in weiteren Projekten wiederverwenden können.

Noch ein Merksatz für Projektmanager am Ende: Die Risikoidentifikation wird niemals alle Risiken aufdecken. Vergessen Sie nicht entsprechende Reserven (Zeit, Personal, Geld) für unentdeckte Risiken einzuplanen!

4.3.2
Der Risikoprozess

Start des Risikoprozesses

Wird ein Risiko identifiziert, wird für dieses der Risikoprozess gestartet. Für jedes Risiko wird dieser Prozess mindestens einmal durchlaufen – hier findet die Analyse, Bewertung, Steuerung, Zuordnung von Verantwortlichkeiten für Maßnahmen und Indikatoren sowie die Risikoüberwachung in einem ständigen Kreislauf statt. Dieser Ablauf wird in Abbildung 4.5 gezeigt. Ein Risiko befindet sich immer in einer der Aktivitäten. Der Kreislauf endet erst mit dem Ende des Projektes oder wenn das Risiko nicht mehr besteht oder aufgrund getroffener Maßnahmen unbedeutend geworden ist.

Abbildung 4.5: Der Risikoprozess

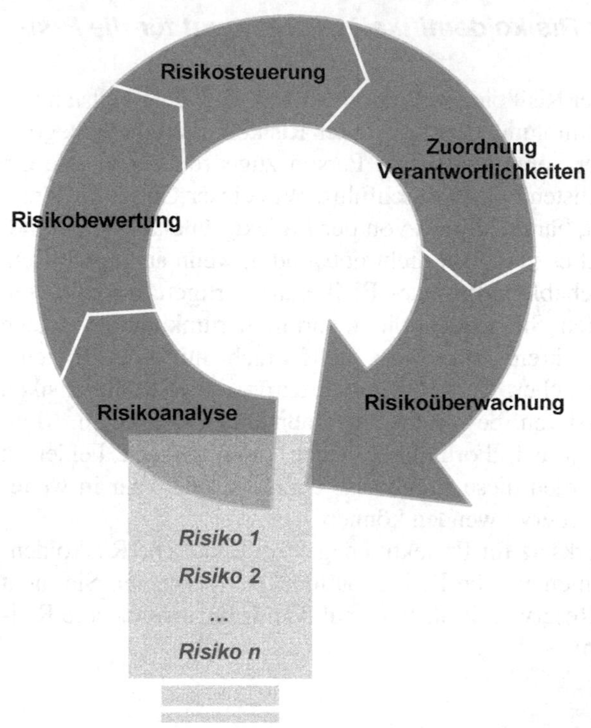

Durch den Kreislauf wird verdeutlicht, dass der Risikoprozess ein iterativer Prozess ist. Beispiel: Während der Überwachung kann von einem Verantwortlichen festgestellt werden, dass sich ein Risiko während des Projektes negativ verändert und es muss erneut analysiert, bewertet und konsequentere Maßnahmen müssen getroffen werden. Es kann andersherum auch genauso gut sein, dass sich ein Risiko z.B. in Bezug auf die Eintrittswahrscheinlichkeit verringert – dann können die Maßnahmen entweder gestrichen oder in der Priorität zurückgesetzt werden.

Häufig werden Sie die Aktivitäten der Risikoanalyse und -bewertung innerhalb des Risikomanagementprozesses in einer einzigen Phase wieder finden, was einem klassischen Risikomanagementprozess entspräche. Es ist im Sinne einer Verteilung von Risikobewusstsein und -verantwortung aber sinnvoll diese Teile zu trennen. Denn die Tätigkeiten werden idealerweise nicht von einer Person allein im sprichwörtlichen stillen Kämmerlein durchgeführt. Zunächst wollen wir mit der Risikoanalyse starten.

4.3.2.1 Die Risikoanalyse

Ziele der Risikoanalyse

Das Ziel der Risikoanalyse ist die Aufbereitung der Risiken für die Bewertung. Um Risiken effektiv bezüglich ihrer Eintrittswahrscheinlichkeit und Risikohöhe einschätzen zu können, müssen diese zunächst genauer untersucht und beschrieben werden. Jeder, der an der Bewertung teilnimmt, soll später dasselbe unter dem jeweiligen Risiko verstehen. Die Risikobewertung erfolgt durch eine Schätzung. Und diese wird umso genauer, je mehr Details und Merkmale des Risikos vorhanden sind.

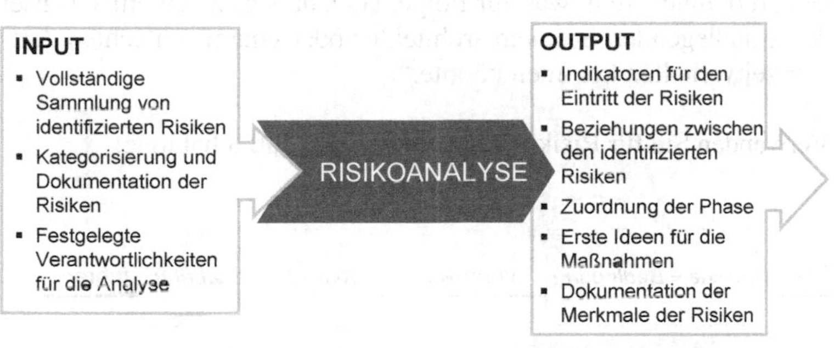

Abbildung 4.6: Umfang der Risikoanalyse

Verantwortlichkeiten in der Risikoanalyse

In der Risikoidentifikation wurden die Verantwortlichkeiten für die Analyse bereits festgelegt. Bestenfalls hat jeder im Projektteam Risiken zugewiesen bekommen, die speziell den Bereich seines Expertenwissens betreffen. Bei kleinen Projekten können die beiden Aktivitäten Risikoanalyse und -bewertung auch in einem Zug durchgeführt werden. Je größer jedoch ein Projekt wird, umso stärker sind die Experten über das Projekt verteilt. Betrachten wir die Elemente der Risikobeschreibung, so muss festgestellt werden, dass das Expertenwissen eines Einzelnen dann nicht reichen kann, um das Risiko vollständig zu analysieren. Dies wäre nur der Fall, wenn alle Elemente eines Risikos wie Ursachen, Bedingungen und Konsequenzen ausschließlich aus dem Wissensbereich dieses Einzelnen stammen würden. Insbesondere bei größeren Unternehmungen wird dies nur selten der Fall sein. Es ist deshalb notwendig, dass derjenige, der das Risiko analysiert, mit den Experten aus anderen Bereichen zusammenarbeitet. Er muss gezielt nach Ursachen und Konsequenzen an den richtigen Stellen nachfragen. Auf diese Weise wird das Risikobewusstsein automatisch über mehrere Personen verteilt. In diesem Zusammenhang muss aber auf die Wirtschaftlichkeit der Informationsbeschaffung geachtet werden – zuviel wäre auch hier zuviel. Konkret ergeben sich folgende Aufgaben für die Risikoanalyse:

Risiken durch Risikosatz beschreiben

Jedes Risiko wird zunächst mit einem Risikosatz beschrieben. Dieser enthält die Ursachen und Bedingungen, unter denen ein Sachverhalt zu einem Problem werden könnte. Er beschreibt im Weiteren die Konsequenzen, die der Risikoeintritt nach sich ziehen würde.[64]

Beispiel für einen Risikosatz:

Beispiel

„Wenn es dem Fachbereich bis zum Ende der Analysephase nicht gelingt das Mengengerüst für die Benutzerzahl zu bestimmen, könnten die nichtfunktionalen Anforderungen der Anwendung nur mangelhaft definiert sein, was zur Folge hätte, dass es zu einem Wechsel der grundlegenden Softwarearchitektur oder einem schlechten Antwortzeitverhalten kommen könnte."

Verwenden Sie für Risikosätze die folgende Satzschablone:

Abbildung 4.7: Schablone für den Risikosatz

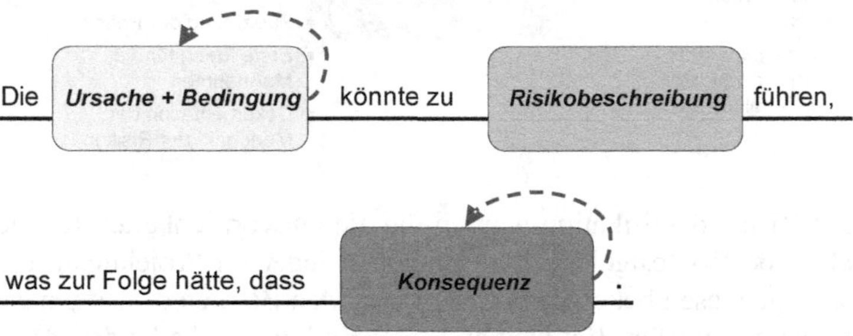

Inhalte des Risikosatzes

Ein Risikosatz beschreibt also in kompakter Form, welche Ursachen unter welchen Bedingungen zu welchem Risiko führen und welche negativen Konsequenzen dieses beim Risikoeintritt hätte. Natürlich kommen Sie nicht immer mit einem einzigen Satz aus. Dann nehmen Sie nur die wichtigsten Punkte in den Satz auf und fügen einfach weitere Beschreibungen von Ursachen und Konsequenzen an.

Qualitätsmerkmale eines Risikosatzes

Einen guten Risikosatz erkennen Sie insbesondere an der Verwendung des Konjunktivs, denn ein Risiko ist niemals ein real bestehendes Problem. Risikomaßnahmen und -indikatoren setzen dann übrigens immer bei den Ursachen und Bedingungen an, die Sie möglichst vollständig anführen sollten. Je genauer diese beschrieben werden, umso einfacher wird es, die richtige Risikostrategie und -maßnahme auszuwählen. Weiterhin sollte der Risikosatz auf Fakten und nicht auf Mutmaßungen beruhen und so spezifisch wie möglich

[64] Beispiele für Risikosätze oder auch Risk Statements finden sich z.B. bei Gluch (1994). Grundsätzlich handelt es sich bei einem Risikosatz aber nur um die spezifische strukturierte Beschreibung der Grundeigenschaften eines Risikos.

gehalten sein. Die Risikosätze, die Sie in unserem Risikolexikon am Ende des Buches finden, sind sehr allgemein gehalten und müssen deshalb immer auf die individuelle Situation angepasst werden. Meistens ist dies recht einfach durch Ersetzen der Satzteile möglich.

Die Aktivitäten der Risikoanalyse sind im Einzelnen:

Checkliste für die Risikoanalyse

- **Beschreiben Sie das Risiko:** Dies geschieht durch den Risikosatz und ergänzende Beschreibung der Ursachen, Bedingungen und Konsequenzen.
- **Definieren Sie die Phase im Vorgehensmodell, in der das Risiko Realität werden könnte, es sein denn, es handelt sich um ein prozessübergreifendes Risiko:** Die Eingliederung des Risikos in die betreffende Phase des Vorgehensmodell, z.B. Auslieferung, hilft im Späteren bei der Überwachung des Risikos. Zudem kann bei der Umsetzung der Maßnahmen ein zeitlicher Rahmen genau gesetzt werden. Eine Maßnahme muss greifen, bevor die Phase betreten wird. Sie besitzen jedoch auch Risiken, wie z.B. „Mitarbeiterfluktuation", die ein übergreifendes Ereignis darstellen und an keine Phase gebunden sind.
- **Finden Sie so viele Indikatoren wie möglich:** Ein Indikator sollte mit „Ja." oder „Nein." beantwortet werden können und zeigt an, wann das Risiko eintritt bzw. wann der Eintritt wahrscheinlich wird. Leiten Sie für jedes Risiko bereits jetzt mindestens einen Indikator aus den Ursachen und/oder Bedingungen ab, die zu dem Risiko führen – egal, ob das Risiko an Ihnen oder am Auftraggeber hängt. Beispiel: Das Hinzukommen von neuen Anforderungen mitten im Projekt können Sie vielleicht nicht mehr direkt beeinflussen – es liegt am Kunden. Trotz dessen gibt es auch hierfür Indikatoren – schauen Sie hierzu beispielhaft in unser Risikolexikon. Indikatoren sind für die Überwachung von Risiken unerlässlich.
- **Bestimmen Sie die Vorgänger und Nachfolger für die Risiken aus den bereits bestehenden Risiken**: Durch welche Risiken kann das zu analysierende Risiko automatisch mit eintreten bzw. welches Risiko kann es beim Eintritt auslösen? Risiken hängen oft zusammen. Darauf müssen alle Projektmitarbeiter vorbereitet sein. Vor allem die Personen, die in den jeweiligen Phasen des Vorgehensmodells tätig sind, in denen die Risiken Realität werden könnten.

Sofern die einzelnen Mitarbeiter, die die Risiken analysiert haben, Ideen für Maßnahmen haben, können diese ebenfalls notiert werden.

Diese fließen dann in die Risikosteuerung ein und werden dort diskutiert. Es soll schließlich nichts an Wissen und Ideen verloren gehen. Erinnern Sie sich daran, dass implizites Wissen, etwas ganz Gefährliches für Projekte darstellt, insbesondere wenn es gerade fehlt. Eine einfache, leichte und gute Dokumentation hilft hier weiter.

Qualitätsmerkmale der Risikoanalyse

Auch für die Risikoanalyse wollen wir Ihnen kurz die Qualitätsmerkmale vorstellen, die den Erfolg dieser Phase bestimmen:

- **Die Analyse übernimmt Ergebnisse der Risikoidentifikation nicht direkt:** Eine Risikoanalyse sollte grundsätzlich die Ergebnisse der Risikoidentifikation kritisch hinterfragen und reflektieren. Werden Ursachen und Beschreibungen einfach 1:1 übernommen, ist die Analyse sinnlos oder die Risikoidentifikation perfekt.
- **Die Risikoschablone ist erweitert und für die Bewertung ausreichend befüllt worden:** Die Analyse war dann erfolgreich, wenn Sie am Ende eine detailliertere Beschreibung des Risikos haben, als das noch am Ende der Identifikation der Fall war. Sie haben Klarheit über die oben aufgeführten Elemente eines Risikos.
- **Die Analyse ist kurz und prägnant:** Es werden keine Romane über die einzelnen Analyseergebnisse geschrieben. Diese Aktivität ist in den meisten Fällen eine Einzelaufgabe und muss anschließend an das Team zurückgegeben werden. Kurze, knappe und einfach verständliche Stichpunkte werden wahrgenommen – daran haben wir uns auch im Risikolexikon gehalten. Lange Texte werden gerne verdrängt.
- **Für die Analyse werden das Wissen und die Erfahrungen von Kollegen eingeholt**: In der Identifikation haben wir darauf hingewiesen, dass Sie jedem Mitarbeiter Risiken zur Analyse zuweisen. Für eine fundierte Analyse ist in den meisten Fällen eine übergreifende Kommunikation mit Kollegen und Experten notwendig.
- **Die Risikoanalyse findet nicht am gleichen Tag wie die Risikoidentifikation statt:** Risiken können nie so dringend sein, dass sie tagesaktuell analysiert werden müssen, sonst würde es sich mit an Sicherheit grenzender Wahrscheinlichkeit um ein Problem handeln. Ein gewisser zeitlicher Abstand, zusammen mit der Verteilung der Verantwortung, hilft bei der Objektivierung.

Abschließend lässt sich sagen, dass eine gute Risikoanalyse möglichst alle Ursachen und Konsequenzen eines Risikos aufdeckt. Hier wird die Basis geschaffen, dem Risiko wirklich auf dem Felde entgegenzutreten und nicht auf der Flanke überrascht zu werden.

4.3.2.2 Die Risikobewertung

Ziele und Aufgaben der Risikobewertung

In der Risikobewertung wird das Risiko einerseits hinsichtlich der Risikohöhe und der Eintrittswahrscheinlichkeit und andererseits auf seine potentiellen Auswirkungen im magischen Viereck hin geschätzt. Diese Aktivitäten sind zum einen für die Priorisierung der Risiken und zum anderen für die Steuerung und Definition der Maßnahmen bedeutend. Die Bewertung und Priorisierung der Risiken ist ein wichtiger Meilenstein im Risikomanagementprozess, da ab diesem Zeitpunkt klar wird, auf welche Risiken Sie sich konzentrieren müssen – nicht alle Risiken, die Sie identifiziert haben, bedürfen aufwendiger Minderungsmaßnahmen.

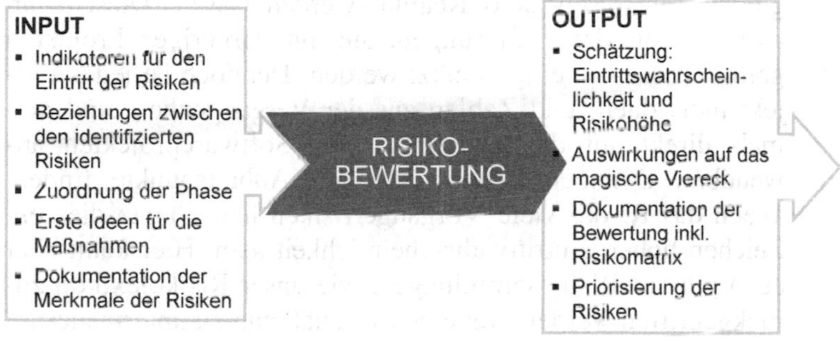

Abbildung 4.8: Umfang der Risikobewertung

Wie bewerten Sie?

Die gesamte Bewertung beruht zumeist auf Schätzungen, denn es ist nur in Ausnahmefällen möglich, genaue Zahlen für die Konsequenzen oder die Eintrittswahrscheinlichkeit zu bestimmen. Das unschöne an Schätzungen ist nun aber, dass diese so ungenau sind. Deshalb empfiehlt es sich, die Risikobewertung in einer Expertengruppe vorzunehmen. Die Grundlagen eines bewussten Schätzens haben wir bereits in der These „Lernen Sie Schätzen!" vorgestellt. Behalten Sie diese bei allen Bewertungsschritten im Kopf.

Checkliste für die Bewertung

1. **Prüfen Sie die Ergebnisse der Risikoanalyse:** Da die Bewertung in einer Gruppe stattfindet, müssen Sie die Möglichkeit nutzen, die Ergebnisse der Risikoanalyse zu erweitern. Beginnen Sie, indem noch einmal nach weiteren Ursachen, Konsequenzen und Indikatoren gefragt wird. Dokumentieren Sie die-

se entsprechend. Sie benötigen insbesondere die Ursachen und Konsequenzen für die nächsten Schritte.

2. **Schätzen Sie die Risikohöhe:** Die Risikohöhe entspricht den Kosten der Konsequenzen eines Risikos. Zerlegen Sie das Problem, indem Sie jede Konsequenz einzeln bewerten und dann aufsummieren. Dies wird in der Regel selten in harten Geldbeträgen enden, aber es existieren auch für zunächst immaterielle Konsequenzen Währungen: Verzögerungszeit in Wochen oder Personentagen, Fehleranzahl, Funktionsumfang und so weiter. Da die Risikohöhe auch nur relativ bewertet wird, in der Regel in einem Bereich von *sehr gering* bis *sehr hoch*, ist auch der Vergleich zu bereits bestehenden Risiken möglich. Wenn ein Risiko gegebenenfalls viele Nachfolgerisiken hat, kann dies auch ein Zeichen dafür sein, dass die Risikohöhe besonders hoch ist.
3. **Schätzen der Eintrittswahrscheinlichkeit:** Die Eintrittswahrscheinlichkeit hängt direkt an den Ursachen und Bedingungen, die das Risiko Realität werden lassen. Diese kann teilweise aus den Erfahrungen, die mit vorherigen Projekten gemacht wurden, eingeschätzt werden. Dennoch ist jedes Projekt individuell, und Zahlen aus der Vergangenheit sind niemals direkt auf die Gegenwart von Softwareprojekten anwendbar. Dennoch können Sie hier Anhaltspunkte finden. Wenn das Risiko viele Vorgängerrisiken hat, könnte dies ein Zeichen hoher Eintrittwahrscheinlichkeit sein. Hier kann aber auch gut auf Risikosammlungen, wie unser Risikolexikon zurückgegriffen werden, um eine Einschätzung zu untermauern.
4. **Bewerteten Sie die Auswirkungen auf das magische Viereck:** Projektleiter danken es sehr schnell, wenn Sie sich bereits jetzt über die potentiellen Auswirkungen auf Zeit, Kosten, Qualität und Umfang Gedanken machen. Eine entsprechende Steuerung und die Überwachung der Gesamtrisikosituation werden dadurch vereinfacht.

Wer soll bewerten?

Nehmen Sie sich für diese Aktivitäten unsere Prinzipien aus der oben genannten These zu Herzen und denken Sie daran, dass eine Schätzung subjektiv und nicht sicher ist. Daher auch die entscheidende Überlegung: Wer soll bewerten? Dies ist der Grund, warum die Analyse von der Bewertung zu trennen ist. Denn die Bewertung sollte erneut in einer ausgewählten Gruppe durchgeführt werden. Hier werden bereichsübergreifend Mitarbeiter aus dem gesamten Team benötigt. Die Teilnehmer der Bewertung sollten einerseits die Expertise mitbringen, den Risikosachverhalt zu verstehen und eine breit gefächerte Projekterfahrung einbringen und andererseits, zumindest teilweise, mit den politischen und finanziellen Bereichen des Projektes in Berührung kommen. An der Stelle der Bewertung werden schließlich die Konsequenzen für die Wirtschaftlichkeit des Projektes betrachtet. Bei einer Vielzahl von Risiken empfiehlt es sich, die Bewertung gruppenweise durchführen – Risiken aus einer Kategorie jeweils in einer Gruppe.

Bewertungsworkshops

Ein solcher Bewertungsworkshop sollte ebenfalls den Qualitätskriterien entsprechen, die wir schon an Workshops zur Risikoidentifikation gelegt haben. Ein Praxistipp für Sie: Wenn die Bewertung eines Risikos zu lange dauert, sind normalerweise noch nicht alle Konsequenzen und Ursprünge hinreichend bestimmt. Gehen Sie lieber noch einmal zu diesen zurück, als die Diskussion zu weit ausschweifen zu lassen.

Nähere Erläuterungen zu den Bewertungskriterien, wie z.B. die Bewertungsskala, können Sie in Kapitel 6 über die Risikoschablone und in den Grundlagen in Kapitel 2 nachlesen. Dort finden Sie unter dem Thema „Techniken für Analyse und Bewertung von Risiken" (Kapitel 2.1.5.3) die konkreten Einzelheiten zur Durchführung und Dokumentation der Bewertung.

Schadensausmaß bestimmen und Risikomatrix einsetzen

Das Schadensausmaß wird dann im Anschluss nach der Bewertung der Eintrittswahrscheinlichkeit und der Risikohöhe durch die in Kapitel 2.1.5.3 angegebene Multiplikation berechnet. Anhand derer und der Benennung der Auswirkungen kann dann die Priorisierung vorgenommen werden. Sortieren Sie nicht nur blind nach den Zahlen, die Sie für die Schadensausmaße berechnet haben. Gegebenenfalls müssen Sie sich an dieser Stelle noch einmal die Konsequenzen der Risiken ansehen, um Ihre bewusste Schätzung vielleicht noch einmal bewusst zu revidieren. Insbesondere wenn Sie das Risiko in die Risikomatrix eintragen und es in Relation zu den anderen Risiken betrachten können. Schauen Sie in diesem Zusammenhang auch in Kapitel 2 nach, dort haben wir die Risikomatrix detailliert dargestellt und diskutiert.

Dokumentation

Auch in der Risikobewertung wird dokumentiert. Hier kommt neben der Risikomatrix die bestehende Risikoschablone zum Einsatz, die einfach stringent weitergeführt wird.

4.3.2.3 Die Risikosteuerung

Ziele und Aufgaben der Risikosteuerung

Auf Basis der Fleißarbeit in den vorherigen Schritten können endlich die Strategien und Maßnahmen für die Risiken festgelegt werden. Das Ziel dieses Prozessschrittes ist, wie bereits auch in Kapitel 2 schon beschrieben, die Auswahl einer geeigneten Strategie und die Festlegung der dafür notwendigen Maßnahmen. Eine gute Risikosteuerung ist damit immer auf „Aktion“ aus, es geht darum, etwas gegen die Risiken zu tun.

Für die Zuordnung der Ergebnisse der Risikosteuerung zu Verantwortlichen haben wir übrigens einen zusätzlichen Prozessschritt hinzugenommen, da diese genau durchdacht werden muss. Hierzu später mehr. Des Weiteren werden Sie in diesem Schritt oft feststellen, dass Sie eventuell noch an den Ergebnissen der Risikoanalyse etwas anpassen müssen. Dies ist aber nicht weiter verwunderlich, da die Risikosteuerung den Kreis der Risikodetaillierung schließt und die Dokumentation eines jeden Risikos eindeutig und in sich schlüssig sein muss.

Abbildung 4.9: Umfang der Risikosteuerung

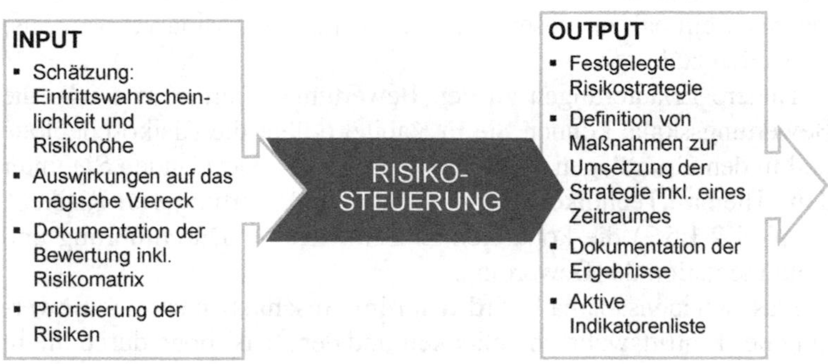

Auswahl einer geeigneten Strategie

Welche Strategien Ihnen grundsätzlich und standardmäßig im Risikomanagement zur Verfügung stehen, haben wir in Kapitel 2 diskutiert. Zur Erinnerung an dieser Stelle:

- Risikoakzeptanz
- Risikoverlagerung
- Risikoverminderung
- Risikovermeidung

Um eine möglichst treffende Auswahl einer Strategie für ein Risiko zu wählen, verwenden Sie nun die Dokumentationen aus den vorherigen Schritten. Die wichtigste Information für die Auswahl der richtigen Strategie ist die Bewertung. Wenn Sie wissen, wie hoch das Schadensausmaß für das jeweilige Risiko ist, können Sie auch bestimmen, ob Sie es akzeptieren oder doch lieber etwas dagegen tun möchten. Genau aus diesem Grund war die Bestimmung der Bereiche in Ihrer Risikomatrix so bedeutend.

Für unsere Matrix in unserem Risikolexikon verwenden wir folgende Bereiche, wobei diesen die passenden Strategien zugeordnet sind:

Bereiche in unserer Risikomatrix

- **Akzeptanzbereich:** Die Risiken, die nach der Bewertung in diesem Bereich der Matrix gelandet sind, können grundsätzlich akzeptiert werden. Das Schadensausmaß hält sich hier sehr stark in Grenzen, weil diese Risiken lediglich geringe Auswirkungen oder eine sehr niedrige Eintrittswahrscheinlichkeit haben. Überdenken Sie bitte genau, wo Sie die Grenze dieses Bereiches setzen. Dies ist eine der Stellschrauben auf dem Weg zum optimalen Sicherheitsgrad im Sinne von These 9.
- **Kritischer Bereich:** Dieser Bereich bildet den Übergang zwischen Akzeptanz- und Gefahrenbereich. Hier werden Verminderungsmaßnahmen getroffen, die die Eintrittswahrscheinlichkeit oder die Risikohöhe vermindern, so dass das Risiko in den Akzeptanzbereich verschoben wird.
- **Gefahrenbereich:** Diese Risiken haben definitiv einen Platz auf Ihrer Top-Liste verdient und stehen somit in der Priorisierung ganz weit oben. Es sind Risiken, die Sie sowohl in Bezug auf die Risikohöhe als auch auf die Eintrittswahrscheinlichkeit sehr hoch bewertet haben. Die Auswirkungen auf Zeit, Kosten, Qualität und Umfang sind dementsprechend ebenfalls sehr hoch. Daher ist die Vermeidung hier die empfohlene Risikostrategie. Alternativ ergreifen Sie unbedingt Minderungsmaßnahmen. Manchmal ist die Vermeidung schlichtweg zu teuer oder auch gar nicht möglich, wie in unserem Dauerbeispiel, den „Verändernden Anforderungen“. Es gibt nur wenig Hoffnung, dieses Risiko zu vermeiden, ohne den Projekterfolg in Frage zu stellen. Passen Sie also darauf auf, dass die Risikovermeidung nicht zu Ihrer „Lieblingsstrategie“ wird. Manche Risiken werden bewusst eingegangen, um die dahinter verborgene Chance zu heben.

Aus der Risikomatrix kann also in der Masse der Fälle die Strategie direkt abgelesen werden. An dieser Stelle noch der Hinweis, nicht blind die Strategien für die Behandlung zu übernehmen. Vorsichtig sollten Sie mit Risiken sein, die an einen anderen Bereich angrenzen.

Umsetzung der Risikostrategie „Verminderung“

Wie wird die Risikostrategie „Verminderung“ in Maßnahmen umgesetzt? Es geht um die Frage: Was kann ich tun, damit das Risiko nicht zum Problem wird bzw. wie kann ich die Eintrittswahrscheinlichkeit oder die Risikohöhe verringern? Wie kann ich gegen die Ursachen für die Risiken angehen, die zum Eintritt der Risiken führen?

Was ist das Ziel der Maßnahme und bis wann muss dieses Ziel erreicht werden, damit es Wirkung zeigt und nicht vom Eintritt des Risikos überholt wird? Mit diesen Fragestellungen sollten Sie sich bei der Definition der Maßnahmen auseinandersetzen. In unserem Risikolexikon finden Sie für jedes unserer Risiken auch mögliche Maßnahmen, die Sie für die Umsetzung der Verminderungsstrategie anwenden könnten.

Regel

Eine wirkungsvolle Maßnahme setzt immer an der Ursache oder der Bedingung für den Eintritt des Risikos an und an nichts anderem.

Beispiel Verminderung

Nehmen wir das Beispiel von oben:

Das Risiko: „Wenn es dem Fachbereich bis zum Ende der Analysephase nicht gelingt das Mengengerüst für die Benutzerzahl zu bestimmen, könnten die nichtfunktionalen Anforderungen der Anwendung nur mangelhaft definiert sein, was zur Folge hätte, dass es zu einem Wechsel der grundlegenden Softwarearchitektur oder einem schlechten Antwortzeitverhalten kommen könnte."

Eine gute Maßnahme wäre: „Wir unterstützen für die nächsten zwei Wochen den Fachbereich mit Mitarbeiterin A für insgesamt vier Tage. Sie wird bei der Erstellung des Mengengerüsts helfen."

Eine schlechte Maßnahme wäre: „Wir führen in der Testphase Lasttests ein, die das Antwortzeitverhalten prüfen."

Je nach Projektsituation besteht übrigens entweder Bedarf nach Minderungsmaßnahmen oder nach der Berechnung von Rückstellungen für das Risiko. Dies wird besonders dann benötigt, wenn Personal für die Maßnahmenumsetzung fehlt oder das Risiko in Preis oder Projektkalkulation einfließen soll. Hier ist übrigens die These 9 zur Wirtschaftlichkeit glänzend anzuwenden. Wenn Sie bemerken, dass Minderungsmaßnahmen derart kostenintensiv sind, dass die Kosten höher sind als die Rückstellung, die gebildet werden müsste, ist es einfach günstiger, die Rückstellung zu bilden. Nehmen Sie dies aber bitte nicht zum Anlass das Risikomanagement unnötig teuer zu rechnen. Denn dieser Fall ist unter der Voraussetzung eines effektiv gelebten Risikomanagements sehr selten.

Gruppe/Team

Wer definiert die Maßnahmen und wer nimmt diese ab? Für die Risikobewertung haben Sie bereits ein erfahrenes Team mit qualifizierten Mitarbeitern zusammengestellt, mit denen Sie die Bewertung durchgeführt haben. Für die Risikosteuerung sollten Sie dasselbe

Team verwenden. Vorteile: Die Teilnehmer kennen die Risiken, Sie haben sich bereits mit ihnen auseinandergesetzt und sie bringen die notwendigen Erfahrungen mit. Zusätzlich zu diesem Team können Sie noch, falls im Team noch nicht vorhanden, den Risikoanalysator hinzunehmen.

Ferner sollten Sie auch daran denken, dass Sie bei der Festlegung der Maßnahmen Entscheidungsträger aus dem Projekt benötigen, vor allem bei den prozessübergreifenden Risiken, wenn es in die Politik, Organisation oder in das Projektmanagement hineinfließt. Hier müssen Maßnahmen explizit freigegeben werden. Somit ist die Auswahl der Beteiligten, die die Bewertung und die Definition der Maßnahmen bestimmen, keine einfache Aufgabe. Es bietet sich an, vorhandene Runden, wie Statusmeetings oder Projektmeetings für die Einbindung solcher Aktivitäten zu nutzen und Mitarbeiter mit dem entsprechenden Expertenwissen situativ und begrenzt hinzuzuziehen.

Risikoüberwachung vorbereiten

Setzen Sie sich bei der Definition der Maßnahmen auch mit den Indikatoren auseinander! Woran erkenne ich, dass ein Risiko eintritt? Was würde die Eintrittswahrscheinlichkeit des Risikos erhöhen, so dass eine erneute Analyse und Bewertung des Risikos notwendig wäre? Ein guter Indikator setzt an den Bedingungen an, unter denen eine Ursache zu einem Risikoeintritt führt. Der Indikator ist idealerweise spezifisch, messbar und sollte, wenn möglich, eine Terminkomponente enthalten.

Ein guter Indikator für das Beispielrisiko wäre: „Am Freitag vor dem Meilensteinmeeting zum Start der Designphase liegt kein ausreichendes Mengengerüst für die Benutzerzahl vor."

Fazit

Zum Abschluss können wir festhalten, dass für die Risikosteuerung die Definition von auf proaktives Handeln ausgerichteten Maßnahmen das entscheidende Qualitätsmerkmal ist. Die Maßnahme bekämpft dabei direkt die Ursachen bzw. die Bedingungen, die zu einem Risikoeintritt führen würden. Zu diesem Zweck sind die Ziele und der zeitliche Rahmen für die Maßnahmen festzulegen. Dieser Zeitraum bestimmt, wann die Risikosteuerung beginnt und bis wann sie umgesetzt sein muss, um Wirkung zu zeigen.

Zudem ist durch die Projektleitung sicherzustellen, dass Minderungsmaßnahmen eine hohe Priorität eingeräumt wird, damit es auch gelingt diese anzugehen. Hier ist die Anerkennung der Leistungen im Risikomanagement notwendig. Werden Mitarbeiter nur nach den „normalen" Arbeitsergebnissen bewertet, nutzt am Ende das ganze Risikomanagement nichts. Arbeiten im Risikomanagement müssen ebenfalls anerkannt werden.

4.3.2.4
Die Zuordnung der Verantwortlichkeiten

Dieser Prozessschritt erfordert zwei wesentliche Schritte, die folgende Fragen beantworten:

1. Wer soll die Maßnahmen umsetzen?
2. Wer soll die Risiken überwachen?

Abbildung 4.10: Umfang der Zuordnung von Verantwortlichkeiten

Wann werden die Maßnahmen umgesetzt?

Der Aufwand, den Sie in die vorherigen Prozessschritte gesteckt haben, belohnt Sie nun reichlich: Das Ziel und der Umfang der Maßnahmen wurden in der Risikosteuerung festgelegt und es wurden die notwendigen Termine aufgestellt. Durch die Analysen sollten Sie in der Lage sein, einen Zeitpunkt in Ihrem Projekt ungefähr eingrenzen zu können, ab dem das Risiko Realität werden könnte. Eine Maßnahme muss sicher vor diesem Zeitpunkt greifen.

Beispiel: Nehmen wir das Risiko einer „fehlenden Benutzerakzeptanz". Das Risiko wird in der Phase der Auslieferung Realität. Das heißt, Sie können erst dann feststellen, ob es eingetreten ist. Die Ursachen befinden sich jedoch bereits in den früheren Phasen des Vorgehensmodells, wo auch die Maßnahmen umgesetzt werden müssen. Zwei mögliche Maßnahmen für dieses Risiko wären Usability-Tests oder die frühzeitige Einbindung der späteren Benutzer.

Checkliste für die Zuordnung der Verantwortlichkeiten

1. **Wer soll die Maßnahmen umsetzen?**

Sie wissen auch, welche Ursachen unter welchen Bedingungen das Risiko auslösen könnten. Definieren Sie nun die Verantwortlichkeit für die Maßnahme. Am effektivsten ist, wenn Sie den Mitarbeiter für die Verantwortung der Maßnahmenumsetzung auswählen, der am nähsten an den Ursachen der Risiken tätig ist. Denn dort muss etwas getan werden. Jetzt bleibt nur noch, die Verantwortung für die Maßnahme an diesen Mitarbeiter zu delegieren. Dieses Vorgehen funktioniert leider nicht bei allen Risiken, aber bei den meisten. In die Umsetzung der Maßnahmen sollte, soweit wie möglich, das Projektteam in wechselnden Funktionen einbezogen werden. Dies ist erfahrungsgemäß ein wirkungsvoller Weg, das notwendige Risikobewusstsein auf einem Projekt zu entwickeln.

2. **Wer soll die Risiken überwachen?**

Parallel zur Umsetzung der Maßnahmen erfolgt die Überwachung der Indikatoren. In vielen Büchern wird gerne für die Risikoüberwachung ein Risikomanager eingesetzt. Es sind jedoch die Mitarbeiter, die am engsten mit dem Risiko und dessen Ursachen und damit den Indikatoren, in Wechselwirkung stehen. Sie können das Risiko auch am besten überwachen. Zudem sind Sie es, die Änderungen der Risikosituation als erster aufdecken können. Der Überwacher eines Risikos muss also sowohl die Indikatoren als auch den Erfolg getroffener Maßnahmen im Blick haben. Er wird der Einzige sein, der den Gesamtstatus des einzelnen Risikos bestimmen kann.

Fazit

Ein entwickeltes Risikobewusstsein erlaubt nicht nur die Risikoidentifikation aus jeder Rolle des Projektes heraus, sondern auch dessen Überwachung. Die eigentliche Herausforderung für diesen Prozessschritt stellt sicherlich nicht der Umfang der Aufgaben, sondern erstens die *Wahl* des richtigen Mitarbeiters und zweitens den Mut zur *Delegation* dar – ganz im Sinne von These 1 zur Realisierung der Vorteile aus der Verteilung von Risikobewusstsein und Risikoverantwortung.

4.3.2.5 Die Risikoüberwachung

In Kapitel 2 haben wir Ihnen bereits die wesentlichen Ziele der Risikoüberwachung vorgestellt, so wie sie auch in Literatur und Praxis zu finden sind. An dieser Stelle möchten wir die Aufgaben der Risikoüberwachung etwas detaillierter betrachten und aus unserer Sicht die Prioritäten dieses Prozessschrittes diskutieren.

Ziel der Risikoüberwachung

Das Ziel der Risikoüberwachung ist die Erkennung einer Veränderung oder eines Eintritts eines Risikos einschließlich der passenden Kommunikation an einen Entscheidungsträger im Risikomanagement. Die Risiken und die damit verbundenen Analysen und Bewertungen beruhen, wie oben beschrieben, auf einer Mixtur aus Unwissenheit, Wahrnehmungen und Vorerfahrungen. Daher ist der Lebenszyklus eines Risikos zwangsläufig mit einer ständigen Veränderung verbunden, es existiert schließlich in einem komplexen System mit vielen Abhängigkeiten. Die Risiken müssen im Rahmen dieser Veränderungen den jeweils neuen Gegebenheiten angepasst werden.

Abbildung 4.11: Umfang der Risikoüberwachung

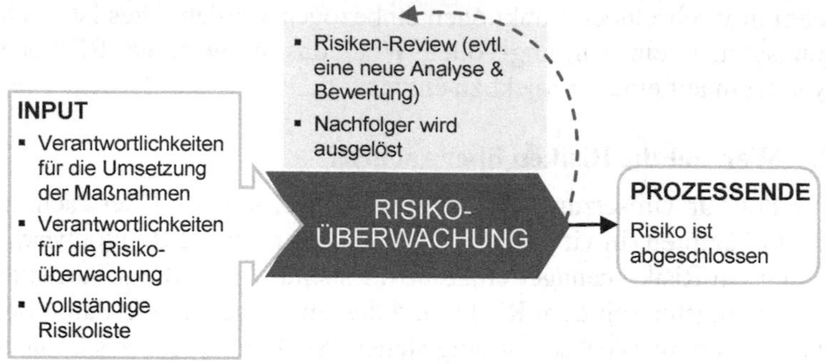

Checkliste für die Aufgaben der Risikoüberwachung

Folgende Fragen sollten die Verantwortlichen für Maßnahmen und Überwachung während der gesamten Risikoüberwachung beantworten können:

- **Treten die festgelegten Indikatoren ein?** Zu jedem Zeitpunkt sollte der Verantwortliche für die Überwachung eines Indikators die Frage beantworten können, ob dieser Indikator eingetreten ist oder in naher Zukunft eintreten wird. Wenn dies der Fall ist, ist es Aufgabe des Überwachers dies den festgelegten Ansprechpartnern zu berichten.
- **Werden die Maßnahmen umgesetzt und zeigen sie den gewünschten Erfolg?** Werden die Tätigkeiten für die Verminderungsmaßnahmen *zeitgerecht* umgesetzt? Kontrollieren Sie in diesem Zusammenhang vor allem nach der Umsetzung die Wirkung. Haben die Maßnahmen ihre Ziele erreicht? Kann das Risiko nicht mehr eintreten bzw. konnte die Eintrittswahrscheinlichkeit minimiert werden? Über all dies muss der Überwacher sich stetig informieren und bei Bedarf eingreifen oder die Problematik entsprechend weitergeben.
- **Verändert sich das Risiko? Muss es erneut analysiert und bewertet werden?** Die Eigenschaften der Risiken, wie Eintrittswahrscheinlichkeiten oder Ursachen, ändern sich im Laufe des Projektes. Aufgrund dessen muss ein organisiertes und regelmäßiges Monitoring der Risiken erfolgen. Bei Änderungen muss das Risiko erneut analysiert und bewertet werden – vorteilhaft von demselben Team, wie beim ersten Mal. Genau in so einem Fall tritt die Prozessschleife ein. Es muss an dieser Stelle bestimmt werden, ob ein erneutes Überdenken der Bewertung ausreicht oder auch noch eine ausführliche Analyse notwendig ist.
- **Wird ein anderes Risiko ausgelöst? Vielleicht der Nachfolger?** Der jeweilige Überwacher tauscht sich im Prozess ideal-

erweise auch mit den Verantwortlichen der Vorgänger- und Nachfolgerrisiken aus, um die Abhängigkeiten der Risiken zu sichern. Tritt das Risiko trotz eines Risikomanagements ein, könnte es zudem sein, dass die Nachfolgerrisiken nun auch real werden. Entsprechend müssen diese gegebenenfalls in eine Prozessschleife eintreten und erneut analysiert und bewertet werden.

Wie können Sie die Risiken überwachen?

Wir haben bereits in der Risikoanalyse, -bewertung und -steuerung die Grundsteine für die Risikoüberwachung gelegt. Die Ergebnisse sind diskutiert, kommuniziert und dokumentiert worden. Die Dokumentation dieser Aktivitäten ist die Basis für die Überwachung, aufgrund dessen können Abweichungen oder Änderungen festgestellt werden.

Je nach Projektgröße haben Sie Art und Umfang der Dokumentation gewählt. Die Art der Dokumentation sollte jedoch keine Auswirkung darauf haben, dass Sie die Ergebnisse aus den vorherigen Prozessschritten nicht für die Überwachung parat haben. In der Risikomanagementorganisation haben Sie festgelegt, wie Sie die Risikoüberwachung umsetzen möchten. Sie können die Überwachung beispielsweise in vorhandene Projektstatusmeetings integrieren. Oder es werden separate Risikomanagementmeetings angesetzt, in die alle Risikoüberwacher eingebunden sind. Durch kurze Zusammenfassungen kann der Status der Risiken, für die die einzelnen Risikoüberwacher verantwortlich sind, aufgezeigt und bei Bedarf diskutiert werden. Der Austausch von Informationen hat in diesem Zusammenhang eine sehr hohe Bedeutung, vor allem auch mit den Verantwortlichen für die Umsetzung der Maßnahmen. Die Risikoüberwacher sollten sich über den Stand der Maßnahmenumsetzung in regelmäßigen Abständen informieren bzw. informiert werden. Alle Informationen können dann in der vorhandenen Risikoliste, in den Statusberichten oder in der Risikoschablone festgehalten werden. Die Regelmäßigkeit der Überwachung in Verbindung mit dem kommunikativen Austausch der Beteiligten ist das Wesentliche. Sie sollten erreichen, dass dies mindestens zur wöchentlichen Aufgabe wird und als sinnvoller Regeltermin angesehen wird. Überlegen Sie auch die Statusmeetings im Stehen abzuhalten, dies begrenzt ganz automatisch die Dauer, und die Kommunikation wird dennoch aktiviert.

Um den Überblick über die Risiken nicht zu verlieren, auch für diejenigen, die keine Verantwortung übernommen haben, sollten eindeutige Risikostatus für die Risiken in die Risikoliste aufgenommen werden. Beispielsweise *aufgenommen, analysiert, bewertet, Maßnahmen definiert, in der Überwachung, abgeschlossen.*

Wann und wie werden die Trends für die Risiken vermerkt?

Ein weiteres Werkzeug ist die Risikomatrix. Durch eine regelmäßige Überwachung können solche möglichen Änderungen der Position eines Risikos in der Matrix frühzeitig bemerkt werden. Ein Risiko kann also dazu tendieren weniger oder stärker kritisch zu werden, als in der Bewertung angenommen. Wird eine solche Änderung während der Überwachung erahnt, kann diese bereits, ganz ohne erneute Analyse und Bewertung, mit einem Pfeil in die Richtung, die das Risiko einschlagen könnte, in der Matrix festgehalten werden (siehe hierzu die Beispielmatrix in Kapitel 2). Geht die Richtung eher in den Gefahrenbereich, müssen die Indikatoren für dieses Risiko besonders stringent überwacht werden. Dies ist auch ein Hinweis, dass das Risiko gegebenenfalls erneut analysiert und bewertet werden muss.

Fazit

Alle Verantwortlichen für die Risikoüberwachung müssen die hier beschriebenen Tätigkeiten kennen, umsetzen und ihre Relevanz für den Erfolg verstehen. Da im Prozess die Verantwortlichkeiten so definiert sind, dass die Ursachen der Risiken im Arbeitsumfeld der Überwacher liegen, ist es auch in deren Interesse, dass ein Risiko nicht zum Problem wird. Hier liegt auch einer der Fallstricke, denn an dieser Stelle gilt es gegebenenfalls negative Berichte aus dem persönlichen Verantwortungsbereich weiterzugeben. Dies kann je nach Risikokultur eine große Barriere sein, die es aber mit Hilfe der Thesen aus Kapitel 3 zu meistern gilt, Stichwort „offene Kommunikation".

Das Ende des Risikoprozesses

Wann ist das Ende des Risikoprozesses für ein Risiko erreicht?
Es existieren drei Fälle, die den Risikoprozess für ein Risiko direkt beenden. Mit dem Prozessende kann das Risiko für die Projektnachbetrachtung beiseite gelegt werden und muss nicht mehr überwacht werden:

1. **Das Risiko verliert seine Priorität:** Das Risiko wurde durch erneutes Bewerten herunterpriorisiert und befindet sich nun im Akzeptanzbereich. Um dies zu erkennen, ist eine zielgerichtete und regelmäßige Überwachung notwendig. Das bedeutet folglich auch, dass die Überwachung auch für die Eingrenzung des Aufwandes für das Risikomanagement erforderlich ist.
2. **Das Risiko wurde behoben oder gemieden:** Die Risikostrategie war erfolgreich. Das Risiko konnte entweder vermieden werden oder die Maßnahmen für das Risiko wurden erfolgreich umgesetzt. Das Risiko wurde entsprechend soweit gemindert, dass Fall 1 eintritt.

3. **Das Projektende ist erreicht:** Das Projekt ist abgeschlossen und somit sind auch die Risiken nicht mehr aktuell.

4.3.3 Monitoring und der kontinuierliche Verbesserungsprozess

Die folgenden Kapitel zum Monitoring, dem kontinuierlichen Verbesserungsprozess und auch dem Review am Projektende, basieren auf den Feststellungen der These „Nutzen Sie bewusst das Prinzip der Evolution für sich!". Hier können Sie auch die konkreten Voraussetzungen für die folgenden Aktivitäten nachschlagen.

4.3.3.1 Das Monitoring

Abgrenzung zur Risikoüberwachung

Grenzen wir zunächst die Risikoüberwachung vom Monitoring ab. Bei der Risikoüberwachung geht es um die Überwachung der eigentlichen Risiken: Werden die Maßnahmen umgesetzt? Sind sie erfolgreich? Treten Indikatoren ein? Werden neue Risiken ausgelöst? Müssen neue Risiken identifiziert werden? Beim Monitoring, das ebenso wie die Risikoidentifizierung parallel während des gesamten Projektes aktiv mitläuft, geht es um das Risikomanagement an sich. Hier wird überwacht, ob das Risikomanagement gelebt und erfolgreich umgesetzt wird. Hierzu im Folgenden eine kleine Checkliste mit Beispielfragen zu den Dimensionen des Monitorings.

Checkliste für das Monitoring

- **Risikokommunikation:** Werden in regelmäßigen Abständen Informationen zu Risiken ausgetauscht? Ist das Risikomanagement an aktuellen Statusmeetings oder Statusgesprächen integriert?
- **Status der Risikoidentifikation:** Werden noch neue Risiken identifiziert?
- **Status des Risikoprozesses:** Wie ist der derzeitige Prozessfortschritt für die einzelnen Risiken? Wie entwickeln sich die Top-Risiken?
- **Risikoprozess:** Waren die einzelnen Prozessschritte im Risikoprozess und der Risikoidentifikation erfolgreich oder müssen Aktivitäten überdacht werden?
- **Maßnahmenwirksamkeit:** Werden durch die Umsetzung der Maßnahmen die schwerwiegenden Risiken wirkungsvoll ver-

mindert? Sinken Eintrittswahrscheinlichkeiten und Risikohöhen?

- **Verantwortlichkeiten:** Wurden die Rollen passend verteilt oder müssen Verantwortlichkeiten umbesetzt werden?
- **Dokumentation im Risikomanagement:** Ist die Art der Dokumentation vorteilhaft für das Projekt? Wird zu ausführlich dokumentiert oder fehlen in den Dokumenten Einzelheiten und Merkmale, die für die Umsetzung und Überwachung der Maßnahmen zusätzlich notwendig wären? Kann mit der aktuellen Dokumentation eine effektive Überwachung der Risiken geleistet werden?
- **Risikomanagementorganisation:** Entspricht das Risikomanagementsystem den definierten Zielen? Schauen Sie, was Sie in Ihrer Risikomanagementorganisation hierzu dokumentiert haben.
- **Prozesswirtschaftlichkeit:** Stehen die Bemühungen des Risikomanagements zu Risikoidentifikation, Maßnahmen etc. in einem wirtschaftlich positivem Verhältnis zum Nutzen?

Das Monitoring dient als übergreifende Überwachung des Risikomanagementprozesses. Um einen Überblick über den aktuellen Stand zu gewinnen, sollte hier eine fortlaufende Betrachtung in den oben definierten Dimensionen stattfinden. Beispielsweise alle zwei Wochen oder in einer anderen projektabhängigen Regelmäßigkeit. Ein ausgeprägtes Monitoring kommt insbesondere bei mittleren und großen Projekten zum Einsatz. Für Projekte, die zusätzlich noch in einzelne Teilprojekte aufgeteilt sind, ist darauf zu achten, dass für den Gesamtprojektleiter ein Überblick über das Risikomanagement in seiner Ganzheit gewährleistet ist. Entsprechend ist die Dokumentation auszurichten. Diese dient im Monitoring der übergreifenden Bewertung des Risikomanagementprozesses. Das Monitoring kann dazu beispielsweise Berichte generieren, die eine kurze Zusammenfassung über alle bestehenden Risiken des Projektes geben. Basis ist die Risikoliste, die durch die Risikoüberwachung in regelmäßigen Abständen aktualisiert wird. Anhand dieser kann dann der aktuelle Stand des Risikomanagementprozesses jederzeit abgefragt und den Projektverantwortlichen zur Verfügung gestellt werden kann. Es können aber auch Prozessmetriken, wie die Anzahl neu hinzugekommener Risiken, erhoben werden.

Fazit

Die Fragen von oben bieten die Möglichkeit, derzeitige Schwachstellen des Prozesses aufzudecken und zeigen aktuellen Handlungsbedarf auf. Bereits während eines Projektes müssen Verbesserungen, Feinjustierungen und Korrekturen aufgenommen werden. Am Ende wäre es zu spät. Durch ein konsequentes Monitoring schützen Sie sich davor erst „hinterher schlauer zu sein", die meisten Optimierungen können und sollten Sie bereits während der Laufzeit des Projektes umsetzen. Hierzu kommt für das Risikomanagement ein kontinuierlicher Verbesserungsprozess zum Einsatz, der im Folgenden beschrieben wird.

4.3.3.2 Der kontinuierliche Verbesserungsprozess

Ziel des kontinuierlichen Verbesserungsprozesses

Das Ziel des kontinuierlichen Verbesserungsprozesses (KVP) innerhalb des Risikomanagements ist die fortlaufende Optimierungen der Aktivitäten und Arbeitsprodukte des Risikomanagements einzuleiten und umzusetzen. Derartige Verbesserungen gehören ebenso zu einem lebendigen Prozess, wie alle anderen erwähnten Aktivitäten zuvor.

Monitoring vs. Kontinuierlicher Verbesserungsprozess

Das Monitoring und der Verbesserungsprozess laufen dabei Hand in Hand: Werden beim Monitoring Auffälligkeiten, Fehler oder Abweichungen festgestellt, müssen diese durch Optimierungen innerhalb des KVP behoben werden.

Wir verweisen an dieser Stelle auf die These „Nutzen Sie bewusst das Prinzip der Evolution für sich!" aus Kapitel 3. Hier haben wir einerseits auf den Verbesserungsprozess am Ende eines Projektes, der nachfolgend in einem Projektrückblick stattfindet, und andererseits auf die ständigen Verbesserungen während des Verlaufes des Projektes per KVP hingewiesen. Dort haben wir ausführlich erläutert, was wir innerhalb dieser Aktivität für besonders bedeutend empfinden und wie auch hier jedes Mitglied des Projektteams eine Rolle einnimmt. Und zwar die Rolle des kritisch-kreativ Mitwirkenden, der die Aktivitäten, Dokumente und Abläufe in „gesunder" Weise in Frage stellt. Der KVP soll die Prozessqualität des Risikomanagements in den Kategorien des Monitorings von oben immer mehr heben und nicht zur Plattform einer nicht konstruktiven Nörglerfraktion werden. Stellen Sie wiederholt dieses Ziel des KVP in den Vordergrund. Wie auch schon in der These erwähnt, ist es hier notwendig, das Projektteam zu entwickeln. Einerseits, um mit Kritik bezogen auf die eigene Arbeit konstruktiv umzugehen, und andererseits, um die Mitarbeiter zu motivieren, Kritik in einer konstruktiven und offenen Weise zu äußern.

Ergebnisse aus dem Monitoring und dem KVP

Wird dieser Weg beschritten, so werden folgende Ergebnisse erreicht:

- **Modifikationen und Verbesserungen:** Erhöhen der Prozessqualität in den genannten Kategorien des Monitorings. Zudem kann auch die Durchlaufgeschwindigkeit des Prozesses gesteigert werden.
- **Verschlankungen und Erweiterungen:** Herstellen des Gleichgewichtes zwischen einem zielgerichtetem Prozess einerseits und andererseits der zielförderlichen Gestaltungs- und Entscheidungsfreiheit des Einzelnen.

4.3.4 Der Projektrückblick am Ende des Projektes

Ziel des Reviews - kritisch hinterfragen und analysieren

Wie bereits im oberen Abschnitt angeklungen, dient der Projektrückblick am Ende eines Projektes als Rückschau auf den Ablauf des Risikomanagements aus der qualitativen Perspektive. Hier sollten Sie Entscheidungen, die Sie innerhalb der Risikomanagementorganisation oder später durch den KVP festgelegt haben, kritisch hinterfragen und analysieren. Hier gilt das Motto: „Lernen Sie aus Fehlern!“ und versuchen Sie diese im nächsten Projekt nicht zu wiederholen. Um jedoch aus Fehlern lernen zu können, bedarf es einem strukturierten Rückblick auf den gesamten Risikomanagementprozess. In der Praxis kommt dieser oft zu kurz und es wird in einem halbstündigen Meeting die einzige Frage „Was wollen wir das nächste mal besser machen?“ allenfalls oberflächlich beantwortet.

Das Review ist eine Gruppenaktivität

Es ist auch hier sinnvoll, diese Aktivität als Gruppenaktivität durchzuführen. Mehrere Augen sehen mehr als zwei und Heterogenität führt auch hier zur Überwindung der Barrieren eingeschränkter Perspektivität. An dieser Stelle sollten möglichst viele Mitarbeiter die Chance haben, Fehler und Optimierungen einzubringen und zu reflektieren. Die andere Seite der Medaille ist hier auch, die positiven Seiten des Risikomanagements zu erfassen. Ergebnis kann und sollte in diesem Rahmen auch eine Würdigung der Leistungen der Beteiligten sein.

Checkliste für das Review

Grundsätzlich verläuft das Review auch in den Dimensionen des Monitorings und des KVP von oben. Im Folgenden geben wir Ihnen eine kurze Checkliste mit auf den Weg, die Sie mit den Basisfragen speziell für den Projektrückblick ausstattet:

- Sind die vor Projektbeginn festgelegten Ziele des Risikomanagements erreicht worden?
- Waren der Umfang und der Aufwand für das Risikomanagement für das Projekt angemessen?
- Konnten Risiken mit den durchgeführten Aktivitäten und deren Verantwortlichkeiten abgewendet oder gemindert werden? War dies wirtschaftlich?
- Bei welchen Risiken und in welcher Höhe wurden Eintrittswahrscheinlichkeit und Risikohöhe falsch geschätzt? Warum?
- Wie viele Probleme sind eingetreten, die nicht durch die Risikoidentifikation frühzeitig erkannt wurden? Wenn dies vorkam, woran lag es?
- Wurde der Risikomanagementprozess den Gegebenheiten des aktuellen Projektes effektiv angepasst und effizient in die Aktivitäten des Vorgehensmodells integriert?
- War die Zusammenstellung der Gruppen und Teilnehmer für einzelne Aktivitäten, wie z.B. für die Risikoidentifikation geeignet?
- Was lief besonders gut? Welches waren die Erfolgsfaktoren des Risikomanagements? Wo lagen die Stärken des betriebenen Risikomanagements?

Fazit

Wir möchten Sie an dieser Stelle erneut auf die Dokumentation aufmerksam machen. Die Ergebnisse des Projektrückblicks sollten Sie festhalten und beim nächsten Projekt in der Risikomanagementorganisation hinzuziehen.

4.4 Risikokommunikation und -kultur

Nicht umsonst haben wir der Risikokommunikation und -kultur in Kapitel 3 eine eigene These gewidmet: „Fördern Sie eine offene Risikokommunikation und -kultur!“ ist dort die Botschaft. Sie werden es wahrscheinlich schon durchscheinen sehen, dass diese Elemente für den Risikomanagementprozess das Fundament bilden.

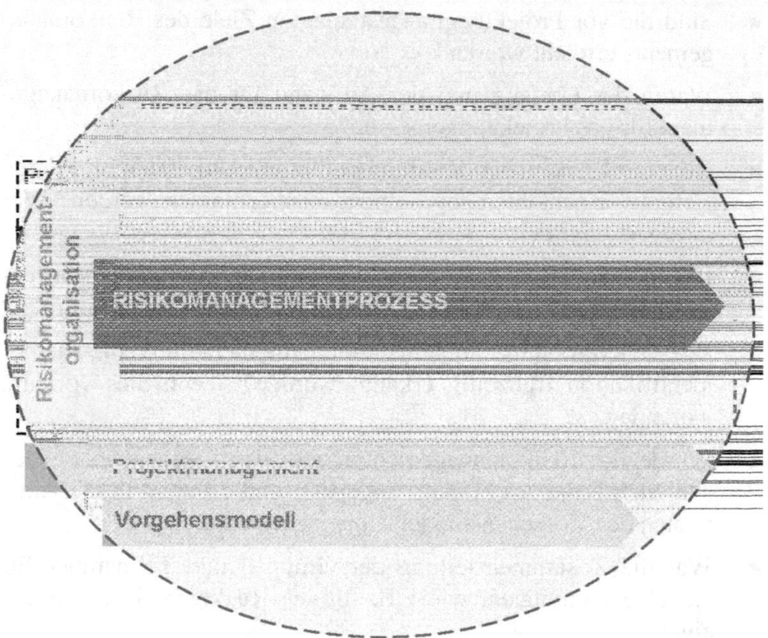

Abbildung 4.12: Risikokommunikation und Risikokultur

Die Risikokommunikation und -kultur sollten nicht nur innerhalb des Risikomanagementsystems qualitativ hochwertig sein, sondern sich vielmehr über das gesamte Projekt, dem Projektmanagement und dem Vorgehensmodell, verbreiten. In Kapitel 3 haben wir in der genannten These umfangreich dieses Thema beschrieben, daher wollen wir hier nicht näher auf die Umsetzung der Kultur und Kommunikation eingehen. Sie wissen schließlich schon sehr viel zu diesem Themenkomplex. Nehmen Sie sich die Thesen zu Herzen und probieren Sie das Wissen in der Praxis aus, nur dann kann das Risikomanagement fließend und zielführend gelebt werden!

4.5 Fazit – Starten Sie durch!

Angekommen am Ende dieses Kapitels werden Sie jetzt vielleicht denken: „So viel Arbeit und Koordinierungsaufwand." Richtig, sofern Sie noch am Anfang eines effektiven Risikomanagements stehen. Sie werden jedoch sehen, sobald ein gewisser Grad an Risikobewusstsein und -kultur und somit auch eine offene Risikokommunikation in Ihrem Team und Ihrer Organisation existiert und gelebt wird, werden viele der oben erwähnten Aufgaben ganz automatisch erledigt. Dieses „en passant"-Risikobewusstsein ist eine Quelle hoher Produktivität und Effektivität in Projekten. Wenn Sie sich trauen, werden Sie sich langsam aber sicher auf diese Lösung hinbewegen und vom Erfolg des Risikomanagements profitieren.

Denken Sie daran, dass das Projektmanagement nach dem optimalen Sicherheitsgrad aus These 9 „Überblicken Sie die Wirtschaftlichkeit!" streben sollte und das tut es nicht aus sich selbst heraus, sondern mit einem mutigen, proaktiven Verhältnis zum Risiko. Dieses Kapitel sollte Sie nicht abschrecken – ganz im Gegenteil. Wir wollten Ihnen ausführlich und mit einigen Beispielen und Exkursen untermauert ein Risikomanagementsystem mit all seinen Facetten vorführen. Wir verstehen das hier beschriebene Risikomanagementsystem als Möglichkeit erfolgreichere Projekte durchzuführen. Das gesamte Risikomanagementsystem greift in jeder Hinsicht, wie Sie wahrscheinlich immer wieder entdeckt haben, auf die Thesen in Kapitel 3 zurück, die wir für ein effektives Risikomanagement als elementar ansehen.

Mit den Beispielen und den kurzen Checklisten in den einzelnen Aufgabenblöcken sowie dem noch folgenden Risikomanagementlexikon, möchten wir Ihnen ganz besonders bei der Durchführung eines Risikomanagements unter die Arme greifen und Ihnen wertvolle und hilfreiche Tipps mit auf den Weg geben. Die Entwicklung des eigenen Stils im Risikomanagement bleibt Ihnen allerdings auch weiterhin selbst überlassen.

Bevor wir das Kapitel verlassen, gewähren Sie uns noch einen Hinweis – dieser sollte hoffentlich Ihren Entdeckergeist für das Risikomanagement wecken:

Handeln Sie proaktiv!

Arbeiten Sie **proaktiv**! Je eher ein mögliches Problem erkannt wird, umso kostengünstiger ist die Behandlung – nicht zu erwähnen, wie „teuer" Problem- und Krisenmanagement sind, wenn ein Risiko erst richtig real wird. Haben Sie keine Scheu von dem nur im ersten Moment hoch erscheinenden Arbeitsaufwand – es lohnt sich!

5 Integration des Risikomanagements in Vorgehensmodelle der Softwareentwicklung

Eigentlich wissen Sie schon jetzt genügend, um mit einem wirkungsvollen Risikomanagement zu beginnen. Im folgenden Kapitel möchten wir Ihnen noch für einige in der Praxis weit verbreitete Vorgehensmodelle zeigen, wie der Startpunkt für die Integration des Risikomanagements aussehen kann und welches die besonderen Fallstricke der einzelnen Modelle sind.

5.1 Risikomanagement beginnt nicht auf der grünen Wiese

In These 6 aus Kapitel 3 wurde die Bedeutung der Integration des Risikomanagements in die vorhandenen Prozesse hervorgehoben. Es bleibt die Feststellung, dass Risikomanagement nicht auf der sprichwörtlichen *grünen Wiese* entsteht, sondern immer eine existierende Landschaft vorfindet, in die es eingepasst werden muss oder umgekehrt. Es gibt keine Organisation ohne Risikokultur, sondern nur Organisationen mit einer unvorteilhaften Risikokultur. Vor diesem Hintergrund muss ein wirkungsvolles, sich entwickelndes Risikomanagement zu den vorhandenen Abläufen passen. Und natürlich sollten die Schnittstellen zwischen Risikomanagement und Vorgehensmodell geeignet sein, eine regelmäßige Berücksichtigung des Risikomanagements sicherzustellen.

Wir werden Anknüpfungspunkte beispielhaft, aber nie abschließend und komplett, für die folgenden Vorgehensmodelle zeigen:

Betrachtete Vorgehensmodelle

- Wasserfallmodell
- Rational Unified Process (RUP)

- V-Modell XT
- Extreme Programming (XP)
- Kleinprojekte mit überwiegend informellen Abläufen

Selbst wenn Sie keines der angesprochenen Vorgehensmodelle nutzen, kann Ihnen dieses Kapitel behilflich sein, denn die Vorgehensweise ist im Prinzip immer die gleiche. Wir wollen Ihnen zunächst eine Checkliste an die Hand geben. Jene Fragen, die Sie stellen sollten, wenn Sie mit der Integration beginnen. Die Grundlage von Vorgehensmodellen hatten wir in Details bereits in Kapitel 2.2.1.7 beschrieben, dort können Sie bei Bedarf die allgemeinen Merkmale von Vorgehensmodellen nachschlagen.

5.2 Checkliste: Wie integrieren Sie Risikomanagement und Vorgehensmodell?

Im Folgenden haben wir die Fragen zusammengestellt, die Ihnen in Form einer Checkliste unter die Arme greifen können, wenn Sie die Integration des Risikomanagements in Ihr individuelles Vorgehensmodell planen. Diese Fragen sind so gehalten, dass Sie auf jedes Vorgehen passen. Weiter unten beantworten wir jeweils einen Teil der Fragen für die ausgewählten Vorgehensmodelle. Die Integration erfolgt prinzipiell in drei Schritten:

Ablauf der Integration

- Schritt 1: Bestimmung der Ist-Situation
- Schritt 2: Bestimmung der Soll-Situation
- Schritt 3: Veränderung vom Ist zum Soll

5.2.1 Schritt 1: Bestimmung der Ist-Situation

Ist-Situation aufnehmen

Zunächst sollten Sie die Ist-Situation hinreichend beschreiben. Dies gelingt durch die Beantwortung folgender Fragen:

- Welche Aktivitäten des Risikomanagements sind im eingesetzten Vorgehensmodell bereits vorgesehen? Beispielsweise die Aktivität „Risiken managen“ im V-Modell XT.

- Welche Tätigkeiten führen Sie bereits im Risikomanagement durch? Sie führen vielleicht schon Workshops zur Risikoidentifikation durch.
- Welche Schnittstellen besitzen Sie schon? Es werden beispielsweise bereits Risikoberichte an die Projektleitung übergeben.
- Existieren andere Prozesse im Projekt und Unternehmen, die direkt nichts mit Softwareentwicklung zu tun haben, im Risikomanagement allerdings Berücksichtigung finden sollten? Häufige Beispiele finden sich in den Prozessen des Qualitäts-, Stakeholder- oder Krisenmanagements.

Risikokultur berücksichtigen

Sie müssen unbedingt auch die Voraussetzungen in der Risikokultur berücksichtigen! Nutzen Sie die angegebenen Qualitätskriterien aus Kapitel 3, um folgende Fragen zu beantworten:

- Wie steht Ihr Unternehmen – Ihre Abteilung – grundsätzlich zum Thema Risikomanagement? Wie risikobewusst ist es?
- Welchen Kenntnisstand besitzen die Mitarbeiter zum Risikomanagement?

5.2.2 Schritt 2: Beschreibung der Soll-Situation

Beschreiben Sie in einem nächsten Schritt eine Soll-Situation, die Vision für Ihr Risikomanagement. Lassen Sie sich dabei aber nicht allzu stark von der eben erstellten Ist-Beschreibung leiten, sonst kann Kreativität verloren gehen.

Definieren und dokumentieren Sie, wie in These 5 beschrieben, einen Risikomanagementprozess. Legen Sie Ist-Situation und Risikomanagementprozess nebeneinander und beantworten Sie folgende Fragen. Dabei sollten Sie zwei Ziele verfolgen:

1. Risikomanagement zum Prozess machen
2. Risikomanagement zur Gewohnheit machen

Machen Sie Risikomanagement zum Prozess:

Risikomanagement = Prozess

- Wann beginnt der Risikomanagementprozess? Beispiel: Definieren Sie den Moment, an dem der Risikomanagementprozess startet und organisieren Sie ein Kick-off-Meeting, um den Start zu feiern.

- Wann wird Risikoidentifikation betrieben? Wann Risikoanalyse etc.?
- Welche Arbeitsprodukte sollen im Risikomanagement entstehen? Wo werden diese wofür benötigt?
- Wie wird ein Berichtssystem für Risiken gestaltet?
- Auf welchen Kanälen findet die formale Risikokommunikation statt? Wie können Risiken kurzfristig eskaliert werden?
- Welche vorhandenen Rollen können wir ins Risikomanagement einbinden? Welche Rollen müssen wir erweitern oder neu schaffen? Bevor Sie daran denken neue Rollen zu schaffen, nutzen Sie bereits bestehende Rollen für die Verteilung des Risikowissens und weisen Sie diesen Risikoverantwortung zu!
- Welche Mitarbeiter sind für welche Rolle geeignet?
- Welche Priorität erhält das Risikomanagement zu welchem Zeitpunkt im Vorgehensmodell?
- Wie wird eine Risikosammlung integriert? Um dafür zu sorgen, wie und wann eine Risikosammlung, wie unser Risikolexikon, zum Einsatz kommt, benennen Sie spezielle Aktivitäten, die sich mit diesem beschäftigen. Hier findet die Rückversicherung statt, dass auch kein wohl bekanntes oder bereits erlittenes Risiko vergessen wird.

Risikomanagement = Gewohnheit

Machen Sie Risikomanagement zur Gewohnheit, indem Sie Schnittstellen zum Tagesgeschäft beschreiben:

- Welche Aktivitäten können mit dem Risikomanagement verzahnt werden? Welche Aktivitäten des bestehenden Vorgehensmodells können Sie nutzen, um sie mit Risikomanagement anzureichern? Im Projektmanagement, z.B. bei der Analyse von Berichten oder der Erstellung eines Business Case. Oder auch im Softwareentwurf, beispielsweise bei der Definition der Architektur oder beim Zuschnitt der Softwarekomponenten, überall ergeben sich Möglichkeiten. Die Kunst ist es, unter Berücksichtigung der Wirtschaftlichkeit, die Aktivitäten zu finden, in denen die Risikobetrachtungen den größten Wert liefern. Dies sind zumeist genau die Aktivitäten, die den größten Beitrag zum Nutzwert erzielen.
- In welchen Aktivitäten bzw. an welchen Meilensteinen werden Entscheidungen getroffen, die eine Risikobetrachtung erfor-

dern? Hier gibt es sicher eine große Zahl von Ansatzpunkten, ziemlich sicher z. B. im Meeting zur Planung der nächsten Softwareversion.

- Welche Aktivitäten lösen Aktivitäten im Risikomanagement aus? Identifizieren Sie die wiederkehrenden Aktivitäten, die immer wieder den Risikomanagementprozess am Leben erhalten. Beantworten Sie diese Frage für alle Tätigkeiten, die Regelmäßigkeit erfordern, beispielsweise die Risikoidentifikation. Legen Sie „Auslöser" fest, die diese Aktivitäten starten, wie z.B. das Erreichen eines bestimmten Meilensteins in der jeweils aktuellen Iteration.
- Welche Standardmeetings können mit dem Risikomanagement verbunden werden? Bei Meetings zur Projektplanung sollte das Risikomanagement ohne Frage immer präsent sein. Vielleicht macht es aber auch Sinn jedes zweite Teammeeting im Testteam mit dem Tagesordnungspunkt Risikobetrachtung zu beenden. Allein um die risikobewussten Gedankengänge aller Beteiligten zu würdigen und ein übergreifendes Feedback zu aktuellen Risiken zu erhalten.
- Welche Arbeitsprodukte und Berichte eignen sich für die Aufnahme von Elementen des Risikomanagements? Dies hilft direkt bei der Projektplanung. Nehmen Sie eine Risikobetrachtung für jede Anforderung auf, um beispielsweise pro Softwareversion nur eine bestimmte Risikomenge zuzulassen.

5.2.3 Schritt 3: Veränderung vom Ist zum Soll

Wenn Sie am Ende Ist und Soll nebeneinander legen, erkennen Sie, was Sie verändern müssen, um vom Ist zum Soll zu kommen. Dies ist der *Impact*, den das Risikomanagement auf Ihr bisheriges Vorgehen und Ihre Organisation hat. An dieser Stelle können Änderungen noch sowohl das Vorgehensmodell als auch den Risikomanagementprozess selbst betreffen. Hier die beiden passenden Fragen zur Beschreibung des Übergangs zwischen Ist und Soll:

Ist-Soll Abgleich

- Wo muss das Vorgehensmodell angepasst werden, um den gewünschten Risikomanagementprozess zu etablieren?
- Wo muss der Risikomanagementprozess angepasst werden, um ihn mit dem individuellen Vorgehensmodell zu vereinbaren?

Veränderung aktiv begleiten

Der entscheidende Punkt an dieser Stelle ist der wahrscheinlich notwendige Wandel in der Risikokultur und damit in Ihrer Organisation im Sinne von These 3 hin zur offenen und professionellen Risikokommunikation und -kultur. Begleiten Sie Ihre Organisation also parallel zur Integration des Risikomanagements mit einem passenden Veränderungsmanagement und einer angepassten Kommunikation. Erzeugen Sie Einsichten, die nicht nur den Kopf der Mitarbeiter, sondern auch Ihr Empfinden vom Nutzen des Risikomanagements überzeugen. Schaffen Sie diese Einsichten, indem Sie beispielsweise allgemeine oder projektindividuelle Beispiele vorführen. Erzeugen Sie so eine Dringlichkeit für die Einführung eines Risikomanagements. Entwickeln Sie gemeinsam mit den Mitarbeitern eine Zielvorstellung und erzielen Sie dann zunächst schnelle Erfolge durch erste Schritte. Die ersten Schritte finden Sie beispielsweise in diesem Kapitel. Bleiben Sie nach der Integration weiterhin am Ball und fördern Sie die offene Risikokultur und -kommunikation, damit diese nach und nach zur Gewohnheit wird.[65]

5.3 Integration des Risikomanagements in verbreitete Vorgehensmodelle

Im Weiteren werden nun die einzelnen Vorgehensmodelle erläutert und ein Ansatz für die Integration des Risikomanagements vorgeschlagen.

5.3.1 Wasserfallmodell

Der Großvater der Vorgehensmodelle ist das Wasserfallmodell, das etwa um 1970 entstand. Das Wasserfallmodell setzt einzelne Phasen in eine feste zeitliche Reihenfolge, wie in Abbildung 5.1 dargestellt. Auf die Planungsphase folgt die Analysephase, dann die Designphase und immer so weiter. Jede Phase setzt eine abgeschlossene Vorphase voraus und baut auf deren Ergebnissen auf.

Dieses feste Vorgehen ist allerdings nur bedingt für die industrielle Softwareentwicklung nutzbar. Es liefert nur dann gute Ergebnisse, sofern bereits zum Projektbeginn alle Anforderungen feststehen und alle möglichen Probleme in der Planungsphase antizipiert werden können. Dieses ist wichtig, da es später im Prozess nicht mehr möglich ist, auf neue oder veränderliche Anforderungen zu reagieren.

---

[65] Vgl. Kotter/Rathgeber (2006), S.135 ff.

Dies ist dann nur durch kostenintensive Rückschritte in eine der Vorphasen lösbar. Da diese Planungssicherheit in nur sehr wenigen Projekten gegeben ist, besteht die Notwendigkeit zu iterativen bzw. inkrementellen Vorgehensmodellen.

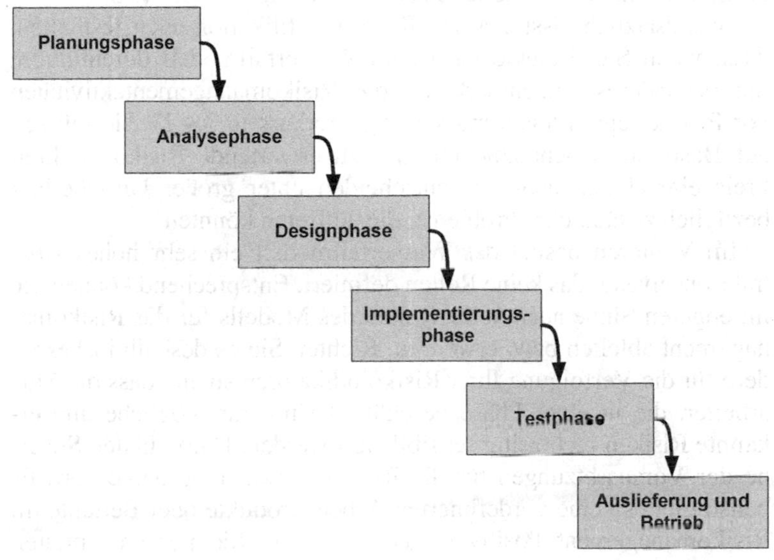

Abbildung 5.1: Wasserfallmodell

Risikomanagement fehlt

Dem Wasserfallmodell fehlt grundsätzlich auch jede Art von Risikomanagementaktivitäten, denn es wird zum Zeitpunkt der Planung des *Wasserfalls* angenommen, dass keine Risiken auftreten werden. In einem derartigen Projekt wird zugrunde gelegt, dass ein Meilenstein zu einem bestimmten Tag erreicht sein wird. Damit ähnelt dieses Modell auch dem intuitiven Verhalten des Menschen, Planungen an festen Terminen festzumachen und nicht an Wahrscheinlichkeitsverteilungen. Umso mehr stellt sich die Herausforderung ein effektives Risikomanagementsystem aufzubauen und in Einklang mit einem unaufhaltsamen Wasserfall zu bringen.

Beginn des Risikomanagementprozesses

Wenn Sie das Modell einsetzen, sollte der Risikomanagementprozess mit besonderer Intensität am Anfang des Projektes, insbesondere in der Planungsphase, betrieben werden. Idealerweise erreichen Sie einen hohen Grad an früher Risikoentdeckung. Es reicht eindeutig nicht, zur Analysephase mit der Risikoidentifikation zu beginnen. Die Verteilung der Risikoverantwortung zu diesem Zeitpunkt ist eher problematisch, da Ihr Projekt in der Planungsphase wahrscheinlich nur aus sehr wenigen Personen bestehen wird. Arbeiten Sie am besten mit einer Liste, auf der Sie bereits die Rollen vermerken, die ein derartiges Risiko beobachten und analysieren sollen. Wenn Sie in die jeweilig aufbauende Phase eintreten und das

Projektteam wächst, verteilen Sie auch die bereits zugeordneten Risiken. Es macht selbstverständlich auch Sinn, Risikomanagement parallel zum Ablauf des Projektes zu betreiben. Ziel des Risikomanagements ist dann eine möglichst schnelle Erkennung, ob ein Rückschritt in eine vorherige Phase notwendig werden wird.

Priorität liegt vor Projektbeginn

Grundsätzlich lässt sich zur Risikoidentifikation auch festhalten, dass, wenn Sie Projekte nach dem Wasserfallmodell durchführen, Sie besonderes Augenmerk auf die Risikomanagementaktivitäten vor Projektbeginn legen müssen (vgl. Exkurs in 3.4.2). Sie müssen auf Basis eines Schätzmodells das zu erwartende Risiko in Ihren Preis einrechnen, denn Sie entscheiden unter großer Unsicherheit bezüglich zusätzlicher Probleme, die auftreten könnten.

Rollen, Arbeitsprodukte, Berichte

Im Weiteren besitzt das Wasserfallmodell ein sehr hohes Abstraktionsniveau, das keine Rollen definiert. Entsprechend können Sie im engeren Sinne auch keine Rollen des Modells für das Risikomanagement ableiten bzw. erweitern. Richten Sie es deshalb insbesondere für die Verfolgung Ihrer Risikoindikatoren so ein, dass die Mitarbeiter, die in einer Phase beschäftigt sind, für mögliche und erkannte Risiken rechtzeitig sensibilisiert werden. Damit hätten Sie eine der Voraussetzungen für die Risikoüberwachung gemeistert. Ebenso gibt es keine vordefinierten Arbeitsprodukte oder Berichte im Risikomanagement. Positiv ausgedrückt haben Sie hier einen breiten Gestaltungsspielraum.

Meilensteine lösen Risikomanagement aus

Das Wasserfallmodell hat die Meilensteine zwischen den einzelnen Phasen als festes Korsett. Es liegt auf der Hand, Ihren Risikomanagementprozess mit diesen Meilensteinen zu verknüpfen. Planen Sie für jeden Meilenstein eine erneute Risikoidentifikation und eine Rückbetrachtung eingetretener Risiken in der Vorphase ein. Da an den Meilensteinen risikobehaftete Entscheidungen getroffen werden, ist hier auf ein entsprechend risikobewusstes Vorgehen zu achten. Nutzen Sie für die Festlegung des Vorgehens in einer Folgephase immer die Ergebnisse der Risikobewertung, die die Risiken priorisiert, die in der Folgephase von Ihnen adressiert werden müssen. Die Risikoindikatoren, die in der Folgephase erkannt werden können, sollten erneut geprüft und auf die betreffenden Mitarbeiter verteilt werden.

Leider ist das Wasserfallmodell aus Risikogesichtspunkten mehr als unideal. Wenn möglich, ändern Sie das Vorgehensmodell als Maßnahme zur Risikoverminderung. Besteht keine Alternative, so versuchen Sie den Wasserfall inkrementell einzusetzen und mit einem wirkungsvollen Risikomanagement aufzurüsten. Inkrementell bedeutet in diesem Zusammenhang, dass Sie das System in unabhängige Häppchen teilen, die nach und nach entwickelt werden und jeweils am Benutzer getestet werden. Dann stürzen Sie sich sukzessiv auf die nächsten Teile und nähern sich auf diese Weise dem geplanten Nutzwert des Projektes an.

5.3.2 Rational Unified Process (RUP)

Aus den eher unterdurchschnittlichen Erfahrungen des Wasserfallmodells heraus, wurden neue Vorgehensmodelle entworfen. Diese haben allesamt einen stärker iterativen Charakter. Das bedeutet sie setzen auf stetige Wiederholung der einzelnen Phasen, wie dies auch Abbildung 2.1 verdeutlicht. Dies trägt dem Umstand Rechnung, dass Softwareentwicklung ein *Prozess der laufenden Wissensaneignung* ist. Anforderungen verändern und erweitern sich über die Zeit. Sie können kein Projekt, das über mehrere Jahre läuft, starten und bereits zu Anfang die Anforderungen abschließend festgelegt haben, schließlich ändern sich die Ansprüche von Märkten, Kunden und den beteiligten Fachbereichen fortlaufend. Der *Rational Unified Process* (Abk. RUP) ist nur ein Beispiel dieser Gattung von Vorgehensmodellen, andere sind das Spiralmodell oder der originäre Unified Process selbst. Derartige Vorgehensmodelle sind in der Wirtschaft sehr verbreitet und eignen sich besonders gut für die industrielle Softwareentwicklung, weil sie eine relative hohe Planungssicherheit bieten.

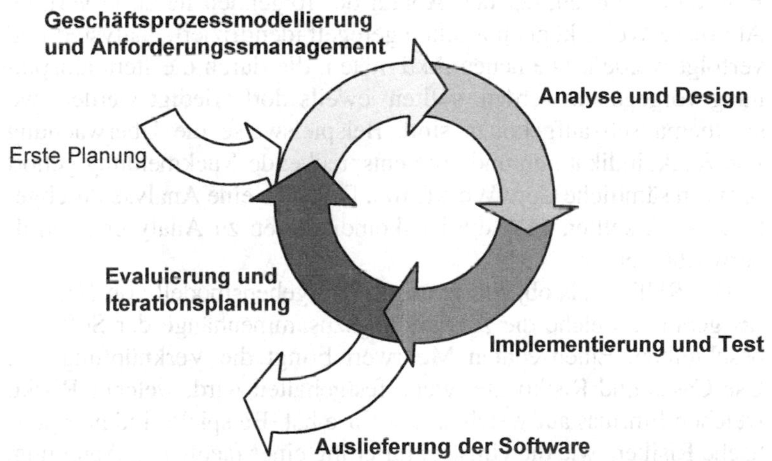

Abbildung 5.2: Prinzip der Iterationen

Elemente des RUP

Der RUP besteht prinzipiell aus einem kleinen sich wiederholenden Wasserfall, dessen Aktivitäten *Disziplinen* oder auch *Core Workflows* genannt werden: Geschäftsprozessmodellierung, Anforderungsmanagement, Analyse, Design, Implementierung, Test und

Auslieferung an die Anwender. Neben den Core Workflows existieren noch *Core Supporting Workflows*, die sich nicht direkt mit der Erstellung von Software beschäftigen. Dies sind beispielsweise das Projekt- oder das Konfigurationsmanagement.

Integration des Risikomanagement in das Modell

Im RUP ist bereits ein Risikomanagement vorgesehen, welches sich auf die Disziplin *Projektmanagement* konzentriert. Hier finden vor dem Start des Projektes und zur Planung vor jeder Iteration die Aktivität *Evaluate Project Scope and Risk* statt, die für die Risikoidentifikation und Risikonachverfolgung zuständig ist. Diese pflegt die Risikoliste, die das zentrale Produkt des Risikomanagements im RUP ist und alle Projektrisiken enthält. Des Weiteren existiert ein weiteres Produkt, der *Risk Management Plan*, der ergriffene Strategien und Maßnahmen sowie zugeordnete Verantwortlichkeiten dokumentiert.

Risikomanagement ausweiten

Aus Sicht eines effektiven Risikomanagements ist die Konzentration der Aktivitäten beim Projektmanager und das singuläre Auftreten nur zur Iterationsplanung ein Kritikpunkt am RUP. Durch die beschriebenen Arbeitsprodukte und Aktivitäten ist nur eine Grundversorgung sichergestellt. Im Weiteren ist eine Verknüpfung des Risikomanagements mit den Iterationen und Meilensteinen des RUP notwendig, da dies eine gewisse Regelmäßigkeit sicherstellt. Allerdings sollten die Risikoidentifikation und die Nachverfolgung der Risiken nicht die einzigen Aktivitäten im RUP sein. Es bietet sich an, Aktivitäten des Risikomanagements in den regulären *Iteration Plan* aufzunehmen, der den Ablauf der folgenden Iteration vorgibt. Auf diese Weise können Risiken geregelt identifiziert, analysiert und verfolgt werden. Die neuen Aktivitäten, die durch die Iterationsplanung vorgegeben werden, sollten jeweils dort erledigt werden, wo sie thematisch aufgehoben sind. Beispielsweise die Überwachung von Risikoindikatoren und eine entsprechende Rückmeldung gehört somit in sämtliche Core Workflows. Dort, wo eine Analyse durchgeführt wird, sollten auch die Risikoindikatoren zu Analyserisiken überwacht werden.

Risiken von Use Cases bestimmen

Der RUP ist als objektorientiertes Vorgehensmodell von *Use Cases* geprägt, welche die Anwendungszusammenhänge der Software beschreiben. Einen echten Mehrwert bringt die Verknüpfung von Use Cases und Risikoliste, wenn festgehalten wird, welches Risiko welchen Einfluss auf welchen Use Case hat. Beispiele sind hier politische Risiken, wie die Umstrukturierung einer fachlichen Abteilung, deren Ausgang noch offen ist und einen vorgesehenen Use Case gefährdet. Immer, wenn einer der Use Cases, die mit dieser Abteilung zusammenhängen, in Analyse, Entwurf oder Implementierung betroffen sind, kann immer noch einmal das Risiko überprüft werden. Wenn Sie umgekehrt, bestehende Risiken den Use Cases zugeordnet haben, besitzen Sie auch ein mächtiges Instrument zur risikobewussten Steuerung im Anforderungsmanagement. Denn über die Risikohöhe können Sie die Risikorelevanz eines Use Cases berechnen. Gehen Sie am Anfang des Projektes besonders die Use Cases an, denen ein hohes Gesamtrisiko zugeordnet ist. Diese *schweren Brocken* gefährden dann im Weiteren nicht mehr das Projektergebnis und verdeutlichen nachhaltig Ihre Umsetzungskompetenz. Im Laufe der folgenden Iterationen sollten Sie allerdings darauf achten, das Risiko möglichst gleichmäßig zu verteilen, um gleichbleibend gute Ergebnisse zu erzielen.

Der RUP enthält bereits Elemente eines Risikomanagements im klassischen Sinne von Kapitel 2. Es fehlen allerdings auch grundlegende Elemente, wie die Risikostrategie *Risikominderung* oder die Integration einer Risikomatrix.[66] Darüber hinaus bleibt das Risikomanagement klassischerweise auf das Projektmanagement beschränkt, der nackte RUP ist damit ein Fall für das Berücksichtigen der 10 Thesen aus Kapitel 3.

5.3.3 V-Modell XT

Seit Anfang der 90er Jahre des letzten Jahrhunderts existiert mit dem V-Modell ein teilweise verbindlicher Standard für die Erstellung von Software im öffentlichen Bereich, der sich auch in der freien Wirtschaft als Standard und Vorlage für Vorgehensmodelle etabliert hat. Anfang 2005 ersetzte das V-Modell XT die Vorgängerversion V-Modell 97 aus dem Jahr 1997 und stellt eine signifikante Weiterentwicklung dar. Das Modell versucht die Brücke zu schlagen zwischen schwergewichtigen Methoden und Prozessen auf der einen Seite und agilen Softwareentwicklungsansätzen auf der anderen. Dies soll mit dem Zuschnitt des Vorgehens unter Berücksichtigung der individuellen Projektvorgaben gelingen, wie dies auch der Namenszusatz XT neudeutsch mit *eXtreme Tailoring* ausdrückt.

Elemente des V-Modell XT

Das V-Modell XT besteht dazu aus in sich geschlossenen und untereinander abhängigen Vorgehensbausteinen, die je nach Projekttyp unterschiedlich zusammengefügt werden. Der zeitliche und logische Ablauf durch die Vorgehensbausteine wird durch eine Projektdurchführungsstrategie geregelt, hier kennt das V-Modell XT bisher drei, nämlich *Inkrementelle Systementwicklung, Komponentenbasierte Systementwicklung* und *Agile Systementwicklung*. Diese Strategie gibt die *Projektfortschrittstufen* vor, die wiederum durch *Entschei-*

[66] Die Integration einer Risikomatrix wird in Versteegen (2000) vorgeschlagen.

dungspunkte markiert werden. Die Entscheidungspunkte sind mehr oder minder die Meilensteine im Projektablauf, an denen die erreichten Ergebnisse bewertet werden. Bei Erfolg kann in den nächsten Vorgehensbaustein gewechselt werden.

Abbildung 5.3: Beispielablauf aus Sicht des Auftragnehmers bei der Projektdurchführungsstrategie Inkrementelle Systementwicklung

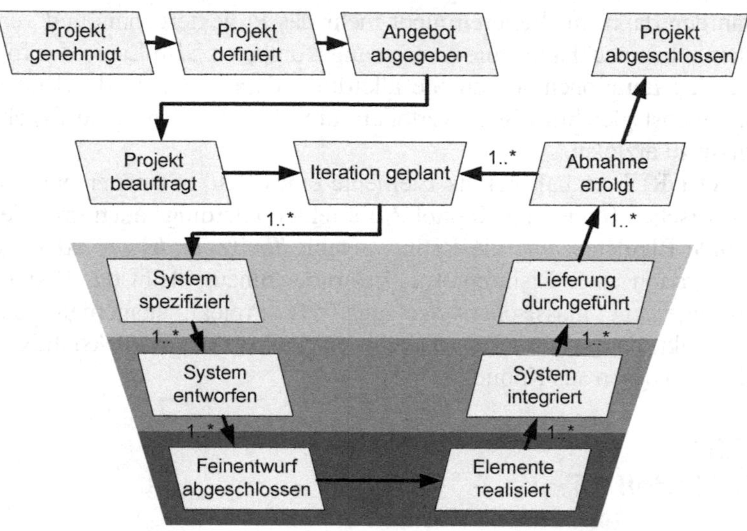

Risikomanagement bereits vorhanden

Das V-Modell XT bringt bereits Elemente des Risikomanagements von Haus aus mit. Der Risikomanagementprozess ist in der Aktivitätsgruppe *Planung und Steuerung* in der Aktivität *Risiken managen* enthalten. Dieser wird parallel zur Projektdurchführung bearbeitet. Innerhalb dieser Aktivität finden sich die klassischen Ansätze des Risikomanagements wieder, die Ihnen aus Kapitel 2 bekannt sind. Die konkreten Anforderungen werden in den Unteraktivitäten *Risiken und Maßnahmen identifizieren* und *Risiken und Maßnahmen überwachen* beschrieben. Als Ergebnis entstehen die Produkte *Identifizierte Risiken*, eine Liste aller erkannten Risiken und der *Maßnahmenplan* mit festgelegten Abwehrstrategien inklusive zugewiesenen Verantwortlichkeiten. Ein Risikomanagement im Sinne des V-Modell XT deckt die Anforderungen aus Kapitel 2 damit praktisch vollständig ab. Sie können also aus diesem Grundlagenkapitel heraus das Vorgehen direkt ableiten. Allerdings auch mit den Konsequenzen herkömmlichen Risikomanagements.

Risikomanagement erweitern

So besteht auch im V-Modell XT die Notwendigkeit zur Integration des Risikomanagements in die durch das Modell vorgegebenen Prozesse. Einen sehr detaillierten Ansatzpunkt bieten die Produkte und Aktivitäten, die im Modell klar vorgegeben sind. Beispielsweise sollten Sie die Integration des Risikomanagement im *Projekthandbuch* dokumentieren, welches die individuelle Ausprägung des generischen Standards für Ihr vorliegendes Projekt beschreibt. Eine Detailstufe tiefer kann eine Integration in Produkte, wie *Projektfortschrittsentscheidung*, *QS-Handbuch* oder die *kaufmännische Projektkalkulation* erfolgen. Auch in den weiteren Schritten hin zum fertig programmierten Endprodukt finden sich gute Gelegenheiten Produkte und Aktivitäten mit dem Risikomanagement zu verknüpfen. Wählen Sie unter Berücksichtigung von These 9 die Produkte und Aktivitäten, die den höchsten Erfolg versprechen!

Risikobegriff doppeldeutig

Geben Sie Acht, denn in einigen implementierungsnahen Arbeitsprodukten ist der Begriff des Risikos ungenau. Hier bezeichnet er oft nicht ein Risiko für das Projekt, sondern eine Gefährdungslage für das zu erstellende Anwendungsprogramm selbst.

Auf Rollen und Produkten des Modells aufsetzen

Das ausgeprägte Rollenkonzept des V-Modell XT macht es darüber hinaus einfach, Verantwortlichkeiten bei der Risikoverteilung zu bestimmen. Jedes zu erstellende Produkt ist mit einer der über 30 definierten Rollen des Vorgehensmodells verknüpft. Zudem werden die Mitwirkenden an einem Produkt angegeben. Es ist also möglich, zu einem bestimmten Produkt einen Verantwortlichen für die Überwachung, beispielsweise eines Risikoindikators, zu finden. Das Risiko einer *unzureichenden Gebrauchstauglichkeit/Usability* wird von den Mitarbeitern überwacht, die am Produkt *Mensch-Maschine-Schnittstelle* arbeiten. Dies sind laut Modell entsprechend die Mitarbeiter, die die Rolle *Ergonomieverantwortlicher* ausfüllen.

Entscheidungspunkte ausnutzen

Die Aktivitäten des Risikomanagementprozesses lassen sich im Übrigen gut an die Entscheidungspunkte im Projektablauf knüpfen. Ist beispielsweise der Vorgehensbaustein *Projekt beauftragt* abgeschlossen, geht es offensiv in die Risikoidentifikation, Risikoanalyse und Risikobewertung für die nächsten zwei bis drei Bausteine. Das V-Modell XT empfiehlt übrigens im Rahmen der Risikoidentifikation den Einsatz von Fragenkatalogen. An dieser Stelle können Sie das Risikolexikon am Ende dieses Buches ohne Einschränkungen einsetzen. Letztendlich ist dies ein erweiterter Fragenkatalog, der Ihnen auch schon Lösungshinweise gibt.

Solange für das relativ neue V-Modell XT noch wenige Erfahrungen bei den Projektmanagern vorliegen, ist der Einsatz des Modells selbst mit Risiken behaftet. Die Wahl des richtigen Tailorings ist dabei sicher eine risikorelevante und projektbestimmende Entscheidung. Unter der Motorhaube ist das V-Modell XT allerdings ein modernes und detailliertes Vorgehensmodell, das übergreifende Qualitätsstandards setzt. Dies allein sollte inhärent zu einer Risikosenkung führen.

Zwei Sichten

Eine Besonderheit des V-Modell XT ist die Unterscheidung zwischen der Sicht des Auftraggebers und des Auftragnehmers auf das Projekt. Durch das V-Modell werden Verantwortlichkeiten in dieser

Geschäftsbeziehung klar aufgezeigt. Der folgende Exkurs stellt die Frage, ob und wie ein gemeinsames Risikomanagement von Auftraggeber und Auftragnehmer denkbar ist.

5.3.4 Exkurs: Gemeinsames Risikomanagement – Risikomanagement und die Auftraggeber-Auftragnehmer-Beziehung

Die Zusammenarbeit zwischen Auftraggeber und Auftragnehmer ist auch unabhängig vom V-Modell XT interessant, wenn es darum geht, Risikomanagement gemeinsam zu betreiben. Schon Mitte der neunziger Jahre wurden am *Software Engineering Institute* in Pittsburgh entsprechende Überlegungen angestellt, die wir im Folgenden kurz vorstellen möchten.[67] Damit Auftraggeber und Auftragnehmer gemeinsam Tätigkeiten des Risikomanagements durchführen können, müssen für das so genannte *Gemeinsame Risikomanagement* (engl. Team Risk Management) zwei besondere Voraussetzungen erfüllt sein:

2 Voraussetzungen

1. **Es existiert eine gemeinsame Vision für das Produkt:** Das gemeinsame Bild der Zukunft, das Ziel auf das alles hinausläuft, ist entscheidend für eine erfolgreiche Zusammenarbeit im Risikomanagement. Im gleichen Zuge sind auch eine geteilte Verantwortung für das Produkt, gemeinsame Zusagen für die Sache und eine Konzentration auf Ergebnisse wichtig. Nicht funktionieren wird das gemeinsame Risikomanagement, wenn verdeckte Ziele, beispielsweise Machtspielchen oder Vertriebsabsichten, von einer der Parteien verfolgt werden.
2. **Beide Parteien sind zu Teamwork fähig:** Beide Organisationen verfügen über die Kultur, die wirtschaftlichen Vorraussetzungen, den Willen und die Fähigkeit gemeinsam und im Austausch, ein gemeinsames Ziel zu verfolgen. Hier ist eine auf Vertrauen basierende Konsensorientierung beider Seiten notwendig. Zusätzlich bedeutet Teamwork auch die Bereitschaft Fähigkeiten, Wissen und Mitarbeiter einzubringen.

Das gemeinsame Risikomanagement selbst beruht im Weiteren auf den ganz normalen Aktivitäten des Risikomanagements, das durch die 10 Thesen aus Kapitel 3 geprägt sein sollte. Insbesondere die Merkmale einer offenen Kommunikation (These 3) sind einen er-

[67] Vgl. Higuera/Dorofee et al. (1994) und Higuera/Gluch et al. (1994)

neuten Blick wert. Hier besteht eine besondere Herausforderung, denn im klassischen Sinne bestimmen die Grenzen einer Beauftragung auch die Grenzen der Kommunikation. Hier sind auch die zwei Vorraussetzungen von oben zu sehen. Ohne eine auf Vertrauen basierenden Partnerschaft, ist kein gemeinsames Risikomanagement möglich.

Doch wie kommen nun Auftraggeber und -nehmer zusammen? Dies geschieht durch die *Initiativphase* und die *Zusammenlegungsphase*:

Implementierung in 2 Phasen

1. **Initiativphase:** Zunächst muss die Notwendigkeit eines gemeinsamen Risikomanagementsystem auf beiden Seiten erkannt werden. Darauf aufbauend muss sich dann auf eine *echte* Teamkultur geeinigt werden, praktisch eine verbindliche Festlegung zum vertrauensvollen Umgang miteinander. Beide Seiten müssen zudem feste Zusagen zu Ressourcen geben, die sie einbringen werden. Welche Seite die Initiative ergreift, ist dabei unwichtig, da beide Seiten Vorteile realisieren können, wie Sie weiter unten sehen werden. Aus unserer Sicht empfiehlt es sich, dass möglichst früh schon in der Initiativphase jede Seite mit der Risikoidentifikation, zunächst für sich alleine, beginnt. Im Späteren können dann diese Aktivposten eingebracht werden und die Ernsthaftigkeit des Vorhabens wird unterstrichen.
2. **Zusammenlegungsphase:** Am Anfang dieser Phase steht die Definition der gemeinsamen Vision für das Softwareprodukt. Dabei werden die Perspektiven beider Partner zu einer Vision zusammengeführt, auf die sich beide abschließend festlegen. Des Weiteren werden die periodischen Bausteine des Risikomanagements aufgesetzt, die nach und nach zu einem gemeinsamen Verständnis der Projektrisiken und ihrer Bewertung führen. Genauso werden in dieser Phase getrennte Informationsquellen zu Risiken, Risikobewertungen, Schätzungen, Metriken, Maßnahmenplänen, Risikoindikatoren etc. zusammengeführt. Dies kann zum einen formal erfolgen, beispielsweise durch das Aufsetzen von periodischen Treffen des Managements beider Parteien zur Überprüfung der Risiken, der Maßnahmenpläne, aber auch der gegenwärtigen Zusammenarbeit. Zum anderen gehören dazu auch informelle Praktiken zur Stärkung der Gemeinsamkeit in gemischten Teams. Zur Etablierung eines gemeinsamen Risikomanagementsystems gehört es weiterhin, die entsprechenden Bedingungen in der Arbeitsumgebung zu schaffen. Dies bezieht sich beispielsweise auf Werkzeuge und Verzeichnisstrukturen, die während des ge-

samten Softwarelebenszyklus gemeinsam genutzt werden können.

Durch das gemeinsame Risikomanagement können folgende Vorteile realisiert werden:

Vorteile des Gemeinsamen Risikomanagements

- Verbesserte Kommunikation zwischen Auftraggeber und Auftragnehmer, da die Verantwortung für die Ziele und die Risiken über beide Parteien verteilt sind. In dieser Atmosphäre wird das Vertrauen gestärkt und Schuldzuweisungen oder Ähnliches werden erschwert.
- Verbesserung der Problematik der Perspektivität, da zusätzliche Sichten über Beauftragungsgrenzen hinweg eingebracht werden. Es kann auf mehr Erfahrungswissen zurückgegriffen werden. Ein Auftraggeber kann dic politischen Strukturen seiner Organisation wesentlich besser einschätzen, als ein klassischer Auftragnehmer. Es ist insgesamt zu erwarten, dass zusätzliche Risiken entdeckt werden und die Risikobewertung akkurater wird.
- Des Weiteren liegt eine für die meisten Mitarbeiter akzeptierte Zielsetzung für das Endprodukt vor. Diese Vision wirkt auf Mitarbeiter der Auftraggeber wie -nehmer wie ein Magnet, der Arbeitsprodukte und Vorgehen auf das Ziel ausrichtet und Kritik außerhalb der Fakten unterdrückt. Das Endprodukt wird zum gemeinsamen Begehren.
- Durch die Zusammenführung der identifizierten Risiken und dem Austausch von Mitarbeitern erlangen Entscheider eine globalere Perspektive, als das ohne gemeinsames Risikomanagement der Fall gewesen wäre.

Fazit

Gemeinsames Risikomanagement liefert einen interessanten Ansatzpunkt, die Ergebnisse eines bestehenden Risikomanagements noch zu verbessern. Es bedingt allerdings auch einen grundlegenden Wandel in der Auftraggeber-Auftragnehmer-Beziehung. Diese wandelt sich von früheren Erscheinungsformen im Rahmen einer Wir-haben-das-Geld-und-ihr-die-Arbeit-Befehlskette zu stark kooperativen Modellen, auf die sich beide Parteien gemeinsam festlegen. Letztendlich bedeutet dies in einer gewissen Konsequenz auch neue *Risikostrategien*. Es wäre damit möglich, durch gemeinsame Entscheidungen, Risiken vom Auftragnehmer auf den Auftraggeber zu übertragen oder umgekehrt. Beispielsweise wäre ein Auftraggeber dann dafür verantwortlich, dass ein identifiziertes Risiko nicht eintritt oder er übernimmt die Überwachung der entsprechenden Risikoindikatoren.

5.3.5 Extreme Programming (XP) und Agile Methoden

Extreme Programming gehört nicht zu den klassischen Vorgehensmodellen, es gehört vielmehr zur Klasse der *Agilen Methoden*. Vorgehensmodelle dieser Art sind meist ein Bündel so genannter leichtgewichtiger Methoden zu einem Vorgehensmodell und berücksichtigt im Kern einige Standardrisiken von Softwareprojekten. Agile Methoden zeichnen sich auszugsweise durch folgende Merkmale aus:[68]

Tabelle 5.1: Merkmale von Agilen Methoden

Merkmal	**Beschreibung und adressierte Standardrisiken (vgl. Risikolexikon in Kapitel 7)**
Einbeziehung des Kunden	Der Kunde ist direkt vor Ort jederzeit verfügbar und kann durch die Entwickler direkt befragt werden. *Adressierte Risiken:* Kommunikationsrisiko außerhalb des Projektes, mangelhafte Definition der funktionalen Anforderungen, ungenügende Benutzerbeteiligung, mangelnde Mitarbeiterverfügbarkeit
Stark iterativ und inkrementell	In einer Vielzahl kurzer Iterationen wird die Software nach und nach in möglichst kleinen Inkrementen ausgeliefert und weiterentwickelt. Der Kunde selbst legt die Anforderungen fest, die in das jeweils nächste Inkrement aufgenommen werden *Adressierte Risiken:* unklare Zielvorstellung, verändernde Anforderungen, unrealistische Zielvorstellung, veränderliche Projektabgrenzung/-ziele
Einfachheit	Der Softwareentwicklungsprozess und der erzeugte Programmiercode werden so einfach wie möglich gestaltet. Die Komplexität der Software

[68] Vgl. Sommerville (2004), S. 396 ff.

Merkmal	Beschreibung und adressierte Standardrisiken (vgl. Risikolexikon in Kapitel 7)
	soll ebenfalls niedrig gehalten werden, um Anpassungen über die gesamte Entwicklungszeit zu konstanten Kosten zu ermöglichen. *Adressierte Risiken:* hohe Systemkomplexität, Softwareerosion über die Zeit
Fokus auf dem Mitarbeiter	Den Programmierern wird mehr Freiheit gegeben, ihre eigenen Arbeitsabläufe zu gestalten. Teamwork wird groß geschrieben und durch Maßnahmen, wie das Programmieren in Paaren, zwei Entwickler arbeiten zusammen an einem Bildschirm, manchmal sogar vorgeschrieben. *Adressierte Risiken:* Mitarbeiter-Fluktuation, unmotivierte Mitarbeiter, mangelhaftes Teamwork

Passen Risikomanagement und Agile Methoden zusammen?

Wir wollen im Folgenden als beispielhafte Agile Methode das Extreme Programming (XP) bezogen auf das Risikomanagement untersuchen. Die erste Feststellung zeigt, dass das Modell selbst kein explizites Risikomanagement vorsieht. Dies ist zunächst ideologisch zu verstehen, da ein Risikomanagementprozess auf den ersten Blick zu den entbehrlichen und schwergewichtigen Prozessen zählt, die diese Modelle ja gerade abschaffen möchten. Die Ausrichtung des Risikomanagements an den 10 Thesen aus Kapitel 3 folgt auffälligerweise vielen Prinzipien der Agilen Methoden. Dies mag im Übrigen ein Schritt sein, die Kompatibilität des Risikomanagements mit Agilen Methoden zu erhöhen. Es ist allerdings aus unserer Erfahrung nicht sinnvoll, ganz ohne einen Risikomanagementprozess zu arbeiten, da hier die gemeinsame Arbeitsrichtung festgelegt wird, die das von den Beteiligten getragene Risikobewusstsein entscheidend positiv beeinflusst.

Risiken in Agilen Methoden bereits berücksichtigt

Auf Basis der Tabelle oben ist zu erkennen, dass die Macher der Agilen Methoden die Standardrisiken von Softwareprojekten kennen und mit dem Modell selbst eine Art implizites Risikomanagement verfolgen. Maßnahmen gegen Risiken werden sozusagen zur Methode erhoben, was nicht gegen die Thesen aus Kapitel 3 verstößt.

Risikomanagement ist notwendig

Die Konsequenzen, die sich aus den Merkmalen von oben ergeben, machen ein Risikomanagement allerdings dennoch notwendig. Ein XP-Projekt besitzt im Regelfall keinen langfristigen Planungshorizont, da formal nur geplant wird, was in die nächste Iteration als Anforderung aufgenommen wird, wobei die Iterationen auch noch möglichst kurz sein sollen. Vor diesem Hintergrund ermöglicht ein wirkungsvolles Risikomanagement erst eine strategische und langfristige Planung des Projektes.

Risikomanagement für strategische Planung einsetzen

Durch den hohen Implementierungsfokus berücksichtigen Agile Methoden oft unzureichend politische und strategische Risiken, die sich aus der Position des Projektes in der umgebenden Organisation ergeben. Beispielsweise sichern diese Projekte aus sich heraus nicht die Unterstützung des Managements. Zudem sind sie aufgrund der Tatsache, dass sie vielerorts ein Novum in der Projektlandschaft darstellen, nicht vor Kommunikationsrisiken sicher. Denn es versteht vielleicht nicht jeder, was dort vor sich geht. Unter den gegebenen Vorraussetzungen sollte zum Risikomanagement auch ein ausgeprägtes Chancenmanagement gehören. Beide zusammen müssen die strategische Einbettung eines XP-Projektes leisten.

Stark iterative Vorgehensmodelle begünstigen in der Regel allerdings, dass Anforderungen und Komponenten mit besonders großen Risiken in die nächste Version verschoben werden. Da das XP stark iterativ angelegt ist, ist im Rahmen der Planungen besonders darauf zu achten, dass Risiken eben nicht verschoben, sondern mutig und unter Einbeziehung aller Anspruchsgruppen angegangen werden. Dieser Erfahrungswert gilt natürlich auch für andere iterative Vorgehensmodelle, wie dem RUP.

Da das XP, von der Grundidee her, weniger formale Punkte bietet, an die der Risikomanagementprozess angeknüpft werden kann, besteht die Freiheit ein individuelles Risikomanagement aufzusetzen. Ein Risikomanagement im Rahmen Agiler Methoden bietet die Gelegenheit, die strategische und langfristige Planung des Projektes möglichst chancen- und risikoorientiert zu gestalten.

5.3.6 Risikomanagement und Kleinprojekte

Kommen wir nun noch einmal zurück zu einem Thema, das wir bereits in Kapitel 2 angerissen hatten. Wir wollen aufzeigen, wie ein wirkungsvolles Risikomanagement auch in die Realität kleiner Projekte Einzug halten kann. In Kapitel 2.2.1.8 und Exkurs 2.2.1.9 hatten wir bereits an einem Beispiel gesehen, welchen Herausforderungen sich Kleinprojekte gegenüber sehen. Zunächst wollen wir die

Merkmale dieser Projekte zusammenfassen und die Konsequenz für das Risikomanagement aufzeigen:[69]

Personal

- **Stark begrenzte Personalressourcen:** Wenn alle Projektbeteiligten in einem mittelgroßen Büro Platz finden, bedeutet dies auch, dass unter den Mitarbeitern Überschneidungen zwischen klassischen Management- und Technikerrollen stattfinden. Für das Risikomanagement bedeutet dies, dass eine Person gleichzeitig Projektleiter und Programmierer ist und zusätzlich noch Aufgaben im Risikomanagement übernimmt. Unter der Berücksichtigung der Verteilung von Risikoverantwortung im Sinne von These 1 macht dies natürlich Sinn. Das Besondere ist aber, dass auf Kleinprojekten in der Regel die Tätigkeiten zum Risikomanagement noch seltener durch das reguläre Zeit- und Kostenbudget abgedeckt werden können, als das auf Großprojekten der Fall ist. Zudem ergibt sich, dass die Risiken, die sich auf die Personalfluktuation beziehen, allesamt als projektgefährdend einzustufen sind. Denn mit dem Abgang eines Wissensträgers müssen eingeplante Verzögerungen zur Einarbeitung neuer Mitarbeiter in den Zeitplan aufgenommen werden – falls die entstandene Wissenslücke überhaupt zu kompensieren ist.

Zeitrahmen

- **Stark begrenzter Zeitrahmen:** Da kleine Projekte kurze Laufzeiten haben, also in Wochen bzw. wenigen Monaten abgewickelt werden, steht für die Aktivitäten des Risikomanagements ebenfalls nur ein kurzes Zeitfenster zur Verfügung. Dies hat insbesondere Einfluss auf die Maßnahmen zur Risikominderung bzw. -beseitigung, da praktisch alle Maßnahmen kurzfristig und schnell greifen müssen. Zudem steht für die Risikoidentifikation selbst nur ein kurzer Zeitraum zur Verfügung.

Kostenbudget

- **Stark begrenztes Kostenbudget:** Der finanzielle Rahmen wird auf kleinen Projekten oft nicht durch das geschäftliche Potential der Lösung bestimmt, sondern bezieht sich auf die derzeitige Liquidität des Kunden. Das bedeutet, dass für initiale Versionen nur begrenzt Mittel zur Verfügung stehen, da die Investitionssumme aus dem laufenden Geschäft entnommen wird und nicht als geplantes oder gar regelmäßiges Budget zur Verfügung steht. Wenn zunächst nur wenig Budget für eine erste Version vorhanden ist, treten besondere Risiken auf. Es werden nämlich zuerst nur prototypisch Funktionen umgesetzt, die später überdimensional stark wachsen. Dies kann zur Folge haben, dass die Lösung über die Zeit hinweg unnötig komplex wird und ir-

---

[69] Die Inhalte in diesem Kapitel stammen aus eigenen Erfahrungen, aber auch aus dem Vortrag Johnson (2006) sowie Durissini (2005).

gendwann nicht mehr skaliert. Änderungen werden dann übermäßig teuer, sowohl vom Budget als auch von der Risikohöhe her.

Abhängigkeiten

- **Es existieren wenige, aber bedeutende Abhängigkeiten:** Da Kleinprojekte in Unternehmen oft nur an einem Auftraggeber hängen, ist dies die einzige direkte Abhängigkeit, die allerdings eine entscheidende Bedeutung hat. Denn sie ist der einzige *Aufhängepunkt* des Projektes in der Organisation. Wenn nur ein einzelner Auftraggeber existiert, spielen die Fähigkeiten dessen eine große Rolle. Kann dieser die Methoden der Softwaretechnik richtig einschätzen? Sind diesem die Konsequenzen veränderlicher Anforderungen hinreichend bewusst? Entsprechend liegt auch in Kleinprojekten der Fokus auf der qualitativen Anforderungsdefinition. Ein anderer Aspekt dieser besonders stark ausgeprägten Auftraggeberbeziehung ist, dass Kleinprojekte darauf achten müssen von vornherein ihr Außenbild auch entlang des Bedarfs des übergeordneten Managements des Auftraggebers auszurichten. Gelingt dies nicht, könnten politische Risiken entstehen, die das Projekt in seiner Existenz bedrohen.

Schnittstellen

- **Es existieren wenige Kommunikationsschnittstellen:** Im Gegensatz zu Großprojekten ist die Zahl der Schnittstellen gering. Dazu gehören Übergaben von Produkten oder der anhängige Abstimmungsaufwand. Damit werden eine Vielzahl von Risiken großer Projekten praktisch obsolet, denn eine mangelhafte Kommunikation ist eine zentrale Ursache von Risiken.

Vorgehensmodell

- **Fehlendes Vorgehensmodell:** Ein typischer Aspekt kleiner Projekte ist das Fehlen eines formalen und dokumentierten Vorgehensmodells, ein Risikomanagement kann also nicht in dieses direkt integriert werden. Dennoch existieren in eben jenen Projekten meist undokumentiert abgesprochene oder implizite Arbeitsabläufe, die durch ein entsprechend zugeschnittenes Risikomanagement ergänzt werden können.

Auftragsvergabe an Subunternehmen

- **Es wird nur gelegentlich mit Subunternehmern gearbeitet:** Diese werden nur gelegentlich und bei speziellem Bedarf eingesetzt. Deshalb liegen in kleinen Projekten oft unzureichende Erfahrungen mit Lieferantenbeziehungen dieser Art vor. Dies zeigt sich dann beispielsweise in einer ungenügenden Vertragsgestaltung oder unzureichenden Abnahmebedingungen für zugelieferte Produkte. Daraus muss gefolgert werden, dass Risiken, die sich auf fehlerhafte oder mangelhafte Zulieferungen durch externe Parteien beziehen, besonders stark ins Gewicht fallen und unbedingt bedacht werden müssen.

Risikomix ist anders

Aus den Merkmalen kann also abgeleitet werden, dass Kleinprojekte ein ganz spezielles Risikoprofil besitzen. Das heißt, dass die Schwerpunkte im existierenden Risikomix anders gesetzt sind, als auf Großprojekten. Risiken besitzen teilweise gänzlich unterschiedliche Eintrittswahrscheinlichkeiten und Risikohöhen.

Weniger Risikoquellen

In Kleinprojekten existieren zudem weniger Quellen für Risiken. Daraus folgt, dass in der Summe auch weniger Risiken vorliegen, die das Projekt bedrohen und die betrachtet werden müssen. Entgegengesetzt verhält sich aber die Risikohöhe der einzelnen Risiken. Denn wenn ein Risiko auftritt, ist es oft so hoch, dass gleich das gesamte Projekt bedroht ist. Insbesondere kleine Unternehmen müssen hier die Formel Schadensausmaß = Risikohöhe anwenden (vgl. 2.1.5.3). Sie können sich bestimmte Risiken einfach nicht leisten.

Herangehensweise ist anders

Kleinprojekte müssen sich diesen Risiken auf andere Arten annehmen, als dies größere Projekte tun. Aufgrund der begrenzten Personalkapazitäten müssen Kleinprojekte besonders die Wirtschaftlichkeit des Risikomanagements beachten. Hierzu bieten sich folgende Leitlinien an:

- Verfolgen Sie das Prinzip der Verteilung konsequent über alle Projektmitarbeiter, um Risikowissen und -bewusstsein möglichst breit zu streuen.
- Da bei Kleinprojekten weniger Risiken bestehen, können auch weniger Risiken mit Maßnahmen verringert oder beseitigt werden. Es sollte in der Regel ausreichen, weniger als zehn Risiken direkt mit Maßnahmen zu behandeln. Dabei sollte jedoch berücksichtigt werden, dass der Eintritt eines Risikos in Kleinprojekten oft ein großes Schadenpotential hat.
- Der Dokumentationsaufwand sollte so gering wie möglich gehalten werden. Arbeiten Sie beispielsweise nur mit einer einzigen Liste, die alle identifizierten Risiken enthält und auf die alle Mitarbeiter direkt zugreifen können. Durch die kurzen Kommunikationswege ist eine derartig verkürzte Dokumentation ohne Probleme möglich.
- Entsprechend sollte auch das Berichtswesen rund um das Risikomanagement auf dem kleinen Dienstweg erfolgen. So sollten beispielsweise Veränderungen bei Risiken ein (tägliches) Gesprächsthema sein.
- Eine Risikoidentifikation sollte in Form eines Workshops immer gleich zu Beginn des Projektes erfolgen, denn es besteht nur wenig Zeit, aktive Maßnahmen einzuleiten. Hier kann das Risikolexikon am Ende des Buches gute Dienste leisten, denn es

sind jene Risiken markiert, die für Kleinprojekte besonders relevant sind.

- Das Risikobewusstsein der Projektmitarbeiter sollte derart geschärft sein, dass eine Risikoidentifikation generell nicht organisiert werden muss, sondern laufend erfolgt. Beispielsweise durch den Eintrag in die Risikoliste. Dieser wird dann grundsätzlich bei regelmäßigen Teammeetings besprochen.

Fazit

Es darf die Frage erlaubt sein, ob der Aufwand für ein Risikomanagementsystem in dem hier vorgestellten Sinne denn nicht überzogen groß sei. Wir haben allerdings die Erfahrung gemacht, dass Risikomanagement auch auf kleinen Projekten ungemein Wirkung zeigt. Die Merkmale eines effektiven Risikomanagements sind dabei immer die gleichen, nur Schwerpunkt und Ausprägung verschieben sich. Es liegt an Ihnen das Risikomanagement so leitgewichtig wie möglich, aber so durchdringend wie nötig auszugestalten.

Beispiel: Projekttagebuch

Beispiel: Eine gute Möglichkeit ist ein Projekttagebuch.[70] Ein solches sammelt Tag für Tag die Geschehnisse und Entscheidungen auf dem Projekt. Zusammen mit einer risikobezogenen Liste der aktuell identifizierten und priorisierten Risiken, können z.B. getroffene Maßnahmen oder Ergebnisse von Risikoprüfungen einfach auch im Projekttagebuch dokumentiert werden. Es bedarf also keines schwergewichtigen Reportingsystems mit einer Vielzahl von Berichten. Bei kleineren Projekten reicht vielmehr die Einführung einer neuen Stiftfarbe im Projekttagebuch.

5.4 Fazit

Wir haben in diesem Kapitel die zentralen Fragestellungen aufgezeigt, die bei der Integration des Risikomanagements anstehen. Zudem haben wir erste Antworten für erste Schritte in unterschiedlichen Vorgehensmodellen gegeben. Nehmen Sie sich die Checkliste von oben (Kapitel 5.2) zur Hand und beginnen Sie für Ihr spezielles Vorgehensmodell die Integration vorzubereiten.

---

[70] Vgl. Versteegen (2000), S. 172 f. und Versteegen et al. (2001), S. 33 ff.

6 Risiken beschreiben und das Risikolexikon einsetzen

In diesem Kapitel wird es um zwei Dinge gehen. Zum einen wird gezeigt, wie die Risikoschablone des Risikolexikons aus Kapitel 7 aufgebaut ist und wie Sie das Risikolexikon bei Ihrer Arbeit unterstützt. Zum anderen werden die Erweiterungen beschrieben, mit der Sie die spezielle Risikoschablone des Risikolexikons erweitern können, damit die Schablone Ihr Risikomanagementsystem effektiv unterstützt.

6.1 Die Risikoschablone des Risikolexikons

Risikolexikon

In Kapitel 7 finden Sie ein Risikolexikon mit mehr als 70 bekannten Risiken von Softwareentwicklungsprojekten. Es ist die gesammelte Erfahrung vieler Projekte und Personen, die viele Jahre in der Softwareentwicklung tätig sind. Diese Erfahrungen können Sie vielfältig nutzen, beispielsweise in der Risikoidentifikation, der Risikoanalyse oder bei der Definition von Indikatoren oder Maßnahmen, indem Sie einfach Elemente aus dem Risikolexikon entnehmen und auf Ihre individuelle Situation „spezialisieren".

Spezialisierungen des Risikolexikons

Im Risikolexikon finden Sie einige allgemeine Angaben, die Ihnen helfen werden, Risiken, denen Sie gegenüberstehen, besser einzuschätzen. Beispielsweise ist für jedes Risiko eine Risikomatrix angegeben, die einen markierten Bereich enthält. Dieser Bereich ist basierend auf unseren Erfahrungen der wahrscheinlichste Bewertungsraum für dieses spezielle Risiko bei der initialen Risikoidentifikation. Bitte beachten Sie, dass derartige Erfahrungswerte eine Hilfestellung sein können, aber für jedes in der Realität entdeckte Risiko weiterhin eine individuelle Bewertung für das spezielle Projekt notwendig ist.

Im Folgenden sind nun die einzelnen Elemente der Risikoschablone beschrieben.

6.1.1 Risikoname

Risikoname

Ein Risiko besitzt einen eindeutigen, aussagekräftigen und einprägsamen Namen. Dieser wird Grundlage der weiteren Risikokommunikation und sollte keine Ursachen oder Konsequenzen umfassen. Diese werden ja erst später genau bestimmt. Vielmehr sollte der Name das potentielle Problem beschreiben.

6.1.2 Kategorie

Risikokategorie

Risiken lassen sich anhand Ihres Ursprunges bestimmten Kategorien zuordnen. Diese helfen dann später die Risiken zu strukturieren, zu überwachen und Risikoberichte zu erzeugen. Im Risikolexikon verwenden wir folgende Kategorien, die Sie als Oberkategorien verstehen können. Gegebenenfalls bietet es sich im Praxiseinsatz an, diese in weitere Unterkategorien aufzuteilen, um beispielsweise ein genaueres Berichtswesen aufzusetzen.

- **Anforderungen:** Der Schwerpunkt der Ursachen dieser Risiken findet sich im Bereich der Anforderungen, die an das spätere System gestellt werden.
- **Technik:** Technische Risiken haben ihre Ursache in der zugrunde liegenden Technologie.
- **Prozesse & Projektmanagement:** Diese Risiken finden ihren Ursprung in einem Projekt zugrunde liegender Zusammenarbeit.
- **Organisation & Politik:** Diese Risiken finden ihren Ursprung in der Beziehung der handelnden Organisationseinheiten, wie Fachbereichen, Abteilungen oder IT.
- **Mensch:** Risiken dieser Kategorie entstehen aus individualmenschlichem Verhalten und individuellen Eigenschaften. Die Risiken haben persönliche, soziale oder kommunikative Ursachen.
- **Externe Produkte und Lieferanten:** Risiken, die mit projektbzw. organisationsexternen Leistungen zusammenhängen, werden dieser Kategorie zugeordnet.

6.1.3 Projektphasen

Diese Markierung gibt an, in welchen Projektphasen das Risiko typischerweise Realität wird. Das heißt, wann das mögliche Problem wirklich auftreten könnte. Dies können natürlich auch mehrere Phasen sein. Folgende Phasen, die sich auch in der Mehrzahl der Vorgehensmodelle wiederfinden (vgl. Kapitel 2.2.1.7), sind vorgesehen: Planung, Analyse, Design, Implementierung, Test und Auslieferung. Alternativ kann ein Risiko aber auch phasenübergreifend, also vollkommen unabhängig von einer speziellen Phase, auftreten.

Risikolexikon ist nach den Projektphasen sortiert

Das Risikolexikon selbst ist entlang dieser Projektphasen sortiert, da Softwareprojekte in Phasen „denken". Dies erleichtert den Einsatz bei der Risikoidentifikation, denn es kann auch in der Risikoidentifikation in Phasen vorgegangen werden. Zudem ist es für Phasenverantwortliche, beispielsweise einen Anforderungsmanager für die Analysephase, einfach, die Risiken aus dem Risikolexikon zu entnehmen, die zu Problemen in ihrer speziellen Phasen führen könnten.

Zudem sind zwei Markierungen angegeben, die die Suche nach relevanten Risiken erleichtern:

Kleinprojekte

- **Relevanz für Kleinprojekte:** Diese Markierung gibt an, ob das betreffende Risiko des Risikolexikons für kleine Projekte relevant ist. Sie haben bereits in Kapitel 5 erfahren, dass diese Projekte einen speziellen Risiko-Mix aufweisen.

Projektvorbetrachtung

- **Relevanz für Projektvorbetrachtung:** Über diese Markierung ist im Risikolexikon angegeben, dass das spezielle Risiko für die Risikobetrachtung im Vorfeld eines Projektes relevant ist. Die Aktivitäten im Risikomanagement vor dem eigentlichen Projektbeginn wurden in Kapitel 4.1 beschrieben.

6.1.4 Risikosatz und Risikobeschreibung

Risikosatz

Der Risikosatz beschreibt in prägnanter Form, aus welchen Ursachen unter welchen Bedingungen ein Problem folgen könnte und welche Konsequenzen dies hätte. Genaue Erläuterungen des Aufbaus und die Satzschablone, die Sie bei der Konstruktion unterstützt, finden Sie in Kapitel 4.3.2.1 zur Risikoanalyse.

Risikobeschreibung

Da der Risikosatz kurz gehalten werden sollte, um ein schnelles Einlesen in das Risiko zu ermöglichen, werden alle weiteren Informationen zu Ursachen und Konsequenzen in eine erweiterte Beschreibung aufgenommen, die optisch vom Risikosatz getrennt ist. Hierher gehören die detaillierten Ergebnisse der Risikoanalyse.

6.1.5 Risikoindikatoren

Risikoindikatoren

Ein Indikator zeigt an, dass ein Risiko eintritt oder ein Eintritt wahrscheinlicher wird. Qualitätsanforderungen an Indikatoren wurden in Kapitel 4.3.2.1 zur Risikoanalyse und 4.3.2.3 zur Risikosteuerung aufgestellt. Im Risikolexikon finden Sie Vorschläge für mögliche Indikatoren. Einige davon werden für Ihr Projekt gut, andere weniger gut geeignet sein. Entnehmen Sie hier Ideen aus bereits gemachten Erfahrungen.

6.1.6 Risikomatrix und Auswirkungen im magischen Viereck

Risikomatrix

Jedes Risiko wird nach der Schätzung von Eintrittswahrscheinlichkeit und Risikohöhe in die Risikomatrix des Projektes eingetragen. Idealerweise besitzt es aber auch eine eigene Risikomatrix, in der es zusammen mit gegebenenfalls bestehenden Abhängigkeiten dargestellt wird. Der Aufbau der Risikomatrix ist detailliert in Kapitel 2.1.5.3 in den Techniken für Analyse und Bewertung von Risiken beschrieben.

Risikolexikon

Im Risikolexikon ist für jedes Risiko der Bereich markiert, in dem dieses Risiko in der Regel bei der initialen Risikoidentifikation auftritt. Wir haben dazu folgende relative Wertebereiche bei der Bewertung verwendet:

Eintrittswahrscheinlichkeit

1. **Schätzung der Eintrittswahrscheinlichkeit:** Da Menschen und Gruppen im Rahmen der Risikobewertung nur schwer genaue Werte schätzen können (vgl. Kapitel 2.1.5.3), bietet es sich an, die Schätzung, die ja anhand der Ursachen und Eintrittsbedingungen der Risiken durchgeführt wird, relativ einzuschätzen und zwar in einer begrenzten Skala. Daraus folgt die relative Skala (1-5), die für die Abszisse der Risikomatrix verwendet wird:

Skala der Risikomatrix	Absoluter Wert	Bemerkung
–	0 %	Ein Risiko, das 0 % Eintrittswahrscheinlichkeit besitzt, ist kein Risiko, da es nie eintritt.
1 – sehr niedrig	1 – 20 %	Sehr unwahrscheinlicher Eintritt.
2 – niedrig	21 – 40 %	Unwahrscheinlicher Eintritt.
3 – mittel	41 – 60 %	Mittelmäßig wahrscheinlicher Eintritt.
4 – groß	61 – 80 %	Wahrscheinlicher Eintritt.
5 – fast immer	81 – 99 %	Sehr wahrscheinlicher Eintritt.
–	100 %	Wird ein Risiko mit 100 % Eintrittswahrscheinlichkeit bewertet, handelt es sich nicht um ein Risiko, sondern um ein Problem, und es wird entsprechend nicht im Risikomanagement behandelt.

Tabelle 6.1 Eintrittswahrscheinlichkeit in der Risikomatrix

Risikohöhe

2. **Schätzung der Risikohöhe:** Ein Problem bei der Schätzung der Risikohöhe ist die Maßeinheit. Ein potentieller Schaden kann monetärer Natur sein oder sich in einer Zeitverzögerung ausdrücken. Da mit einer einheitlichen Skala gearbeitet werden sollte, benötigen Sie eine projektweit einheitliche Vergleichstabelle. Wir haben die Folgende für die Risikomatrix des Risikolexikons verwendet. Fügen Sie gegebenenfalls für Ihr individuelles Projekt weitere Spalten an bzw. überführen Sie die relativen Werte der Tabelle in echte Euro und echte Personentage. Dann fällt die Bewertung der Risikohöhe noch einfacher, und es kann direkt das Schadensausmaß berechnet werden. Auch andere qualitative Maße, wie Einbußen bei der Benutzerzufriedenheit, Imageverlust etc., können in diese Tabelle mit aufgenommen werden. Entscheidend ist es hier, die Kriterien für die Zuordnung zu einem Wert zu dokumentieren, um diese einheitlich bewerten zu können.

Tabelle 6.2: Risikohöhe in der Risikomatrix

Skala der Risikomatrix	**Verzögerung der Gesamtprojektlaufzeit in Prozent**	**Kostenüberlauf im Projektbudget in Euro**	**Steigerung der Folgekosten bei Einsatz der Software in Prozent**	**Einfluss auf die Benutzerzufriedenheit *)**
1 – sehr niedrig	Bis zu 5 %	Bis zu 5 %	1 – 2 %	Gering
2 – niedrig	6 – 10 %	6 – 10 %	3 – 4 %	Gering
3 – mittel	11 – 30 %	11 – 30 %	5 – 6 %	Mittel
4 – hoch	31 – 80 %	31 – 80 %	7 – 8 %	Mittel
5 – sehr hoch	Mehr als 80 %	Mehr als 80 %	Mehr als 8 %	Hoch

*) Beispiel für ein qualitatives Maß

Magisches Viereck

Da jedes Risiko eine Bedrohung für mindestens eine Dimension des magischen Vierecks darstellt, ist es sinnvoll, die Auswirkungen des Risikos in diesem Bereich ebenfalls zu bewerten. Dies kann einerseits die Bewertung der Risikohöhe akkurater machen und andererseits in Risikoberichten zu Kennzahlen aggregiert werden. Im Risikolexikon ist auch hier wieder eine wahrscheinliche Verteilung der Einflüsse angegeben. Hier wird ein Wertebereich mit den Werten klein, mittel und hoch verwendet.

6.1.7 Maßnahmen

Risikomaßnahmen

Dieser Bereich beschreibt die Maßnahmen, die als Minderungs- oder Vermeidungsmaßnahmen gegen Risiken getroffen werden können. Im Risikolexikon finden Sie Maßnahmen, die erfahrungsgemäß die Risikohöhe und/oder Eintrittswahrscheinlichkeit senken.

6.1.8
Beziehungen: Vorgänger und Nachfolger

Beziehungen

In diesem Bereich werden die Beziehungen eines Risikos zu anderen Risiken dokumentiert. Entsprechend werden die Vorgänger, die das konkrete Risiko auslösen könnten, bzw. die Nachfolger, die das konkrete Risiko auslösen könnten, notiert. Diese Beziehungen können, neben der schriftlichen Dokumentation, auch in die Risikomatrix eingetragen werden. Genaueres zu Vorgängern und Nachfolgern und der Eintragung in die Risikomatrix finden sich in den Kapiteln 2.1.5.3 und 2.1.5.4. Im Risikolexikon sind für die aufgeführten Risiken bereits typische Vorgänger und Nachfolger aufgeführt, um Ihre Analyse in diesem Punkt zu erleichtern.

6.1.9
Rollen: Entdecker und Überwacher

Rollen im Projekt

Projekttätigkeiten werden von Mitarbeitern durchgeführt, die in der Regel eine oder mehrere Rollen im Softwareentwicklungsprozess einnehmen. Die Entdeckung eines Risikos ist bei einigen Rollen wahrscheinlicher, da diese Rollen mit den Ursachen des Risikos zu tun haben. Ähnlich verhält es sich mit der Überwachung der Risiken. Im Risikolexikon sind deshalb die Entdecker- und Überwacherrollen gekennzeichnet, die die speziellen Risiken typischerweise entdecken bzw. diese sinnvoll überwachen können. Die Rollen sind im Einzelnen folgendermaßen definiert:

- **Projektleiter:** Ein Mitarbeiter in dieser Rolle leitet das Projekt und die Projektmitarbeiter und verantwortet das Projektergebnis gegenüber dem höheren Management, beispielsweise dem Steuerkreis.
- **Steuerkreis:** Die Mitarbeiter des Steuerkreises stehen direkt über dem Projektleiter, überwachen den Projektfortschritt und das Projektbudget, verantworten das Projektergebnis gegenüber dem Topmanagement und greifen bei Bedarf in die Leitung des Projektes ein.
- **Teamleiter:** Ein Teamleiter ist unterhalb des Projektleiters für ein Teilprojekt oder ein Teilteam zuständig.
- **Qualitätsmanager:** Die Rolle des Qualitätsmanagers verantwortet die Erfüllung der Qualitätsbelange an die Software und das verwendete Vorgehensmodell. Er ist Eigner des Qualitätsmanagementprozesses.

- **Anforderungsmanager:** Der Anforderungsmanager ist für den Weg von der Aufnahme einer Anforderung, über die entsprechende Dokumentation, bis hin zur Nachverfolgung der Umsetzung zuständig. Ihm sind die Softwareanalytiker zugeordnet.
- **Systemanalytiker:** Diese Rolle arbeitet operativ im Anforderungsmanagementprozess und nimmt einen Teilausschnitt der Aufgaben des Anforderungsmanagers wahr.
- **Softwarearchitekt:** Der Softwarearchitekt ist für die Definition der technischen Architektur der Software verantwortlich und macht die Vorgaben für die Softwaredesigner und Programmierer.
- **Softwaredesigner:** Ein Softwaredesigner erstellt auf Basis der Anforderungen und der Architekturvorgaben einen Softwareentwurf, der die technische Lösung für das fachliche Problem darstellt und als Vorlage für die Programmierung dient.
- **Programmierer:** Mitarbeiter mit dieser Rolle setzen den Entwurf aus dem Softwaredesign in einen lauffähigen Programmcode um.
- **Tester:** Dem Tester obliegt die Sicherstellung, dass das erstellte System den gestellten Anforderungen inhaltlich und qualitativ entspricht.
- **Auslieferungsverantwortlicher:** Der Mitarbeiter mit dieser Rolle ist für die Organisation der Auslieferung der Software an die Benutzer zuständig. Gegebenenfalls ist er auch für die Überführung des Systems an den Softwarebetrieb zuständig.

6.2 Erweiterungen der Risikoschablone für den Einsatz im Risikomanagementprozess

Anpassungen für den Risikomanagementprozess

Die Risikoschablone aus dem Risikolexikon ist nicht direkt für den Praxiseinsatz im Risikomanagementprozess geeignet. Sie kann aber leicht mit den Elementen erweitert werden, die dafür notwendig sind. Dies sind beispielsweise:

- **Risikonummer:** Des Weiteren besitzt das Risiko eine eindeutige Risikonummer, die das Suchen erleichtert und das Risiko eindeutig definiert.
- **Risikostatus:** Dieser entspricht grundsätzlich dem Schritt des Risikoprozesses, in dem das Risiko sich gerade befindet. Also beispielsweise „in Analyse“ oder „in Überwachung“. Je nach

individuellem Aufbau des Risikomanagementsystems können auch weitere Zwischenstatus sinnvoll sein.

- **Risikostrategie:** Zusammen mit der Risikomatrix wird für jedes Risiko die getroffene Risikostrategie dokumentiert.
- **Maßnahmensteuerung:** Dokumentation von Maßnahmeplänen, Umsetzungsfortschritt, Zielterminen und Verantwortlichkeiten.
- **Trends/Tendenzen:** Diese werden in die Risikomatrix eingetragen und verdeutlichen erwartete oder tatsächliche Bewegungen von Risiken.

Bedeutung der Risikoschablone für den Risikomanagementprozess

Erweitern Sie die Risikoschablone ganz im Sinne von These 6 „Integrieren Sie den Risikomanagementprozess in Ihre vorhandenen Prozesse!". Letztendlich geht es darum, die Daten, die zu Risiken während des Risikomanagementprozesses erhoben werden, in einer strukturierten Form abzulegen. Wie schon mehrfach erwähnt, wird dazu eine Risikoschablone verwendet – egal ob diese in Form einer Exceltabelle oder in einem Anwendungssystem abgelegt wird. Entscheidend ist, dass die Informationen zu einem Risiko das verbindende Element des gesamten Risikomanagementsystems sind. Dabei ist die Dokumentation so leichtgewichtig zu halten, dass sie schnell von statten geht. Hingegen aber so detailliert zu gestalten, dass die Risikoverteilung und -übergabe zwischen Mitarbeitern sicherstellt ist und die Voraussetzungen für die Überwachung und Steuerung der Risiken gewährleistet sind. Nur so ist ein gemeinsames Verständnis und Bewusstsein für die bestehenden Risiken möglich. Ohne diese Basis wird es auch nicht gelingen, eine effektive Risikokommunikation zu etablieren.

6.3 Was bleibt

Im Folgenden finden Sie nun das schon so oft angeführte Risikolexikon, das Sie bei Ihren Aktivitäten im Risikomanagement und bei der Projektarbeit unterstützen wird. Wir wünschen Ihnen dabei ein guten Gelingen und dass Sie nicht allzu viele eigene Risiken aus Ihren Projekten diesem Risikolexikon hinzufügen müssen. Es ist allerdings zu erwarten.

Wir hoffen, dass wir das Risikomanagement aus der praktischen Perspektive als Weg und Chance dargestellt haben, damit Sie Ihre Projekte und Ihre Projektergebnisse verbessern und sich mit Risikomanagement einen echten Wettbewerbsvorteil verschaffen können.

„Der Worte sind genug gewechselt,
lasst mich nun endlich Taten seh'n."
Faust I, Goethe

7 Risikolexikon

7.1 Übersicht

7.2
Phase: Planung

7.2.1
Unklare Zielvorstellung

Risikosatz

Aus einer strategisch nicht eindeutig abgegrenzten Ausgangssituation oder veränderten Projektzielen, einer mangelhaften Kommunikation zum Auftraggeber und einer unzureichenden Kick-Off-Phase zur Erarbeitung von Zielen könnte eine **unklare Zielvorstellung für das Projekt entstehen**, die bis zur Unplanbarkeit des Gesamtprojektes und schlechter Qualität in allen Phasen führt.

Risikobeschreibung

- Dieses Risiko betrifft die Situation, wenn die Projektziele zu unscharf definiert sind, um daraus Projektaktivitäten sowie funktionale und qualitative Anforderungen an die Software abzuleiten. Getreu dem Motto: „Wenn das Ziel nicht bekannt ist, ist kein Weg der richtige."
- Dieses Risiko ist nah verwandt mit dem Risiko „Veränderliche Projektabgrenzung/-ziele".

Indikatoren

- Die Software wird für viele, gegebenenfalls sogar stark unterschiedliche Anspruchsgruppen entwickelt, die unterschiedliche Zielsetzungen verfolgen.
- Die Anspruchsgruppen an die Software sind nicht definiert bzw. nicht an der initialen Zielplanung des Projektes beteiligt.
- Es existieren offene oder verdeckte Zielkonflikte bei den Anspruchsgruppen: Projektziele und Organisation passen nicht direkt zusammen.
- Es existiert keine dokumentierte Zielvereinbarung für das Projekt, die von den beteiligten Anspruchsgruppen mitentwickelt und abgezeichnet wurde.
- Projektziele sind nicht spezifisch, messbar, erreichbar, relevant und zeitlich terminierend.

- Kurzfristig können Anforderungen analysiert und abgedeckt werden, es steht aber nicht fest, was die Software langfristig leisten soll.
- Sprunghafte Managemententscheidungen beim Auftraggeber, die ungeplante Arbeiten im Projekt nach sich ziehen, die nicht der Zielsetzung des Projektes entsprechen.
- Projektziele werden nach Projektbeginn nicht regelmäßig angepasst.

Risikomatrix & Das magische Viereck

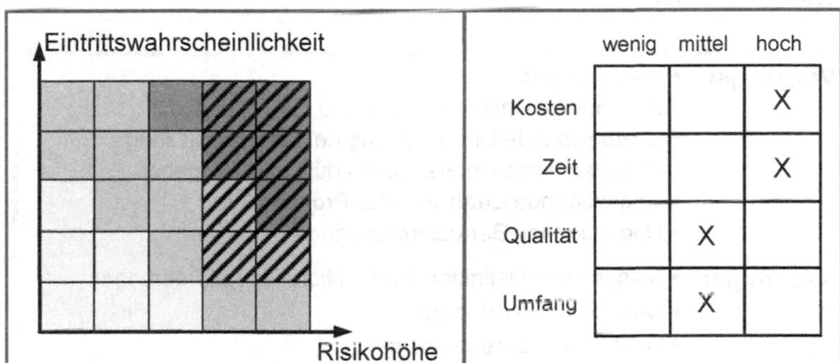

Maßnahmen

- Anspruchsgruppen identifizieren und einbinden: Anspruchsgruppen (engl.: Stakeholder) sind Gruppen oder Personen, die in irgendeiner Weise am Projektergebnis beteiligt sind. Dies könnte vom Auftraggeber, über die Benutzer bis hin zum Programmierer eine ganze Menge Personen sein, die es zu managen gilt. Durch die Identifikation der Anspruchsgruppen können diese in die Systemanalyse eingebunden werden. Idealerweise adressiert jede Anforderung einen Bedarf mindestens einer Anspruchsgruppe.
- Eine gemeinsame Produktvision unter Beteiligung der Anspruchsgruppen schaffen, die von allen getragen werden kann. Entweder durch Konsens, Win-Win-Entscheidungen oder Herbeiführung faktenbasierter Entscheidungen auf Ebene des höheren Managements.
- Personen/Personal mit großer Erfahrung in der Anwendungsdomäne und hohem Ansehen in der Organisation gewinnen und für die Entwicklung der Zielvorstellung und die Systemanalyse einbinden.
- Die Projektziele detailliert und einheitlich dokumentieren (Problem, Mission/Lösung, Qualitätsanforderungen, Zielbudget/-zeit, Abgrenzung) und in die Beauftragung aufnehmen.

- Formale Abnahme der dokumentierten Zielsetzung durch den Auftraggeber und die Anspruchsgruppen.
- Projektabgrenzung festlegen: Was steht nicht im Fokus des Projektes?
- Spezifische Erfolgs- und Abnahmekriterien für Projekt und Software definieren, um den Erfolg messbar zu machen.

Weitere Maßnahmen können auch beim Risiko „Veränderliche Projektabgrenzung/-ziele“ und „Unrealistische Zielvorstellung“ nachgeschlagen werden.

Beziehungen

Vorgänger	▪ Machtkämpfe ▪ Kommunikationsrisiko außerhalb des Projektes ▪ Unzureichende Unterstützung der Geschäftsleitung ▪ Unzureichende Unterstützung durch Auftraggeber ▪ Ungenügende Erfahrung des Projektleiters ▪ Ungenügende Benutzerbeteiligung
Nachfolger	▪ Mangelhafte Definition der funktionalen Anforderungen ▪ Unrealistisches Budget ▪ Unrealistische Zeitplanung ▪ Verändernde Anforderungen ▪ Steigender Anforderungsumfang ▪ Unzureichende Aufgabenidentifikation ▪ Erzwungener Architekturwechsel ▪ Ungeeigneter Softwareentwurf ▪ Unrealistische Zielvorstellung ▪ Unmotivierte Mitarbeiter ▪ Kommunikationsrisiko innerhalb des Projektes

Identifizieren und Überwachen

- **Endecker**: Projektleiter, Qualitätsmanager, Anforderungsmanager, Systemanalytiker, Softwaredesigner, Auslieferungsverantwortlicher
- **Überwacher**: Projektleiter, Qualitätsmanager, Anforderungsmanager

7.2.2 Beschaffung falscher Software für Anwender

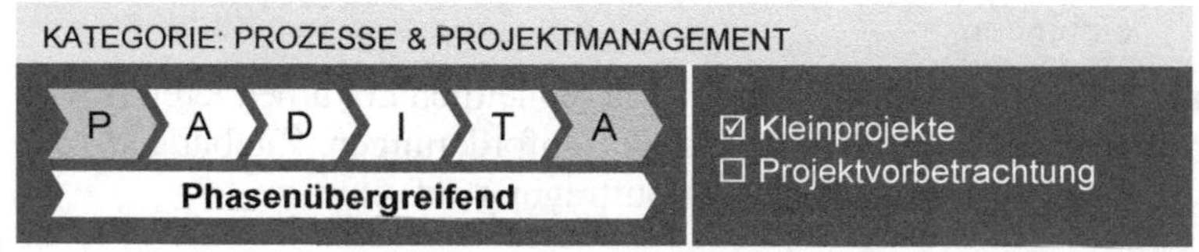

Aus ungenügender Erfahrung des Projektleiters, einer mangelhaften Kommunikation außerhalb des Projektes, einer fehlenden Benutzerbeteiligung in der Planungs- und Anforderungsaufnahme, mangelhaftem Wissensstand des Auftraggebers bezüglich der Infrastruktur der Anwender oder einer mangelhaften Bedarfsanalyse bezüglich der Anwenderumgebung könnte es zu **Problemen bei der zu beschaffenden Software für die Anwender kommen**, was zu einer Budgetproblematik, Zeitverzögerungen und Akzeptanz- und Auslieferungsproblemen führen kann.

Risikosatz

Indikatoren

- Mangelhafte Definition der Anforderungen bezüglich der zukünftigen Anwender des Systems (Zielgruppenanalyse, Funktionsbedarf, Umgebung/Infrastruktur etc.).
- Fehlende Benutzerbeteiligung in der Planungsphase, um Anforderungsqualität sicherzustellen.

Risikomatrix & Das magische Viereck

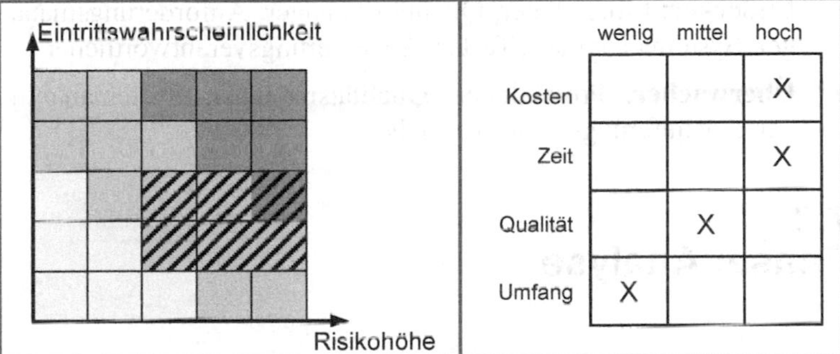

Maßnahmen

- Bedarfsanalyse am Anfang des Projektes direkt beim Anwender durchführen, da das zu beschaffende System in dessen Arbeitsumgebung integriert sein wird und dessen funktionale Anforderungen erfüllen muss.
- Einkauf und Lieferanten kontrollieren und überwachen. Trotz eines richtigen Auftrages kann es zu Problemen oder Missverständnissen im Einkaufsprozess kommen.
- Strukturierte Produktauswahl durchführen: Zuerst funktionale und nichtfunktionale Anforderungen definieren (z.B. Schnittstellen, Leistungsfähigkeit, Skalierbarkeit etc.), dann begrenzte Anzahl von Produkten näher betrachten, gegebenenfalls mit Testinstallation.

- Abnahmekriterien für eingekaufte Software definieren und gegebenenfalls Nachbesserungen durch den Lieferanten erwirken oder Beschaffung stoppen.
- Die zu beschaffende Software testen und auf Gebrauchstauglichkeit und Qualität prüfen.
- Wartung, Störungsmanagement und Notfallvorsorge durch Lieferanten gewährleisten und vertraglich vereinbaren. Insbesondere in der Phase der Auslieferung.

Beziehungen

Vorgänger	▪ Unklare Zielvorstellung ▪ Ungenügende Benutzerbeteiligung ▪ Ungenügende Erfahrung des Projektleiters ▪ Technologischer Fortschritt zur Projektlaufzeit
Nachfolger	▪ Budgetproblematik ▪ Unrealistische Zeitplanung

Identifizieren und Überwachen

- **Endecker**: Projektleiter, Qualitätsmanager, Anforderungsmanager, Systemanalytiker, Tester, Auslieferungsverantwortlicher
- **Überwacher**: Projektleiter, Qualitätsmanager, Systemanalytiker, Auslieferungsverantwortlicher

7.3 Phase: Analyse

7.3.1 Hohe Systemkomplexität

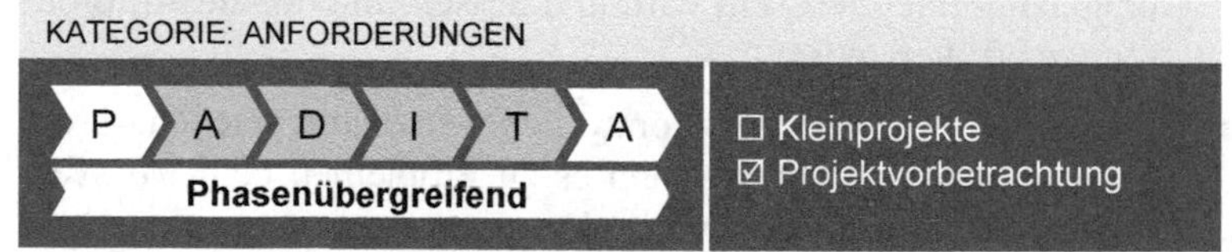

Risikosatz

Aus einem großen Projektumfang mit hohem Abstimmungsaufwand unter Einbeziehung vieler unterschiedlicher Fachbereiche oder der Abbildung und Integration vielfältiger Geschäftsprozesse könnte **eine hohe Systemkomplexität** entstehen, die Systemanalyse, Implementierung und Test nachhaltig verzögert und verteuert und die Änderungskosten der Software erhöht. Merkmale einer hohen Systemkomplexität sind große fachliche Abhängigkeiten und/oder hohe technische Anforderungen.

Indikatoren

- Wiederholt schlechte Anforderungsqualität, z.B. Widersprüche zwischen Anforderungen.
- Extrem lang laufende Analysephase.
- Hohe technische Anforderungen, beispielsweise durch einen hohen Automatisierungsgrad.
- Hohe Anzahl von Fehlern im Test.

Risikomatrix & Das magische Viereck

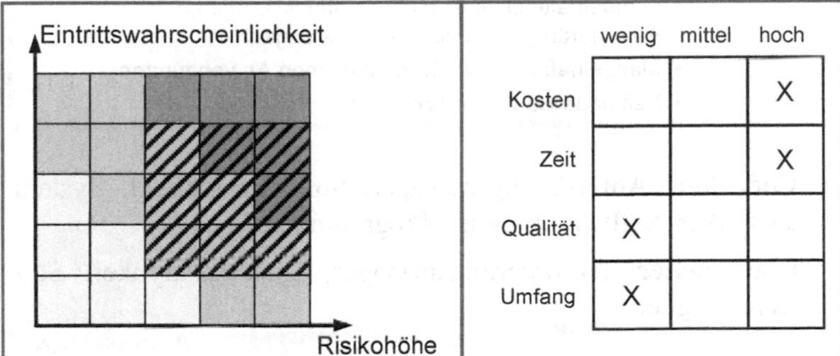

Maßnahmen

- Komplexität senken: Zerlegen des Projektes in Teilprojekte, Zerlegen des Systems in Teilsysteme, Verbergung von Komplexität hinter Modulen (Kapselung) und Definition geeigneter Schnittstellen.
- Unnötige oder selten benutzte Funktionen entfernen.
- Modellbildung auf unterschiedlichen Detaillierungsebenen (Hierarchisierung).
- Anforderungen nach einem ausgeglichenen Komplexitätsgrad priorisieren. Hier können Kriterien/Metriken definiert werden, die die Komplexität von Komponenten bewerten und so eine objektivere Bewertung ermöglichen.
- Iteratives, inkrementelles Vorgehensmodell wählen, bei stark explorativem Projektziel sollten agile Methoden mit sehr kurzen Iterationen in Betracht gezogen werden.
- Qualitätssichernde Maßnahmen in der Implementierungsphase, um die Software möglichst leicht anpassbar zu halten, z.B. durch Refactorings. Vgl. auch Maßnahmen des Risikos „Softwareerosion über die Zeit“.

- Fachliches und domänenspezifisches Wissen im Projektteam aufbauen.
- Pilotsystem implementieren, das die Machbarkeit von Anforderung zeigt.

Beziehungen

Vorgänger	▪ Mangelhafte Anforderungsqualität ▪ Unrealistische Zielvorstellung
Nachfolger	▪ Softwareerosion über die Zeit ▪ Ungeeigneter Softwareentwurf ▪ Verändernde Anforderungen ▪ Mangelhafte Definition der nichtfunktionalen Anforderungen/Qualitätsanforderungen ▪ Mangelhafte Schnittstellen zwischen Anwendungen ▪ Fehlende Benutzerakzeptanz

Identifizieren und Überwachen

- **Endecker**: Anforderungsmanager, Softwarearchitekt, Systemanalytiker, Softwaredesigner, Programmierer
- **Überwacher**: Anforderungsmanager, Systemanalytiker, Softwaredesigner

7.3.2 Ungenügende Benutzerbeteiligung

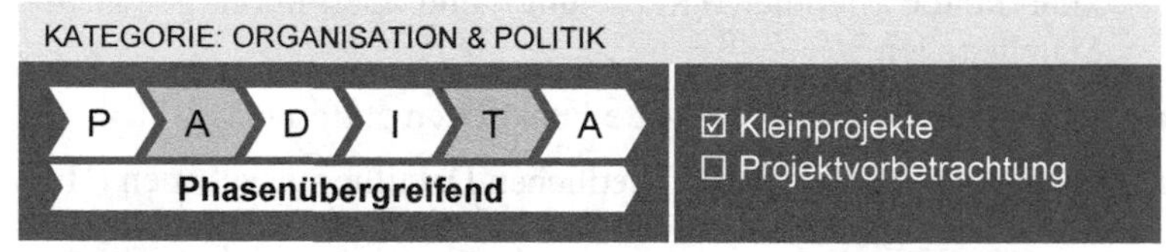

Risikosatz

Aus mangelnder Erfahrung des Projektteams, Unwissenheit des Auftraggebers, Projektrestriktionen oder zu straffen Planungen könnte **eine ungenügende Benutzerbeteiligung** entstehen, die zu einer mangelnden Realisierung des Nutzens, mangelnden Definition von funktionalen Anforderungen, Entwicklung falscher Funktionen und einer unzureichenden Anwenderakzeptanz und -produktivität führt.

Indikatoren

- Es ist keine Zielgruppenanalyse für die Software vorhanden.
- Es ist nicht jede Zielgruppe, die einen Nutzwert von der Software erhalten soll, in die Analysephase eingebunden.
- Die Gebrauchstauglichkeit (Usability) der Software ist nicht überprüft worden.

- Auftraggeber und Nutzer der Software unterscheiden sich, die Anforderungen und die Software werden aber nur durch den Auftraggeber validiert.
- Es existieren nur Geschäftsprozessanalysen und Anwendungsfallbeschreibungen auf hohem Abstraktionsgrad.
- Es kann auf Basis der beschriebenen Anwendungsfälle kein Entwurf in der Designphase erstellt werden.
- Es wird kein Abnahmetest organisiert, der die Software auf Tauglichkeit für die Auslieferung prüft.

Risikomatrix & Das magische Viereck

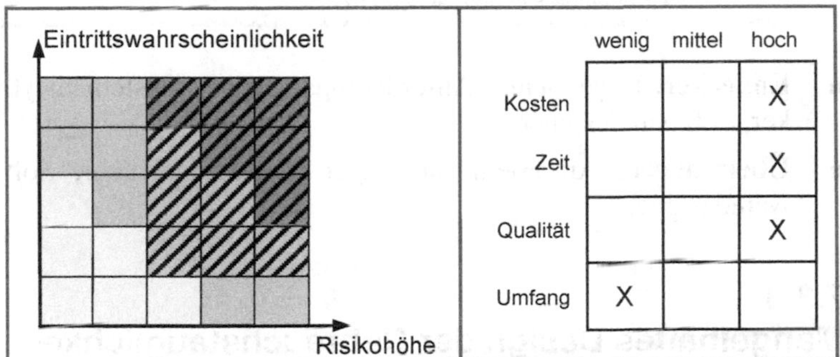

- Zielgruppe der Benutzer analysieren (Vorwissen, Ansprüche, Ziele, Produktivitätstreiber, etc.).
- Die späteren Benutzer täglich in den Phasen Analyse und Design (hohe Kontaktfrequenz, informelle Terminvergabe) einbinden und Verfügbarkeit sicherstellen.
- Gegebenenfalls örtliche Trennung von Auftraggeber, Benutzern und Projektmitarbeitern beseitigen.
- Gebrauchstauglichkeit mit einem Usability Engineering-Ansatz berücksichtigen (vgl. auch Risiko „Mangelhaftes Design der Gebrauchstauglichkeit").
- Weniger häufig kann ein direkter Kontakt Benutzer-Auftraggeber unter Umgehung des Projektpersonals stattfinden. Dies führt beim Auftraggeber zur direkten Prüfung/Rückmeldung aus Benutzersicht.
- Review erstellter Anwendungsfälle durch den Softwaredesigner, um den richtigen Detaillierungsgrad zu treffen.

Beziehungen

Vorgänger	▪ Unklare Zielvorstellung ▪ Kommunikationsrisiko außerhalb des Projektes ▪ Unzureichende Unterstützung durch Auftraggeber ▪ Kein eindeutig definiertes Vorgehensmodell
Nachfolger	▪ Mangelhaftes Design der Gebrauchstauglichkeit (Usability) ▪ Verändernde Anforderungen ▪ Steigender Anforderungsumfang (Anforderungsexplosion) ▪ Mangelhafte Anforderungsqualität ▪ Mangelhafte Definition der funktionalen Anforderungen ▪ Mangelhafte Definition nichtfunktionaler Anforderungen/ Qualitätsanforderungen ▪ Fehlende Benutzerakzeptanz

Identifikation und Überwachung

- **Endecker**: Projektleiter, Anforderungsmanager, Systemanalytiker, Softwaredesigner
- **Überwacher**: Anforderungsmanager, Systemanalytiker, Softwaredesigner

7.3.3 Mangelhaftes Design der Gebrauchstauglichkeit (Usability)

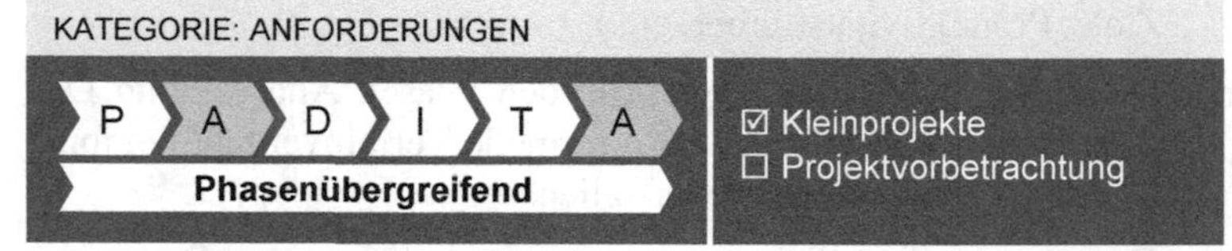

Risikosatz

Aus ungenügender Benutzerbeteiligung, mangelnder Erfahrung des Projektteams, ungenügendem Vorgehensmodell, fehlerhafter Setzung von Prioritäten oder zu straffen Planungen könnte **ein mangelhaftes Design der Gebrauchstauglich** entstehen, das zu einer mangelhaften Definition der Mensch-Maschine-Schnittestelle (Benutzeroberfläche, Interaktionsdesign, Unterstützung des Arbeitsprozesses, etc.) und damit zu einer ungenügenden Anwenderproduktivität und -akzeptanz führen kann.

Risikobeschreibung

Die Gebrauchstauglichkeit einer Software wird in den Dimensionen Informationsdarstellung (Aussehen), Informationscodierung (Satzbau, Inhalte), Interaktionsdesign (Dialogführung), Informations-/Navigationsstruktur und Barrierefreiheit maßgeblich entschieden.

Indikatoren

- Keine systemübergreifende Konsistenz. Masken und Benutzerdialoge haben ein unterschiedliches Erscheinungsbild, obwohl sie eigentlich die gleiche Funktion ausführen.
- Komplizierte oder lange Dialoge, die nicht dem Nutzungskontext des Benutzers entsprechen.
- Fehlender Styleguide: Es gibt keine Vorgaben für das Design der Mensch-Maschine-Schnittstelle (Screendesign).
- Keine Benutzerbeteiligung bei der Definition der Anforderungen an die Gebrauchstauglichkeit.

Risikomatrix & Das magische Viereck

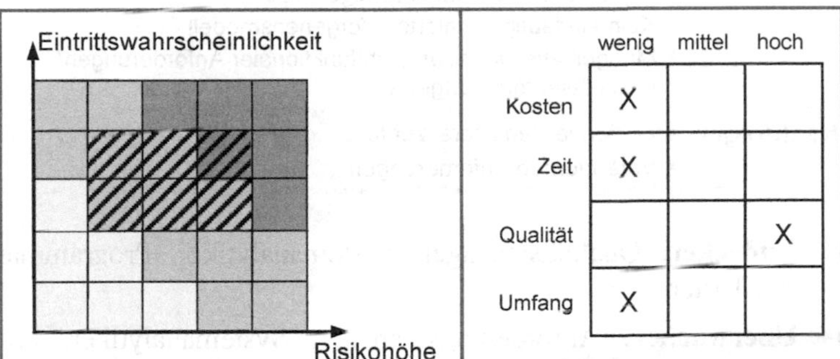

- Zielgruppe/n der Software genau beschreiben und deren Anforderungen an die Software bzgl. des Nutzungskontextes berücksichtigen.
- Anwendungsfälle beschreiben (Nutzungsszenario).
- Benutzerverhalten analysieren (Arbeitsprozess, benötigte Funktionalität, Arbeitsstil).
- Echte Endbenutzer, nicht nur den Auftraggeber, einbeziehen.
- Durchführung von Usability-Evaluationen und -Tests: Iterativ, frühes Testen, sobald die ersten Anforderungen als Prototyp zur Verfügung stehen. Test so real wie möglich durchführen (Umgebung, Echtzeitverhalten, Datenumfang und Benutzerlast).
- Unterschiedliche Testmethoden anwenden: benutzerzentriert (Testlabor und weitere Methoden), Experten-Review, technisch (Logfileanalyse des Benutzerverhaltens).
- Spezielle Arbeitsprodukte im Vorgehensmodell schaffen: Usability-Konzept, Screendesignkonzept/Styleguide.
- Abnahmestufe „Usability“ einführen: Jedes Konzept, das eine Anforderung im Detail spezifiziert, wird gegen das Usability-Konzept geprüft und abgenommen.

- Einen in das Vorgehensmodell integrierten Usability-Engineering-Ansatz etablieren, der parallel zur Spezifikation von Anforderung diese als Oberflächenprototyp an Endbenutzern testet (Erwartungskonformität, Konsistenz, etc.) und Änderungen der Spezifikation bedingt.

Siehe auch Maßnahmen des Risikos „Mangelhafte Definition der funktionalen Anforderungen".

Beziehungen

Vorgänger	▪ Ungenügende Benutzerbeteiligung ▪ Nichtausreichendes Testmanagement und Testreporting ▪ Implementierer vernachlässigen Test ▪ Kein eindeutig definiertes Vorgehensmodell ▪ Mangelhafte Definition nichtfunktionaler Anforderungen/ Qualitätsanforderungen
Nachfolger	▪ Fehlende Benutzerakzeptanz ▪ Verändernde Anforderungen

Identifizieren und Überwachen

- **Endecker**: Qualitätsmanager, Systemanalytiker, Programmierer, Tester
- **Überwacher**: Anforderungsmanager, Systemanalytiker, Programmierer

7.3.4 Mangelhafte Anforderungsqualität

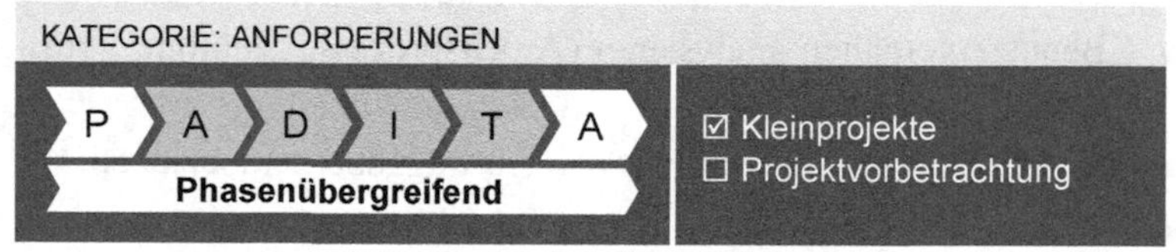

Risikosatz

Aufgrund mangelnder Unterstützung durch den Auftraggeber, einer unklaren Zielsetzung oder unzureichender Fähigkeiten der Systemanalytiker, könnte eine **mangelhafte Anforderungsqualität** entstehen, die zu einer signifikanten Verzögerung der Folgephasen durch vermeidbaren Kommunikations- und Änderungsaufwand führt.

Indikatoren

- Die Benutzer sind nicht mit dem Auftraggeber identisch und dieser ist nicht in der Lage, die Anforderungen der Benutzer adäquat zu artikulieren.
- Es fehlen projektweit festgelegte und dokumentierte Standards zur Anforderungsqualität.

- Anforderungen werden wiederholt von Programmierern als auch von Testern falsch verstanden. Anforderungen sind nicht eindeutig und nicht vollständig.
- Es treten Redundanzen und Widersprüche zwischen unterschiedlichen Anforderungen auf.
- Es treten übermäßig viele Kommunikationsschwierigkeiten zwischen Projektmitarbeitern auf, wenn Anforderungen diskutiert werden (z.B. Verwendung falscher fachlicher Begriff oder Missverständnisse).
- Anforderungen werden durch mehrere Mitarbeiter unstrukturiert erfasst, zusammengetragen und priorisiert; gegebenenfalls sogar unabhängig voneinander.
- Anforderungen werden in ihrem Vorgehensmodell ausschließlich in Prosaform verfasst.

Risikomatrix & Das magische Viereck

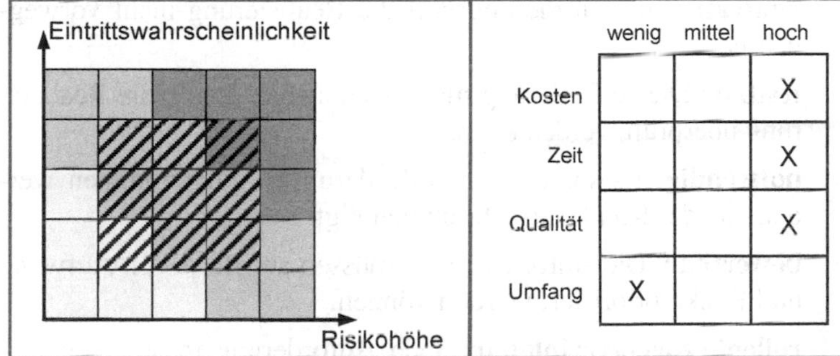

Maßnahmen

- Schulungen von Mitarbeitern auf die Erstellung hochqualitativer Anforderungen und in methodische Kompetenzen (Interviewtechniken, Workshopdurchführung etc.) sicherstellen.
- Verwendung einer strukturierten Ausdrucksweise zur Formulierung der Anforderungen, z.B. mittels Formulierungsvorgaben durch eine Anforderungsschablone oder mittels Modellen.
- Reviewzyklen für die Anforderungsdokumente im Systemanalyseteam einplanen, aber auch übergreifend durch Programmierer, Tester, und den Auftraggeber. Dort ggf. auch Einbindung betroffener Fachabteilungen.
- Auftraggeber einbinden und schulen. Dies kann z.B. die Übertragung von Verantwortung für das Erstellen von Anforderungsdokumenten geringer Detailtiefe und mit starker fachlicher Natur umfassen, ggf. mit Unterstützung durch die Systemanalytiker.

- Modellierung verwenden (z.B. UML), um Anforderung genau zu spezifizieren. Diese in das Vorgehensmodell integrieren.
- Qualitätsmerkmale festlegen und prüfen („Anforderungen an die Anforderungen").

Hochqualitative Anforderungen sind:

- **zutreffend (korrekt):** Die Anforderung soll die Vorstellung des Kunden richtig wiedergeben.
- **vollständig:** Die Anforderung muss die zu liefernde Funktionalität vollständig beschreiben.
- **widerspruchsfrei, eindeutig, konsistent:** Die Anforderung ist konsistent und steht in keinem Widerspruch zu einer anderen Anforderung.
- **umsetzbar:** Die Anforderung muss in dem Zeitrahmen und technisch realisierbar sein.
- **neutral:** Die Anforderung soll die Realisierung nicht vorwegnehmen.
- **testbar:** Die Anforderung muss testbar sein, damit ihre Realisierung überprüft werden kann.
- **notwendig:** Es sollten nur Anforderungen aufgenommen werden, die der Kunde tatsächlich benötigt.
- **bewertbar:** Die Anforderungen müssen auf Basis von Aufwand und Risiko priorisiert werden können.
- **rollenbezogen/verfolgbar:** Jede Anforderung muss einen klaren Verantwortlichen besitzen und nachverfolgbar sein.

Beziehungen

Vorgänger	▪ Unklare Zielvorstellung ▪ Unpassendes Know-how der Mitarbeiter ▪ Unzureichende Unterstützung durch Auftraggeber ▪ Mangelhafte Definition von Qualitätsmerkmalen im Vorgehensmodell ▪ Kommunikationsrisiko innerhalb des Projekts ▪ Mangelhafte Benutzerbeteiligung
Nachfolger	▪ Verändernde Anforderungen ▪ Mangelhafte Definition der funktionalen Anforderungen ▪ Mangelhafte Definition nichtfunktionaler Anforderungen/ Qualitätsanforderungen

Identifizieren und Überwachen

- **Endecker**: Anforderungsmanager, Softwarearchitekt, Systemanalytiker, Softwaredesigner, Programmierer, Tester

- **Überwacher**: Anforderungsmanager, Softwarearchitekt, Systemanalytiker, Softwaredesigner

7.3.5 Mangelhafte Definition der funktionalen Anforderungen

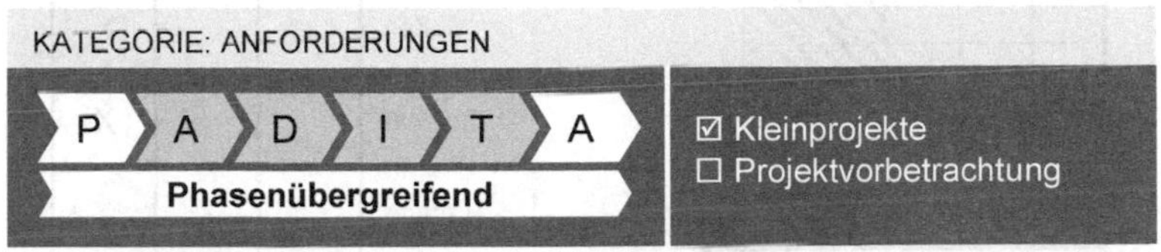

Risikosatz

Aus einer unklaren Zielsetzung, Machtkämpfen oder ungenügender Benutzerbeteiligung könnten **funktionale Anforderungen nur mangelhaft definiert sein**, was zu einer mangelhaften Realisierung des Nutzwertes und/oder zu einer signifikanten Verzögerung der Folgephasen durch vermeidbare Kommunikations- und Änderungsaufwände führt.

Risikobeschreibung

Ein Nebenaspekt dieses Risikos ist auch die Spezifikation unnötiger Funktionen (Nice-to-Have oder gänzlich nutzloser Funktionen), die den Nutzwert nicht signifikant anheben, aber die Komplexität und damit die Änderungskosten der Software erhöhen. Grundsatz: „Jede zusätzliche Funktion erhöht das Risiko".

Indikatoren

- Mangelnde Beteiligung der Benutzer bei der Anforderungsdefinition.
- Keine Bestimmung des Nutzwertes einzelner Funktionen.
- Viele Funktionen, die vom Management als Pflicht vorgegeben sind, deren Nutzwert aber fraglich ist.
- Kein Gesamtkonzept, in das Einzelfunktionalitäten entlang der Projektziele einzuordnen sind.
- Gruppenbildung im Team mit heterogener Zielsetzung und/oder Führung.
- Fehlender Geschäftsprozess (Abbildung eines nicht vorhandenen oder eines oft sehr unterschiedlichen Geschäftsprozesses).
- Benutzer kennen ihren eigenen Prozess nicht.
- Fehlende Ausrichtung der IT am Business, stark technisch getriebene Zielsetzung.

Risikomatrix & Das magische Viereck

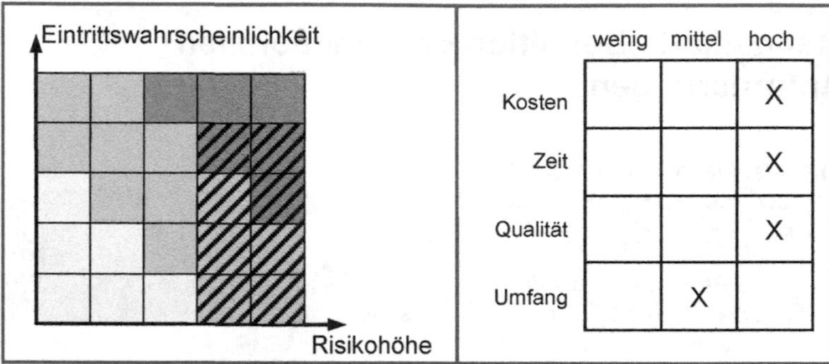

Maßnahmen

- Benutzer bei der Anforderungsaufnahme und im weiteren Verlauf der Systementwicklung regelmäßig beteiligen.
- Ziele und Art der Systemverwendung beim Benutzer analysieren (Geschäftsprozess und „Nutzungskontext") und mit den vorliegenden Anforderungen vergleichen.
- Prototypen zur Validierung und Detaillierung der Anforderungen erstellen. Diesen gemeinsam mit Benutzern und dem Auftraggeber überprüfen.
- Frühes Benutzerhandbuch, das Benutzer zu lesen bekommen, erstellen und das Feedback auswerten.
- Methoden zur strukturierten Anforderungsanalyse anwenden (Interviewtechniken, Workshops, Prozessanalyse etc.).
- Nutzwertanalyse (Verhältnis Kosten zu Nutzen) pro Anforderung durchführen. Passende Anforderungskultur aufbauen: Nicht derjenige, der „am lautesten schreit", bekommt eine Funktion, sondern der, der den größten Nutzwert nachweisen kann.
- Anforderungen priorisieren.
- Anforderungen kategorisieren (unbedingt, nice to have, unnötig).
- Anforderungsmanagement betreiben und einen geeigneten Anforderungsmanagementprozess mit Rollen, Verantwortlichkeiten und kontreten Aktivitäten erstellen.
- Unnötige und Nice-to-have-Funktionen nur umsetzen, wenn es in Zeit- und Budgetplan passt, gegebenenfalls regelmäßig aussortieren.

- Inkrementelles und iteratives Vorgehensmodell anwenden zur allmählichen Annäherung an das Projektergebnis.

Beziehungen

Vorgänger	▪ Unklare Zielvorstellung ▪ Ungenügende Benutzerbeteiligung ▪ Machtkämpfe ▪ Verändernde Anforderungen ▪ Kommunikationsrisiko außerhalb des Projekts ▪ Kommunikationsrisiko innerhalb des Projekts ▪ Kein eindeutig definiertes Vorgehensmodell
Nachfolger	▪ Fehlende Benutzerakzeptanz ▪ Verändernde Anforderungen ▪ Entwicklung unnötiger Funktionen

Identifizieren und Überwachen

- **Endecker**: Projektleiter, Teamleiter, Steuerkreis, Anforderungsmanager, Systemanalytiker
- **Überwacher**: Projektleiter, Anforderungsmanager, Systemanalytiker

7.3.6 Mangelhafte Definition der nichtfunktionalen Anforderungen/Qualitätsanforderungen

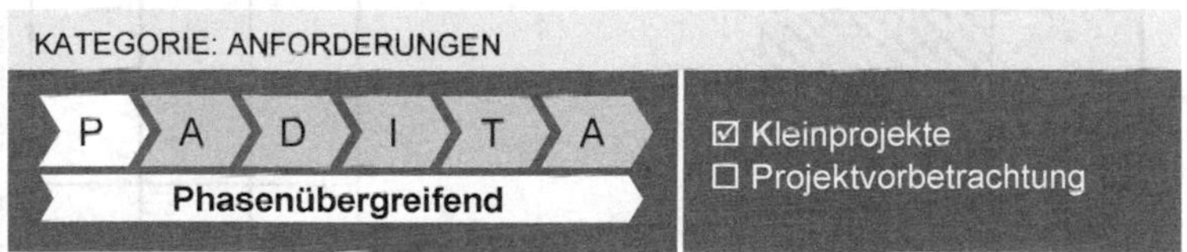

Risikosatz

Aus einer unklaren Zielsetzung oder mangelnder Erfahrung des Projektteams könnten die **nichtfunktionale Anforderungen eines Systems nur mangelhaft definiert** werden, was zu einer technisch nicht zu realisierenden Lösung führen kann oder die Anwendung des Systems einschränkt. Dieses Risiko tritt besonders in Projekten auf, die primär auf die Umsetzung der Funktionen fixiert sind. Verschärft wird die Situation, wenn die Systemanalytiker keinen technischen Hintergrund mitbringen.

Risikobeschreibung

Nichtfunktionale Anforderungen werden auch als Qualitätsanforderungen bezeichnet. Sie decken folgende Bereiche ab, die als Anforderung an eine Software gestellt werden. Sie haben aber keine Auswirkungen auf die konkrete fachliche Funktion. Dazu gehören

Performance/Antwortzeitverhalten, Skalierbarkeit, Verfügbarkeit, Erweiterbarkeit, Wartbarkeit, Sicherheit des Systems und der Anwender, Bedienbarkeit, Benutzerfreundlichkeit, Wiederverwendbarkeit, Überwachbarkeit und sonstige spezifische Qualitätsanforderungen der Anwendungsdomäne.

Indikatoren

- Aus der bestehenden Zielsetzung des Projektes lassen sich keine detaillierten Qualitätsanforderungen ableiten (beispielsweise für die Systemverfügbarkeit oder das Antwortzeitverhalten).
- Es fehlen Dokumentvorlagen, die die nichtfunktionalen Anforderungen festhalten (z.B. fehlt eine Dokumentation der späteren Benutzerzahl, der Nutzungshäufigkeit, etc.).
- Es werden keine Qualitätsanforderungen festgelegt oder verhandelt: Es wurde nicht evaluiert, ob die Zielplattform eine Leistung bringen kann, die ausreicht, um mit der Software produktiv zu arbeiten.
- Spätere Zielplattform/Systemumgebung wird während der Analyse/des Designs der Software nicht berücksichtigt.
- Bedien- und Benutzerfreundlichkeit sind während der Analyse kein Betrachtungsgegenstand: Risiko „Mangelhaftes Design der Gebrauchstauglichkeit (Usability)" tritt auf.

Risikomatrix & Das magische Viereck

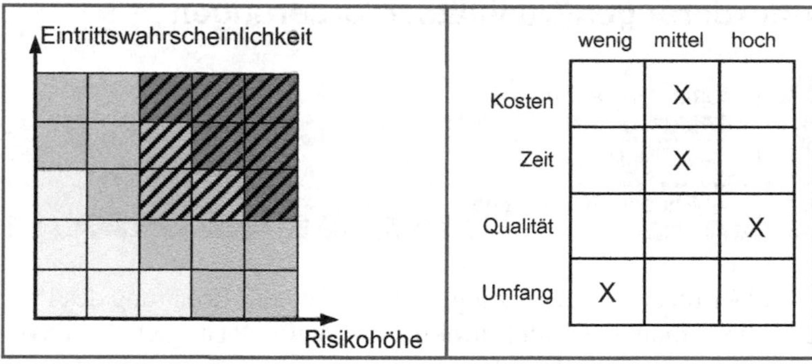

Maßnahmen

- Qualitätsanforderungen an das System so früh wie möglich definieren. Bereits die Projektziele sollten eine ungefähre Beschreibung enthalten, die mit dem Auftraggeber abgestimmt ist.
- Benutzer früh einbinden, um Qualitätsanforderungen zu erheben. Hier sind strukturierte Methoden der Systemanalyse anzuwenden (Analyse des Arbeitsprozesses, Vor-Ort-Besuche etc.).
- Nichtfunktionale Anforderungen detaillieren bis diese spezifisch und messbar sind (z.B. „das System soll die Buchung im Mittel

in 0,02 Sekunden und maximal in 0,05 Sekunden ausführen"). Gegebenenfalls kann dann im Anschluss unter Berücksichtigung der Kosten für die Realisierung der einzelnen Werte eine Wirtschaftlichkeitsanalyse durchgeführt werden, um die Anforderung zu bewerten.

- Maßnahmen zu Bedien- und Benutzerfreundlichkeit finden Sie beim Risiko „Mangelhaftes Design der Gebrauchstauglichkeit (Usability)".
- Bei der Anforderungsaufnahme der nichtfunktionalen Anforderungen auch Techniker und Entwickler hinzuziehen.
- Anforderungen müssen einfach und deutlich dokumentiert werden, damit sie vom Entwicklungsteam nicht missverstanden werden.

Beziehungen

Vorgänger	▪ Unklare Zielvorstellung ▪ Veränderliche Projektabgrenzung und -ziele ▪ Mangelhafte Definition von Qualitätsmerkmalen im Vorgehensmodell ▪ Kein eindeutig definiertes Vorgehensmodell ▪ Ungenügende Benutzerbeteiligung
Nachfolger	▪ Mangelhaftes Sicherheitskonzept ▪ Mangelhaftes Design der Gebrauchstauglichkeit (Usability) ▪ Erzwungener Architekturwechsel ▪ Ungeeigneter Softwareentwurf ▪ Mängel im Echtzeitverhalten ▪ Fehlende Benutzerakzeptanz ▪ Mangelhaftes Betriebskonzept ▪ Mängel in zugelierten Produkten/Komponenten ▪ Verändernde Anforderungen

Identifizieren und Überwachen

- **Endecker**: Projektleiter, Steuerkreis, Qualitätsmanager, Anforderungsmanager, Softwarearchitekt, Systemanalytiker, Softwaredesigner, Programmierer
- **Überwacher**: Anforderungsmanager, Systemanalytiker, Softwaredesigner

7.3.7 Steigender Anforderungsumfang (Anforderungsexplosion)

KATEGORIE: ANFORDERUNGEN

P | A | D | I | T | A

Phasenübergreifend

☑ Kleinprojekte
☐ Projektvorbetrachtung

Risikosatz

Aus politischen Gründen, wie einer unklaren Zielsetzung oder unrealistischen Erwartungen oder einer ungeeigneten Auslieferungsstrategie, könnte **eine signifikante Steigerung des Anforderungsumfangs** entstehen, die die Projektressourcen überlastet, die Realisierung des zentralen Nutzwertes behindert und die Unterstützung durch den Auftraggeber gefährdet.

Indikatoren

Indikatoren können den Risiken „Verändernde Anforderungen" und „Veränderliche Projektabgrenzung und -ziele" entnommen werden.

Risikomatrix & Das magische Viereck

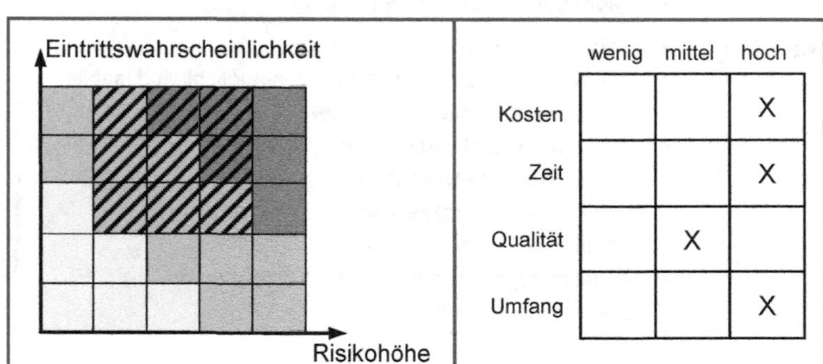

Maßnahmen

- Anforderungsmanagement: Aufgenommene Änderungen sollten strukturiert, priorisiert, in den Kategorien Risiko und Nutzen bewertet und bis zur Auslieferung durchgängig nachverfolgt werden.
- Ein Bewertungsgerüst für Anforderungen schaffen. Die Maßstäbe können direkt aus der Zielsetzung des Projektes abgeleitet werden: Handelt es sich um eine Statistik-Software zur Erhebung von Prozesskennzahlen oder ist es eine Software zur Produktivitätssteigerung? (Stichwort: „Produktstrategie")
- Steigenden Anforderungsumfang an Auftraggeber bzw. eigenes Management herantragen, um gegebenenfalls die Ressourcen-

und Zeitplanung anzupassen. Hier die Zahlen aus dem Anforderungsmanagement als Argumentationsgrundlage verwenden.

- Changemanagement: Etablieren Sie einen geregelten Prozess, wie Änderungen eingebracht werden, wie diese für die Implementierung beschrieben werden, wie diese implementiert und wie die Änderungen in die Projektdokumentation nachgetragen werden.
- Projektkalkulation mit einem Puffer für Zeit und Budget versehen (mind. 1% pro Monat Laufzeit (vgl. Risiko „Verändernde Anforderungen").
- Effiziente und möglichst vollständige Anforderungsaufnahme durchführen mit den hierzu vorhandenen Methoden für Workshops (siehe Maßnahmen des Risikos „Mangelhafte Definition der funktionalen Anforderungen").

Weitere Maßnahmen können den Risiken „Verändernde Anforderungen" und „Veränderliche Projektabgrenzung und –ziele" entnommen werden.

Beziehungen

Vorgänger	▪ Veränderliche Projektabgrenzung und -ziele ▪ Mangelhafte Anforderungsqualität ▪ Mangelhaftes Design der Gebrauchstauglichkeit (Usability) ▪ Ungenügende Benutzerbeteiligung ▪ Fehlende Benutzerakzeptanz ▪ Unausgereifte Auslieferungsstrategie
Nachfolger	▪ Unrealistische Zeitplanung ▪ Budgetproblematik

Identifizieren und Überwachen

- **Endecker**: Projektleiter, Anforderungsmanager, Systemanalytiker
- **Überwacher**: Anforderungsmanager, Systemanalytiker

7.3.8 Verändernde Anforderungen

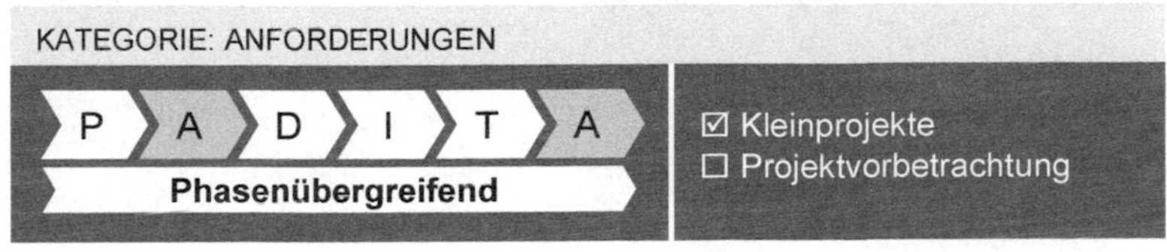

Risikosatz

Aus der Unwissenheit der Projektbeteiligten, einer veränderten Zielsetzung, unternehmenspolitischen Änderungen oder einer mangelnden Anforderungsqualität könnte es zu **verändernden Anforderungen** (neudeutsch: „requirements drift") kommen, die den Projektfortschritt im Zeit- und Budgetrahmen in vielfacher Weise in Frage stellen.

Risikobeschreibung

Da es eine zentrale Eigenschaft von Softwareprojekten ist während der Projektlaufzeit Wissen zu akquirieren, werden bestehende Anforderungen laufend reflektiert und auch nachträglich angepasst. Dieses Risiko gehört zu den Top-Risiken von Softwareprojekten.

- Eine amerikanische Studie stellt fest, dass sich pro Monat 1% der Anforderungen ändern. Dies bedeutet bei einer Projektlaufzeit von 36 Monaten, dass sich mehr als 33% aller Anforderungen in dieser Zeit geändert haben werden.
- Eine spezielle Ausprägung dieses Risikos ist die Änderung grundlegender Anforderungen, die oft auf eine geänderte Zielsetzung zurückzuführen ist und besonders stark den Projekterfolg bedrohen.

Indikatoren

- Sie entwickeln eine Software für viele, gegebenenfalls sogar stark unterschiedliche Anspruchsgruppen, die unterschiedliche Zielsetzungen verfolgen.
- Während der Laufzeit des Projektes kommen neue Anspruchsgruppen hinzu, die Anforderungen stellen.
- Die Zielsetzung des Projektes wird schleichend oder prompt verändert.
- Die Analysephase dauert sehr lange, ist umfangreich oder komplex und es sind wenige Fortschritte zu erkennen.
- Das Ende der Analysephase wird immer wieder verschoben.
- Der Benutzer wird bei der Aufnahme der funktionalen Anforderungen nicht eingebunden.

Risikomatrix & Das magische Viereck

Eintrittswahrscheinlichkeit

Risikohöhe

	wenig	mittel	hoch
Kosten			X
Zeit			X
Qualität		X	
Umfang		X	

Maßnahmen

Für dieses Risiko kann zwischen kurz- und langfristigen Maßnahmen unterschieden werden. Zunächst die langfristigen:

- Changemanagement: Etablieren Sie einen geregelten Prozess, wie Änderungen eingebracht werden, wie diese für die Implementierung beschrieben werden, wie diese implementiert werden und wie die Änderungen in die Projektdokumentation nachgetragen werden.
- Anforderungsmanagement: Aufgenommene Änderungen sollten priorisiert, in den Kategorien Risiko und Nutzen bewertet werden und bis zur Auslieferung durchgängig nachverfolgt werden.
- Projektziele aktiv managen: Überprüfung und aktive Änderung der Projektziele zusammen mit dem Auftraggeber/den Anspruchsgruppen. Im gleichen Zug die Budget- und Zeitplanungen anpassen, denn verschiebt sich der Fokus des Projektes, hat dies Anforderungsänderungen oder eine Anforderungsexplosion zur Folge.
- Stakeholdermanagement: Pflege der Beziehungen zu den Anspruchsgruppen eines Projektes und Berücksichtigung ihrer Zielsetzung für die Projektplanung.
- Inkrementelles und iteratives Vorgehensmodell wählen. Pro Iteration entsteht eine Programmversion, die jeweils eigenständig geplant werden sollte. Dazu gehören Zeitplan, Auslieferung, enthaltende Anforderungen etc.
- Vertragsgestaltung, die grundlegende Zielsetzung oder Anforderungen bzw. die Unterstützung eines entsprechenden Changemanagementprozesses umfasst.
- Die Projektkalkulation sollte einen Puffer für die Anforderungsänderungen enthalten (nehmen Sie nicht 0%, wie früher, sondern 1% pro Monat an).

Kurzfristige Maßnahmen:

- Den Auftraggeber und das eigene Management wiederholt darauf hinweisen, dass es erfolgskritisch ist, dass die grundlegenden Anforderungen stabil bleiben (vgl. Kapitel 3.4.4 unter „Lernen Sie von den Erfolgsfaktoren anderer Projekte").
- Eine ständige Validierung durchführen: Wird das richtige Produkt für die Benutzer geschaffen?
- Die Zielsetzung prüfen: Stimmt die Zielsetzung noch?
- Die wirklichen Benutzer des Systems frühzeitig einbinden. Nicht nur Mitarbeiter des Auftraggebers, denn beide Gruppen können sich stark unterscheiden.
- Prototypen erstellen und zusammen mit Benutzer und Auftraggeber überprüfen.
- Bereits vor der Implementierung ein Benutzerhandbuch erstellen und es von Benutzern abnehmen lassen und Feedback einholen.
- Strukturierte Anforderungsanalyse durchführen: Methoden einsetzen (Interviewtechniken, Workshops), Anwendungsfälle analysieren, Geschäftsprozesse analysieren.
- Meilensteine trotz umfangreicher Änderungsanträge versuchen zu halten, indem Änderungen auf die Folgeversion geschoben werden.
- Die Iterationen des Vorgehensmodells verkürzen, so können die Änderungen schneller adaptiert werden.
- Den Umfang einer Version begrenzen (auf dem Anforderungsbasar mitmischen, um Budget und Zeitplan zu halten): Wenn Anforderung B kommen soll, kann Anforderung A nicht mehr umgesetzt werden. Hierzu müssen akkurate Umfangsschätzungen vorliegen.
- Mit dem Auftraggeber möglichst auf Win-Win-Basis verhandeln.

Eskalation: Grundsatzentscheidungen herbeiführen und schwelende Konflikte zwischen Anspruchsgruppen nicht unterdrücken.

		Beziehungen
Vorgänger	▪ Unklare Zielvorstellung ▪ Veränderliche Projektabgrenzung/-ziele ▪ Mangelhafte Definition der funktionalen Anforderungen ▪ Mangelhafte Anforderungsqualität ▪ Hohe Systemkomplexität ▪ Fehlende Benutzerakzeptanz ▪ Machtkämpfe ▪ Unrealistische Zielvorstellung ▪ Unzureichende Unterstützung durch Auftraggeber ▪ Mangelhaftes Domänenmodell	
Nachfolger	▪ Fehlende Benutzerakzeptanz ▪ Unrealistische Zeitplanung ▪ Unrealistisches Budget ▪ Steigender Anforderungsumfang	

Identifizieren und Überwachen

- **Endecker**: Projektleiter, Steuerkreis, Anforderungsmanager, Systemanalytiker
- **Überwacher**: Projektleiter, Anforderungsmanager, Systemanalytiker

7.3.9 Second-System-Effekt

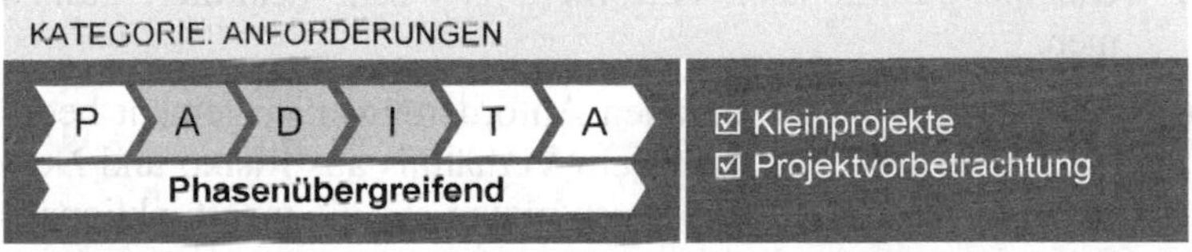

Risikosatz

Aufgrund mangelnder Erfahrung des Projektteams und Fehleinschätzungen des Managements bezüglich der Umsetzbarkeit der für das Folgeprodukt „aufgesparten“ Anforderungen, könnte es **bei der Erstellung eines Folgeproduktes zu großen Komplexitätssteigerungen** kommen, die das Projekt verzögern und die Auslieferung bezüglich nichtfunktionaler Anforderungen (z.B. Echtzeitverhalten) gefährden.

Risikobeschreibung

Dieses Risiko tritt nur bei Folgeprodukten auf. Bei der ersten Version einer Software für stark dynamische Marktbedingungen oder mit stark explorativem Charakter werden aus einem gesunden Risikobewusstsein heraus oft nur die absolut notwendigsten Funktionen umgesetzt, die den Großteil des Nutzwertes ausmachen. Von der positiven Stimmung der Vorversion getragen („wir können es“-Mentalität), werden für die Folgeversion nun auch alle Anforderungen vorgesehen, die bei der ersten Version noch ausgelassen wurden. Diese Feature-itis führt zu einem Überladen der Zweitversion und zu einer Gefährdung der nichtfunktionalen Anforderungen.

Indikatoren

- Der Funktionsumfang einer Folgeversion nimmt signifikant zu. Dies lässt sich auch sehr gut an messbaren Werten, wie Personentagen, Funktionspunkten und dem Budget, festmachen.
- Es werden alte Anforderungslisten verwendet, die für das neue Projekt fortgeschrieben werden, viele abgelehnte Anforderungen.

Risikomatrix & Das magische Viereck

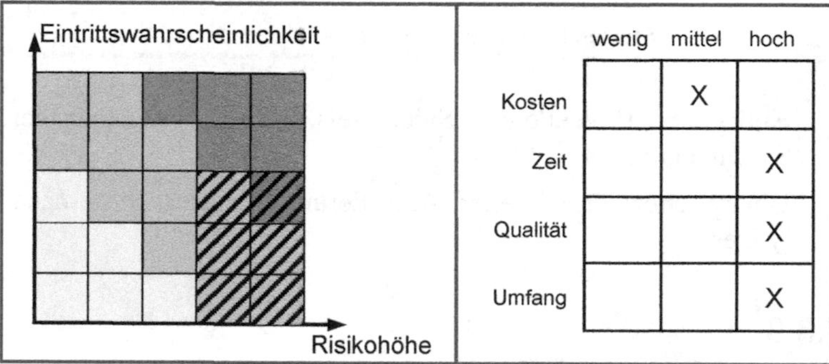

Maßnahmen

- Die nichtfunktionalen Anforderungen sehr detailliert aufnehmen.
- Auch für die Folgeversionen Anforderungsmanagement betreiben: Anforderungen nach dem Verhältnis aus Risiko und Nutzwert priorisieren und die Auswirkung auf die nichtfunktionalen Anforderungen analysieren.
- Wenn eine Anforderung in der Vorversion abgelehnt wurde, vor der Freigabe immer prüfen, was zu dieser Entscheidung geführt hat.
- Inkrementelles Vorgehensmodell wählen, so dass neue Funktionen nach und nach hinzugefügt werden. Mit jedem neuen Inkrement die Qualitätsanforderungen an Performance, Antwortzeitverhalten, Bedienbarkeit, etc. testen.
- Auf den Second-System-Effekt hinweisen und „Bescheidenheit" belohnen.
- Das Personal aus dem Erstprojekt, wenn möglich, mit neuem Personal mischen und auf die Aufgaben im Risikomanagement hinweisen.

- Für neue kritische Funktionen ein Pilotsystem entwickeln (Machbarkeitsstudie).

Beziehungen

Vorgänger	▪ Unpassendes Know-how der Mitarbeiter ▪ Ungenügende Erfahrung des Projektleiters
Nachfolger	▪ Ungeeigneter Softwareentwurf ▪ Hohe Systemkomplexität ▪ Mängel im Echtzeitverhalten ▪ Mangelhafte Umgebung für das System

Identifizieren und Überwachen

- **Endecker**: Projektleiter, Anforderungsmanager, Softwarearchitekt, Systemanalytiker, Softwaredesigner, Programmierer, Tester
- **Überwacher**: Anforderungsmanager, Softwarearchitekt, Systemanalytiker, Softwaredesigner, Programmierer

7.3.10 Verwendung von Legacy-Software

Risikosatz

Setzt das zu entwickelnde System auf **Legacy-Software** auf und fehlt das passende Know-How im Projektteam in technischer oder fachlicher Hinsicht könnte dies zu einer signifikanten Verzögerung des Projektes, einer hohen Systemkomplexität oder Mängeln im Echtzeitverhalten führen.

Risikobeschreibung

Eine Legacy-Software ist vereinfacht gesagt ein „altes System“, das auf keiner zeitgemäßen Architektur aufsetzt. Typisches Beispiel sind hier die Großrechenanlagen von Banken auf denen Cobolprogramme laufen, während in der Programmiersprache Cobol keine Programmierer mehr ausgebildet werden. Die Abhängigkeiten zu einer Legacy-Software können auch die nichtfunktionalen Anforderungen (z.B. Antwortzeitverhalten) gefährden, da Schnittstellen zum „Nadelöhr“ im Datenaustausch werden könnten.

Das hier beschriebene Risiko ist sehr allgemein gehalten. Wenn das zu entwickelnde Projekt auch nur am Rande mit einer Legacy-

Software in Kontakt kommt, sollte dieses Risiko detailliert untersucht werden.

Indikatoren

- Es soll eine Schnittstelle zu einem System implementiert werden, das objektiv „alt" ist, z.B. auf einer monolithischen Architektur oder einem Betriebssystem aufsetzt, für das keine Herstellerunterstützung mehr besteht.
- Es fehlt eine Dokumentation der Legacy-Software (Spezifikation, Handbuch).
- Die Dokumentation der Legacy-Software ist unvollständig (nicht dokumentierte Abhängigkeiten von anderen Systemen, nicht dokumentierte Funktionen).
- Die Designer und Programmierer einer Legacy-Software haben die Organisation verlassen und sind nicht mehr erreichbar.
- Technologie der Legacy-Software ist keinem Projektmitglied bekannt.

Risikomatrix & Das magische Viereck

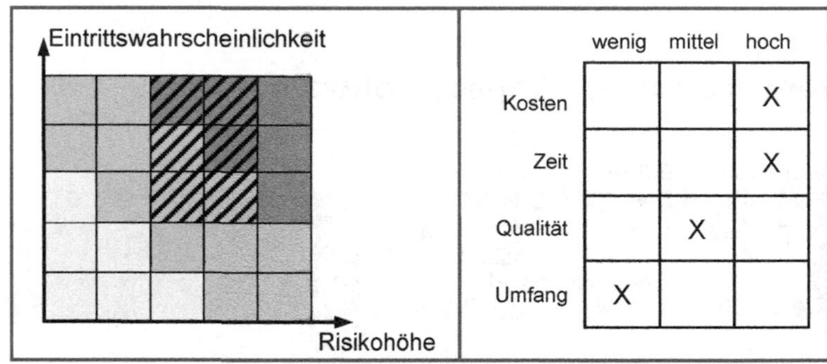

Maßnahmen

- Technisches und fachliches Verständnis für die Legacy-Software und die internen und externen Abhängigkeiten aufbauen: Entweder durch Lesen der Dokumentation oder falls diese nicht vorhanden ist, ist auch ein nachträgliches Aufarbeiten des Designs der Legacy-Software denkbar (Reverse Engineering).
- Designmuster für die Kommunikation mit der Legacy-Software verwenden (Wrapper, Mediatoren).
- Middleware (z.B. CORBA), die idealerweise bereits von der Legacy-Software für andere Schnittstellen verwendet wird, einsetzen.
- Enterprise-Service-Bus (Integrationsserver), um Legacy-Software einheitlich mit anderen Systemen zu verbinden, verwenden.

- Vorteile einer serviceorientierten Architektur nutzen: Legacy-Software nach außen kapseln und nur einzelne Services der Legacy-Software nach außen anbieten, die die Software dann bedient.
- Grundidee: Schnittstellen erst nach und nach implementieren, jeweils mit Performancetest und Rollbackplan.
- Testumgebung für die Schnittstelle zum Legacy-System zur Verfügung stellen, die sowohl fachliche als auch technische Tests erlaubt.

Beziehungen

Vorgänger	▪ -
Nachfolger	▪ Komplexe Datenmigration ▪ Hohe Systemkomplexität ▪ Mängel im Echtzeitverhalten ▪ Mangelhafte Schnittstellen zwischen Anwendungen

Identifizieren und Überwachen

- **Endecker**: Projektleiter, Anforderungsmanager, Softwarearchitekt, Systemanalytiker, Softwaredesigner, Programmierer
- **Überwacher**: Anforderungsmanager, Softwarearchitekt, Softwaredesigner, Programmierer

7.3.11 Datenschutzrisiko

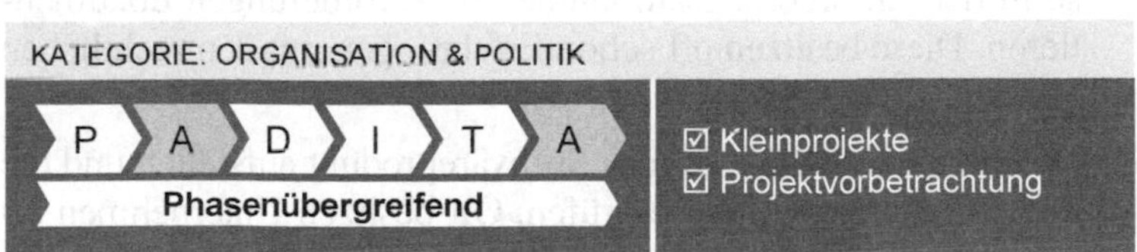

Risikosatz

Treten Kommunikationsschwierigkeiten außerhalb des Projektes (Einbindung Datenschutz, Betriebsrat, etc.) auf, könnte **eine Diskrepanz zu datenschutzrechtlichen Anforderungen** an die Software entstehen, die zu einer massiven Änderung der Anforderungen am Projektende führt und damit großen Einfluss auf den Liefertermin hat.

Risikobeschreibung

Dieses Risiko ist nicht für jede Art von Software relevant. Meist tritt dieses Risiko in fachlichen Domänen auf, die Personendaten verwalten oder Informationen zu diesen vorhalten, weiterverarbeiten und auswerten. Das Datenschutzrisiko lässt sich in der externen (politische Datenschutzbeauftragte, Presse, Medien) und der internen

(Betriebsrat, Datenschutzbeauftragte) Dimension teilen. Da externe Risiken nicht im Fokus dieser Risikosammlung sind, betreffen Indikatoren und Maßnahmen nur das interne Risiko.

Indikatoren

- Es existiert keine Datenschutzrichtlinie für ein Softwareprodukt, das personenbezogene Daten speichert, weiterverarbeitet oder auswertet.
- Abstimmungen mit rechtlichen Anspruchsgruppen (Betriebsrat, Datenschutzbeauftragte, etc.) werden nicht zu Projektanfang durchgeführt oder sind prinzipiell erst zu Projektende für die Abnahme der Software vorgesehen.

Risikomatrix & Das magische Viereck

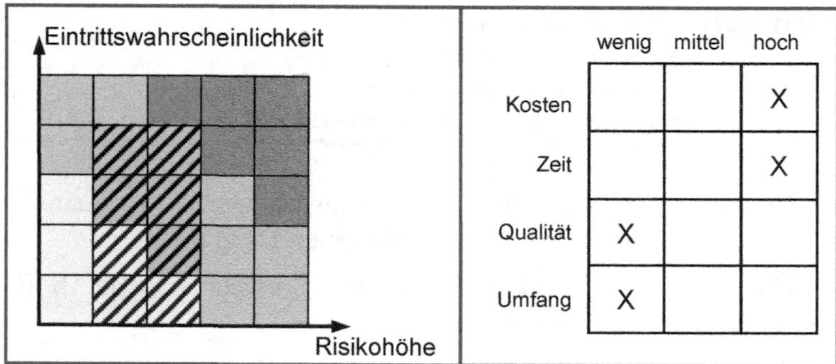

Maßnahmen

- Rechtliche Einschätzung von Mitarbeitern des Auftraggebers sowie Endnutzern zur Verwendung von Daten einholen und diese in der Anforderungsaufnahme als Anforderungen dokumentieren. Diese besitzen oft schon Erfahrungen mit den rechtlichen Rahmenbedingungen ihrer Arbeit.
- Datenschutzrichtlinie für das Softwareprodukt aufstellen und die Spezifikation gegen diese prüfen. Oft besitzen Unternehmen eine entsprechende Richtlinie, die nur noch für das konkrete Produkt angepasst werden muss.
- Fachliches Datenmodell frühzeitig erstellen, spätestens in der Analysephase, und dessen Inhalte mit der Datenschutz- bzw. Rechtsabteilung abstimmen.
- Rechtliche Abstimmungen in Vorgehensmodell integrieren.
- Informationskonzept für die entsprechenden Stellen erstellen (Betriebsrat, Datenschutzbeauftragter, etc.) und diese laufend mit für sie relevanten Informationen versorgen.

- Auftragnehmer müssen dieses Risiko unbedingt vertraglich auf den Auftraggeber übertragen, da es sonst zu Problemen bei der Abnahme der Software kommen kann.

Beziehungen

Vorgänger	▪ Unklare Zielvorstellung ▪ Kommunikationsrisiko außerhalb des Projektes ▪ Unzureichende Unterstützung durch Auftraggeber ▪ Ungenügende Erfahrung des Projektleiters
Nachfolger	▪ Verändernde Anforderungen

Identifizieren und Überwachen

- **Endecker**: Projektleiter, Anforderungsmanager, Systemanalytiker, Auslieferungsverantwortlicher
- **Überwacher**: Anforderungsmanager, Systemanalytiker

7.4 Phase: Design

7.4.1 Mangelhaftes Domänenmodell

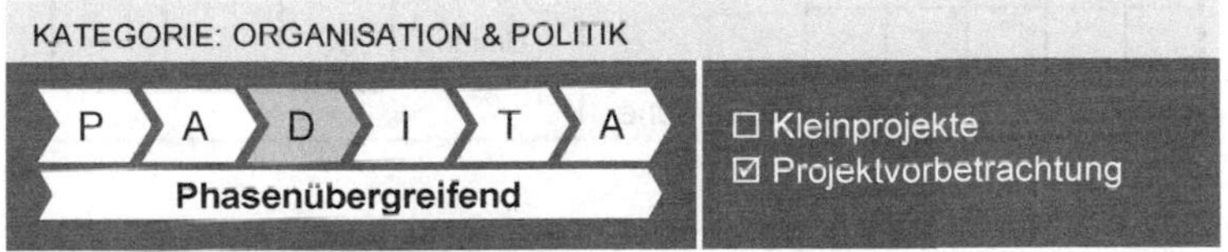

Risikosatz

Eine ungenaue oder veränderliche Zielsetzung oder unzureichende Vorgaben durch die IT-Strategie könnte zu **fehlerhaften Entscheidungen für die Lokation von Funktionen und Datenobjekten** führen, was das Entstehen von Redundanzen und Abhängigkeiten fördert, so dass sich eine erhöhte Systemkomplexität und ein hoher nachträglicher Änderungsbedarf bis hin zu einem kostenintensiven erzwungenen Architekturwechsel ergeben kann.

Risikobeschreibung

Existiert kein Domänenmodell, das definiert, wo und wie Funktionen für die Geschäftsbereiche und Geschäftsprozesse einer Organisation abgebildet werden, kann dies zu unnötigen Redundanzen und Abhängigkeiten zwischen einzelnen Systemen führen. Dieses Risiko tritt insbesondere auch im Kontext von Implementierungen einer serviceorientierten Architektur (SOA) auf, da die Lokation der Services und der zugehörigen Daten hier direkt offenbar wird, weil ein konkreter Service angeboten wird. Das Domänenmodell ist damit zum Erfolgsfaktor für eine SOA.

Indikatoren

- Redundanzen: Funktionen sind mehrfach beschrieben und implementiert. Dies kann sowohl projektintern als auch projektübergreifend auftreten.
- Mitarbeiter besitzen nach der Einführung der Software mehrmals die gleiche Funktionalität für ähnliche Datenobjekte (z.B. mehrere Nachrichtensysteme für Systemerinnerung, mehrere Terminverwaltungen etc.).
- Es fehlt eine übergreifende IT-Strategie, die ein klares Domänenmodell vorgibt und die Ziele für das Projekt aus diesem ableitet.
- Der Projektfokus erweitert sich während des Projektes massiv.

Risikomatrix & Das magische Viereck

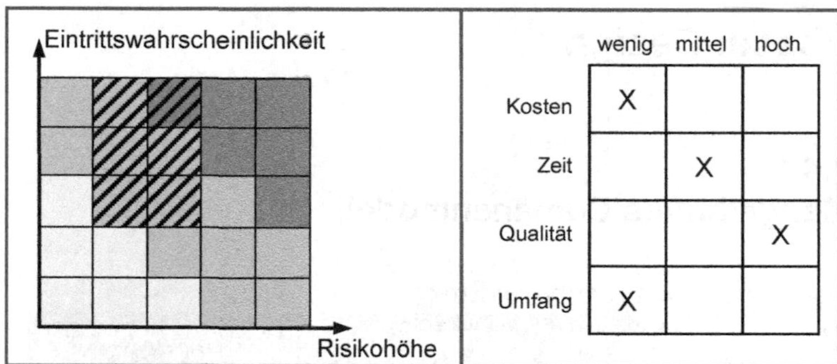

Maßnahmen

- Eindeutige Festlegung von Architekturzielen, mindestens auf Projektebene, einfordern, idealerweise organisationsweit durch eine IT-Strategie.
- Die Funktionalität auf die fachliche Domäne begrenzen.
- Funktionen sollten ihrer fachlichen Domäne in ihrer Software zusammengefasst werden.
- Eindeutige Schnittstellen der Domäne rechtzeitig definieren, damit sich andere Systeme darauf einstellen können.
- Redundanzen entfernen: eine Funktion ist genau einmal spezifiziert und implementiert, ein Datensatz befindet sich genau einmal in irgendeiner Datenbank.
- Webservices/SOA einsetzen, um Redundanzen zu beseitigen. Funktionen, die schon vorhanden sind, als Service anbieten und Funktionen, die schon verfügbar sind, als Service nutzen (z.B. einen zentralen Nachrichtendienst nutzen).

- Die Abhängigkeiten zwischen Systemen minimieren. Hierzu können Transaktionen und Nachrichten in der Domäne definiert werden und technische Lösungen genutzt werden, um diese abzubilden (z.B. Messaging-Queues etc.).

Die getroffenen Maßnahmen finden ihre Grenzen in Echtzeitverhalten und Ausfallsicherheit. Insbesondere ältere Systeme können die hohe Leistung, die von einer SOA gefordert wird, nicht liefern. Auch der Ausfall eines Systems, sollte nicht automatisch zum Ausfall eines anderen Systems führen.

Beziehungen

Vorgänger	▪ Unklare Zielvorstellung ▪ Veränderliche Projektabgrenzung/-ziele
Nachfolger	▪ Verändernde Anforderungen ▪ Hohe Systemkomplexität ▪ Ungeeigneter Softwareentwurf ▪ Erzwungener Architekturwechsel

Identifizieren und Überwachen

- **Endecker**: Projektleiter, Steuerkreis, Anforderungsmanager, Softwarearchitekt, Systemanalytiker, Softwaredesigner, Programmierer, Tester
- **Überwacher**: Projektleiter, Anforderungsmanager, Systemanalytiker, Softwaredesigner

7.4.2 Erzwungener Architekturwechsel

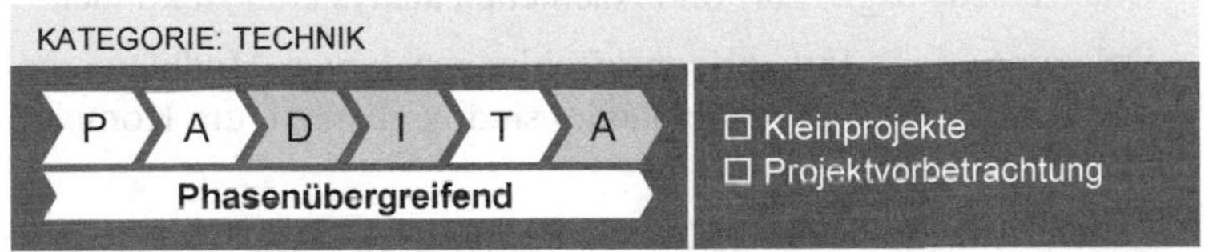

Risikosatz

Durch Änderungen funktionaler oder nichtfunktionaler Anforderungen oder einer Verschiebung der Projektziele könnte ein **Architekturwechsel** verursacht werden, der zu umfangreichen Änderungen des Programmcodes, der eingesetzten Technologien und der Systeminfrastruktur führen kann.

Risikobeschreibung

Die Software-Architektur ist die Grundstruktur einer Software. Sie ist das, was sich nicht ändert, wenn sich die Anforderungen ändern. Über die Architektur entscheiden meist die nichtfunktionalen Anforderungen, wie Leistung, Nebenläufigkeit oder Sicherheit. Es sind Situationen zu vermeiden, die zu einem „Kippen“ der Architektur führen, da anhängige Anpassungen enorm aufwändig sind.

Indikatoren

- Es werden nichtfunktionale Anforderungen erhoben, die mit der derzeitigen Software-Architektur nicht erfüllt werden können.
- Der Projektfokus verändert oder erweitert sich auf eine angrenzende Anwendungsdomäne, in der normalerweise eine alternative Architektur verwendet wird.
- Der technologische Fortschritt führt dazu, dass die Wartungskosten für die gewählte Architekturalternative mittelfristig steigen und für eine andere Alternative tendenziell sinken.

Risikomatrix & Das magische Viereck

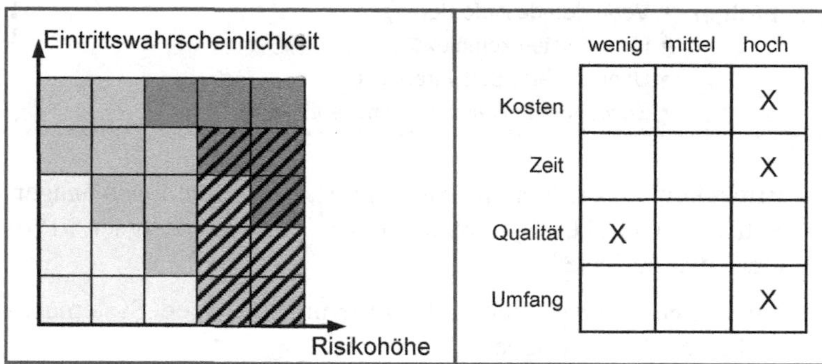

Maßnahmen

- Entlang einer für die Problemdomäne erprobten Referenzarchitektur planen (Client-Server, 3-Tier, ISO/OSI-Schichten etc.) bzw. die geplante Architektur mit dieser vergleichen, um die Unterschiede bzgl. Vor- und Nachteilen analysieren zu können.
- Dekomposition: Entwurfsentscheidungen hinter Modulen, die möglichst entkoppelt voneinander sind, verbergen, um Komplexität zu reduzieren.
- Pilotsystem entwickeln (Machbarkeitsstudie).
- Architektur-Prototypen erstellen. Simulationen und Benchmarking einsetzen, um dessen Funktionsfähigkeit zu prüfen.
- Regelmäßige Architektur-Reviews durchführen: Das Design von erfahrenen Mitarbeitern prüfen lassen und anschließend die Implementierung starten.
- Einer veränderlichen Projektabgrenzung entgegenwirken und die Projektziele stabil halten. Vgl. Risiko „Veränderliche Projektabgrenzung und -ziele“.

Vorgänger	▪ Mangelhafte Definition der nichtfunktionalen Anforderungen/ Qualitätsanforderungen ▪ Verändernde Anforderungen ▪ Ungeeigneter Softwareentwurf ▪ Unklare Zielvorstellung ▪ Veränderliche Projektabgrenzung und -ziele ▪ Mangelhafte Schnittstellen zwischen Anwendungen
Nachfolger	▪ Budgetproblematik ▪ Unrealistische Zeitplanung

Beziehungen

Identifizieren und Überwachen

- **Endecker**: Projektleiter, Anforderungsmanager, Softwarearchitekt, Systemanalytiker, Softwaredesigner, Programmierer
- **Überwacher**: Softwarearchitekt, Softwaredesigner, Programmierer

7.4.3 Ungeeigneter Softwareentwurf

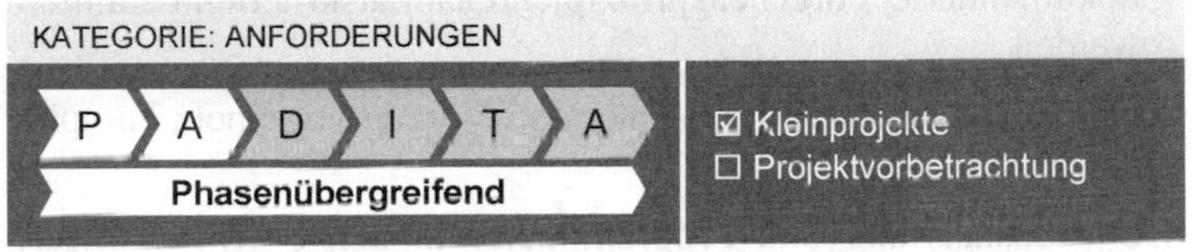

Risikosatz

Aus mangelnder Erfahrung der Softwaredesigner bzgl. fachliche Zusammenhänge und nicht ausreichend definierter Qualitätsmerkmale für die Designphase (z.B. Abstraktionsebene) könnte ein **ungeeigneter Entwurf** entstehen, der für die Lösung der fachlichen Anforderungen unzureichend geschnitten ist (fachlicher Prozess und Objekte wurden nicht berücksichtigt) oder zu viele Implementierungsdetails enthält, die unnötigen Pflegeaufwand im weiteren Verlauf verursachen.

Indikatoren

- Softwaredesigner haben keine Erfahrung in der Anwendungsdomäne.
- Schlechte Anforderungsqualität führt zu einer hohen Anzahl von Annahmen für den Softwareentwurf. Beispielsweise werden Ablaufprozesse „angenommen“ und nicht „gewusst“.
- Der Entwurf ist sehr kleinteilig. Beispielsweise existiert in einer serviceorientierten Architektur eine Vielzahl von Services, die eigentlich zu einer Sinneinheit zusammengefasst werden könnten.

- Der Entwurf ist zu grob. Beispielsweise besteht das Modell der Software ausschließlich aus farbigen Kästchen und Pfeilen in Powerpointfoliensätzen.

Risikomatrix & Das magische Viereck

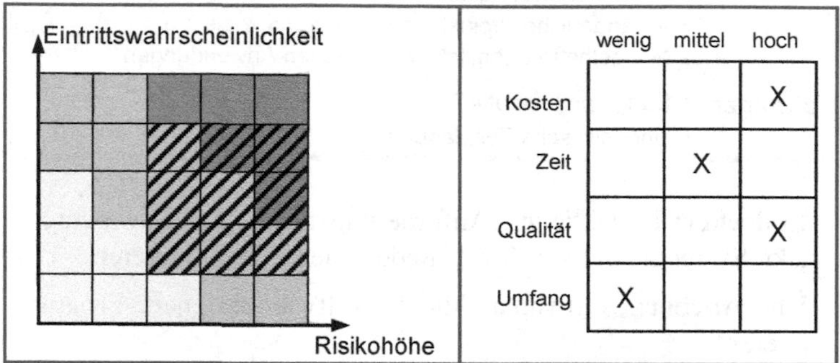

Maßnahmen

- Architektur- bzw. Design-Vision entwickeln. (Was soll das Design leisten?) Ziele, die es erlauben Designentscheidungen des Teams zu leiten. Gegebenenfalls kann die Vision noch durch dokumentierte Vorgehensprinzipien/Qualitätskriterien detailliert werden.
- Einem einfachen Design immer den Vorzug vor einem komplexen Design geben.
- Systemanalytiker und Programmierer in den Softwareentwurf einbinden, um das technische und fachliche Verständnis zu steigern und Wissen weiterzugeben.
- Architektur-Reviews durchführen: Design von fachlich und technisch erfahrenen Mitarbeitern prüfen lassen, bevor die Implementierung startet.
- Architektur-Prototyp erstellen. Simulationen und Benchmarking einsetzen, um dessen Funktionsfähigkeit zu prüfen.
- Design-Patterns verwenden. Dies sind erprobte Entwurfsvorlagen für häufig auftretende Probleme im Softwareentwurf.
- Das Design auf Wiederverwendung ausrichten. Je länger das Projekt läuft, umso mehr Potential kann durch die Wiederverwendung von Entwürfen und Programmcode erzielt werden.
- Das Verhältnis zwischen Design und Programmierung ins Gleichgewicht bringen: Das Design ist wichtiger als die Programmierung selbst.
- Fachliches Modell der Software schaffen. Dieses sollte Daten, Funktionen und Ablaufprozess ausreichend beschreiben. Die Faustregel für die passende Abstraktionsstufe lautet: Der Auf-

traggeber muss das Modell auf seine Richtigkeit überprüfen können und der Programmierer muss aus dem Modell Schlüsse auf die Codestruktur ziehen können. Den Einsatz der Unified-Modeling-Language (UML) prüfen.

- Prüfen, ob für die konkrete Anwendungsdomäne bereits Ansätze einer spezialisierten modellgetriebenen Architektur (MDA) vorliegen, die aufgenommen werden können.
- Dekomposition: Ein gelungener Softwareentwurf zerlegt eine fachliche Domäne in ihre Teile und fasst Sinneinheiten zusammen.
- Strukturierte Systemanalyse durchführen: Geschäftsprozesse und Anwendungsfälle beschreiben etc.

Beziehungen

Vorgänger	▪ Unpassendes Know-how der Mitarbeiter ▪ Hohe Systemkomplexität ▪ Mangelhafte Anforderungsqualität ▪ Mangelhafte Definition der nichtfunktionalen Anforderungen/ Qualitätsanforderungen
Nachfolger	▪ Hohe Systemkomplexität ▪ Mängel im Echtzeitverhalten ▪ Mangelhafte Umgebung für das System

Identifizieren und Überwachen

- **Entdecker**: Projektleiter, Teamleiter, Qualitätsmanager, Systemanalytiker, Softwaredesigner, Programmierer
- **Überwacher**: Qualitätsmanager, Systemanalytiker, Softwaredesigner

7.4.4 Mangelhafte Internationalisierung

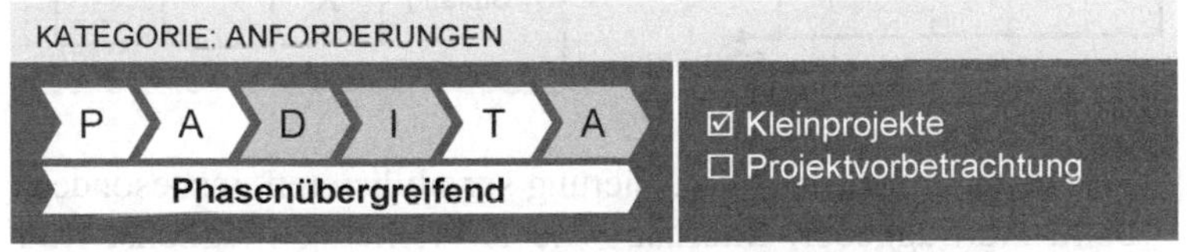

Risikosatz

Durch eine unklare oder veränderte Zielsetzung, die durch veränderte Marktbedingungen oder Akquisitionen bedingt sein kann, könnte eine **mangelhafte Internationalisierung der Software** deutlich werden, die zu einem späteren Zeitpunkt im Projekt einen signifikanten Änderungsaufwand in Design und Implementierung verursachen kann.

Risikobeschreibung

Bei der Grundkonzeption der Software könnte nicht bedacht sein, dass die Software auch international Einsatz finden muss. In Zeiten globalisierter Märkte ist dies hingegen äußert wahrscheinlich. Konsequenzen ergeben sich, wenn die Gesetzgebungen anderer Länder nicht bedacht werden, kulturelle Unterschiede der Benutzer zu einer verschlechterten Gebrauchstauglichkeit führen oder Textelemente, Maßeinheiten, Währungen, Schriftsätze oder Sonderzeichen technisch nur schwer abgebildet werden können. Mit anderen Worten ist die „internationale Skalierung" der Software bedroht.

Indikatoren

- Die Organisation ist international tätig und besitzt Mitarbeiter oder Kunden, die nicht die Sprache des Mutterlandes der Organisation sprechen.
- Es existiert eine Situation, die zeitnah zu veränderlichen Projektzielen führen kann: internationale Akquisition, Umstrukturierung, Markteintritt in globalisierte Märkte.
- Andere von der Organisation eingesetzte Software ist internationalisiert.
- Mitarbeiter in Design und Implementierung verfügen über keine Erfahrung mit Internationalisierung von Software.

Risikomatrix & Das magische Viereck

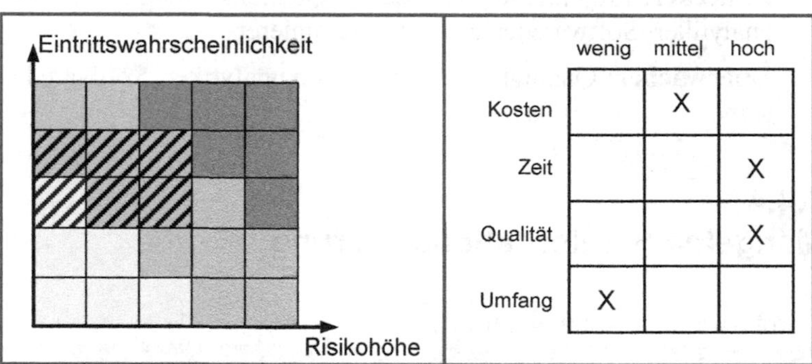

Maßnahmen

- Frühzeitig für Internationalisierung sensibilisieren, insbesondere beim Auftraggeber. Internationale Ausrichtung möglichst früh feststellen.
- Internationalisierung fachlich vorsehen: Erfahrungen im Unternehmen nutzen (Rechtsabteilung, Marketing etc.), ggf. mit Übersetzungsbüros und spezialisierten Unternehmen zusammenarbeiten.

- Internationalisierung technisch vorsehen: Internationalisierungskonzept aufstellen, das regelt, wie variable Textelemente, Schriftsätze, Sonderzeichen, Maßeinheiten, Währungen etc. abgebildet werden. Beispielsweise durch Property-Dateien in XML oder spezielle Datenbanktabellen.

Beziehungen

Vorgänger	▪ Mangelhafte Definition der funktionalen Anforderungen ▪ Unklare Zielvorstellung ▪ Veränderliche Projektabgrenzung/-ziele
Nachfolger	▪ -

Identifizieren und Überwachen

- **Endecker**: Projektleiter, Anforderungsmanager, Softwarearchitekt, Systemanalytiker, Softwaredesigner, Programmierer
- **Überwacher**: Systemanalytiker, Softwaredesigner, Programmierer

7.4.5 Implementierung startet ohne Design

Risikosatz

Aus ungenügender Kommunikation zwischen dem Softwarearchitekt und dem Entwicklungsteam, einer unklaren Aufgabenidentifikation, zeitlichen Verzögerungen in Kombination mit Ungeduld oder einer fehlenden Definition eines Vorgehensmodell könnte es zu einem **verfrühten Implementierungsstart** kommen, der zu einem nachträglichen Wechsel der Architektur und großen Umbauarbeiten in der internen Struktur der Software führen kann.

Indikatoren

- Schlechtes Teamwork und wenig Kommunikation und Abstimmungen zwischen Design- und Entwicklungsteam.
- Es ist kein Vorgehensmodell und keine Vorgehensweise definiert und kommuniziert worden, an die sich das Projektteam orientieren kann.
- Die Entwickler akzeptieren die Vorgehensweise und das Vorgehensmodell nicht.
- Es fallen Sätze, wie „Wir fangen schon einmal an“.

Risikomatrix & Das magische Viereck

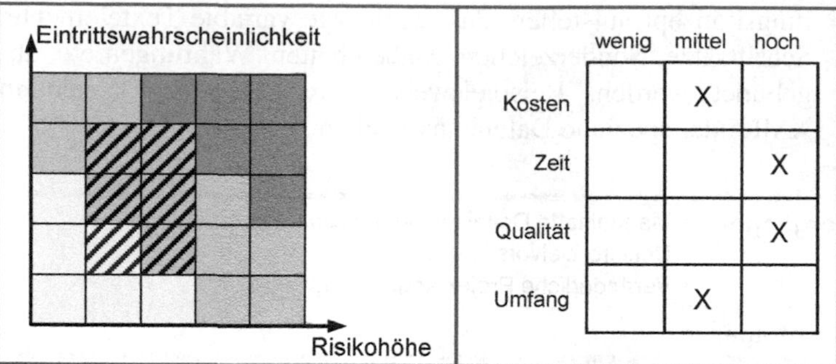

Maßnahmen

- Aufgaben und Vorgehen müssen eindeutig den Entwicklern kommuniziert werden ebenso wie der Zeitpunkt, wann die Implementierung startet und welche Voraussetzungen hierzu notwendig sind.
- Die Entwickler müssen ihre Arbeitspakete und Aufgaben verstehen und ggf. Verbesserungen am Design einbringen können.
- Position des Softwarearchitekten mit einem erfahrenen Mitarbeiter, der einschlägige Programmiererfahrung mitbringt, besetzen.
- Der Softwarearchitekt muss die Kommunikation zu den Entwicklern sicherstellen, mit den Entwicklern Absprachen treffen, ihnen wichtige Aspekte der Architektur vermitteln und ihr Feedback entgegennehmen.
- Regelmäßige Kommunikation zwischen Design und Entwicklung einrichten. Diese sollte kurz sein, dafür aber mehrfach täglich stattfinden. Zudem sollte diese ein Forum bieten, um Diskussionen über gutes und schlechtes Design zu führen.
- Eine einfach verständliche Zielsetzung für das Design der Software („Design-Vision“) entwickeln, die als Leitlinie projektweit gilt.
- Entwickler bzgl. Design-Patterns (Entwurfsvorlagen) und Forcierung ihrer Verwendung schulen.
- Ein Softwarearchitekt sollte als Coach den Entwicklern zur Seite stehen und die Entwicklung überwachen, um das Abdriften vom ursprünglichen Entwurf entgegenzutreten.
- Gemeinsame Design- und Implementierungsteams mit wechselnden Rollen für die Mitarbeiter bilden.
- Design-First-Ansatz verfolgen: Es wird keine Programmzeile geschrieben bevor das Design nicht feststeht. Das Design wird

zuerst angepasst, bevor die Implementierung in eine andere Richtung verläuft.

- Richtiges Verhältnis zwischen Design und Programmierung einstellen. Design ist wichtiger als der Programmcode.
- Kommt es zu Zeitverzögerungen, ist die Einbindung nicht genutzter Ressourcen in vorgelagerten Phasen der Softwareentwicklung oder die Entwicklung eines Prototyps denkbar.

Beziehungen

Vorgänger	▪ Kein eindeutig definiertes Vorgehensmodell ▪ Keine Nutzung/Akzeptanz des Vorgehensmodells ▪ Kommunikationsprobleme innerhalb des Projektes ▪ Unpassendes Know-how der Mitarbeiter ▪ Unzureichende Aufgabenidentifikation ▪ Mangelhaftes Teamwork
Nachfolger	▪ Mangelhafte Schnittstellen zwischen Anwendungen ▪ Softwareerosion über die Zeit ▪ Budgetproblematik

Identifizieren und Überwachen

- **Endecker**: Qualitätsmanager, Softwarearchitekt, Softwaredesigner, Programmierer
- **Überwacher**: Programmierer

7.4.6 Einsatz neuer Technologien

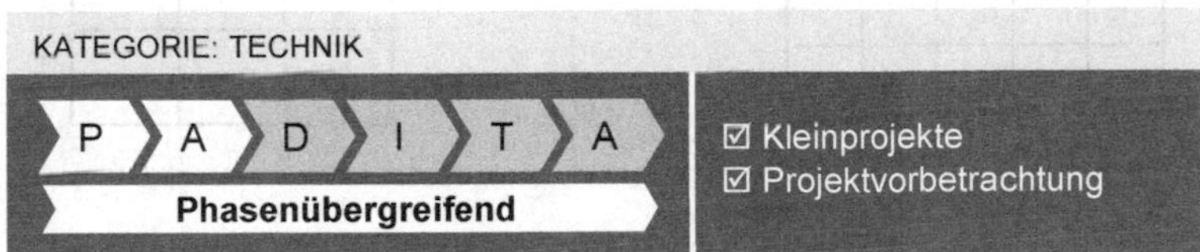

Risikosatz

Aus ungenügender Erfahrung mit einer Basistechnologie, fehlender Zeit für das Erlernen einer neuen Technologie, einem erwünschten Technologiewechsel des Kunden oder unausgereiften Technologien könnte es zu **Problemen mit der neu eingesetzten Technologie** kommen, was zu Budget- und Zeitproblemen im Projekt führen kann.

Risikobeschreibung

- Problematisch ist der Einsatz einer neuen Technologie, die im Hause noch nicht verwendet wird. Das Risiko ist geringer, wenn die Technologie bereits in der Organisation eingesetzt wird und man auf dieses Wissen zugreifen kann.

- Das Risiko umfasst neue Technologien im Sinne einer neuen Software, Programmiersprache, Technik oder eines Werkzeuges.
- Das Risiko kann auch andersherum betrachtet werden, wenn nämlich die geplanten Technologien für das Projekt veraltet sind.

Indikatoren

- Die Projekttechnologie ist ganz oder teilweise Neuland für den Auftragnehmer. Es kann nicht auf vorhandenes Wissen und erfahrene Mitarbeiter aufgebaut werden.
- Bei der Anforderungsaufnahme und der Aufwandsanalyse des Projektes hat bezüglich der einzusetzenden Technologien keine Vorbetrachtung stattgefunden.
- Eine neue Technologie ist durch den Auftraggeber von vorneherein gesetzt und kann nicht geändert werden.
- Die neu einzusetzende Technologie hat sich bisher in anderen Projekten, auch extern, noch nicht bewährt.

Risikomatrix & Das magische Viereck

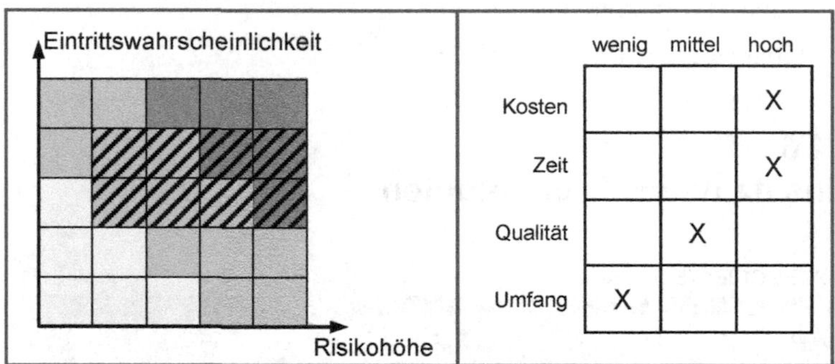

Maßnahmen

- Bei einer Technologie, die im Unternehmen noch nicht verwendet wurde, muss dem Projektteam Zeit gegeben werden, um diese außerhalb des Projektes auszuprobieren, evtl. in einem internen Projekt, einem Wegwerf- oder Architektur-Prototypen. Hier kann gleichzeitig gelernt und Erfahrung gesammelt werden.
- Erstellung eines Pilotsystems, das die Machbarkeit des Projektes mit der neuen Technologie beweist.
- Am Anfang des Projektes die neue Technologie bei der Projektplanung berücksichtigen: Auswahlprozess von Werkzeugen, Informationsbeschaffung und die Lernkurve der Mitarbeiter ein-

planen. Gegebenenfalls sind Schulungen für die Mitarbeiter zu organisieren.

- Genaue Kosten-Nutzen-Analyse der neuen Technologie durchführen und überprüfen, ob die Technologie für das Projekt effizient einsetzbar ist.
- Bei einer neu verwendeten Programmiersprache, soll ein geeignetes und ausreichendes Training für die Entwickler durchgeführt werden.
- Externe Spezialisten einstellen, falls der Einsatz der neuen Technologie zuviel Mehraufwand zum Lernen erfordert, im Projektplan nicht genügend Zeit vorhanden ist oder die neue Technologie in weiteren Projekten mit hoher Wahrscheinlichkeit nicht mehr eingesetzt wird. Alternativ auch Einsatz von Referenten oder externen Beratern im Rahmen des Wissensaufbaus im Team.
- Erkennt der Projekteiter oder ein Mitarbeiter frühzeitig die Tendenz, dass der Auftraggeber die Technologie ändern will, sollte mit dem Auftraggeber vertraglich festgehalten werden, dass durch die Entscheidung bedingte Zusatzkosten erstattet werden. Es sollten gemeinsam Maßnahmen ergriffen werden, dass das Projekt trotzdem im geplanten Budget- und Zeitrahmen bleibt. Hierfür müssen dem Auftraggeber die Auswirkungen des Technologiewechsels nachgewiesen werden und Alternativen aufgezeigt werden.
- Für Erstprojekte mit einer neuen Technologie sollte mit einem höheren Aufwand gerechnet werden, als bei Projekten mit einer erprobten Technologie.
- Beschränkung der Anzahl neuer Technologien (Programmiersprachen, Architekturansätze etc.) auf nur wenige Komponenten, Module und Teilsysteme.
- Möglichst frühzeitige Erstellung eines Sicherheitskonzeptes für die neue Technologie.
- Benennen eines Technologieverantwortlichen, der als zentraler Experte im Team aufgebaut wird und einen aktiven Wissenstransfer organisiert. Beispielsweise über Workshops, ein Projekt-Wiki oder Tipps für Tutorials etc.
- Industriestandards und Erfahrungen, die zu einer neuen Technologie bereits existieren, sollten kopiert und adaptiert werden. Soviel „Standard" wie möglich.
- Technologie-Lieferanten und Produkte prüfen, ob sie etabliert sind und die Unterstützung der jeweiligen Lieferanten über die

gesamte Projektlaufzeit und die geplante Betriebszeit der Software sichergestellt ist.

Beziehungen

Vorgänger	▪ Unklare Zielvorstellung ▪ Mangelhafte Definition der funktionalen Anforderungen ▪ Mangelhafte Definition der nichtfunktionalen Anforderungen/ Qualitätsanforderungen ▪ Kommunikationsrisiko außerhalb des Projektes ▪ Mangelhafte Vertragsgestaltung ▪ Ungenügende Erfahrung des Projektleiters
Nachfolger	▪ Budgetproblematik ▪ Erzwungener Architekturwechsel ▪ Ungeeigneter Softwareentwurf ▪ Unrealistischer Zeitplan ▪ Unrealistisches Budget ▪ Mängel im Echtzeitverhalten

Identifizieren und Überwachen

- **Endecker**: Projektleiter, Teamleiter, Qualitätsmanager, Anforderungsmanager, Softwarearchitekt, Systemanalytiker, Softwaredesigner, Programmierer
- **Überwacher**: Projektleiter, Qualitätsmanager, Anforderungsmanager

7.5 Phase: Implementierung

7.5.1 Softwareerosion über die Zeit

KATEGORIE: PROZESSE & PROJEKTMANAGEMENT	
P › A › D › **I** › T › A Phasenübergreifend	☑ Kleinprojekte ☐ Projektvorbetrachtung

Risikosatz

Sich verändernde Anforderungen in Verbindung mit hohem Zeitdruck können zu einer **fortlaufenden Softwareerosion** führen, beispielsweise Umgehung von Entwurfsvorgaben, Nichteinhaltung von Dokumentationsstandards oder Spagetti-Code. Dies führt zu einer hohen Systemkomplexität und die Änderungskosten für das System werden extrem erhöht.

Dieses Risiko wird in der Regel erst nach Auslieferung der ersten Version der Software relevant. Denn zu diesem Zeitpunkt kommen neue Anforderungen unter Zeitdruck hinzu. In dieser Situation könnten Schnelllösungen zur Umsetzung der Anforderungen gewählt werden, die zu einer schlechten und inhärenten Produktqualität führen, da diese beispielsweise die Software-Architektur umgehen. *Risikobeschreibung*

Indikatoren

- Neue Programmierer beschweren sich über unübersichtlichen Quellcode ihrer Vorgänger (Spagetti-Code).
- Fehlende Dokumentationsstandards für den Programmcode.
- Der vorgegebene Softwareentwurf wird nicht eingehalten bzw. umgangen.
- Es wird ohne Softwareentwurf direkt implementiert und der Softwareentwurf wird nicht angepasst.
- Es treten Schnelllösungen auf: Kopieren großer Programmblöcke, keine Definition von Schnittstellen, Programmierung ohne Design.
- Die Anzahl kleiner Fehler steigt von Version zu Version an.
- Änderungskosten für ähnliche Anforderungen steigen von Version zu Version.
- Es ist nur Budget für neue Funktionen vorgesehen, wobei kein regelmäßiges Budget für die „Software-Gesundheit" vorgesehen ist. Unter diesem Stichwort sind alle Maßnahmen zusammengefasst, die darauf zielen die Software leichter wartbar und änderbar zu machen, wobei zeitgleich neue Funktionen hinzugenommen werden.

Risikomatrix & Das magische Viereck

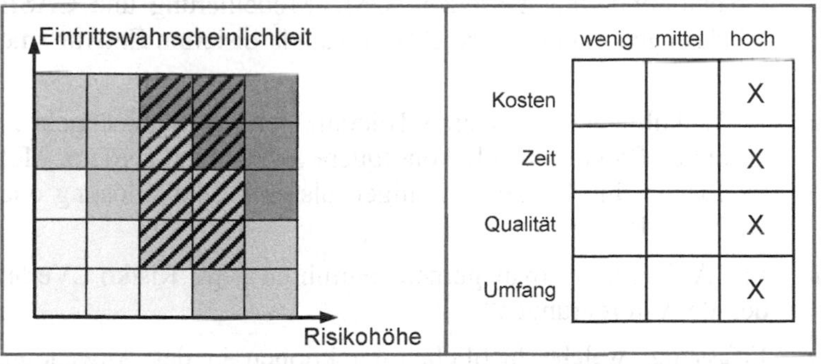

Maßnahmen

- Programmierrichtlinien definieren und verfolgen (Quellcodeformatierung, Kommentare, Versionierung etc.). Vgl. auch

Maßnahmen des Risikos „Ungenügende Einhaltung der Programmierrichtlinien".

- Qualitätsmerkmale in der Implementierung definieren. Beispielsweise: eine Funktion ist genau einmal implementiert, Daten werden nicht redundant gehalten etc.
- Code-Reviews zur Nachverfolgung von Richtlinien und Qualitätsmerkmalen einsetzen.
- Refactorings einsetzen, um die Änderbarkeit der Software wieder herzustellen. Ein Refactoring ist eine Änderung an der internen Struktur einer Software, um sie einfacher lesbar und änderbar zu machen, ohne ihre Funktion zu ändern. Hier sind viele standardmäßig verfügbar.
- Design-Patterns einsetzen. Diese lösen wiederkehrende Entwurfsprobleme exemplarisch und bieten eine Grundlage für die projektweite Standardisierung von Lösungen.
- So viele Standards wie möglich übernehmen und auf den wirklichen Nutzwert der Software konzentrieren.
- Plattformabhängigen und plattformunabhängigen Quellcode separieren. Im einfachsten Fall durch Kommentare, besser durch Abstraktion oder Kapselung.
- Regelmäßiges Budget für die „Software-Gesundheit" einplanen, um das Verhältnis von neuen Funktionen zur Änderbarkeit der Software in Einklang zu bringen. Ziel ist es, Aufwände in der Zukunft zu sparen.
- Qualitätsmetriken definieren, die die Komplexität der Software überwachen.
- Objektorientierung einsetzen, UML-Modellierung und CASE-Werkzeugen mit einer projektweit standardisierten Entwurfsmethodik.
- Projektkultur ändern: Keine Toleranz bei Qualitätsmängeln im gesamten Programmcode konsequent fordern und fördern. Motto: Lieber eine Funktion weniger, als eine Schnelllösung oder ein hohes Risiko.
- Ein Anforderungsmanagement einführen (vgl. Risiko „Verändernde Anforderungen").
- Erfassung, welche fachlichen Funktionen in der Anwendung wie oft genutzt werden. Diese werden dann in Kategorien nach nie, selten, regelmäßig etc. eingeordnet und mit der zu erwartenden Nutzung ins Verhältnis gesetzt. Nutzlose Funktionen entfernen.

Beziehungen

Vorgänger	▪ Hohe Systemkomplexität ▪ Implementierung startet ohne Design ▪ Ungeeigneter Softwareentwurf ▪ Verändernde Anforderungen
Nachfolger	▪ Mängel im Echtzeitverhalten ▪ Budgetproblematik

Identifizieren und Überwachen

- **Endecker**: Softwarearchitekt, Softwaredesigner, Programmierer
- **Überwacher**: Programmierer

7.5.2 Entwicklung unnötiger Funktionen

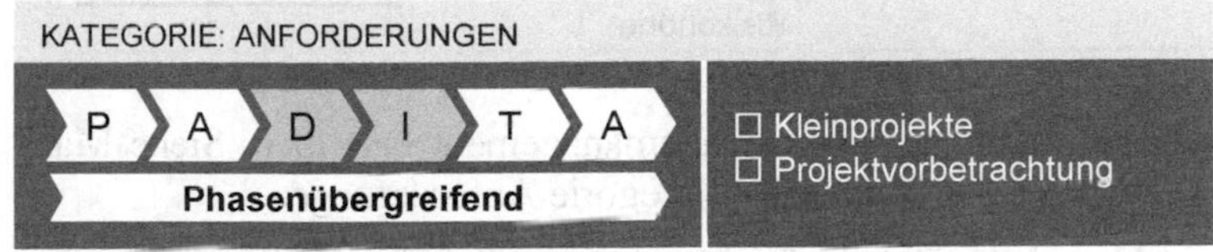

Risikosatz

Aus einer mangelhaften Kommunikation innerhalb und außerhalb des Projektes, einem nicht entwickeltem Anforderungsmanagement, einer unpassenden Zieldefinition oder dem individuellen Wunsch von Projektmitarbeitern, den Benutzern einen Extrakomfort zu bieten („Vergoldung"), könnte es zur **Entwicklung von unnötigen Funktionen** kommen, was zu zusätzlichem Aufwand in Test und in der Dokumentation führen würde und zu Problemen bei der Abnahme führen könnte.

Indikatoren

- Unspezifizierte Funktionen werden entwickelt: Mitarbeiter, insbesondere in Design und Programmierung, entscheiden eigenmächtig über neue Funktionen. Diese sind nicht mit dem Auftraggeber abgestimmt und weder spezifiziert noch dokumentiert.
- Das Anforderungsmanagement ist nicht ausreichend definiert und die Anforderungen können somit weder vollständig aufgenommen werden noch werden sie systematisch anhand von Zielen mit dem Auftraggeber gemeinsam priorisiert.
- Unklare Zielvorstellung und fehlende Zielabstimmung mit dem Auftraggeber.

- Es werden Änderungen an Funktionen unstrukturiert und ohne Dokumentation in die Software aufgenommen.
- Benutzer wird nicht ausreichend beteiligt, um die Funktionalitäten zu beeinflussen.

Risikomatrix & Das magische Viereck

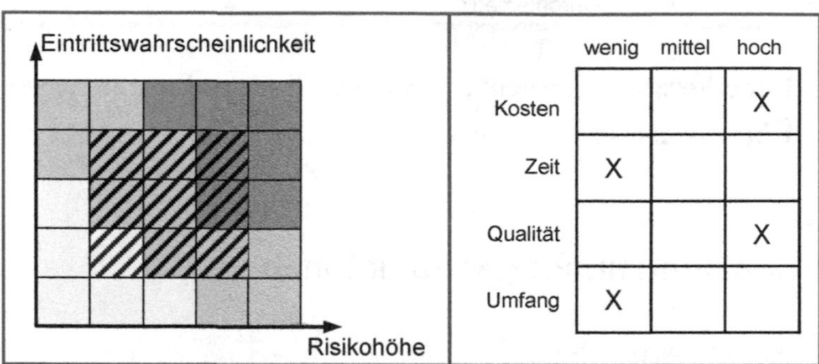

Maßnahmen

- Anforderungs- und Changemanagement betreiben. Siehe Maßnahmen der Risiken der Kategorie Anforderungen.
- Da jede zusätzliche Funktion ein zusätzliches Risiko und zusätzlichen Aufwand (z.B. für Tests) darstellt und die Komplexität der Software erhöht, muss jede Anforderung über einen strukturierten Prozess im Anforderungs- und Changemanagement behandelt werden: Der Auftraggeber ist in Kenntnis zu setzen, dass nicht jede Anforderung direkt übernommen werden kann.
- Anforderungen priorisieren: Die Priorisierung muss mit dem Auftraggeber zusammen anhand der Zielsetzung der Software und den geschäftlichen Interessen ausgerichtet sein. Merkmal „Notwendigkeit" bei der Anforderungsaufnahme und -analyse festlegen. Eine Anforderung ist dann wirklich notwendig, wenn sie der Erfüllung eines Systemsziels dient. Der Auftragnehmer hat wiederum die Pflicht, Kosten und Alternativen aufzuzeigen.
- Anforderungen sollten in Kategorien eingeteilt werden: Nice-to-have-Anforderungen sind eindeutig von den Muss-Anforderungen zu trennen und entsprechend zu priorisieren.
- Benutzer möglichst früh im Prozess beteiligten, um verändernden Anforderungen zur Komfortoptimierung vorzubeugen. Beispielsweise Durchführung einer Evaluation mit einem Oberflächenprototyp.
- Das Ergebnis der Anforderungsaufnahme muss transparent für die Projektmitglieder gemacht werden. In diesem Zusammenhang ist auch die konkrete und eindeutige Definition der Aufga-

ben für die Projektmitglieder ein wesentlicher Faktor, damit unnötige Funktionen nicht entwickelt werden.

- Die Ergebnisse der Anforderungsanalyse in Zusammenarbeit mit den Entwicklern überprüfen, um zu verhindern, dass mit nicht vollständigen oder nicht detailliert genug ausgestalteten Spezifikationen die Implementierung gestartet wird.
- Einführung eines projektinternen Changemanagements, das Änderungen durch die Entwickler unbürokratisch genehmigt, aber auch die Schritte zur Anforderungsklärung und Dokumentation berücksichtigt.

Beziehungen

Vorgänger	▪ Unklare Zielvorstellung ▪ Ungenügende Benutzerbeteiligung ▪ Mangelhafte Anforderungsqualität ▪ Mangelhafte Definition der funktionalen Anforderungen ▪ Verändernde Anforderungen ▪ Implementierung startet ohne Design ▪ Kommunikationsrisiko außerhalb des Projektes ▪ Kommunikationsrisiko innerhalb des Projektes
Nachfolger	▪ Budgetproblematik ▪ Unrealistische Zeitplanung

Identifizieren und Überwachen

- **Endecker**: Programmierer, Tester
- **Überwacher**: Tester

7.5.3 Mangelhafte Schnittstellen zwischen Anwendungen

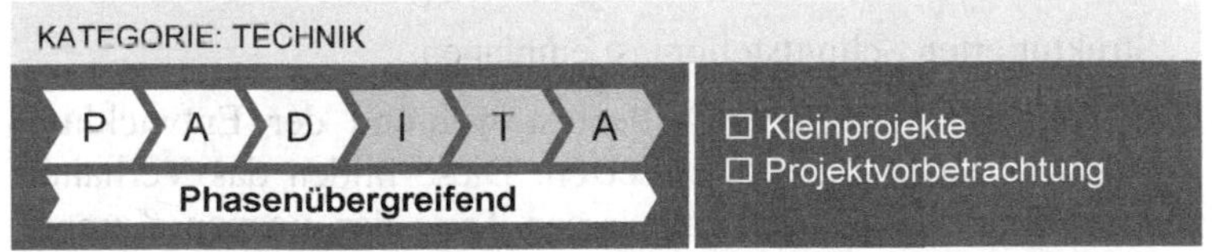

Risikosatz

Aus Zeitmangel, fehlenden Festlegungen und Vorgaben bezüglich der Schnittstellen für das IT-System, mangelhafte Anforderungsaufnahme bezüglich der nichtfunktionalen Systemanforderungen, mangelhafte Abstimmungen zwischen den einzelnen Entwicklungsteams oder einer mangelhaften Testplanung und -durchführung bezüglich der Schnittstellen könnten **mangelhafte Schnittstellen** entstehen, was zu Fehlern in der Integration der einzelnen Komponenten und einer mangelhaften Softwarequalität bezüglich Änderbarkeit und Skalierbarkeit führen kann.

Indikatoren

- Es finden keine oder zu wenige Abstimmungen bezüglich der Schnittstellen zwischen den einzelnen Entwicklungsteams statt.
- Es existieren keine Schnittstellenkonzepte, die Schnittstellenarchitektur und -design festhalten.
- Abschließendes Design der Schnittstelle steht zu Implementierungsbeginn noch nicht fest.
- Es ist kein Schnittstellentest vor der Auslieferung möglich bzw. überhaupt vorgesehen.
- Keine Festlegungen und Vorgaben bezüglich der Schnittstellen in den Programmierrichtlinien.
- Keine eindeutigen nichtfunktionalen Anforderungen bezüglich der Schnittstellen in der Analysephase.

Risikomatrix & Das magische Viereck

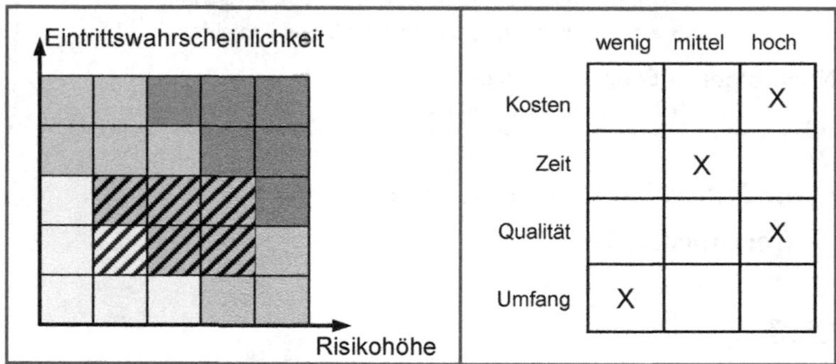

Maßnahmen

- Kommunikation: Funktionsübergreifende Abstimmungsmeetings mit Einbeziehung der einzelnen Programmierteams.
- Strukturierten Schnittstellentest einplanen.
- Ist kein direkter Schnittstellentest während der Entwicklung möglich, Mock-Objekte einsetzen. Diese bilden das Verhalten einer Schnittstelle nach und lassen Tests der eigenen Komponenten zu.
- Nichtfunktionale Systemanforderungen: Qualitätsstandards für die Schnittstellen definieren (Mengengerüst, Antwortzeiten etc.).
- Schnittstellenkonzept: Detaillierte Beschreibung der Schnittstellen im Pflichtenheft bzw. im technischen Feinkonzept.

- Nichtverfügbarkeit anderer Systeme berücksichtigen: Schnittstellendesign soll die Systemkoppelung reduzieren.
- Verantwortlichkeiten: Identifikation und Einbindung von Schlüsselpersonen, die für bestimmte Schnittstellen verantwortlich sind und diese überwachen, besonders bei großen Projekten mit hoher Systemkomplexität.
- Integration der Programmteile so früh wie möglich durchführen, damit nicht zueinander passende Teile frühzeitig geändert werden können.
- Bei heterogenen Anwendungen im Unternehmen Möglichkeiten der Service-Orientierung nutzen: Enterprise Application Integration-Server/Enterprise Service Bus einsetzen. Ziel: heterogene Anwendungen eines Unternehmens so zu integrieren, dass sie sich so verhalten, als wären sie von Anfang an dafür entworfen worden, die aktuellen Geschäftsprozesse eines Unternehmens zu unterstützen.

Beziehungen

Vorgänger	▪ Ungeeigneter Softwareentwurf ▪ Hohe Systemkomplexität ▪ Mangelhafte Definition der nichtfunktionalen Anforderungen/ Qualitätsanforderungen ▪ Implementierung startet ohne Design ▪ Implementierer vernachlässigen Test ▪ Kommunikationsrisiko außerhalb des Projektes ▪ Kommunikationsrisiko innerhalb des Projektes
Nachfolger	▪ Ungeeigneter Softwareentwurf ▪ Erzwungener Architekturwechsel ▪ Mängel im Echtzeitverhalten

Identifizieren und Überwachen

- **Endecker**: Teamleiter, Qualitätsmanager, Softwarearchitekt, Softwaredesigner, Programmierer, Tester
- **Überwacher**: Teamleiter, Qualitätsmanager, Softwaredesigner, Programmierer

7.5.4 Ungenügende Einhaltung der Programmierrichtlinien

KATEGORIE: PROZESSE & PROJEKTMANAGEMENT

P › A › D › I › T › A

Phasenübergreifend

☐ Kleinprojekte
☐ Projektvorbetrachtung

Risikosatz

Aus ungenügender Erfahrung des Projektleiters, mangelndem Teamwork, unstrukturierter Arbeit des Entwicklungsteams und ungenügender Akzeptanz der Programmierrichtlinien und des Vorgehensmodells, könnte es zu einer **mangelhaften Einhaltung der Programmierrichtlinien** kommen, was zu einem inkonsistenten, redundanten und unleserlichen Quellcode, schlechter Softwarequalität und zu einer teuren Wartung führen kann.

Indikatoren

- Der Quellcode ist unstrukturiert („Spaghetti-Code").
- Variablen- und Methodennamen je nach Entwickler variieren.
- Quellcode ist unübersichtlich formatiert (Einrückungen, Kommentare).
- Programmierrichtlinien sind veraltet, nicht vollständig, nicht eindeutig definiert oder nicht existent.
- Programmierrichtlinien werden vom Entwicklungsteam nicht akzeptiert.

Risikomatrix & Das magische Viereck

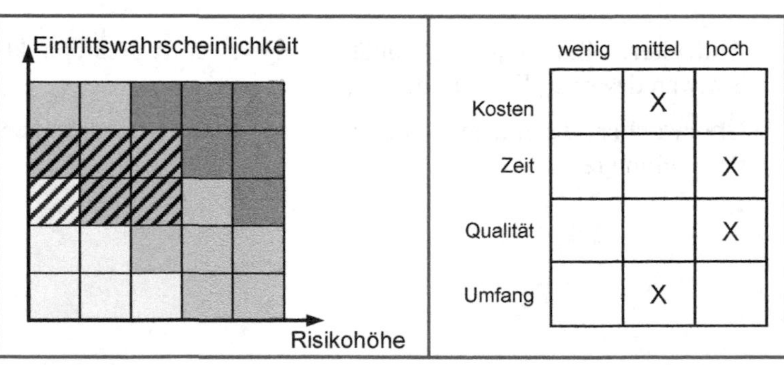

Maßnahmen

- Programmierrichtlinien festgelegen, um die interne Softwarequalität sicherzustellen: Lesbarkeit, Übersichtlichkeit, Verständlichkeit, Erweiterbarkeit, Testbarkeit, Vermeidung von Redundanzen.

- Programmierrichtlinien zu einem lebenden Dokument machen, indem es regelmäßig durchgesehen und aktualisiert wird. Beispielsweise an neue Technologien, Methoden und Architekturen anpassen.
- Programmierrichtlinien zu einem Dokument des Entwicklungsteams machen, das es erstellt, pflegt und der Projektleitung vorschlägt.
- Festgelegte Programmierrichtlinien transparent machen und im richtigen Umfang schulen.
- Gegebenenfalls bestehende übergreifende Programmierrichtlinien an die Rahmenbedingungen des Projektes anpassen und die technischen Anforderungen des Auftraggebers mit berücksichtigen.
- Bestehende Standards einsetzen, diese werden von vielen Herstellern von Programmiersprachen bereits angeboten und sind auch in die Werkzeuge dieser Hersteller integriert.
- Dokumentation mit Werkzeugen automatisch aus dem Quellcode erzeugen (z.B. Javadoc). Dies führt zu Disziplin bei der Kommentierung.
- Refactoring des bestehenden Quellcodes. Unter Refactoring werden Änderungen des Quellcodes verstanden, die das Verhalten des Programms nicht verändern, ihn aber besser lesbar, leichter verstehbar etc. machen. Hierzu gehört z.B. das Extrahieren von Klassen und Methoden oder das Umbenennen von Variablen.

Inhalt und Umfang von Programmierrichtlinien:

- Kommentierung des Quelltextes festlegen: Was soll kommentiert werden? Überflüssige Kommentare entfernen und Standardkommentare festlegen.
- Formatierungswahl festlegen (Einrücke, Absätze und Klammersetzung)

Bezeichnerwahl und Benennungen definieren:

- Sprache (Englisch, Deutsch, ...)
- Dateien (Modulnamen, Headernamen)
- Klassen, Datentypen (z.B. Strukturen)
- Methodennamen
- Variablen – nach Funktion

- Variablen – nach Typ
- Konstanten (Literalkonstanten, Makros, ...)

Algorithmen und Sonstiges:

- Empfehlungen zur Implementierung von Schnittstellen
- Empfehlungen zur Umsetzung von Klassenbeziehungen
- Richtlinien zur Initialisierung
- Richtlinien für Verzweigungen
- Fehler und Ausnahmebehandlungen

Beziehungen

Vorgänger	▪ Unpassendes Know-how der Mitarbeiter ▪ Kein eindeutig definiertes Vorgehensmodell ▪ Mangelhafte Definition von Qualitätsmerkmalen im Vorgehensmodell ▪ Unzureichende Einarbeitung neuer Mitarbeiter
Nachfolger	▪ Mangelhafte Internationalisierung ▪ Hohe Systemkomplexität

Identifizieren und Überwachen

- **Endecker**: Teamleiter, Qualitätsmanager, Programmierer, Tester
- **Überwacher**: Qualitätsmanager, Programmierer

7.5.5 Entwickler vernachlässigen Test

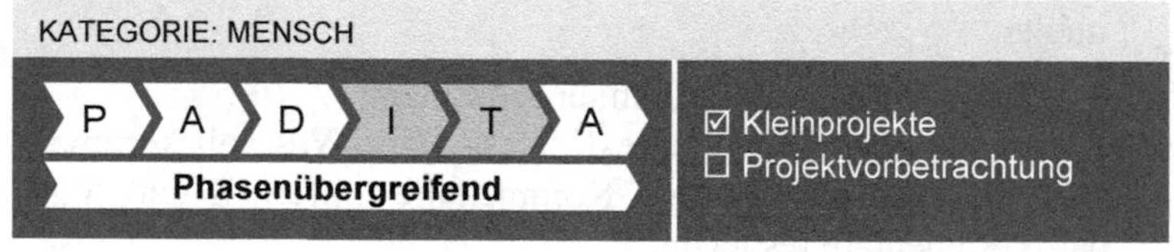

Risikosatz

Aus übermäßigem Zeitdruck, mangelhafter Definition eines Testprozesses und Verantwortlichkeiten oder der ungenügenden Setzung von Qualitätsprioritäten im Projekt könnte **eine Vernachlässigung des Tests durch die Implementierer** entstehen, die zu funktionalen und nichtfunktionalen Qualitätsmängeln im Endprodukt und Problemen bei der Auslieferung führen kann.

Risikobeschreibungen

Es ist vielleicht vorherrschende Meinung, dass Programmierer sich um neue Funktionen und nicht um den Test bereits entwickelter Funktionen kümmern sollten oder die qualitativen Aspekte der

Softwareentwicklung werden einzig auf ein separates Testteam abgewälzt.

Indikatoren

- Der Softwaretest wird im Entwicklungsteam als unliebsame Zusatzaufgabe empfunden.
- Die Erfolgsfaktoren eines effektiven und effizienten Testmanagement ist im Projektteam nicht bekannt.
- Es existiert ein spezielles und isoliertes Testteam, das die volle Qualitätsverantwortung besitzt.
- Testaktivitäten werden mehrfach aufgeschoben, weil neue Funktionen implementiert werden müssen.
- Auftreten offensichtlicher Fehler im Endprodukt, die bei einfachen Tests durch Implementierer hätten auffallen müssen.
- Es wird kein Budget für den Test im Implementierungsplan vorgesehen.
- Es sind keine konkreten Verantwortlichkeiten für die einzelnen Testfälle festgelegt worden.

Risikomatrix & Das magische Viereck

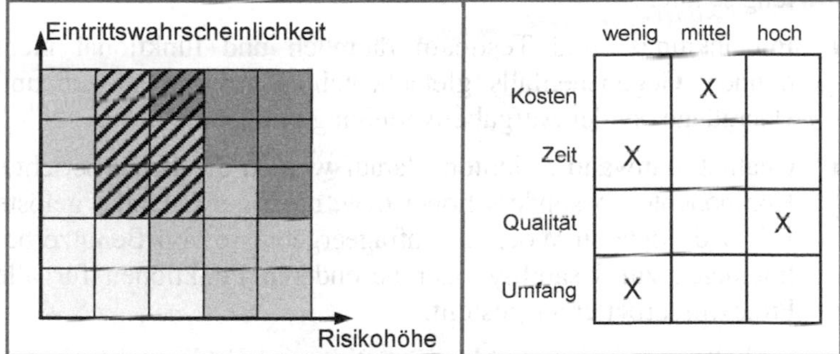

Maßnahmen

- Qualitätsbewusstsein schaffen, das die Bedeutung des Tests während der Entwicklung hervorhebt und qualitäts- und risikobewusstes Handeln belohnt.
- Qualitätsverantwortlichkeiten für Klassen, Komponenten, Packages etc. einteilen.
- Test-First-Ansatz einführen: Programmierer schreiben zuerst einen Testfall für ihr Stück Programmcode, bevor sie dieses implementieren.
- Tägliche, nächtliche Integrationen/Builds einführen. Idealerweise mit automatisch ablaufendem Integrationstest. Die Ergebnisse dieses Tests werden dann automatisch zur Verfügung gestellt.

- Häufige Integrationen, um Probleme schneller aufzudecken.
- Testframeworks für Unit-Tests nutzen: Testklassen der einzelnen Programmierer in einen übergreifenden Test integrieren, der auf einem täglichen Build der Anwendung abläuft. Die Ergebnisse dieses Tests werden dann automatisch zur Verfügung gestellt.
- Whitebox- und Blackbox-Verfahren einführen.
- Statische Analysewerkzeuge (z.B. Compiler) anwenden: Prüfung der typgerechten Verwendung von Variablen, Auffinden nichtdeklarierter Variablen, Markierung nicht erreichbarer Codeabschnitte, nicht erreichbare URLs etc.
- Testläufe dort, wo es möglich ist, automatisieren.
- Der Test beginnt nicht erst zum Schluss des Projektes.
- Der Testfortschritt wird in regelmäßige Statusberichte der Entwickler aufgenommen.
- Mitarbeiter regelmäßig für Tests freistellen.
- Mitarbeiter zu den Prozessen des Testens und der Fehlerbehandlung schulen.
- Entwicklungs- und Testteam räumlich und funktional nicht trennen. Gegebenenfalls gleichberechtigt zusammenlegen und Übergänge bei der Aufgabenverteilung ermöglichen.
- Qualitäts-Pinwand errichten: darauf werden die Fehlerberichte, Komponenten besonders hoher bzw. niedriger Qualität, gelöste Fehler der letzten Woche, Umfrageergebnisse von Benutzerbefragungen zur Usability oder besonderen Funktionen für alle Projektmitarbeiter ausgestellt.
- Verhältnis zwischen Fehlerprävention und Fehlersuche einstellen. Hin zur Prävention verschieben.
- Projektkultur ändern: Keine Toleranz bei Qualitätsmängeln im gesamten Programmcode konsequent fordern und fördern.

Beziehungen

Vorgänger	▪ Nichtausreichende Testinfrastruktur ▪ Kein eindeutig definiertes Vorgehensmodell ▪ Nichtausreichendes Testmanagement und Testreporting ▪ Ungenügende Testmentalität/-motivation
Nachfolger	▪ Mängel im Echtzeitverhalten ▪ Mangelhafte Umgebung für das System

- **Endecker**: Qualitätsmanager, Programmiere, Tester
- **Überwacher**: Programmierer

Identifizieren und Überwachen

7.5.6 Komplexe Datenmigration

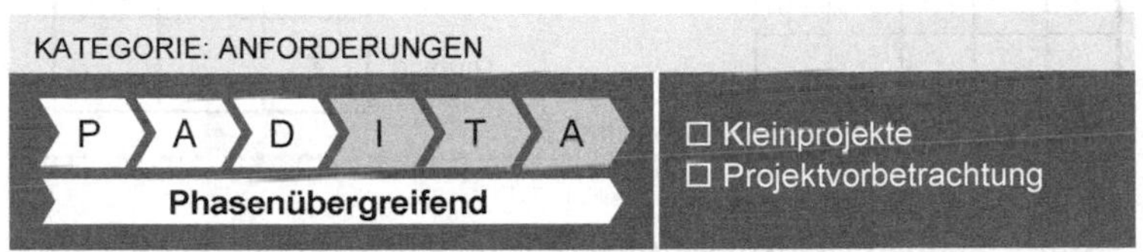

Risikosatz

Werden ein oder mehrere komplexe Altsysteme abgelöst und sollen Daten aus diesen migriert oder sogar zusammengeführt werden, könnte eine **komplexe Datenmigration** notwendig werden, die Qualitätsprobleme verursachen und hohe Kosten- und Zeitaufwände für Personal, Infrastruktur und Test erfordert.

Risikobeschreibung

Dieses Risiko tritt besonders dann auf, wenn keine Dokumentation des Altsystems vorliegt oder das Personal, das das Altsystem betreut hat, nicht mehr zur Verfügung steht. Tritt das Risiko ein, kann es starke Auswirkungen auf die Benutzerakzeptanz haben.

Indikatoren

- Das Altsystem setzt nicht mindestens auf einer relationalen Datenbank auf: Textdateien, Verzeichnisstrukturen, dezentral gehaltene Dokumente.
- Es sollen Daten aus mehreren Systemen zusammengeführt werden. Dies tritt besonders dann auf, wenn zwei Altsysteme die gleichen Daten (z.B. Stammdaten) halten und diese vereint werden müssen.
- Das Altsystem enthält große und komplexe Datenmengen.
- Ausgangsdaten sind redundant oder sind nicht normalisiert.
- Das Altsystem enthält viele Dubletten, die gegebenenfalls sogar bereinigt werden sollen.
- Schlechte Datenqualität im Altsystem.
- Änderungen am Altsystem waren zum Schluss sehr teuer, da Änderungen am Datenmodell nicht mehr wirtschaftlich erschienen.

Risikomatrix & Das magische Viereck

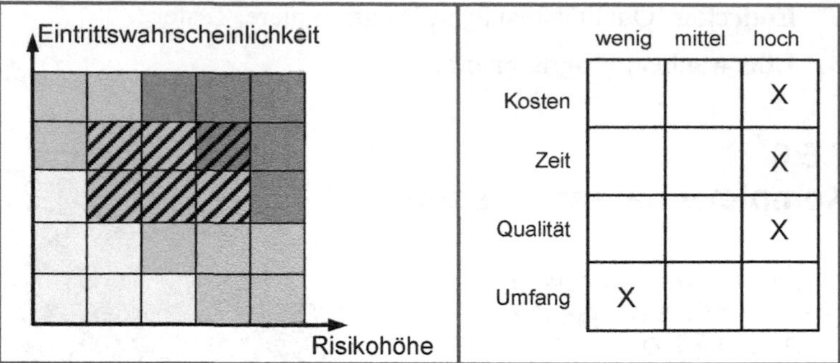

Maßnahmen

- Ein detailliertes Migrationskonzept entwickeln. Dieses beschreibt die fachlichen Regeln der Migration (Was wird unter welchen Bedingungen wohin migriert?) und die technische Lösung (z.B. SQL-Skripte, Zwischenablagen etc.).
- Ist eine Aufbereitung von Daten durch die Benutzer im Vorfeld der Migration notwendig (z.B. Setzen von Kennzeichnungen), ist diese möglichst früh zu kommunizieren und es ist organisatorisch sicherzustellen, dass dies auch geschieht. Hier können auch Datenqualitätskennziffern definiert werden, die über den Zeitraum der Migrationsvorbereitung nachverfolgt werden können.
- Ein eigenes Testteam für die Datenmigration aufsetzen.
- Migrationstests durchführen, wobei idealerweise mit Echtdaten auf einer eigens dafür vorgesehenen Testinfrastruktur getestet werden sollte.
- Mitarbeiter aus den Altverfahren in das Projekt einbinden: Mix aus Alt- und Neusystem finden.
- Migrations-/Datenbankexperten hinzuziehen.
- Fehlt eine Dokumentation, kann versucht werden, das Datenmodell des Altsystems selbst nachzubilden.
- Arbeitshilfen für die Benutzer bereitstellen (Wo finden sich Daten des Altsystems im Neusystem wieder?).
- Eine Strategie für das Zurückrollen der Migration, wenn diese fehlschlägt, entwerfen. Eventuell eine „Nachmigration“ durchführen, wenn dies möglich ist.
- Vor der Migration ein Backup durchführen

Beziehungen

Vorgänger	▪ Verwendung von Legacy-Software ▪ Hohe Systemkomplexität
Nachfolger	▪ Fehlende Benutzerakzeptanz

Identifizieren und Überwachen

- **Endecker**: Projektleiter, Anforderungsmanager, Systemanalytiker, Programmierer
- **Überwacher**: Projektleiter, Systemanalytiker, Programmierer

7.5.7 Mängel in Echtzeitverhalten

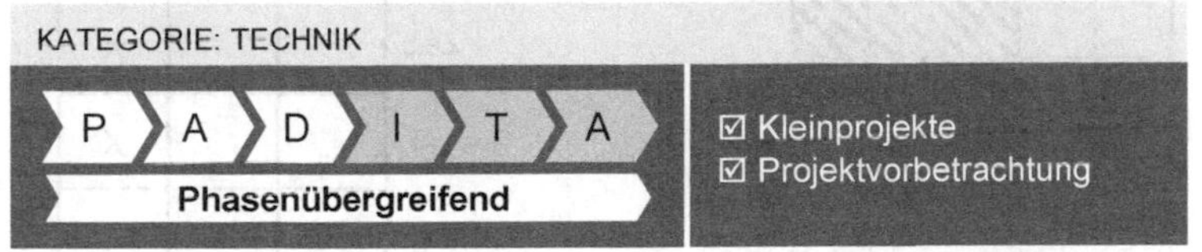

Risikosatz

Aufgrund des Einsatzes neuer oder unausgereifter Technologien, einem ungeeigneten Softwareentwurf, einer unzureichenden Definition nichtfunktionaler Anforderungen in Verbindung mit einer ungenauen Zielsetzung und einem mangelhaften Testmanagement, könnten **Mängel im Echtzeitverhalten** auftreten, die ein schlechtes Antwortzeitverhalten (Benutzerakzeptanz und -produktivität sinken) bis hin zur Nichtrealisierbarkeit der Anforderungen bedingen.

Risikobeschreibung

Dieses Risiko kann intern durch zu schwer zu lösende Algorithmen oder einfach einen zu großen Datenbestand ausgelöst werden. Extern könnte beispielsweise die Benutzerlast für das System zu hoch sein.

Indikatoren

- Es handelt sich um „Neuland": Technologie, Algorithmen, Geschäftsmodell sind noch nicht erprobt und technisch nicht trivial.
- Nichtfunktionale Anforderungen sind nicht ausreichend definiert.
- Es existiert kein valides Mengengerüst für das System (Benutzerzahl, Häufigkeit der Nutzung, Datenvolumen etc.).

- Es wird eine neue Technologie eingesetzt, die unter Verdacht steht noch nicht ausgereift zu sein. Beispielsweise fehlen Zahlen zur Leistungsfähigkeit oder zu Referenzimplementierungen.
- Es sind keine Last- und Performancetests vorgesehen.
- Techniker/Experten halten das Projekt für gewagt.
- Es existieren keine oder geringe wissenschaftliche Erkenntnisse in der Domäne des Projektes.

Risikomatrix & Das magische Viereck

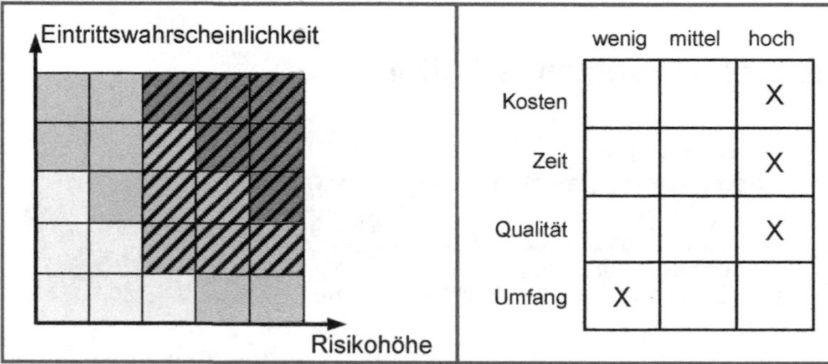

Maßnahmen

- Nichtfunktionale Anforderungen an das System spezifizieren (Antwortzeitverhalten etc.).
- Einschränkungen der Hardware beachten, auf der das Projekt aufsetzt.
- Bei stark explorativen Projekten sollte eine Machbarkeitstudie durchgeführt werden: Pilotsystem einplanen, das die technische Leistungsfähigkeit des Kerns der Lösung zeigt oder eben nicht.
- Experten aus dem speziellen Fachgebiet einstellen.
- Ein spezialisiertes technisches Testteam aufbauen.
- Durch Tests die nichtfunktionalen Anforderungen beweisen (z.B. höchste Reaktionszeit kleiner als 10ms).
- Performancetests auf einer speziellen Infrastruktur, die dem späteren Produktivsystem sehr ähnlich ist, ausführen (Dimensionierung, Originaldaten etc.).
- Algorithmen und Ablaufprozesse simulieren.
- Benchmarking zwischen einzelnen Funktionen, Implementierungen, Algorithmen etc. durchführen, um Entscheidungsgrundlagen zu erhalten.

- Das System tunen: programmiertechnische Optimierungen durchführen (typisch: SQL-Joins), Erkenntnisse des Benchmarkings nutzen und die Infrastruktur optimieren.
- Das System auf mehrere Prozessoren, Instanzen, Cluster etc. skalieren.

Beziehungen

Vorgänger	▪ Verwendung von Legacy-Software ▪ Ungeeigneter Softwareentwurf ▪ Second-System-Effekt ▪ Softwareerosion über die Zeit ▪ Einsatz neuer Technologien ▪ Unrealistische Zielvorstellung ▪ Mangelhafte Definition nichtfunktionaler Systemanforderungen/Qualitätsanforderungen
Nachfolger	▪ Fehlende Benutzerakzeptanz

Identifizieren und Überwachen

- **Endecker**: Systemanalytiker, Programmierer, Tester, Auslieferungsverantwortlicher
- **Überwacher**: Programmierer, Tester

7.6 Phase: Test

7.6.1 Nichtausreichende Testinfrastruktur

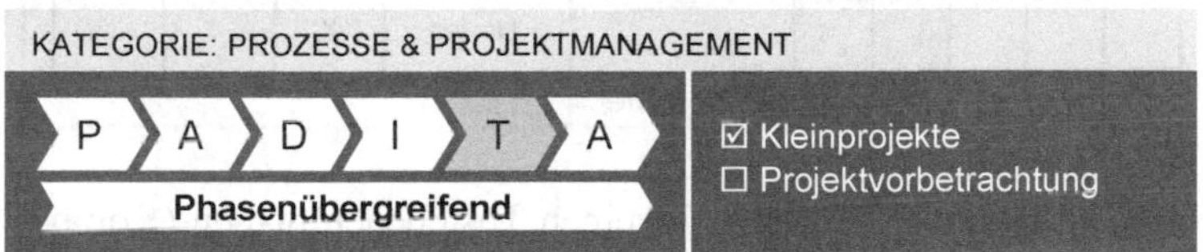

Risikosatz

Wenn der Softwaretest nicht hinreichend priorisiert und unterstützt wird, könnte eine **nicht ausreichende Testinfrastruktur** vorliegen, die keinen systematischen und akkuraten Test zulässt und zu Qualitätsmängeln im Endprodukt führt.

Risikobeschreibung

Die Testinfrastruktur umfasst die notwendigen Räumlichkeiten, die Technik, evtl. Usability-Testlabor, Testumgebung, Testdatenset und die Umgebung für den Test des Antwortzeitverhaltens.

Indikatoren

- Der Test des Systems findet auf der gleichen Umgebung statt, auf der auch die Entwicklung läuft.
- Während des Tests steht keine Testtechnik bereit (z.B. Usability-Labor, spezielle Hardware).
- Eine direkt persönliche Interaktion zwischen Testern und Programmierern sowie den Designern ist nicht möglich. Beispielsweise durch eine räumliche Trennung.
- Der Test des Systems findet ganz am Ende der Implementierung statt, wenn die letzte Lieferung durch die Entwicklung erfolgt ist.
- Es kann keine direkte Weitergabe von Fehlern an die entsprechenden Entwickler erfolgen.
- Das vorherrschende Werkzeug zur Unterstützung des Tests sind Dokumente aus Office-Anwendung.
- Nichtfunktionale Anforderungen sind nicht in einem einheitlichen aktuellen Dokument festgelegt.
- Es steht kein Budget für den Test/die Testinfrastruktur zur Verfügung.

Risikomatrix & Das magische Viereck

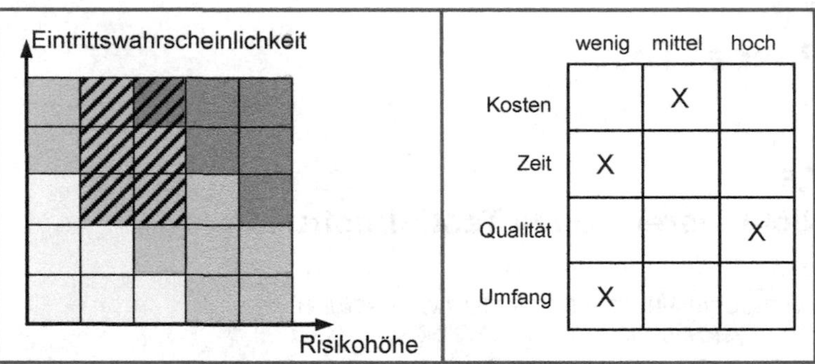

Maßnahmen

- Testinfrastruktur für die einzelnen Testebenen planen (Komponententest, Integrationstest, Systemtest), insbesondere auch für Tests der nichtfunktionalen Anforderung, z.B. Lasttests.
- Unabhängige Test- und Entwicklungsumgebung schaffen, damit der Test nicht von dieser Umgebung abhängig ist.
- Einsatz von Werkzeugen zu Lasttests, zu Test-First-Ansätzen und zur Testautomatisierung vorsehen und technisch ermöglichen.

- Das Ausgangs-Testdatenset sollte automatisiert wiederhergestellt werden können, um mit einem erneuten Testzyklus beginnen zu können.

Beziehungen

Vorgänger	▪ Ungenügende Testmentalität/-motivation ▪ Nicht ausreichendes Testmanagement und Testreporting ▪ Unrealistisches Budget
Nachfolger	▪ Mängel im Echtzeitverhalten ▪ Implementierer vernachlässigen Test ▪ Nichtausreichendes Testmanagement und Testreporting

Identifizieren und Überwachen

- **Endecker**: Qualitätsmanager, Programmierer, Tester
- **Überwacher**: Qualitätsmanager, Programmierer, Tester

7.6.2 Ungenügende Testmentalität/-motivation

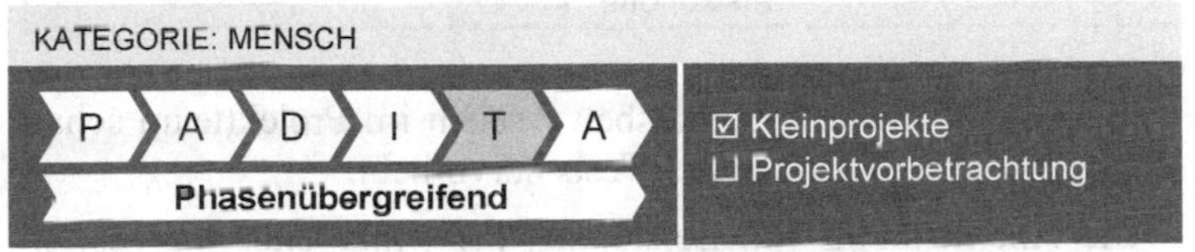

Risikosatz

Aus übermäßigem Zeitdruck oder einer unterdurchschnittlichen Berücksichtigung von Testaktivitäten und einer mangelhaften Kommunikation und Motivation durch den Qualitätsmanager könnte eine **ungenügende Testmentalität in Verbindung mit einer geringen Testmotivation** entstehen, die zu funktionalen und nichtfunktionalen Qualitätsmängeln im Endprodukt führen kann.

Risikobeschreibung

Gerät ein Projekt unter Kosten- und Zeitdruck ist es wahrscheinlich, dass zuerst am Test gespart wird. Dieses Risiko hat aber auch sehr menschliche Ursachen. So ist die vorherrschende Meinung, dass Programmierer sich um neue Funktionen und nicht um den Test bereits entwickelter Funktionen kümmern sollten. Da zudem der Projektruhm mit neuen Funktionen und nicht mit der Sicherstellung der Produktqualität einhergeht, genießen Mitarbeiter, die testen, ein geringeres Ansehen. Dabei ist das Testen die einzige Möglichkeit die Produktqualität auch bei verändernden Anforderungen konstant zu halten und somit eine Expertenaufgabe.

Indikatoren

- Der Softwaretest wird im Team als unliebsame Zusatzaufgabe empfunden.
- Testaktivitäten werden mehrfach aufgeschoben, weil neue Funktionen implementiert werden müssen.
- Offensichtliche Fehler im Endprodukt treten auf, die bei einfachen Tests hätten auffallen müssen.
- Es wird kein Budget für den Test im Projektplan vorgesehen.

Risikomatrix & Das magische Viereck

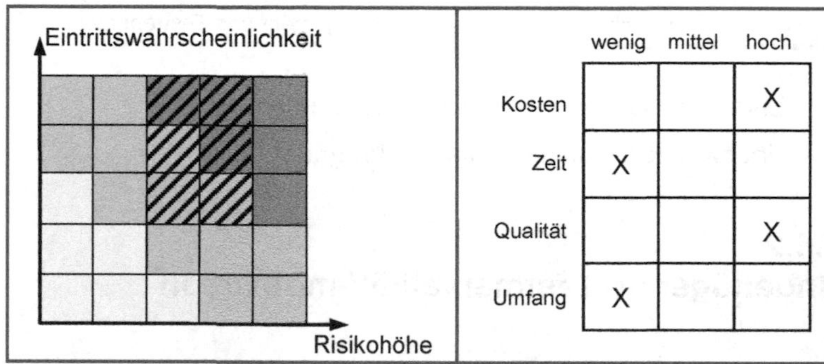

Maßnahmen

- Ein umfangreiches Qualitätsbewusstsein im Projektteam schaffen, dass die Bedeutung des Tests hervorhebt.
- Die Anerkennung von Leistungen der Mitarbeiter im Test sicherstellen.
- Einen Verantwortlichen für die Softwarequalität benennen, der auch für die Organisation des Tests zuständig ist und Qualitätsmaßnahmen überwacht.
- Ein eigenes Testteam aufstellen, das einen gewissen regelmäßigen Austausch von Personal zur Spezifikation und zur Entwicklung vorsieht, um das unterschiedliche Wissen für das Testen zu nutzen.
- Mitarbeiter explizit für den Test aus dem Projektteam freistellen.
- Ein Grundgehalt für reine Tester vereinbaren, das durch Leistungsprämien mindestens an das der Entwickler heranreicht.
- Teamgeist und zwischenmenschliche Beziehungen schaffen, z.B. kooperative Problemlösung im Testteam.
- Qualitäts-Pinwand errichten: Darauf werden die Fehlerberichte, Komponenten besonders hoher bzw. niedriger Qualität, gelöste Fehler der letzten Woche, Umfrageergebnisse von Benutzerbe-

fragungen zur Usability oder besonderen Funktionen für alle Projektmitarbeiter ausgestellt.

- Entwicklungs- und Testteam räumlich und funktional nicht trennen. Gegebenenfalls gleichberechtigt zusammenlegen und Übergänge bei der Aufgabenverteilung ermöglichen.
- Test-First-Ansatz in der Entwicklung verfolgen. Programmierer schreiben zuerst einen Testfall für ihr Stück Programmcode, bevor sie dieses implementieren.
- Exploratives Testen über alle funktionalen Bereiche hinweg einführen: Fachabteilung, Anforderungsanalytiker, Designer und Entwickler testen die Anwendung frei, d.h. außerhalb eines strukturierten Ansatzes.
- Ein fachliches spezifikationsbezogenes Testen einführen: Fachabteilung und Spezifizierer testen die von ihnen verantworteten Anforderungen.
- Den Test mit der notwendigen Infrastruktur ausstatten, um produktiv arbeiten zu können.
- Mitarbeiter zu den Testmanagementprozessen und der Fehlerbehandlung schulen.
- Projektkultur ändern: Keine Toleranz bei Qualitätsmängeln im gesamten Projekt konsequent fordern und fördern.

Siehe auch Maßnahmen des Risikos „Nichtausreichendes Testmanagement und Testreporting".

Beziehungen

Vorgänger	▪ Nicht ausreichendes Testmanagement und Testreporting ▪ Nichtausreichende Testinfrastruktur ▪ Unmotivierte Mitarbeiter
Nachfolger	▪ Implementierer vernachlässigen Test

Identifizieren und Überwachen

- **Endecker**: Projektleiter, Qualitätsmanager, Softwaredesigner, Programmierer, Tester, Auslieferungsverantwortlicher
- **Überwacher**: Qualitätsmanager, Programmierer, Tester

7.6.3 Nichtausreichendes Testmanagement und Testreporting

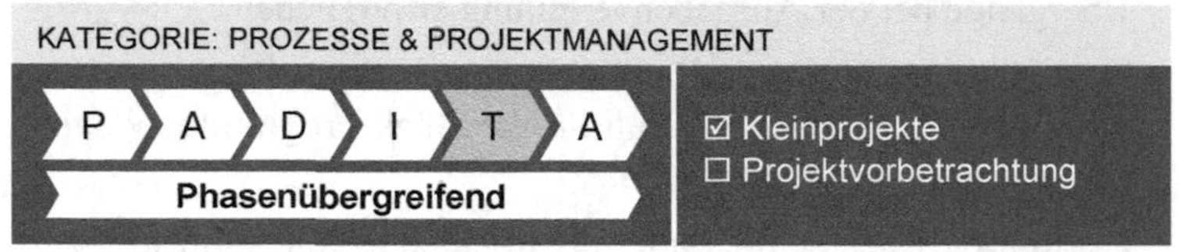

Risikosatz

Aus fehlender Testmentalität, einem nicht definierten Testprozess, mangelnder Priorisierung des Tests oder fehlendem Know-how des Projektteams könnten ein **mangelhaftes Testmanagement und Testreporting** hervorgehen, welche keine effiziente Planung der Testaktivitäten und der Teamstruktur zu lassen, große Qualitätsmängel nach sich ziehen können und keine Bewertung der fachlichen und technischen Qualität der bestehende Lösung erlauben.

Risikobeschreibung

Das Testmanagement umfasst die Planung und Steuerung der Testaktivitäten und hat daher direkten Einfluss auf die Qualität der durchgeführten Tests. Das Testreporting liefert laufend eine Einschätzung der derzeit bestehenden Qualität und bildet eine Entscheidungsgrundlage für das weitere Vorgehen im Projekt.

Indikatoren

- Niemand ist für den Test und/oder die Softwarequalität zuständig.
- Es existiert keine Testplanung oder ein strukturierter Testansatz.
- Im Projektplan ist der Test erst ganz am Ende angefügt und besitzt einen relativ geringen Zeit- und Ressourcenaufwand.
- Es ist kein Budget für Testplanung und Testdurchführung vorgesehen.
- Nichtfunktionale Anforderungen werden nicht getestet (z.B. Usability).
- Entwickler sind ausschließlich für den Test ihres eigenen Codes zuständig.
- Es stehen keine Vorlagen für Qualitätsberichte zur Verfügung.
- Die Feststellung des Gesamtfehlerbestandes kann nicht durchgeführt werden.
- Der Prozess der Fehlerverfolgung ist unbekannt.

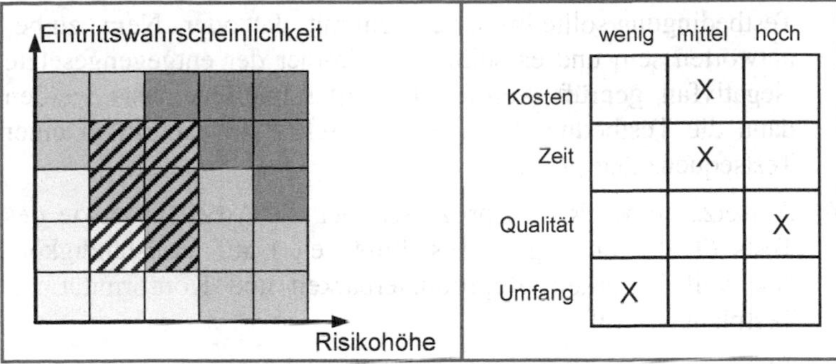

Risikomatrix & Das magische Viereck

Maßnahmen

- Rollen und Verantwortlichkeiten für das Test- und Qualitätsmanagement benennen.
- Fehlerklassen (niedrig, mittel, hoch, kritisch etc.) und Fehlerstatus (gefunden, in Analyse, gelöst etc.) definieren, um darauf aufbauend regelmäßige Berichte zu erheben und die Fehlerbehebung aktiv zu steuern.
- Werkzeug für das Fehlermanagement einführen, das die Zusammenarbeit zwischen Entwicklungs- und Testteam, idealerweise auch projektweit, sicherstellt und das Statusberichte generieren kann.
- Testplanung durchführen. Hier werden die Ziele des Testens (Fehler aufdecken, nichtfunktionale Anforderungen nachweisen, etc.) und die Teststrategie festgelegt. Die Teststrategie, die die Aufwände für den Test auf die einzelnen Teststufen (Komponententest, Integrationstest, Systemtest, Abnahmetest etc.) verteilt, sollte möglichst risikogetrieben bestimmt werden. Der Systemteil, der bei Fehlerhaftigkeit, die größte Auswirkung auf das Gesamtsystem zeigt, sollte am intensivsten getestet werden.
- Nichtfunktionale Anforderungen testen (Lasttests, Usabilitytests etc.), in der Regel mit einem eigenständigen Testansatz.
- Budget- und Zeitplanung für das Testmanagement auf Basis der Testplanung. Anschließend im Projektplan ergänzen.
- Testprozesse definieren, Aktivitäten und Aufgaben ableiten und in das Vorgehensmodell integrieren.
- Strukturierten Testansatz wählen: aus dem zu testenden Element (Klasse im Quellcode, technischer Systementwurf, Spezifikation etc.) eine Menge von Testbedingungen ableiten und dokumentieren. Eine Testbedingung beschreibt das Verhalten des Elements bezüglich einer Eingabe und die erwartete Ausgabe. Eine

Testbedingung sollte immer einzeln mit „Ja" oder „Nein" zu beantworten sein und es sollte auch immer der entgegengesetzte Negativfall geprüft werden. In Testskripten/Unittests werden dann die Testbedingungen einzeln Schritt für Schritt in einer Testsequenz überprüft.

- Aufsetzen eines Reviewprozesses, der die Arbeitsprodukte des Tests (Testbedingungen, Testskripte etc.) auf Vollständigkeit, Nachvollziehbarkeit, Reproduzierbarkeit und Konformität zur Testplanung prüft.
- Testautomatisierung: Komponenten- und Integrationstests können täglich auf nächtlichen Builds ablaufen und automatisiert Berichte an die Programmierer zustellen. Bei System- und Abnahmetests wird hingegen eine Testlogik auf Basis der äußeren Schnittstelle der Software implementiert.
- Ein Testdaten-Set definieren. Dieses sollte automatisiert wieder hergestellt werden können, beispielsweise durch ein Datenbankbackup, und Echtdaten ähneln. Tests werden dann auf Basis der Testdaten durchgeführt.
- Führen Sie exploratives Testen über alle funktionalen Bereiche hinweg ein: Fachabteilung, Anforderungsanalytiker, Designer und Entwickler testen die Anwendung frei, d.h. außerhalb eines strukturierten Ansatzes.
- Führen Sie ein fachliches spezifikationsbezogenes Testen ein: Fachabteilung und Spezialisten testen die von ihnen verantworteten Anforderungen.
- Qualitätsmetriken, z.B. für die Auslieferung, definieren und diese tagesaktuell automatisiert erheben (z.B. Anzahl Fehler der unterschiedlichen Fehlerklassen, Anzahl neuer Fehler der Woche etc.).
- Mitarbeiter zu den Prozessen des Testens und der Fehlerbehandlung schulen.

Beziehungen

Vorgänger	▪ Ungenügende Testmentalität und Testmotivation ▪ Kein eindeutig definiertes Vorgehensmodell ▪ Kommunikationsrisiko innerhalb des Projektes
Nachfolger	▪ Nicht ausreichende Testinfrastruktur ▪ Ungenügende Testmentalität und Testmotivation ▪ Implementierer vernachlässigen Test

- **Endecker**: Qualitätsmanager, Programmierer, Tester
- **Überwacher**: Qualitätsmanager, Tester

Identifizieren und Überwachen

7.7 Phase: Auslieferung

7.7.1 Fehlende Benutzerakzeptanz

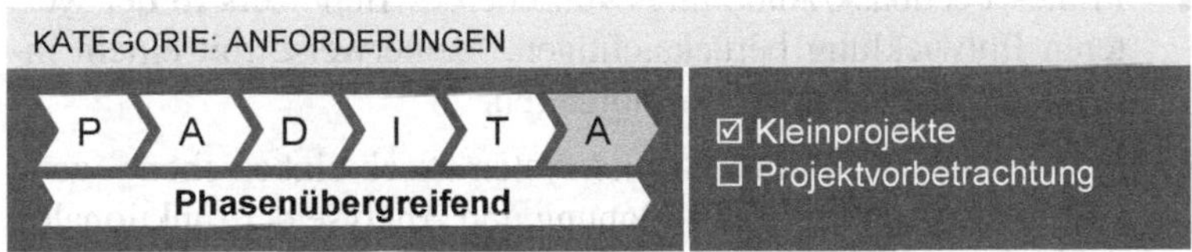

Risikosatz

Aus mangelnder Benutzerbeteiligung von der Planung bis hin zum Test, einer ungeeigneten Auslieferungsstrategie oder einer ungenügenden und problembehafteten Kommunikation zum Auftraggeber könnte es zu einer **fehlenden Benutzerakzeptanz** kommen, da die benutzerseitigen Projektanforderungen nicht ausreichend erfüllt werden, was wiederum bis hin zur Verweigerung der Abnahme führen kann.

Risikobeschreibung

Das entwickelte Produkt könnte auch Widerstände hervorrufen, wenn es von einem Wandel z.B. der Ablösung eines bestehenden Systems oder Änderungen in der Organisation begleitet wird.

Indikatoren

- Die Kommunikation zwischen Benutzer und Auftragnehmer findet nicht in der jeder Phase der Softwareentwicklung statt. Der Benutzer ist nicht von Anfang an in das Projekt integriert.
- Es werden keine Prototypen, insbesondere der Benutzeroberfläche, von Benutzern getestet und bewertet.
- Anforderungen werden nur durch Fachbereiche, nie durch die Benutzer selbst gestellt bzw. beeinflusst.
- In den betroffenen Organisationseinheiten der Benutzerseite verfolgen die Führungskräfte Ziele, die mit den Projektzielen im Widerspruch stehen.
- Es existiert keine eindeutige Zieltransparenz für das Projekt. Wurden die Ziele mit dem Benutzer und dem Auftraggeber (falls es unterschiedliche Einheiten sind) abgestimmt?

Risikomatrix & Das magische Viereck

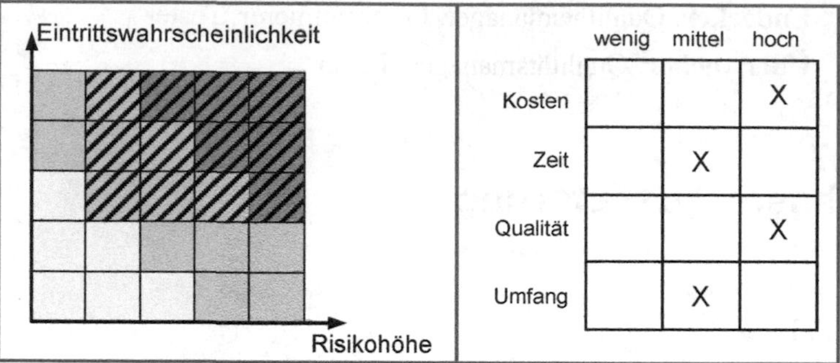

Maßnahmen

- Frühes Feedback/Änderungswünsche des Benutzers in der weiteren Entwicklung berücksichtigen. Idealerweise mit einem inkrementellen Vorgehen kombinieren.
- Den Benutzer „öffentlich" und systematisch einbeziehen – ganz besonders wichtig bei der Planung und Analyse der funktionalen Anforderungen.
- Rechtzeitig den Wissensstand der Benutzer erkennen und abfragen - ggf. Schulungen bei Kenntnisdefiziten anbieten und durchführen (Bedarfsanalyse).
- Handbücher bzw. Arbeitshilfen für den täglichen Umgang und den Einsatz des Systems erstellen.
- Die Auslieferung der Software mit einem geeigneten Kommunikationskonzept begleiten: Frühzeitig Änderungen aufzeigen und den Benutzern sowie ihren Führungskräften die Vorteile des Systems aufzeigen. Beispielsweise durch persönliche Präsentationen, Informationsmails und Flyer.
- Eine geeignete Durchführung einer Abnahme planen und für diese Verantwortlichkeiten benennen.
- Generell: „Betroffene zu Beteiligten" machen.

Beziehungen

Vorgänger	▪ Unklare Zielvorstellung ▪ Ungenügende Benutzerbeteiligung ▪ Mangelhaftes Design an der Gebrauchstauglichkeit (Usability) ▪ Mangelhafte Definition der funktionalen Anforderungen ▪ Unausgereifte Auslieferungsstrategie ▪ Mangelhafte Anwenderschulung ▪ Kommunikationsrisiko außerhalb des Projektes
Nachfolger	▪ -

- **Endecker**: Projektleiter, Anforderungsmanager, Systemanalytiker, Auslieferungsverantwortlicher
- **Überwacher**: Auslieferungsverantwortlicher

Identifizieren und Überwachen

7.7.2 Starkes Schattensystem vorhanden

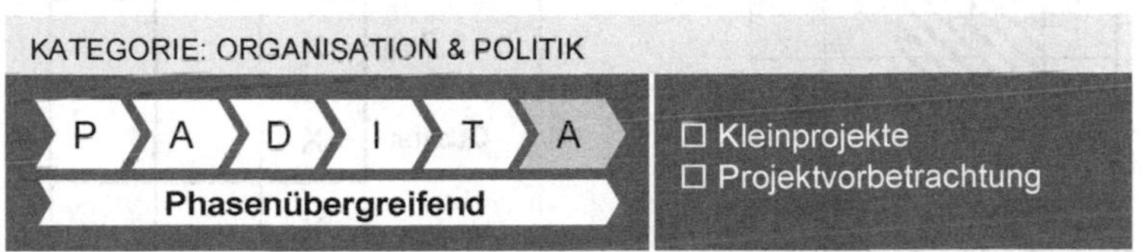

Risikosatz

Aufgrund mangelnden Funktionsumfangs, unzureichender Benutzerbeteiligung, ungenügender Ausrichtung der Software am Arbeitsprozess, Qualitätsmängeln im Endprodukt oder politischer Faktoren könnte ein bereits **bestehendes Schattensystem** zu mangelnder Benutzerakzeptanz und einer Nichtrealisierung des geplanten Nutzwertes führen.

Risikobeschreibung

Ein Schattensystem ist eine nicht zentral entwickelte und zertifizierte Anwendung, die ein Problem im Arbeitsprozess eines Fachbereichs löst und häufig benutzt wird. Meistens beruhen diese Lösungen auf Microsoft Access-Datenbanken oder Excel. Neben den generellen Nachteilen dieser Anwendungen, könnte das Projekt gefährden sein, wenn die Benutzer weiterhin das Schattensystem nutzen und sich der Nutzwert ihres Projektes nicht realisieren lässt.

Indikatoren

- Es existiert ein Schattensystem, das nicht zentral erstellt oder verwaltet wurde, aber Teile der Anforderungen des Projektes abdeckt.
- Die Benutzer des Schattensystems sind hochgradig von diesem abhängig, um ihre Arbeit effizient durchzuführen.
- Benutzer beginnen parallel zur Vorbereitung der Auslieferung eine Strategie zum parallelen Einsatz des Schattensystems zu entwickeln.
- Machtspiele: Benutzer des Fachbereiches legen dem Management dar, dass ihre Arbeit nicht innerhalb der vorgesehenen Zeit erfüllt werden kann, wenn das Schattensystem abgelöst wird.
- Der erwartete Nutzwert der Software kann nicht realisiert werden.

- Die Leistung des Fachbereiches, der die Projektsoftware einsetzt, sinkt, da die Benutzer beginnen alte und neue Arbeitsweisen zu mischen.

Risikomatrix & Das magische Viereck

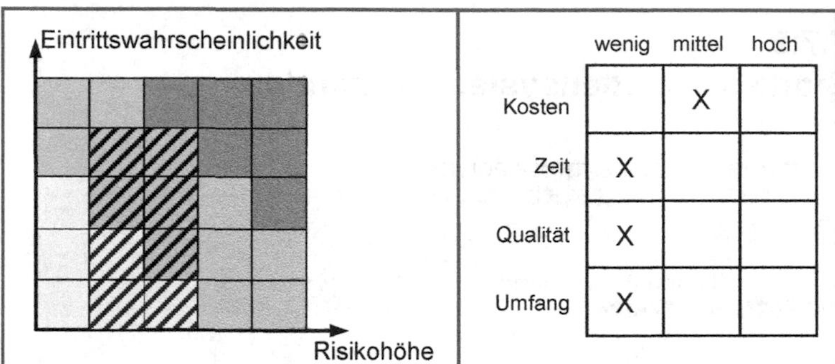

Maßnahmen

- Geschäfts- und Arbeitsprozesse erheben, die die Software unterstützen soll.
- Aktivitäten, Daten und Verantwortlichkeiten analysieren. Welche Aktivitäten und Daten werden von welcher Anwendung im Fachbereich unterstützt?
- Fachabteilungen, für die die Software erstellt werden soll, auf vorhandene Schattensysteme überprüfen.
- Vorhandene Schattensysteme analysieren. Damit kann einerseits die eigene Anwendung validiert werden (Wird das richtige Produkt entwickelt?) und anderseits kann für den Projekterfolg der Anteil der Schattensysteme am Nutzwert gesichert werden.
- Spätere Benutzer des Systems und die Ersteller der Schattensysteme in das Projekt einbinden.
- Kommunikations- und Auslieferungsstrategie entwerfen, wie dies auch bei den Maßnahmen des Risikos „Unausgereifte Auslieferungsstrategie“ beschrieben ist.
- Metriken zur Bewertung des Arbeitsprozesses festlegen, die nur durch die Software des Projektes bereitgestellt werden. Hierzu sollten die Mitarbeiter entsprechend informiert werden. Dies kann ein wirksames Mittel sein, aber auch durch den Parallelbetrieb der beiden konkurrierenden Systeme unterlaufen werden.
- „Nachbetreuung“ nach der Auslieferung der Software einplanen: Ziel ist die Nachverfolgung des Nutzwertes und des Einsatzes der Software sowie die nachhaltige Ablösung des Schattensystems.

- Bietet das Schattensystem einen speziellen Mehrwert, der nicht nachgebildet werden kann, sollte eine Übernahme des Schattensystems erwogen werden. Sicherheitsprüfung, Sicherstellung der Wartbarkeit, Integration in die Anwendungslandschaft und Schnittstellen zu vor- und nachgelagerten Systemen

Beziehungen

Vorgänger	▪ Ungenügende Benutzerbeteiligung ▪ Machtkämpfe ▪ Kommunikationsrisiko außerhalb des Projekts ▪ Unrealistische Zielvorstellung ▪ Unzureichende Unterstützung durch Auftraggeber ▪ Unausgereifte Auslieferungsstrategie
Nachfolger	▪ Fehlende Benutzerakzeptanz

Identifizieren und Überwachen

- **Endecker**: Projektleiter, Anforderungsmanager, Systemanalytiker, Auslieferungsverantwortlicher
- **Überwacher**: Projektleiter, Systemanalytiker

7.7.3 Mangelhafte Umgebung für das System

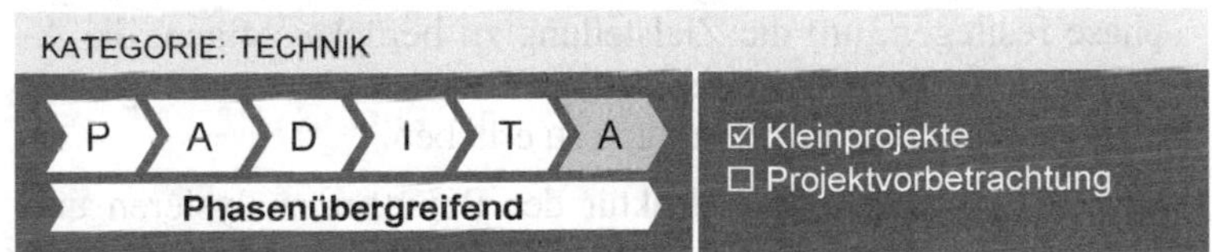

Risikosatz

Durch eine mangelhafte Definition nichtfunktionaler Anforderungen, einem mangelhaften Softwareentwurf, dem Einsatz neuer Technologien oder einem technologischen Wandel während der Projektlaufzeit könnte die Auslieferung durch **eine mangelhafte Umgebung für das System** in seiner Gesamtheit gefährdet sein oder es können sich Qualitätsmängel bzgl. der nichtfunktionalen Anforderungen ergeben (z.B. Mängel im Echtzeitverhalten).

Risikobeschreibung

Für das entwickelte System muss für den Betrieb eine geeignete Umgebung geschaffen werden, in der eine zu den nichtfunktionalen Anforderungen konforme Ausführung der Anwendung möglich ist. Dazu ist in der Regel ein durch die Software-Architektur vorgegebenes Zusammenspiel zwischen mehreren Komponenten notwendig.

Indikatoren

- Sehr wenig oder qualitativ schlechte Kommunikation (nur wenig Details) mit der Betriebsabteilung des Auftraggebers.
- Es liegt kein Betriebskonzept für die Anwendung vor.
- Keine Definition von nichtfunktionalen Anforderungen und damit nicht ausreichende Berücksichtigung für Entscheidungen bezogen auf die Produktivumgebung.
- Fehlende Ist-Analyse der Umgebung und der Infrastruktur der Benutzer.

Risikomatrix & Das magische Viereck

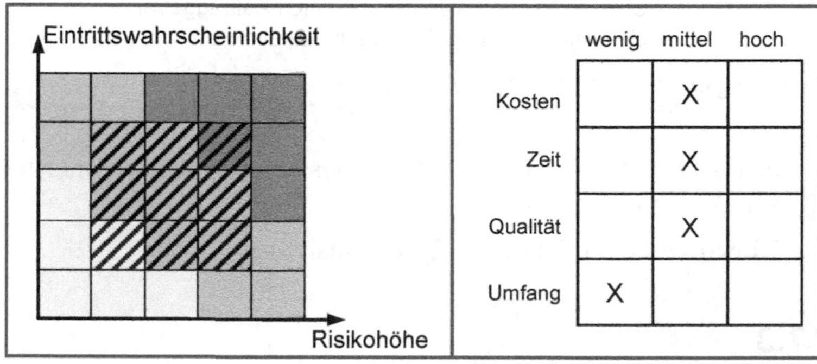

Maßnahmen

- Anforderungen an den Systembetrieb bereits in der Planungsphase festlegen, um die Zielstellung zu berücksichtigen, die Analyse auf diese Vorraussetzungen auszurichten und gezielt nichtfunktionale Anforderungen zu erheben.
- Ist-Umgebung und Infrastruktur der Benutzer analysieren und die Umgebung des zu erstellenden IT-Systems an diesen anpassen.
- Oft bei Client-Server-Architekturen: Mindestvoraussetzungen an den Client des Benutzers festlegen (Betriebssystem, Browserversion, Monitorauflösung etc.). Auf statistische Daten zurückgreifen, wie die Zielgruppe der Anwendung in der Regel ausgestattet ist.
- Einplanung einer Rückkopplungsschleife, wenn die Anforderungen an das System vorliegen, um Änderungen an der Umgebung zu definieren
- Betriebskonzept für die Produktivumgebung erstellen.
- Kommunikation mit der Betriebsabteilung des Auftraggebers fördern (Regeltermine, Zusammenarbeit bei Betriebskonzept etc.).

Vorgänger	▪ Mangelhafte Definition nichtfunktionaler Systemanforderungen/Qualitätsanforderungen ▪ Ungeeigneter Softwareentwurf ▪ Einsatz neuer Technologien ▪ Mangelhaftes Betriebskonzept ▪ Kommunikationsrisiko außerhalb des Projektes	*Beziehungen*
Nachfolger	▪ Mängel im Echtzeitverhalten ▪ Beschaffung falscher Software für die Anwender	

Identifizieren und Überwachen

- **Endecker**: Softwarearchitekt, Programmierer, Tester, Auslieferungsverantwortlicher
- **Überwacher**: Softwarearchitekt, Auslieferungsverantwortlicher

7.7.4 Mangelhafte Definition des Abnahmeverfahrens

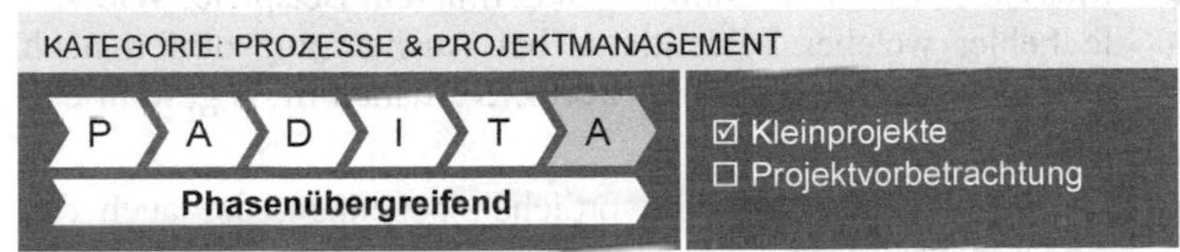

Risikosatz

Aus einer ungenauen Zielsetzung, einer mangelhaften Vertragsgestaltung und einer nicht ausreichenden Definition von Qualitätskriterien oder politischen Bedingungen könnte eine **mangelhafte Definition des Abnahmeverfahrens** resultieren, was zu einer Abnahmeverweigerung und Zahlungsausfällen führen kann.

Risikobeschreibung

Nach der Abnahme wird das System an den Auftraggeber zum Betrieb und Produktiveinsatz übergeben. Die Abnahme ist damit das Ende der Leistungserbringung und die Erfüllung des Vertragsverhältnisses zwischen den Projektparteien.

Indikatoren

- Arbeiten finden ohne Vertrag oder unterschriebenes Angebot statt.
- Es ist kein eindeutiges Abnahmeverfahren definiert, das auf messbaren Größen beruht.
- Das Vorgehensmodell enthält keinen „Abnahme erteilt"-Meilenstein.

Risikomatrix & Das magische Viereck

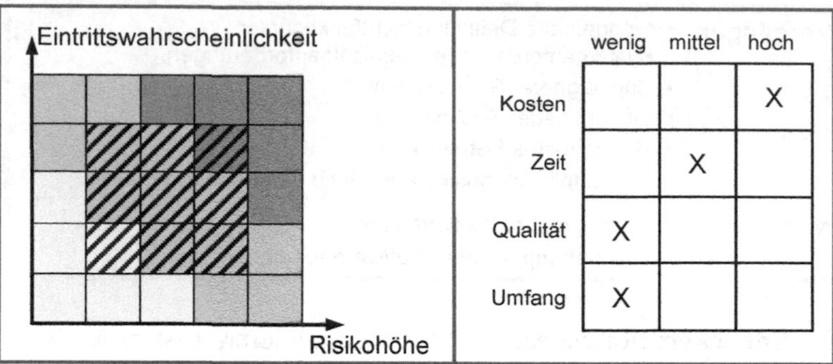

Maßnahmen

- Abnahmeverfahren definieren, in das Vorgehensmodell integrieren und den Anspruchsgruppen bekannt machen.
- Einen formalen Abnahmetest durch Benutzer organisieren.
- Laufende Qualitätsberichte erzeugen und überwachen.
- Messbare Abnahmebedingungen definieren. Beispiele: Wie viele Fehler welcher Fehlerklasse bei Auslieferung dürfen noch enthalten sein? Welches Antwortzeitverhalten muss gewährleistet werden?
- Einen Auslieferungsverantwortlichen benennen, der auch das Abnahmeverfahren überwacht.
- Erwartungen an die weitere Zusammenarbeit zwischen Auftraggeber und Auftragnehmer nach Projektende festlegen. Im gleichen Zuge Regelung des Gewährleistungszeitraumes nach der Abnahme.
- Abnahmeverfahren mit dem Auftraggeber abstimmen und vertraglich festhalten.
- Probleme und Risiken priorisieren, die eine Abnahme gefährden könnten.

Beziehungen

Vorgänger	▪ Mangelhafte Vertragsgestaltung ▪ Ungenügende Erfahrung des Projektleiters ▪ Unklare Zielvorstellung ▪ Kein eindeutig definiertes Vorgehensmodell ▪ Kommunikationsrisiko außerhalb des Projektes
Nachfolger	▪ -

Identifizieren und Überwachen

- **Endecker**: Projektleiter, Steuerkreis
- **Überwacher**: Projektleiter

7.7.5 Unausgereifte Auslieferungsstrategie

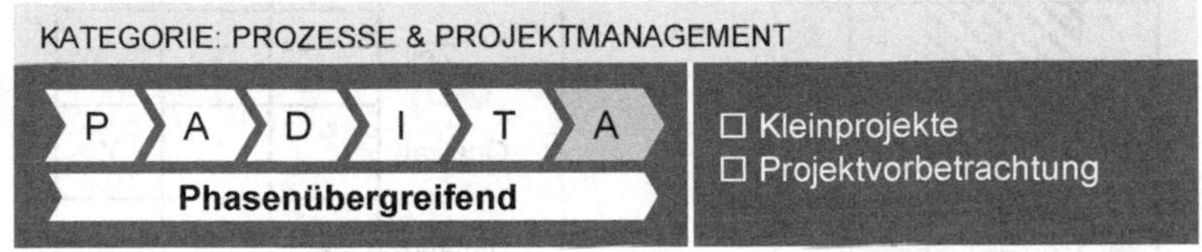

Risikosatz

Aufgrund mangelnder Benutzerschulung, mangelhafter Erfahrungen des Projektteams, fehlender Benutzerbeteiligung, der fehlerhaften Setzung von Prioritäten oder politischen Faktoren könnte eine **unausgereifte Auslieferungsstrategie** dazu führen, dass die Benutzerakzeptanz sinkt, Widerstände hervorgerufen werden, der Nutzwert des Systems in Frage gestellt wird oder das Projektteam zeitlich stark belastet wird.

Indikatoren

- Informationen über das Projekt und die Auslieferung werden unstrukturiert und von unterschiedlichen Stellen an die Benutzer kommuniziert.
- Es existiert keine Auslieferungsstrategie und kein Supportkon zept.
- Supportaufgaben werden unstrukturiert und ungeregelt von jedem Projektmitarbeiter wahrgenommen, z.B. rufen Benutzer ihnen bekannte Programmierer an. Es ist kein Prozess etabliert.
- Das Projekt ist Teil einer Umstrukturierungsmaßnahme oder ein „Prozess-durch-IT"-Projektes. Zweitere sind strategische Projekte, die durch Vorgaben der IT versuchen Prozesse einzuführen und Qualitätsstandards zu setzen ohne eine Veränderung direkt organisatorisch herbeizuführen.
- Je näher die Auslieferung rückt, umso mehr Bedenkenträger melden sich und umso schärfer wird der Gegenwind.
- Die Kommunikation nach außen und die Benutzerbeteiligung ist mangelhaft.

Risikomatrix & Das magische Viereck

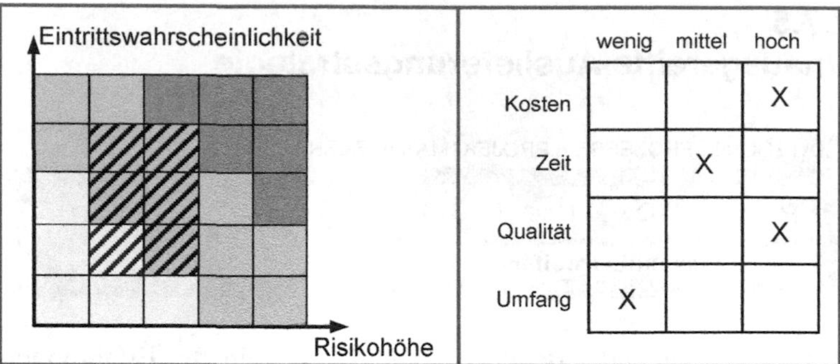

Maßnahmen

- Die Auswirkung der Auslieferung auf die Organisation und die Mitarbeiter analysieren. Wird ein Wandel herbeigeführt, entstehen leicht Widerstände, die die Auslieferung in Frage stellen könnten.
- Die Auslieferung mit einem Support- und einem Kommunikationskonzept unterstützen und den Nutzwert der Software herausstellen.
- Mit den Benutzern und ihrem Management zusammenarbeiten, um deren Wünsche an die Auslieferung gewährleisten zu können.
- Auslieferungsstrategie so definieren, dass die wenigsten Widerstände von Benutzern und ihrem Management entstehen. Beispielsweise Pilotierung des Systems, begrenzter Parallelbetrieb, Vorgehen in mehreren Auslieferungstranchen oder eine einmalige Gesamtauslieferung.
- Ein Abwägen von Handlungsoptionen ist sinnvoll, da es einige Strategien noch erlauben, während der Auslieferung auf sich verändernde Anforderungen zu reagieren.
- Die Auslieferungsstrategie zwischen Projekt und Auftraggeber abstimmen.
- Kommunikationskonzept: Geregelte und formale Kommunikation der Auslieferungsstrategie an Benutzer und ihr Management sicherstellen, damit die entsprechenden Vorbereitungen getroffen werden können und ein Gefühl positiver Unterstützung entsteht. Es werden die Arten, Medien, Zeitpunkte etc. jeglicher Kommunikation nach außen festgelegt. Ebenso auch die Eskalationswege festlegen und mit Personen hinterlegen.
- Support-Konzept aufsetzen, das die Aktivitäten zur Unterstützung der Benutzer zusammenfasst, die Ablaufprozesse in die-

sem Bereich definiert, einen Zeitplan aufstellt und Verantwortlichkeiten festlegt.

- Definition von ITIL-konformen Prozessen von der Problemaufnahme zur Problemlösung (Incident-, Problem-, Release- und Changemanagement). Siehe hierzu auch Maßnahmen des Risikos „Mangelhaftes Betriebskonzept".
- Behandlung der Fragen der Benutzer durch ein mehrschichtiges Supportsystem – von den einfachen zu den schwierigen Fragen werden dann die entsprechenden Lösungen auf dem jeweiligen Level gelöst: dezentraler Ansprechpartner, zentraler User-Help-Desk/Hotline, 2nd-Level, 3rd-Level, Programmierer und Fachbereiche.
- Bei Auslieferung hoher fachlicher und technischer Komplexität in stark verteilte Standorte: Projektmitarbeiter zur Unterstützung in den ersten Tagen/Wochen abstellen.
- Fehlerreporting und Fragenverteilung mit einem gemeinsamen übergreifenden Ticketsystem.
- Feedback an die Benutzer über den Stand von Anfragen (Transparenz schaffen).
- Ist Teil der Auslieferung eine umfassende Migration, sollten Maßnahmen des Risikos „Komplexe Datenmigration" getroffen werden: Migrationsarbeitshilfen, strukturierte Migrationsvorbereitung, Prüfung der Datenqualität etc.
- Regelmäßige Qualitätsberichte über eine laufende Auslieferung erheben, um Problem frühzeitig erkennen zu können.
- Erstellung von Handlungsempfehlungen, Arbeitshilfen, Migrationshilfen, Startersets, Handbuch, Benutzerforum, Wiki, Schulungsunterlagen, FAQ-Listen, Intranetauftritt. Siehe hierzu auch Maßnahmen des Risikos „Mangelhafte Anwenderschulung".

Beziehungen

Vorgänger	▪ Kommunikationsrisiko außerhalb des Projektes ▪ Unzureichende Unterstützung durch Auftraggeber ▪ Machtkämpfe ▪ Ungenügende Benutzerbeteiligung
Nachfolger	▪ Fehlende Benutzerakzeptanz ▪ Mangelhafte Anwenderschulung ▪ Mangelhaftes Betriebskonzept

Identifizieren und Überwachen

- **Endecker**: Projektleiter, Auslieferungsverantwortlicher
- **Überwacher**: Auslieferungsverantwortlicher

7.7.6 Mangelhafte Anwenderschulung

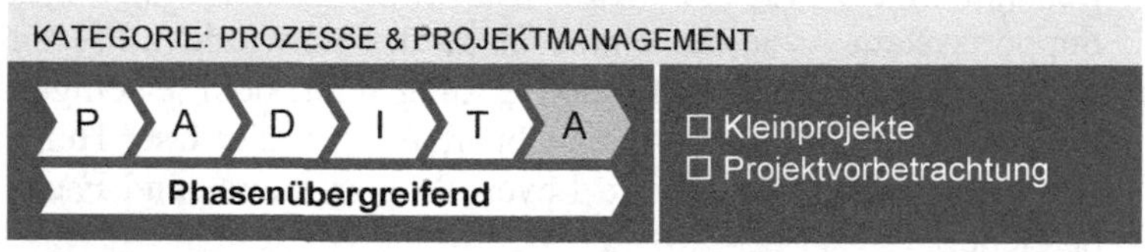

Risikosatz

Aus ungenügender Erfahrung des Projektleiters, mangelhafter Benutzerbeteiligung während des Projektverlaufes, einer fehlenden Bedarfsanalyse bezüglich des Wissensstands der Anwender oder einer ungenügenden Auslieferungsstrategie könnte es zu einer **nicht ausreichenden oder fehlenden Anwenderschulung** kommen, was zu unzufriedenen Benutzern und einer verringerten Produktivität führen kann.

Indikatoren

- Fehlende Bedarfsanalyse bezüglich der Schulungen bei den Anwendern.
- Umfang und Prozess für die Auslieferung sind nicht definiert.
- Nicht ausreichende Anwenderbeteiligung während des gesamten Projektverlaufes.

Risikomatrix & Das magische Viereck

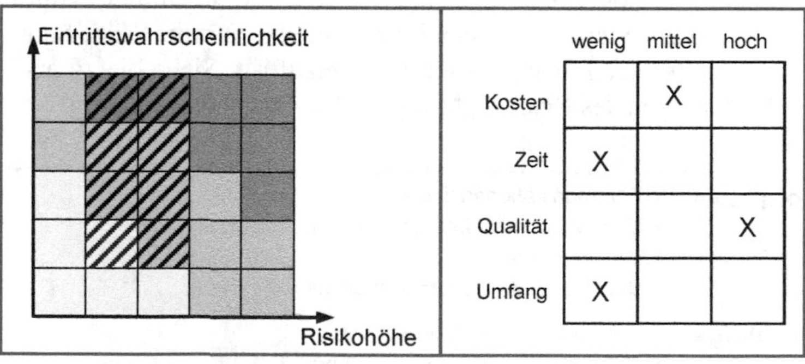

Maßnahmen

- Siehe auch Maßnahmen des Risikos „Fehlende Benutzerakzeptanz". Die Anwenderschulung selbst ist eine der Maßnahmen für das Risiko, dass die Benutzer das System nicht akzeptieren.

- Trainingsbedarf erheben: Wissensstandsanalyse der zukünftigen Anwender des Systems durchführen. Soll-Wissensstand und notwendiges Know-how für das System bestimmen und auf dieser Basis den Schulungsplan für die Anwender festlegen.
- Detaillierte Aus- und Weiterbildungsplanung mit konkreten Schulungsdaten, die die vorhandenen Projektabhängigkeiten und den Ressourcenbedarf berücksichtigen. Beispielsweise hierarchisches Schulungskonzept wählen: Projektmitarbeiter und Fachbereich schulen Trainer, Trainer schulen Multiplikatoren, Multiplikatoren schulen Anwender.
- Schulungsplan kommunizieren und mit den Anwendern und Trainern abstimmen. Schulungen nicht zu früh beginnen, da Benutzer oft nur für das „Kurzzeitgedächtnis“ lernen.
- Die Schulungen und Einweisungen sollten den Anwendern Sicherheit und Souveränität im Umgang mit dem neuen IT-System vermitteln.
- Innerhalb der Schulungen den Anwender auf die Bedeutung der vollständigen und richtigen Dateneingabe und Datenpflege hinweisen.
- Um die Umsetzung in der Praxis zu gewährleisten, sollten die Schulungen durch Handbücher und Organisationsanweisungen unterstützt werden.
- Nach der Durchführung der Anwenderschulung, in der ersten Zeit des Produktivbetriebes, Ansprechpartner für weitere Fragen zur Verfügung stellen.
- Einen Prozess definieren, damit Anregungen aus den Schulungen im IT-Projekt zur Verbesserung der Anforderungen und der Schulungen aufgenommen werden können.
- Ein eigenes Schulungssystem aufsetzen, das unbedingt vom Entwicklungssystem unabhängig ist und eine ausreichende Leistung bietet.

Beziehungen

Vorgänger	▪ Unklare Zielvorstellung ▪ Ungenügende Benutzerbeteiligung ▪ Mangelhafte Definition des Abnahmeverfahrens ▪ Unausgereifte Auslieferungsstrategie ▪ Kommunikationsrisiko außerhalb des Projektes
Nachfolger	▪ Beschaffung falscher Software für die Anwender ▪ Fehlende Benutzerakzeptanz

Identifizieren und Überwachen

- **Endecker**: Projektleiter, Teamleiter, Qualitätsmanager, Anforderungsmanager, Auslieferungsverantwortlicher
- **Überwacher**: Projektleiter, Auslieferungsverantwortlicher

7.8 Übergreifende Risiken: Prozesse und Projektmanagement

7.8.1 Mangelhaftes Betriebskonzept

Risikosatz

Aus einer ungenügenden Zieldefinition für das Projekt, ungenügenden Erfahrungen des Projektteams und des Projektleiters oder fehlenden Definitionen von Qualitätsmerkmalen und Standards für den Betrieb der Software könnte ein **mangelhaftes Betriebskonzept** entstehen, was zu Budgetproblemen, einer fehlenden Benutzerakzeptanz und zu einer mangelhaften Systemüberwachung führen kann.

Indikatoren

- Nichtfunktionale Anforderungen werden nicht explizit erhoben.
- Nichtfunktionale Anforderungen werden durch einen Betriebsverantwortlichen nicht geprüft oder vom Betriebskonzept nicht berücksichtigt.
- Es liegen keine Zahlen zum Mengengerüst und dem erwartetem Nutzungsaufkommen der Software vor.
- Keine zugeordneten Verantwortlichkeiten für das Betriebskonzept.
- Fehlende Vorlagen und Qualitätsmerkmale für das Betriebskonzept.

Risikomatrix & Das magische Viereck

Eintrittswahrscheinlichkeit

Risikohöhe

	wenig	mittel	hoch
Kosten			X
Zeit		X	
Qualität			X
Umfang			X

Maßnahmen

- Die Ziele und den Umfang für den Betrieb, Service und Support mit dem Auftraggeber/Benutzer bereits bei der Anforderungsaufnahme und Zielbestimmung festlegen.
- Betriebskonzept aufbauend auf die Architekturdokumentation erstellen, um die Verteilung des Systems auf dem Rechner und die Art der Kommunikation zwischen den Bestandteilen des Systems darzustellen, damit sie gezielt überwacht wird und auftretende Fehler behoben werden können („Betriebshandbuch").
- Vorlagen, Anforderungen und Qualitätsmerkmale für das Betriebskonzept festlegen und es in das Vorgehensmodell integrieren.
- Während des gesamten Projektes eine geeignete Dokumentation sicherstellen, damit im Betriebskonzept auch die Anforderungen des Systems an eine Umgebung (Hardware, Netzwerk, Ressourcen) sowie die nichtfunktionalen Anforderungen, die vom Betrieb sicherzustellen sind (Verfügbarkeit, Sicherheit), dargestellt werden können.
- Am Anfang des Projektes muss ein Mitarbeiter aus dem Projektteam die Verantwortung für die Erstellung des Betriebskonzeptes zugeteilt werden.
- Benutzerbeteiligung während des gesamten Projektverlaufes sicherstellen. Siehe Maßnahmen des Risikos „Ungenügende Benutzerbeteiligung".

Bei komplexen Systemen **ITIL** (IT Infrastructure Library) verwenden. Sie organisiert den dauerhaften und ständig verbesserten Betrieb und richtet IT-Organisationen prozess-, service- und kundenorientiert aus:

- **Service Delivery Prozesse**: Service Level Management, Finance Management, Capacity Management, Continuity Management, Availibility Management

- **Service Support Prozesse**: Incident Management, Problem Management, Change Management, Configuration Management, Release Management

Beziehungen

Vorgänger	▪ Ungenügende Benutzerbeteiligung ▪ Mangelhafte Definition der funktionalen Anforderungen ▪ Mangelhafte Definition der nichtfunktionalen Anforderungen/ Qualitätsanforderungen ▪ Unklare Zielvorstellung ▪ Veränderliche Projektabgrenzung/-ziele ▪ Mangelhafte Vertragsgestaltung
Nachfolger	▪ Fehlende Benutzerakzeptanz ▪ Budgetproblematik

Identifizieren und Überwachen

- **Endecker**: Projektleiter, Qualitätsmanager, Anforderungsmanager, Softwarearchitekt, Auslieferungsverantwortlicher
- **Überwacher**: Projektleiter, Qualitätsmanager, Auslieferungsverantwortlicher

7.8.2 Mangelhafte Projektkontrolle

KATEGORIE: PROZESSE & PROJEKTMANAGEMENT

P A D I T A

Phasenübergreifend

☐ Kleinprojekte
☐ Projektvorbetrachtung

Risikosatz

Aus ungenügender Erfahrung des Projektleiters, mangelhafter Projektplanung, fehlendem Vorgehensmodell, unstrukturierter Arbeit des Projektteams oder der höheren Ebene könnte es **zur Vernachlässigungen bezüglich der Projektkontrolle** kommen, was zu Budgetproblemen, Zeitverzögerungen und einer unpassenden Kosten- und Ressourcenplanung im Hinblick auf die Projektziele führen kann.

Die Projektkontrolle erfolgt durch eine höhere Ebene, als die des Projektleiters.

Indikatoren

- Keine regelmäßige Überwachung des Projektfortschritts.
- Keine oder ungenügende Kostenkontrolle von außerhalb des Projektes.
- Fehlende Überwachung der Ressourcenplanung.

- Das Projekt verbraucht mehr Budget/Ressourcen, als dies im Hinblick auf Projektziel und den erwarteten Nutzwert wirtschaftlich oder strategisch sinnvoll wäre.

Risikomatrix & Das magische Viereck

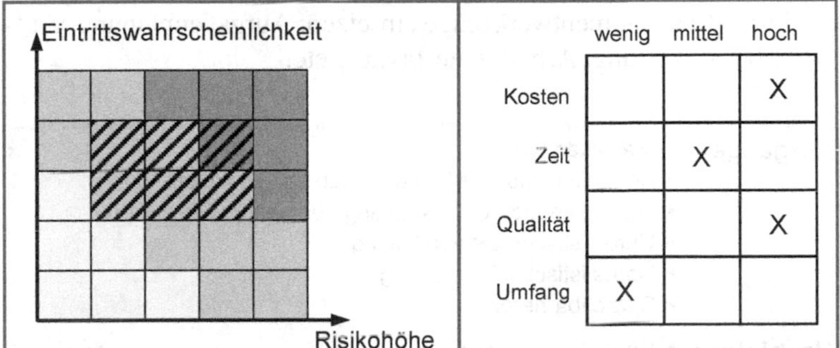

Maßnahmen

- Projektreview von „innen" durchführen – innerhalb des Unternehmens, aber außerhalb des Projektes.
- Regelmäßige Abstimmungen mit dem Auftraggeber über die Zielvereinbarung und die weitere Vorgehensweise. Daraus kann das Verhältnis zwischen erwartetem Nutzwert und Ressourcenverbrauch berechnet und bewertet werden.
- Projektplan in regelmäßigen Abständen aktualisieren und die Meilensteine kontrollieren.
- Kosten- und Ressourcenplan überwachen und bei Abweichungen aktualisieren (Kostenkontrolle). Die Grundlage der Projektkontrolle bildet eine regelmäßige Erfassung der geleisteten Aufwände, verbunden mit einer gleichzeitigen Einschätzung der Restaufwände.
- Projektberichte erstellen und eine adäquate Projektdokumentation sicherstellen.
- Projektinternes und Projektübergreifendes Risikomanagement durchführen.
- Kennzahlen und ein Messsystem entwickeln, um Abweichungen von der Projektplanung zu erkennen und den Projekterfolg erfassen zu können. Beispielsweise am Nutzwert ansetzen.
- Visualisierung von Schlüsselmetriken des Projektes und diese zugänglich machen. Beispielsweise Fortschrittsanzeige der aktuellen Spezifikationen, aktuell investierte Personentage in die laufende Version, Systemteststatus etc.
- Controllingzyklen und -standards implementieren.

- Alle Projektmitarbeiter sollten ihre Zeitaufwendungen einheitlich, zeitnah und projekt- bzw. tätigkeitsgenau erfassen. Um den bürokratischen Aufwand zu senken, kann dies beispielsweise auf wöchentlicher Basis erfolgen.
- Projektmanagementwerkzeuge einsetzen: Aufgabenplanung, Aufgabenzuweisung, Arbeitszeiterfassung etc.

Beziehungen

Vorgänger	▪ Machtkämpfe ▪ Kommunikationsrisiko außerhalb des Projektes ▪ Unzureichende Unterstützung der Geschäftsleitung ▪ Unrealistische Zielvorstellung ▪ Unrealistische Zeitplanung ▪ Sprachbarrieren
Nachfolger	▪ Budgetproblematik ▪ Unmotivierte Mitarbeiter ▪ Ungenügende Akzeptanz Projektleiter/Mitarbeiter ▪ Ungenügende Unterstützung der Geschäftsleitung

Identifizieren und Überwachen

- **Endecker**: Projektleiter, Steuerkreis, Qualitätsmanager,
- **Überwacher**: Steuerkreis, Qualitätsmanager

7.8.3 Mangelhafte Vertragsgestaltung

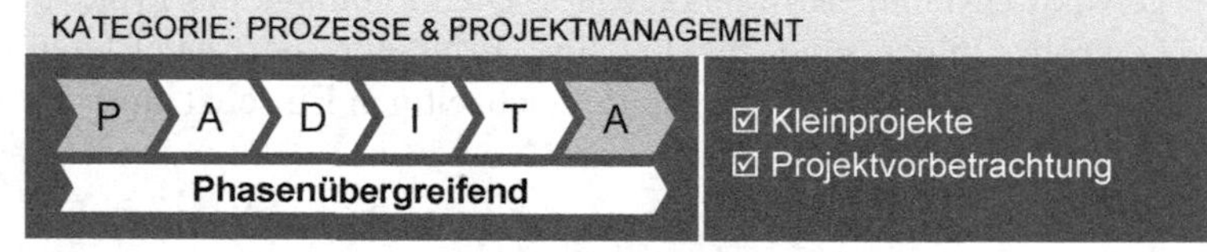

Risikosatz

Aufgrund ungenügender Fähigkeiten der Projektleitung, unrealistischer Zielvorstellungen oder politischer Faktoren, wie unrealistischen Vorgaben durch das eigene Management, könnte ein **mangelhafter Vertrag geschlossen** werden, der zu mangelnder Unterstützung des Auftraggebers, einer verweigerten Abnahme und Zahlungsausfällen führen kann.

Risikobeschreibung

Die Leistungserbringung wird in Verträgen oder Angeboten zwischen Auftraggeber und Auftragnehmer geregelt. Eine gute Vertragsgestaltung verteilt die Projektchancen und -risiken auf die Vertragsparteien und legt einen entsprechenden Preis fest. Da Kleinprojekte in der Regel nicht auf eine rechtliche Klärung zurückgreifen, ist dieses Risiko hier besonders hoch.

Indikatoren

- Arbeiten finden ohne Vertrag oder unterschriebenes Angebot statt.
- Die Abnahme und die Vergütung sind vertraglich nicht geregelt.
- Die Projektrisiken sind nicht dem Preis entsprechend auf die Projektparteien verteilt.
- Leistungen des Auftraggebers sind im Vertrag nicht berücksichtigt.

Risikomatrix & Das magische Viereck

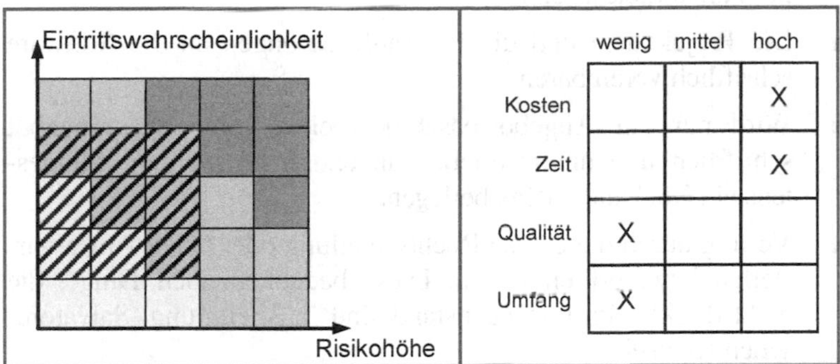

Maßnahmen

- Allgemeine Geschäftsbedingungen durch die eigene Rechtsabteilung oder einen Anwalt aufstellen und diese vom Auftraggeber schriftlich bestätigen lassen.
- Zwischen Werks- und Dienstleistungsvertrag unterscheiden: Beim ersteren wird dem Auftraggeber ein echtes „Werk" (z.B. ein Programm) mit bestimmten Merkmalen geschuldet, beim zweiten wird nur eine Arbeitsleistung in Stunden erbracht, unabhängig von einem bestimmten Werk.
- Projektrisiken vor der Angebotsabgabe bewerten, um eine Entscheidungsgrundlage für oder gegen das Projekt zu erhalten. Die identifizierten Risiken sollten auf die Projektparteien verteilt sein. Erst wenn der Auftragnehmer „genug" Risiken übernommen hat, steigt die Wahrscheinlichkeit, dass er gewillt sein wird aktiv im Projekt mitzuarbeiten.
- Risikobetrachtung für die initiale Zeit- und Budgetplanung im Vertrag/Angebot nutzen.
- Risikopuffer für die Projektrisiken in den Preis einkalkulieren.
- Die Leistungs- und Qualitätsmerkmale an die Software so genau wie möglich im Vertrag/Angebot aufnehmen. Eine erste Leistungsbeschreibung anfertigen, die die Grundlage von Vertrag und Angebot darstellt. Dies sollten besonders auch kleine Pro-

jekte berücksichtigen. Es ist allerdings nicht zu erwarten, dass eine vollständige Beschreibung der späteren Software möglich ist, vielmehr ist dann der Prozess aufzunehmen, mit dem die Software erstellt wird.

- Explizite Vereinbarung der Leistungen/Pflichten des Auftraggebers. Wie viel Personal/Räumlichkeiten/Infrastruktur wird für das Projekt zur Verfügung gestellt? Welche Aktivitäten werden übernommen? Welche Unterstützung wird gewährt? Beispielsweise Unterstützung bei Anforderungsanalyse, Organisation eines Abnahmetests etc.
- Die Projektziele und die Basisanforderungen an die Software schriftlich vereinbaren.
- Wird nur auf Angebotsbasis gearbeitet, sollte das Angebot schriftlich und unterschrieben angenommen werden. Mindestens ein Rückantwortfax beilegen.
- Vertrag durch die eigene Rechtsabteilung oder einen Anwalt erstellen bzw. prüfen lassen. Diese bedenken auch Dinge, die nicht direkter Projektgegenstand sind (z.B. Haftung, Salvatoreschen Klausel etc.)
- Zahlungsmodalitäten festlegen: Anzahlungen, komplette Bezahlung, Preisgestaltung.
- Messbare Abnahmebedingungen für die Software festlegen, beispielsweise wie viele Fehler welcher Fehlerklasse bei Auslieferung noch enthalten sein dürfen.
- Die Gewährleistungszeit nach Projektabschluss abstimmen und regeln.
- Nutzungsrechte, Lizenzierungsverfahren und Weitervermarktung an Dritte der Software und des Quellcodes festlegen.
- Im öffentlichen Bereich ist der Einfluss des komplexen Vergaberechts der Kommunen, Ländern und Städten bezogen auf die Preis- und Vertragsgestaltung zu prüfen.
- Bei laufenden Projekten und festgestellten Vertragsmängeln versuchen den bestehenden Vetrag zu ergänzen.

Beziehungen

Vorgänger	▪ Ungenügende Erfahrung des Projektleiters ▪ Unklare Zielvorstellung ▪ Unrealistische Zielvorstellung
Nachfolger	▪ Mangelhafte Definition des Abnahmeverfahrens ▪ Unzureichende Unterstützung durch Auftraggeber ▪ Veränderliche Projektabgrenzung und -ziele

- **Endecker**: Projektleiter, Steuerkreis
- **Überwacher**: Projektleiter

Identifizieren und Überwachen

7.8.4 Unrealistische Zeitplanung

Risikosatz

Aus ungenügender Erfahrung des Projektleiters, einer unklaren und unrealistischen Zielvorstellung, einer mangelhaften Aufwandschätzung, einer mangelhaften Aufgabenidentifikation oder einer ungenügenden Abstimmung mit den Projektbeteiligten könnte **eine unrealistische Zeitplanung** entstehen, die zu unmotivierten Mitarbeitern, Abstrichen in Qualität und Umfang, Budgetüberschreitungen und einer verspäteten Lieferung führen kann.

Risikobeschreibung

Die Konsequenz einer unrealistischen Zeitplanung hat mehrere Seiten. Ist die Projektlaufzeit zu kurz angesetzt, kann dies zu schlechter Qualität führen („quick-and-dirty-Mentalität"), während eine zu lange Laufzeit das Projekt organisatorisch „verschleißen" könnte und für Mitarbeiter keine motivierende Herausforderung darstellt.

Indikatoren

- Der „Das-schaffen-wir"-Stil verleitet zum Wunschdenken, was unweigerlich zu knappen Plänen führt.
- Mangelndes Risikobewusstsein führt zur Überschätzung der eigenen Leistungsfähigkeit. Es werden keine Risikodiagramme eingesetzt.
- Fehlende Aufwandschätzung und Aufgabenidentifikationen.
- Es ist kein eindeutiges Ziel für das Projekt definiert worden, was die Voraussetzung für eine realistische Zeitplanung darstellt.
- Der Projektleiter hat mit Projekten in der entsprechenden Größenordnung keine Erfahrung.
- Einzelne Lieferungen verzögern sich. Beispielsweise die Lieferung von den Entwicklern an das Testteam.
- Meilensteine in der Projektplanung werden überschritten.

- Einzelne Komponenten/Produkte oder Dienstleistungen sind von externen Zulieferern abhängig.
- Ungenügende Abstimmungen bezüglich der Projektplanung mit dem Auftraggeber und den Projektbeteiligten. Keine Einbeziehung eines technischen Systemarchitekten.

Risikomatrix & Das magische Viereck

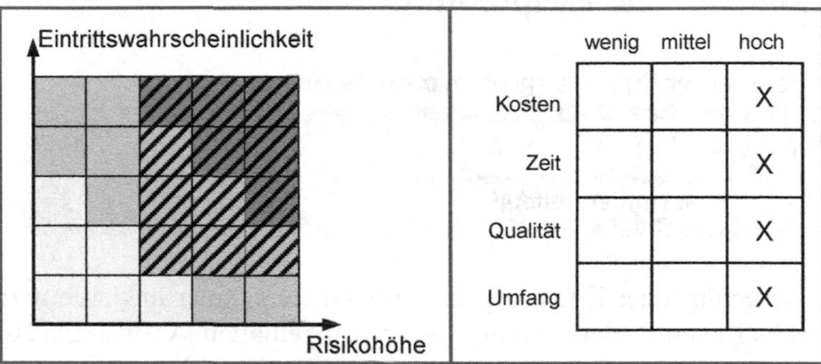

Maßnahmen

- Projektumfang mit dem Auftraggeber, den späteren Anwendern und den Projektbeteiligten abstimmen, um eine realistische Zeitplanung aufstellen zu können.
- Ressourcenplanung auf Basis des Projektumfanges durchführen.
- Projekt- und Ressourcenplan regelmäßig anpassen und Anpassungen an die Anspruchsgruppen des Projektes kommunizieren.
- Projektkontrolle einrichten: z.B. Meilensteine nachverfolgen, Frühwarnsystem einrichten. Vgl. Risiko „Mangelhaft Projektkontrolle".
- Inkrementelles und iteratives Vorgehen wählen. Die schrittweise Annäherung an das Projektziel und den zu realisierenden Nutzwert lässt eine akkuratere Kosten- und Zeitplanung zu. Denn hier besteht die Möglichkeit während des Projektes zu lernen.
- Iterative Systementwicklung, um über die Projektlaufzeit hinzuzulernen.
- Projektziel und Nutzwert detailliert aufstellen und in Teilziele herunterbrechen. Zeit und Umfang für jedes Teilziel bestimmen.
- Projektabhängigkeiten synchronisieren: innerhalb des Projektes zwischen den einzelnen Aufgaben und außerhalb des Projektes mit anderen Projekten.
- Detaillierten Projektplan auf Basis von Projektumfang und -ressourcen erstellen.

- Das Management darf keine zu unsicheren, verfrühten Terminaussagen nach außen geben oder von oben akzeptieren. Hier muss zunächst immer risikobewusst analysiert und kommuniziert werden.
- Risikobetrachtung durchführen und Risikodiagramme einsetzen.

Anforderungen an einen Projektplan:

- Puffer für evtl. Problem einplanen, idealerweise auf Ergebnissen des Risikomanagements
- Meilensteine festlegen und mit dem Auftraggeber abstimmen
- Projektplan regelmäßig überprüfen und anpassen
- Projektfortschrittstransparenz herstellen
- Arbeitspakete und Aktivitäten definieren
- Arbeitspakete und Aktivitäten priorisieren
- Verantwortlichkeiten zuordnen

Beziehungen

Vorgänger	▪ Unklare Zielvorstellung ▪ Veränderliche Projektabgrenzung und -ziele ▪ Unrealistische Zielvorstellung ▪ Mangelhafte Anforderungsqualität ▪ Mangelhafte Definition der funktionalen Anforderungen ▪ Mangelhafte Definition der nichtfunktionalen Anforderungen/ Qualitätsanforderungen ▪ Kommunikationsrisiko außerhalb des Projektes
Nachfolger	▪ Unrealistisches Budget ▪ Unmotivierte Mitarbeiter ▪ Ungenügende Akzeptanz Projektleiter/Mitarbeiter

Identifizieren und Überwachen

- **Endecker**: Projektleiter, Teamleiter, Steuerkreis, Qualitätsmanager, Anforderungsmanager, Softwarearchitekt, Systemanalytiker, Softwaredesigner, Programmierer, Tester, Auslieferungsverantwortlicher
- **Überwacher**: Teamleiter, Qualitätsmanager, Anforderungsmanager, Softwarearchitekt

7.8.5
Unrealistisches Budget

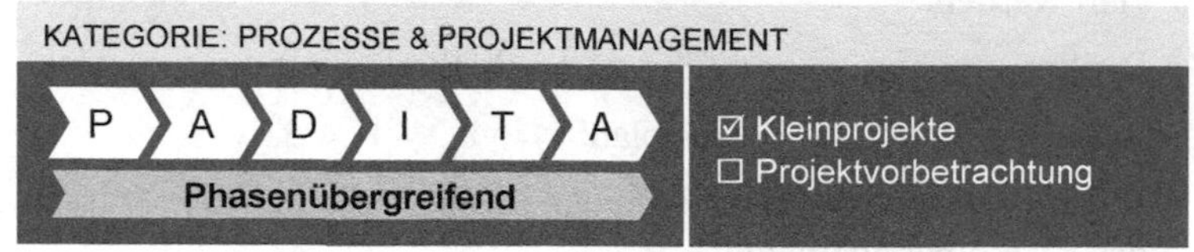

Risikosatz

Aus ungenügender Erfahrung des Projektleiters, einer unklaren und/oder unrealistischen Zielvorstellung, einer unrealistischen Zeitplanung, einer fehlenden Aufwandschätzung, einer fehlenden Kosten-Nutzen-Analyse und sich ständig ändernde bzw. hinzukommende Anforderungen könnte es zur **Planung mit einem unrealistischen Budget** kommen, was zu unmotivierten Mitarbeitern, Probleme in der Projektesteuerung und zu einer Gefährdung in der Weiterführung und Fertigstellung des Projektes führen kann.

Indikatoren

- Es wurde kein festes Budget für das Projekt vorausgesetzt, sondern lediglich ein Rahmen genannt oder das Budget wurde willkürlich festgelegt ohne jegliche Aufwandschätzungen.
- Es wurde keine Kosten-Nutzen-Analyse durchgeführt. Weder der konkrete Nutzen können genannt und beziffert werden noch die Höhe der zu erwartenden Risiken.
- Es treten häufig Änderungen und Erweiterungen in Hinblick auf die Anforderungen auf.
- Anforderungen oder Projektabgrenzung und -ziele ändern sich, ohne dass das Budget überprüft bzw. angepasst wird.

Risikomatrix & Das magische Viereck

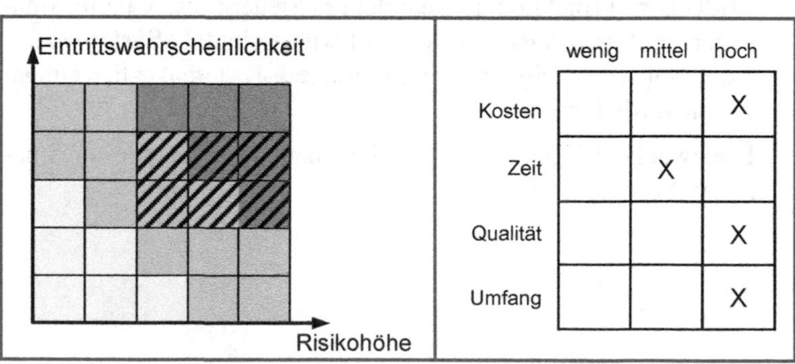

Maßnahmen

- Zielsetzung des Projektes festlegen. Siehe auch Maßnahmen „Unklare Zielsetzung".
- Siehe auch Maßnahmen „Unrealistische Zeitplanung". Diese beiden Risiken gehen Hand in Hand – das eine bedingt das andere und umgekehrt.
- Für die Kostenplanung bietet sich in den ersten Planungszyklen eine grobe Schätzung der Gesamtkosten an, die später durch eine analytische Kostenermittlung verfeinert und für das Projektcontrolling nutzbar gemacht wird.
- Nach der groben Schätzung der Gesamtkosten, die Projektplanung mit allen notwendigen zu planenden Elementen durchführen. Den einzelnen Arbeitspaketen werden dann die Kosten zugeordnet.
- Risiken und Herausforderungen möglichst früh aufdecken und notwendiges Zusatzbudget frühzeitig fordern, anstatt an der Qualität zu sparen.
- Besonders in den ersten Phasen des Projektes effizient und effektiv arbeiten, da spätere Korrekturen, die sich auf frühe Entscheidungen beziehen, besonders teurer sind.
- Inkrementelles und iteratives Vorgehen wählen. Die schrittweise Annäherung an das Projektziel und den zu realisierenden Nutzwert lässt eine akkuratere Kosten- und Zeitplanung zu. Denn hier besteht die Möglichkeit während des Projektes zu lernen.
- Kostenbezogen planen, mit Rücksicht auf das Budget, den Aufwand und die Ressourcen.
- Projektbudget formal verabschieden lassen
- Ausgabenseite (Personal, Ressourcen etc.) strikt kontrollieren.
- Risikodiagramme einsetzen.
- Kostenplanung regelmäßig anpassen: Bei Änderungen der Projektziele und des Projektumfanges müssen diese auf die Kosten-Nutzen-Analyse bewertet werden. Das Budget kann am Anfang eines Projektes noch so gut geschätzt worden sein, wenn im Verlauf des Projektes Änderungen stattfinden, die jedoch in der Planung nicht berücksichtigt werden.
- Erstellung einer Machbarkeitsstudie, die die Lösung in der Praxis testet und das Projekt besser schätzbar macht.

Beziehungen

Vorgänger	▪ Unklare Zielvorstellung ▪ Mangelhafte Definition der funktionalen Anforderungen ▪ Mangelhafte Definition der nichtfunktionalen Anforderungen/ Qualitätsanforderungen ▪ Steigender Anforderungsumfang ▪ Verändernde Anforderungen ▪ Mangelhafte Vertragsgestaltung ▪ Unrealistische Zielvorstellung ▪ Unrealistische Zeitplanung ▪ Ungenügende Erfahrung des Projektleiters
Nachfolger	▪ Mitarbeiter-Fluktuation ▪ Ungenügende Akzeptanz Projektleiter/Mitarbeiter ▪ Unmotivierte Mitarbeiter

Identifizieren und Überwachen

- **Endecker**: Projektleiter, Steuerkreis, Qualitätsmanager, Anforderungsmanager
- **Überwacher**: Projektleiter, Qualitätsmanager, Anforderungsmanager

7.8.6 Projektleiterausfall/Projektleiterwechsel

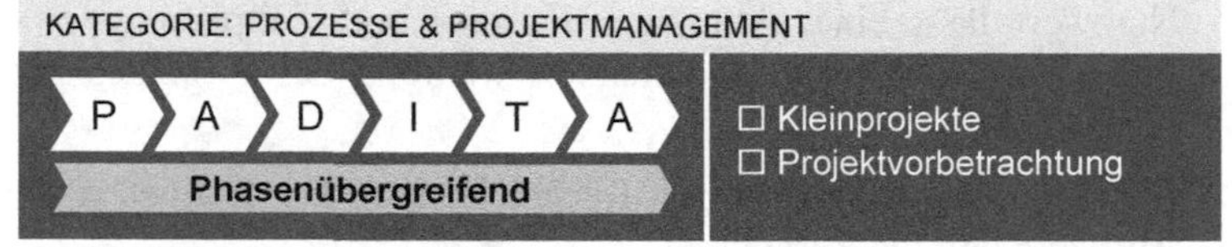

Risikosatz

Aus einer falschen Personalauswahl, der Überforderung des Projektleiters, einer unklaren persönlichen Zielstellung des Projektleiters und aus einem Desinteresse an dem Erfolg und der Qualität des Projektes könnte **der Projektleiter das Projekt verlassen**, was zu einer unzureichenden Aufgabenidentifikation und -verteilung, Mehrarbeit, unmotivierten Mitarbeitern, mangelndem Teamwork und Problemen in der Zeitplanung führen kann.

Indikatoren

- Projektleiter übernimmt zu viele Projekte und ist überfordert, was wiederum dazu führt, das er mindestens ein Projekt verlässt.
- Projekt wird von Projektleiter vernachlässigt. Nur mangelhaftes Interesse an dem Erfolg und der Qualität des Projektes.
- Dem Projektleiter wurde das Projekt zugewiesen ohne vorher Ziele und Aufwand zu vereinbaren.

- Das Projekt hat strategisch keine der Stellung des Projektleiters angemessene Priorität im Unternehmen.

Risikomatrix & Das magische Viereck

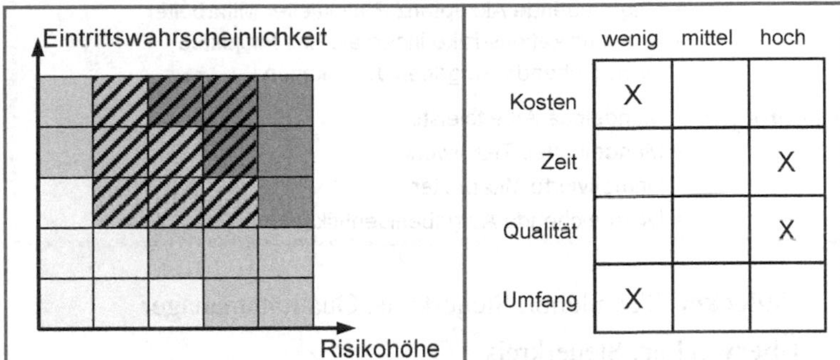

Maßnahmen

- Wissensmanagement im Unternehmen und im Projekt umsetzen. Das Wissen darf mit dem Projektleiter nicht das Projekt verlassen.
- Gute und strukturierte Dokumentation des Projektleiters (Protokolle, Statusberichte, Fachkonzept, Technikkonzept).
- Bei einem kompletten Projektleiterwechsel sollte der Projektleiter das Projekt offen und komplett an seinen Nachfolger übergeben. Hierbei ist darauf zu achten, dass die Wissensübergabe frühzeitig und möglichst vollständig durchgeführt wird.
- Ersatz-Projektleiters zunächst als Vertreter aufbauen.
- Projektleiter durch höhere Ebene motivieren. Siehe hierzu auch zum Teil die Maßnahmen beim Risiko „Mitarbeiter-Fluktuation" bezogen auf den Projektleiter.
- Projektmanagementstandards (Inhalte, Dokumentation, Kennzahlen etc.) definieren.
- Den Bereich des Projektmanagements in regelmäßigen Abständen prüfen, um „Überraschungen" vorzubeugen („Projektestatusberichte").
- Die persönlichen Ziele des Projektleiters mit der höheren Entscheidungsebene bzw. seinem Personalvorgesetzten abstimmen. Zielsetzung für den Projektleiter für das Projekt schriftlich festlegen.
- Das Projektteam frühzeitig über den Wechsel oder den Ausfall informieren.
- Coaching des zukünftigen Projektleiters sicherstellen.
- Vollständige und ausführliche Projektplanung betreiben.

Beziehungen

Vorgänger	▪ Machtkämpfe ▪ Unzureichende Unterstützung der Geschäftsleitung ▪ Ungenügende Erfahrung des Projektleiters ▪ Ungenügende Akzeptanz Projektleiter/Mitarbeiter ▪ Kommunikationsrisiko innerhalb des Projektes ▪ Unzureichende Aufgabenidentifikation
Nachfolger	▪ Mangelnde Arbeitsleistung ▪ Mangelhaftes Teamwork ▪ Unmotivierte Mitarbeiter ▪ Unzureichende Aufgabenidentifikation

Identifizieren und Überwachen

- **Endecker**: Teamleiter, Steuerkreis, Qualitätsmanager
- **Überwacher**: Steuerkreis

7.8.7 Unzureichende Aufgabenidentifikation

KATEGORIE: PROZESSE & PROJEKTMANAGEMENT

P A D I T A

Phasenübergreifend

☑ Kleinprojekte
☐ Projektvorbetrachtung

Risikosatz

Eine ungenügende Erfahrung des Projektleiters oder eine mangelhafte Projekt- und Ressourcenplanung könnte zu einer **unzureichenden Aufgabendefinition** führen, die zu fehlerhafter Entwicklung, Problemen bei der Zuordnung von Verantwortlichkeiten, unmotivierten Mitarbeiter, Kommunikationsproblemen, zur Überschreitung der Kosten- und Budgetgrenze und schließlich zu Problemen bei der Abnahme führen kann.

Indikatoren

- Die Aktivitäten im Projekt sind nicht hinreichend beschrieben, beispielsweise durch ein Vorgehensmodell.
- Aufgaben werden hin- und hergeschoben, da sich kein Mitarbeiter/keine Organisationseinheit verantwortlich fühlt.
- Die Mitarbeiter zeigen keinen Einsatz und sind demotiviert.
- Es existiert keine Projekt- und Ressourcenplanung.
- Kommunikations- und Eskalationswege sind innerhalb des Projektes unbekannt oder werden von Mitarbeitern falsch genutzt.

- Projektleitung oder Auftraggeber bringen kein Verständnis für die technischen Bereiche der Softwareentwicklung mit.

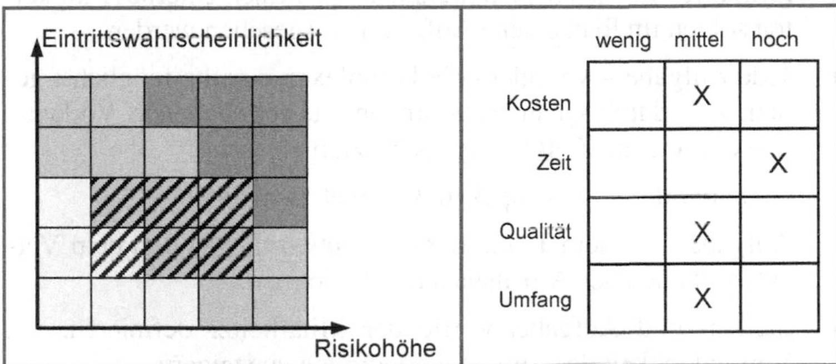

Risikomatrix & Das magische Viereck

Maßnahmen

- Innerhalb der Zeitplanung wurden grobe Aufgabenpakete definiert. Aus diesen Arbeitspaketen müssen konkrete Aufgaben abgeleitet werden, denen jeweils ein Mitarbeiter oder ein Team zugewiesen wird. Wenn es sich um ein Team handelt, muss aus diesem Team einer für diese Aufgabe verantwortlich sein oder es wird weiter heruntergebrochen, bis für eine Aufgabe konkret ein Mitarbeiter zugewiesen ist.
- Für die Aufgabenpakete einen Verantwortlichen definieren, der die einzelnen Aufgaben nach Zeit, Qualität und Kosten überwacht.
- Für jedes Aufgabenpaket einen zeitlichen Rahmen, Kosten und benötigte Ressourcen definieren. Evtl. auch die notwendigen Qualifizierungen und Erfahrungen für personelle Ressourcen beschreiben.
- Die abgeleiteten Aufgaben aus den Arbeitspaketen sind messbar, haben einen festen Start- und Endtermin und sind realistisch erreichbar.
- Die definierten Aufgaben, Rollen und Verantwortlichkeiten müssen für alle Projektmitarbeiter transparent gemacht werden.
- In der Ablauf- und Terminplanung sind Abhängigkeiten zwischen den Aufgaben festzustellen und darzustellen.
- Aufgaben ergebnisorientiert definieren („Arbeitsprodukte"), um eine sichere Fortschrittskontrolle zu ermöglichen.
- Für alle einzelnen Aufgabenpakete eine realistische Aufwandschätzung durchführen.
- Der Realisierungsaufwand der abgeleiteten Aufgaben sollte in einem vernünftigen Verhältnis zum Gesamtaufwand, zum Auf-

wand des übergeordneten Arbeitspaketes und zum erwarteten Nutzwert stehen.

- Zeitpuffer für „Nebentätigkeiten“: Für projektexterne Tätigkeiten sollten im Plan eigene Aufgaben vorgesehen werden.
- Jede Aufgabe – vor allem die komplexen – sollte möglichst genau, z.B. durch Qualitätsmerkmale, zu verwendende Vorlagen und eine eigene Zielsetzung spezifiziert werden.
- Verantwortung für Teilpakete komplett delegieren.
- Aufgaben mit dem Team, dem Verantwortlichen und dem Verantwortlichen des Arbeitspaketes abstimmen.
- Stellen- und Aufgabenprofile der Mitarbeiter definieren, um Verbindlichkeit der Aufgabenerledigung zu steigern.
- Einsatz eines Vorgehensmodells der Softwareentwicklung. Hieraus können Aufgaben abgeleitet werden und es können übergreifende Qualitätsstandards gesetzt werden.

Siehe auch Maßnahmen des Risikos „Unrealistische Zeitplanung“.

Beziehungen

Vorgänger	▪ Unklare Zielvorstellung ▪ Kein eindeutig definiertes Vorgehensmodell ▪ Ungenügende Erfahrung des Projektleiters ▪ Mangelhafte Definition der funktionalen Anforderungen ▪ Mangelhafte Definition der nichtfunktionalen Anforderungen/ Qualitätsanforderungen
Nachfolger	▪ Unrealistische Zeitplanung ▪ Unrealistisches Budget ▪ Entwicklung unnötiger Funktionen ▪ Mangelhafte Projektkontrolle ▪ Budgetproblematik ▪ Ungenügende Akzeptanz Projektleiter/Mitarbeiter ▪ Kommunikationsrisiko innerhalb des Projekts ▪ Unmotivierte Mitarbeiter

Identifizieren und Überwachen

- **Endecker**: Projektleiter, Teamleiter, Qualitätsmanager, Softwarearchitekt, Systemanalytiker, Softwaredesigner, Programmierer
- **Überwacher**: Projektleiter, Teamleiter, Qualitätsmanager

7.8.8
Kein eindeutig definiertes Vorgehensmodell

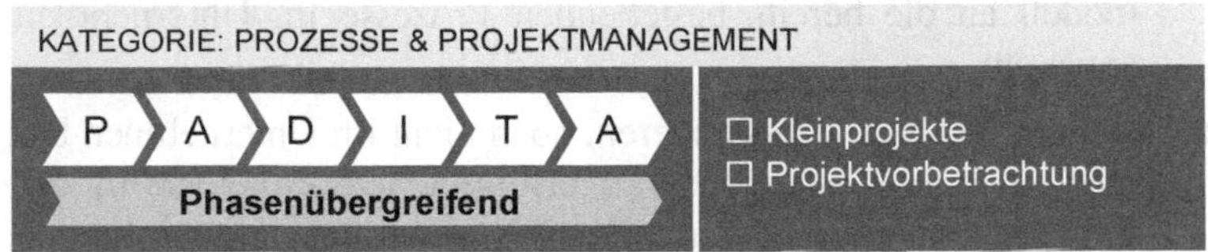

Risikosatz

Aus ungenügender Erfahrung, nicht vorhandenem Prozess-Know-how des Projekteiters und mangelnder Etablierung eines Vorgehensmodells im Unternehmen könnte es zu einer **ungenügenden Definition von einem auf das Projekt zugeschnittenen Vorgehensmodell** kommen, was zu einer mangelnden Projektkontrolle, unstrukturierter Entwicklung, einer unrealistischen Zeitplanung, mangelhaften Definitionen von Aufgaben und Verantwortlichkeiten und zu Kommunikationsproblemen innerhalb und außerhalb des Projektes führen kann.

Risikobeschreibung

Bei einem Vorgehensmodell handelt es sich um eine planvolle und systematische Vorgehensweise zur Entwicklung eines Anwendungssystems, welche den Gestaltungsprozess in überschaubare, zeitlich und inhaltlich begrenzte Schritte oder Phasen unterteilt.

Indikatoren

- Unklarer Entscheidungsfindungsprozess auf dem Projekt.
- Unklare Verantwortlichkeiten für Arbeitsprodukte.
- Entwicklung ist unübersichtlich, unstrukturiert und schwer zu kontrollieren und zu überwachen.
- Werkzeuge werden ohne Methode und selektiv eingesetzt.
- Fehlendes Methodenwissen des Projektleiters bezüglich Vorgehensmodellen.

Risikomatrix & Das magische Viereck

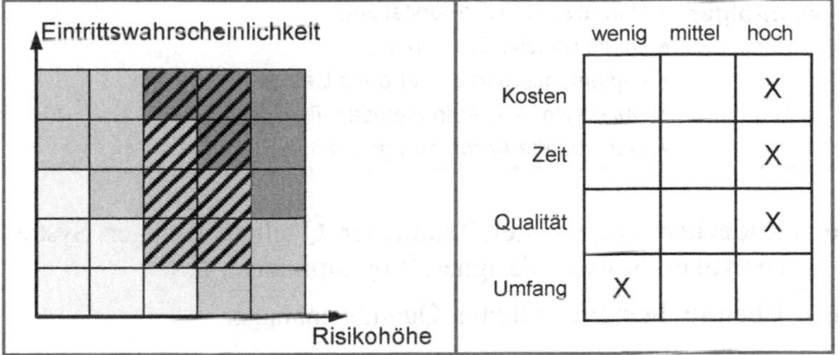

Maßnahmen

- Das Vorgehensmodell des Unternehmens an den Anforderungen und Zielen des Projektes anpassen oder gegebenenfalls ein alternatives Vorgehensmodell wählen und einführen. Vorgehensmodell an die bereits bestehenden Prozesse im Unternehmen anpassen.
- Bei der Auswahl eines anderen, noch nicht im Unternehmen benutzten Vorgehensmodell, an erfolgreichen Projekten in der Praxis orientieren und damit den Erfahrungsschatz einer breiten Masse von Unternehmen nutzen. Gegebenenfalls Vorgehen kopieren.
- Das Vorgehensmodell dokumentieren – idealerweise im Team – und für jeden zugänglich machen. Siehe auch Maßnahmen des Risikos „Keine Nutzung/Akzeptanz des Vorgehensmodells".
- Zu jeder Phase im Vorgehensmodell Inputs und Outputs definieren. Die Outputs sind dann die Ergebnisse der jeweiligen Phase und die Inputs Voraussetzungen für die nächste Phase.
- Vorgehensmodell herunterbrechen und zu jeder Phase einen konkreten Prozess mit eindeutigen Aktivitäten definieren.
- Den Aktivitäten feste Rollen und Verantwortlichkeiten zuordnen. Anschließend den Rollen in der Abstimmung mit dem Team den Mitarbeitern zuweisen.
- Verantwortliche festlegen, die das Vorgehensmodell und die Qualität der Aktivitäten überwachen und weiterentwickeln.
- Für jedes Arbeitsprodukt Werkzeuge, Methoden und erwartete Qualitätskriterien für das Arbeitsprodukt festlegen: Dokumentvorlagen, CASE-Tool etc.

Beziehungen

Vorgänger	▪ Ungenügende Einhaltung der Programmierrichtlinien ▪ Implementierer vernachlässigen Test ▪ Ungenügende Erfahrung des Projektleiters
Nachfolger	▪ Unrealistische Zielvorstellung ▪ Unrealistische Zeitplanung ▪ Implementierung startet ohne Design ▪ Unzureichende Aufgabenidentifikation ▪ Mangelhafte Anforderungsqualität

Identifizieren und Überwachen

- **Endecker**: Projektleiter, Teamleiter, Qualitätsmanager, Systemanalytiker, Softwaredesigner, Programmierer, Tester
- **Überwacher**: Projektleiter, Qualitätsmanager

7.8.9
Mangelhafte Definition von Qualitätsmerkmalen im Vorgehensmodell

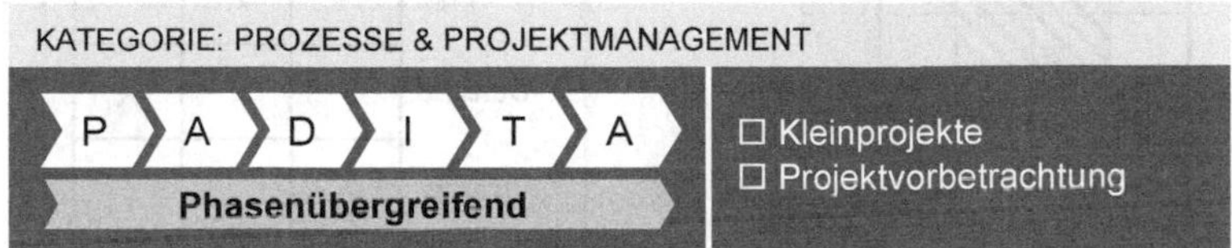

Risikosatz

Aus ungenügender Erfahrung des Projektleiters, fehlender Definition eines Vorgehensmodells und eines unzureichenden Qualitätsanspruchs könnte es zu einer **unzureichenden Definition und Überwachung von Qualitätsmerkmalen** kommen, was insbesondere bei größeren Projekten zu Mängeln in der Qualität des Endprodukts führen kann, aufgrund der fehlenden Gebrauchs- und Produktqualitätskontrolle im Vorgehensmodell.

Indikatoren

- Qualitätsmerkmale beziehen sich hauptsächlich auf die Arbeitsprodukte, die die Ergebnisse der Aktivitäten darstellen, z.B. ist die Dokumentation veraltet oder wurde erst gar nicht erstellt oder es gibt keine Programmierrichtlinie für den zu erstellenden Quellcode.
- Bei zunehmender Projektgröße wird die Ergebnisqualität zunehmend durch die Prozessqualität bestimmt.

- Das Vorgehensmodell ist nicht an das konkrete Projekt angepasst worden.
- Das Vorgehensmodell ist nicht mit dem Auftraggeber abgestimmt und wurde von diesem auch nicht überprüft.
- Es sind keine eindeutigen und ausreichenden Qualitätsanforderungen an die Arbeitsprodukte und Aktivitäten des Vorgehensmodells formuliert. Beispielsweise ist nicht klar, was von einer „Spezifikation“ oder einem „Testskript“ erwartet wird.
- Es werden keine Qualitätsberichte auf Basis der Arbeitsprodukte und Aktivitäten des Vorgehensmodells erzeugt.

Risikomatrix & Das magische Viereck

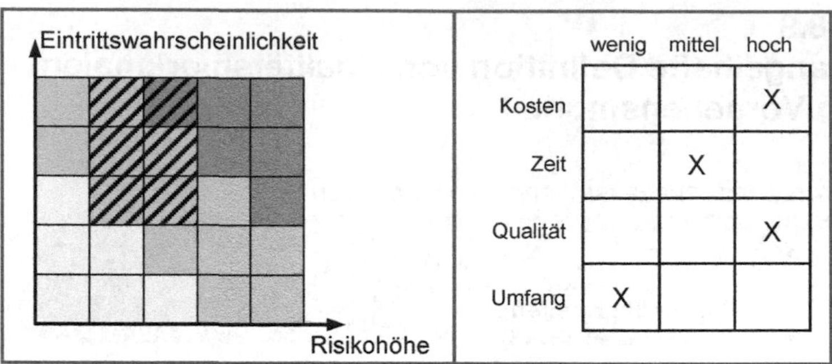

Maßnahmen

Folgende Qualitätsmerkmale sollten definiert werden:

- Werkzeuge und Methoden für jedes Arbeitsprodukt festlegen. Siehe hierzu Maßnahmen des Risikos „Kein eindeutig definiertes Vorgehensmodell".
- Erwartungen an die Qualität klarstellen: Qualitätsanforderungen an Arbeitsprodukte und Aktivitäten definieren und an die Mitarbeiter in geeigneter Form kommunizieren bzw. die Anforderungen mit diesen gemeinsam entwickeln.
- Vorlagen, Arbeitshilfen und Checklisten für Aktivitäten und Arbeitsprodukte zur Verfügung stellen.
- Regelmäßige Überwachung etablieren, damit durch Verbesserungen die optimale Qualität des Vorgehensmodells und somit auch die Qualität des Endprodukts gewährleistet ist.
- Berichte für die Qualitätsmerkmale des Vorgehensmodells und seiner Aktivitäten und Arbeitsprodukte definieren, die jedem im Projektteam zugänglich sind.
- Gebrauchstauglichkeit des Vorgehensmodells prüfen. Ist es bereits in realen IT-Projekten benutzt worden? Besitzt das Projektteam eine ausreichende Erfahrung?
- Klar definierte Projektergebnisse können die Schnittstelle zwischen Teilprojekten bilden – notfalls könnte jedes Teilprojekt sein eigenes Vorgehensmodell anwenden.
- Rollen und Verantwortlichkeiten definieren, die die Qualität im Vorgehensmodell prüfen.

Qualitätsanforderungen an ein Vorgehensmodell:

- Das Vorgehensmodell ist vollständig.
- Das Vorgehensmodell ist änderbar und erweiterbar.
- Das Vorgehensmodell lässt sich an verschiedenen Organisationen und Projekten anpassen.

- Es werden neuste Standards, Normen und Fortschriften berücksichtigt.
- Einheitliche und verständliche Begriffswelt ist gewährleistet.
- Das Vorgehensmodell ist skalierbar hinsichtlich unterschiedlicher Projektgrößen.
- Das Vorgehensmodell wird durch den Einsatz von effektiven Methoden und Werkzeugen unterstützt.

Beziehungen

Vorgänger	▪ Kein eindeutig definiertes Vorgehensmodell ▪ Ungenügende Erfahrung des Projektleiters ▪ Keine Nutzung/Akzeptanz des Vorgehensmodells
Nachfolger	▪ Keine Nutzung/Akzeptanz des Vorgehensmodells ▪ Mangelhafte Projektkontrolle

Identifizieren und Überwachen

- **Endecker**: Projektleiter, Teamleiter, Qualitätsmanager, Systemanalytiker, Softwaredesigner, Programmierer
- **Überwacher**: Projektleiter, Qualitätsmanager

7.8.10 Keine Nutzung/Akzeptanz des Vorgehensmodells

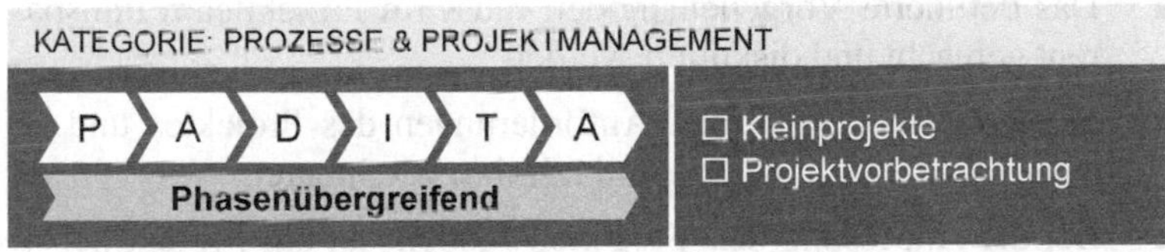

Risikosatz

Aus ungenügender Erfahrung des Projektleiters, mangelhafter Kommunikation innerhalb des Projektes, fehlender Transparenz des Vorgehensmodells innerhalb des Teams, mangelhafter Umsetzung von Verbesserungsvorschlägen der Mitarbeiter in Bezug auf das Vorgehensmodell oder fehlender Werkzeugunterstützung könnte es zu **Problemen bei Nutzung und Akzeptanz des vereinbarten Vorgehensmodells** kommen, was zu unstrukturierter Arbeit, einer ungenügenden Projektkontrolle und zu einer mangelhaften Qualität führen kann.

Indikatoren

- Das vereinbarte Vorgehensmodell wird in der Praxis unterlaufen, um schneller ein Zielprodukt zu erhalten, bzw. es wird aus individuellen Gründen abgelehnt.
- Vorgehensmodell ist den Entwicklern nicht bekannt.

- In der Projektplanung ist keine Aktivität zur regelmäßigen Anpassung und Abstimmung des Vorgehensmodells im Team vorgesehen.
- Es sind keine Qualitätsmerkmale für das Vorgehensmodell festgelegt worden.
- Keine Integration zwischen projektinternem Vorgehensmodell und umgebenden Prozessen (z.B. Supportstrukturen, zentrale Dienste etc.).

Risikomatrix & Das magische Viereck

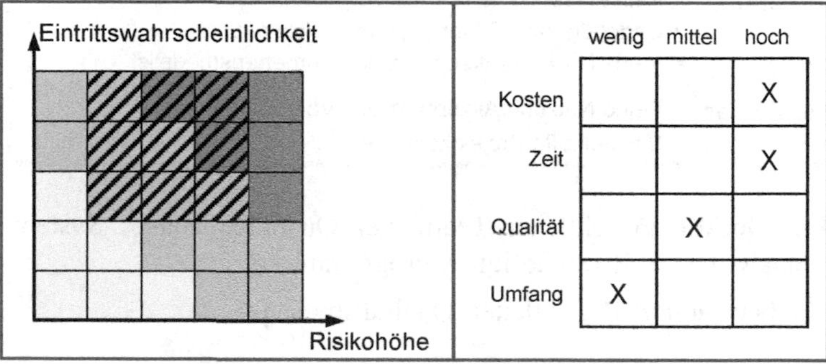

Maßnahmen

- Siehe auch Maßnahmen des Risikos „Kein eindeutig definiertes Vorgehensmodell“.
- Das definierte Vorgehensmodell muss im Projektteam transparent gemacht und diskutiert werden.
- Vorgehensmodell an den Anforderungen des Projektes und an das Projektteam anpassen und mit ihm vereinbaren.
- Bei der Anpassung des Vorgehensmodells an das Projekt neben der Eignung auch ein angemessenes Verhältnis zur laufenden Pflege berücksichtigen.
- Aus dem Vorgehensmodell konkrete Aktivitäten und Prozesse mit Rollen und Verantwortlichkeiten ableiten.
- Wenn keine passenden Werkzeuge vorhanden sind, entsprechende unterstützende Werkzeuge einführen. Hierfür jedoch im Projektplan die notwendige Zeit für das Einarbeiten planen (siehe Maßnahmen des Risikos „Neueinführung eines Werkzeuges“).
- Wenn bereits Werkzeuge im Unternehmen etabliert sind, sollte die entsprechende Integration in das Vorgehensmodell sichergestellt sein.

- Dokumentvorlagen für die einzelnen Aktivitäten und Ergebnisse erstellen, dem Team transparent machen und konkret den Inputs und Outputs zuweisen.
- Schnittstellen von Vorgehensmodell zu anderen Prozesse und evtl. Unternehmensbereiche festlegen, um „sanfte" und passende Übergänge sicherzustellen.
- Mitarbeiter über das Vorgehensmodell schulen.
- Dem Projektteam die Vorteile und die Sinnhaftigkeit des Vorgehensmodells erläutern und von der Anwendung überzeugen. Hier ist die Kommunikations- und Überzeugungsfähigkeit des Projektleiters gefragt.
- Vorgehensmodell „leichtgewichtiger" machen und von unnötigen Formalismen befreien. Hierzu können Umgehungslösungen der Mitarbeiter als Ideen herangezogen werden.
- Kontinuierliche Prozessverbesserung (KVP) einführen, umsetzen und jeden Mitarbeiter daran beteiligen. Homogenes Wachstum des Vorgehensmodells in Richtung „Best Practice" fördern.
- Metriken für das Vorgehensmodell definieren, die in die Zielsetzung aufgenommen werden und an denen Leistung des Projektes bestimmt wird.

Beziehungen

Vorgänger	▪ Unpassendes Know-how der Mitarbeiter ▪ Kein eindeutig definiertes Vorgehensmodell ▪ Mangelhafte Definition von Qualitätsmerkmalen im Vorgehensmodell ▪ Ungenügende Erfahrung des Projektleiters ▪ Ungenügende Akzeptanz Projektleiter/Mitarbeiter ▪ Unzureichende Einarbeitung neuer Mitarbeiter
Nachfolger	▪ Mangelhafte Projektkontrolle

Identifizieren und Überwachen

- **Endecker**: Projektleiter, Teamleiter, Qualitätsmanager, Systemanalytiker, Softwaredesigner, Programmierer, Tester
- **Überwacher**: Projektleiter, Qualitätsmanager

7.8.11 Unzureichende Reviewzyklen

Risikosatz

Aus hohem Zeitdruck, mangelndem Qualitätsbewusstsein oder fehlenden Vorgaben durch das Vorgehensmodell könnten **unzureichende Reviewzyklen** entstehen, die zu einer schlechten Qualität aller Arbeitsprodukte und dem Endprodukt führen und den Wissenstransfer zwischen Projektmitarbeitern behindert.

Risikobeschreibung

Ein Review der Arbeitsprodukte eines Projektes sowohl fachlicher als auch technischer Natur führt dazu, dass Fehler und Probleme bereits sehr früh im Prozess erkannt werden können und Mitarbeiter ein qualifiziertes Feedback zu der von ihnen verantworteten Arbeit erhalten. Die Angst vor Entdeckung von Qualitätsmängeln persönlicher Arbeit sollte mit einer Kultur der zielgerichteten Kritik vermieden werden. Das Äußern und das Annehmen von positiver und negativer Kritik ist eine komplexe soziale Fähigkeit, die Mitarbeiter ständig weiterentwickeln müssen.

Indikatoren

- Vorgegebene Dokumentenvorlagen werden nicht eingehalten.
- Inkonsistenzen, beispielsweise in fachlichen Spezifikationen, die von unterschiedlichen Mitarbeitern erstellt wurden.
- Bei der Implementierung wird der Softwareentwurf vernachlässigt.
- Das Vorgehensmodell wird vom Projektteam nicht eingehalten.
- Das Qualitätsbewusstsein ist niedrig: Kompromisse werden ohne Diskussion schnell getroffen, wobei man zur schnellen Lösung neigt, anstatt langfristig tragfähige Lösungen anzustreben.
- Es sind keine Qualitätskriterien im Vorgehensmodell definiert oder diese werden nicht gemessen.
- Trotz umfangreicher Reviewzyklen wird die Qualität von Arbeitsprodukten nicht verbessert.
- Reviews führen zu persönlicher Kritik anstatt zur nachhaltigen Verbesserung der Softwarequalität.

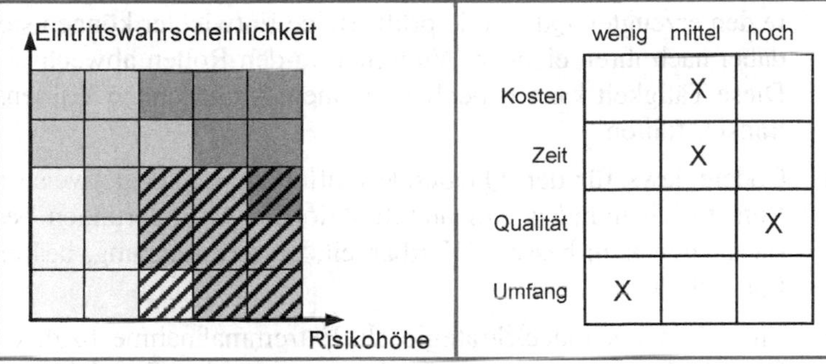

Risikomatrix & Das magische Viereck

Maßnahmen

- In alle Phasen des Vorgehensmodells Reviewzyklen aufnehmen. Diese können sich sowohl auf die Arbeitsprodukte als auch auf die Qualität des Vorgehens beziehen. Reviews können, je nach Wissensstand der beteiligten Personen, sowohl auf gleicher Ebene, aber auch durch einen Teamleiter oder den Projektleiter selbst erfolgen.
- Für fachliche Dokumente wird als zweiter Schritt nach einem internen Review ein externes Review durch die Fachabteilung, die Benutzer und den Auftraggeber durchgeführt. Dieser hat zum Ziel die fachliche Lösung zu überprüfen.
- Notwendige Zeit für die Reviewzyklen einplanen, da die resultierenden Änderungen eingearbeitet werden müssen.
- Reviews in standardisierten Vorlagen dokumentieren und in einer zentralen Ablage festhalten.
- Eindeutige Qualitätskriterien definieren, die im Review überprüft werden. Hierzu näheres im Risiko „Mangelhafte Definition von Qualitätsmerkmalen im Vorgehensmodell".
- Die Ergebnisse der Reviews auf Basis der Qualitätskriterien und der Daten aus den standardisierten Vorlagen messen.
- Eine „Anleitung zum Review" zur Verfügung stellen: eine Checkliste mit den Qualitätsmerkmalen und eine Arbeitshilfe zum Arbeitsprozess selbst.
- Spezielle Rollen für spezielle Reviewaufgaben sicherstellen, die Expertenwissen voraussetzen. Beispielsweise ein Usability-Reviewer, der jede fachliche Spezifikation auf Gebrauchstauglichkeit prüft. Oder einen Architekturreviewer, der die Softwareentwürfe auf Konformität zur Architektur prüft und abzeichnet.
- Pair-Programming einführen. Dabei arbeiten zwei Entwickler an einem Rechner, wobei immer einer programmiert und der ande-

re den erzeugten Quellcode prüft. Beide Entwickler können sich dabei nach ihren eigenen Wünschen in den Rollen abwechseln. Diese Tätigkeit kann nebenbei zu einem signifikanten Wissenstransfer führen.

- Codereviews für den Quellcode einführen, die idealerweise in Refactoring münden, um nichtfunktionale Anforderungen besser abzudecken: bessere Wartbarkeit, bessere Leistung, bessere Portabilität etc.
- Eine Zero-Tolerance-Strategie als Extremmaßnahme bzgl. der Qualität bei gleichzeitiger Verlangsamung des Entwicklungsprozesses verfolgen.
- Auch für alte Arbeitsprodukte Reviews einführen, um die Gesamtqualität nachhaltig zu verbessern.

Beziehungen

Vorgänger	▪ Unzureichende Unterstützung durch Auftraggeber ▪ Ungenügende Benutzerbeteiligung ▪ Mangelhafte Definition von Qualitätsmerkmalen im Vorgehensmodell ▪ Kein eindeutig definiertes Vorgehensmodell ▪ Keine Nutzung/Akzeptanz des Vorgehensmodells
Nachfolger	▪ Mangelhafte Anforderungsqualität ▪ Mangelhafte Definition der funktionalen Anforderungen ▪ Mangelhafte Definition nichtfunktionaler Systemanforderungen/Qualitätsanforderungen ▪ Softwareerosion über die Zeit

Identifizieren und Überwachen

- **Endecker**: Projektleiter, Teamleiter, Anforderungsmanager, Softwarearchitekt, Systemanalytiker, Softwaredesigner, Programmierer, Tester, Auslieferungsverantwortlicher
- **Überwacher**: Teamleiter, Qualitätsmanager, Anforderungsmanager, Softwarearchitekt,

7.8.12 Mangelhafter Werkzeugeinsatz oder -verfügbarkeit

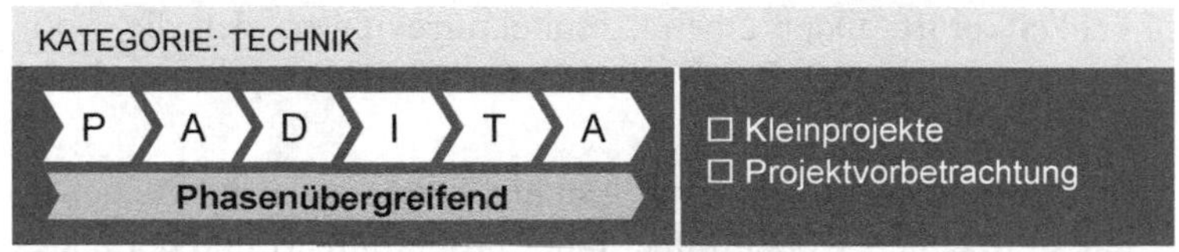

Aus mangelndem Know-how des Projektteams, unpassender Werkzeugauswahl oder nicht ausreichender Verknüpfung des Werkzeuges mit dem Softwareentwicklungsprozess könnte eine **mangelhafte Werkzeugunterstützung** vorliegen, die die Produktivität des Projektteams einschränkt und Qualitätsmängel begünstigt. *Risikosatz*

Werkzeuge sind Softwareanwendungen, die die Arbeitsprozesse im Großen und Kleinen unterstützen. Nicht realisierte Vorteile durch den Einsatz eines Werkzeuges münden in verschenkter Produktivität. Auch der nicht methodisch durchgeführte Einsatz eines Werkzeuges führt zu Reibungsverlusten im Projekt. *Risikobeschreibung*

Indikatoren

- Werkzeuge werden von den Mitarbeitern inkonsistent eingesetzt (es fehlt eine übergreifende Methode).
- Mitarbeiter glauben nicht an den Nutzen eines Werkzeuges.
- Das Projekt basiert zum überwiegenden Teil auf Dokumenten, die durch Standardbürosoftware erzeugt wurden („Excel-Projekte").
- Modelle, Softwarearchitektur und Softwareentwurf basieren auf farbigen Kästchen und Pfeilen in Powerpointpräsentationen.
- Es treten „digitale Medienbrüche" auf: Die Werkzeuge einzelner Phasen arbeiten nicht zusammen („Copy-n-Paste"-Übergabe).
- Werkzeuge werden nach Vorliebe und nicht strukturiert ausgewählt.

Risikomatrix & Das magische Viereck

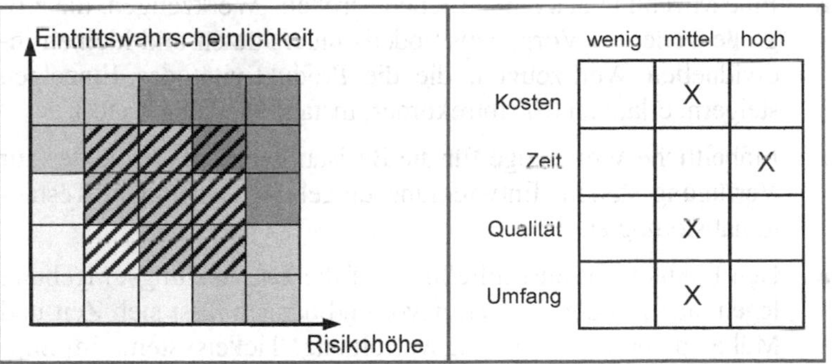

Maßnahmen

- Verknüpfung von Softwareentwicklungsprozess und Werkzeug prüfen. Ideal ist eine durchgängige Unterstützung des Arbeitsprozesses durch Werkzeuge.
- Eine Methode vorgeben, die den Einsatz des Werkzeuges definiert und dessen Handhabung beschreibt (Richtlinie).

- Regelmäßigen Einsatz des Werkzeuges sicherstellen.
- Ist eine solche Methode nicht vorgegeben, sollten Workshops oder Interviews mit den Projektmitarbeitern durchgeführt werden.
- Den Bedarf für werkzeugunterstütztes Arbeiten ermitteln und ein passendes Werkzeug auswählen.
- Werkzeugauswahl strukturiert durchführen: Anforderungen an das Werkzeug spezifizieren, Marktübersicht erstellen, die die in Frage kommenden Werkzeuge identifiziert, Werkzeuge vom Hersteller vorführen lassen, Kunden des Herstellers nach Erfahrungen fragen. Eine Auswahl treffen und die Werkzeuge näher untersuchen, gegebenenfalls das Werkzeug in einem begrenzten Rahmen pilotieren und anschließend das passende Werkzeug auswählen.
- Prüfen, ob bestehende Werkzeuge den Projektanforderungen entsprechen, indem Qualitätskriterien benannt werden: bestmögliche Integration in Werkzeuglandschaft des Projektes und der Organisation, beispielsweise eine Integration in die eingesetzte Entwicklungsumgebung, Wissen der Mitarbeiter über das Werkzeug, Wartungsaufwand, Preis etc.
- Wenn keine Zeit für eine fundierte Analyse bleibt, Werkzeuge und ihre zugrundeliegende Methode von anderen Organisationen und Nachbarprojekten kopieren.
- Die Nutzung eines nicht geeigneten Werkzeuges beenden.
- Eine Mischung aus einheitlichen „großen" Werkzeugen, die z.B. große Teile des Vorgehensmodells unterstützen und kleinen individuellen Werkzeugen, die die Produktivität des Einzelnen steigern, erlauben (Skriptrekorder, Instant-Messenger etc.).
- Einheitliche Werkzeuge für die Basisaufgaben des Projektes zur Verfügung stellen: Entwicklungsumgebung, Debugger, Testautomatisierung etc.
- Den Fokus nicht ausschließlich auf die Entwicklungsumgebung legen, auch in den Phasen davor und danach lässt sich Zeit und Mühe sparen (Anforderungsverfolgung, Ticketsysteme im Support, Verwaltung von Testmetriken etc.).
- Standardanwendungen für Standardaufgaben verwenden. Es gibt im Open-Source-Bereich weit erprobte Lösungen für Versionsverwaltung, Defecttracking, Intranetserver etc.
- Eine grundsätzliche Automatisierung von allem in Erwägung ziehen, was ein Computer genauso gut machen kann, wie ein

Mensch (dies wirkt auch den Risiken Mitarbeiterfluktuation und schlechter Motivation entgegen).

Beziehungen

Vorgänger	▪ Neueinführung eines Werkzeuges ▪ Mangelhafte Projektkontrolle ▪ Unpassendes Know-how der Mitarbeiter ▪ Kein eindeutig definiertes Vorgehensmodell ▪ Mangelhafte Definition von Qualitätsmerkmalen im Vorgehensmodell
Nachfolger	▪ Unmotivierte Mitarbeiter

Identifizieren und Überwachen

- **Endecker**: Anforderungsmanager, Softwarearchitekt, Systemanalytiker, Softwaredesigner, Programmierer, Tester
- **Überwacher**: Systemanalytiker, Softwaredesigner, Programmierer, Tester

7.8.13 Mangelnde Hardware- und Ressourcenverfügbarkeit

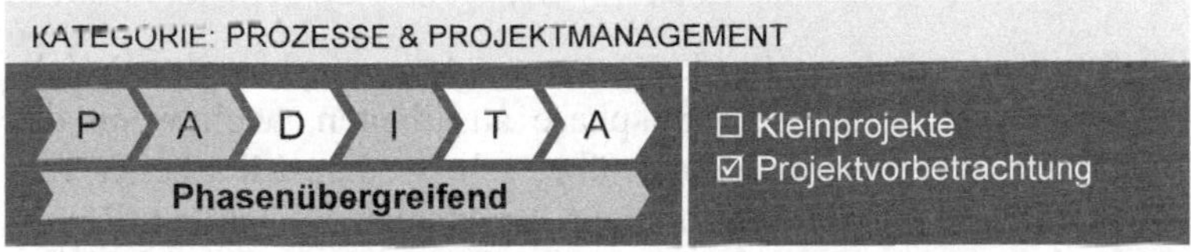

Risikosatz

Aus ungeeigneten Kostenrestriktionen, ungenauer Projekt- und Ressourcenplanung, organisatorischen oder politischen Gründen könnte eine **mangelhafte Hardware- und Ressourcenverfügbarkeit** entstehen, die die Mitarbeiterproduktivität und -motivation senkt und die Qualität des Endprodukts gefährdet.

Risikobeschreibung

Aus ungeeigneten Kostenrestriktionen, ungenauer Projekt- und Ressourcenplanung, organisatorischen oder politischen Gründen könnte eine mangelhafte Hardware- und Ressourcenverfügbarkeit entstehen, die die Mitarbeiterproduktivität und -motivation senkt und die Qualität des Endprodukts gefährdet.

Indikatoren

- Mitarbeiter klagen berechtigt über schlechte Hardwareausstattung, fehlende Hardwareinfrastruktur und Netzwerkanbindung.
- Es fehlen Räumlichkeiten: Büros sind überbelegt, Besprechungsräume sind nicht ausreichend vorhanden etc.

- Räumlichkeiten sind ungünstig geschnitten und Projektteams können nicht zusammen sitzen.
- Gewünschte Werkzeuge zur Produktivitätssteigerung können nicht auf der vorhandenen Hardware ausgeführt werden.
- Keine Regelung von Ressourcen während der Auftragsabsprachen und direkt zu Projektbeginn.
- Es wird mit räumlich verteilten Dienstleistern zusammengearbeitet und es fehlen Kommunikationshilfsmittel, wie Ausrüstung für Telefonkonferenzen.

Risikomatrix & Das magische Viereck

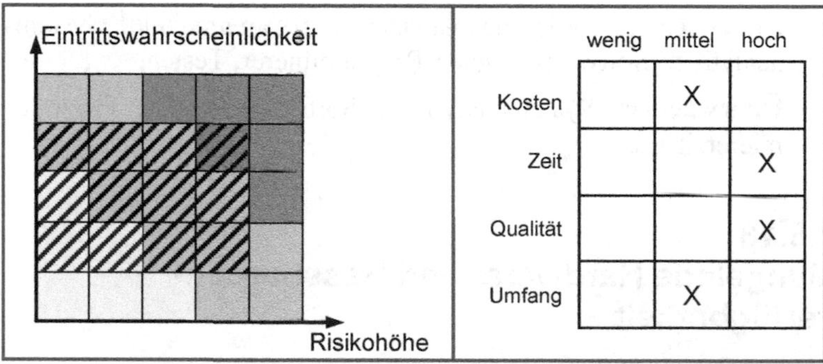

Maßnahmen

- Ressourcenplanung für den gesamten Lebenszyklus des Projektes bereits in der Planungsphase ausarbeiten, auch wenn das Projekt gegebenenfalls noch über sehr wenige Mitarbeiter verfügt. Diese enthält Angaben zur Arbeitsplatzausstattung, Räumlichkeiten etc. sowie zu den Beschaffungsprozessen auf dem Projekt, inklusive der Definition von Verantwortlichkeiten.
- Engpässe so früh wie möglich erkennen und eskalieren.
- Ressourcenplanung bei Phasenübergängen geplant aktualisieren. Diese Aktivität an die Meilensteine anknüpfen, um eine Regelmäßigkeit sicherzustellen.
- Ein eigenes Teilteam aufsetzen, das für die technische Infrastruktur des Projektes zuständig ist.
- Die größten Produktivitätskiller sofort ersetzen: langsame Entwicklerrechner, langsame Testumgebungen, Anmietung weiterer Räume etc.
- Technische Kommunikationsmittel schaffen: Technik für Telefonkonferenzen, Anschaffung eines Videokonferenzsystems bei Offshoring-Projekten etc.

- Eine unterstützende Projektassistenzstelle für die „Bürokratie" des Projektes (Beschaffung, Verträge etc.) sicherstellen.

Beziehungen

Vorgänger	▪ Unklare Zielvorstellung ▪ Unrealistische Zielvorstellung ▪ Unrealistisches Budget
Nachfolger	▪ Mangelhafte Werkzeugeinsatz oder -verfügbarkeit ▪ Unmotivierte Mitarbeiter

Identifizieren und Überwachen

- **Endecker**: Projektleiter, Teamleiter, Steuerkreis, Qualitätsmanager, Anforderungsmanager, Konfigurationsmanager, Softwarearchitekt, Systemanalytiker, Softwaredesigner, Programmierer, Tester, Auslieferungsverantwortlicher
- **Überwacher**: Projektleiter, Teamleiter

7.8.14 Unzureichendes Konfigurationsmanagement

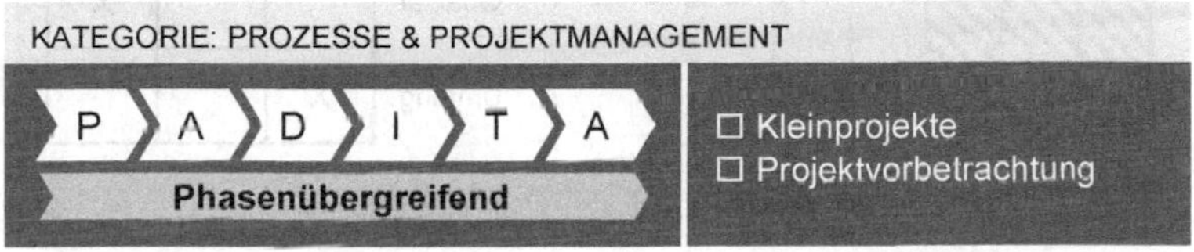

Risikosatz

Aus fehlendem Problembewusstsein, einem überstürzten Projektbeginn oder hohem Zeitdruck könnte ein **unzureichendes Konfigurationsmanagement** folgen, welches zu Intransparenzen bezüglich vergangener oder paralleler Konfigurationen (Dokumente, Modelle, Programmcode) und damit zu Nacharbeiten, Doppelarbeiten und Qualitätsproblemen führen kann.

Risikobeschreibung

Ziel des Konfigurationsmanagements ist die Verwaltung aller Arbeitsprodukte des Projektes bezogen auf die Abhängigkeiten und Unterschiede zwischen einzelnen Konfigurationen. Arbeitsergebnisse sind damit für jede Version oder Variante identifizierbar und verfügbar. Die gemachten Änderungen laufen durch das Konfigurationsmanagement geregelt ab und bleiben nachvollziehbar. Das Konfigurationsmanagement ist eine Unterstützungsfunktion des Projektmanagements.

Indikatoren

- Ein neues Vorgehensmodell oder eine neue Methode wird eingeführt (Modellierung, Codegenerierung etc.), für die nicht von Haus aus ein Konfigurationsmanagement existiert.
- Arbeitsergebnisse einzelner Mitarbeiter sind nicht nachträglich identifizierbar und verfügbar.
- Es treten Doppelarbeiten und Nacharbeiten auf, weil Arbeitsergebnisse nicht bekannt oder nicht verfügbar waren.
- Arbeitsprodukte des Projektes wurden verändert und es ist nicht möglich die Person, die es geändert hat, zu benennen.
- Es kann nicht bestimmt werden, welche Dokumente in welcher Version zu welcher Programmversion gehören.

Risikomatrix & Das magische Viereck

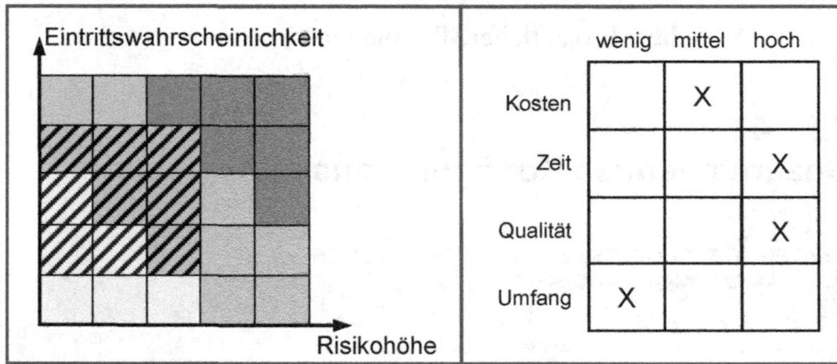

Maßnahmen

- Aktivitäten für das Konfigurationsmanagement einplanen (z.B. Nachdokumentation von neuen Spezifikationen in bestehende Konzepte etc.) und das Vorgehensmodell integrieren.
- Falls wenig Planungszeit zur Verfügung steht, Werkzeuge und Methoden für das Konfigurationsmanagement von ähnlichen Projekten kopieren.
- Bewusstsein für die Relevanz des Konfigurationsmanagements bei allen Projektmitarbeitern schaffen.
- Werkzeuge zur Verfügung stellen, die das Konfigurationsmanagement unterstützen: Backupsystem, Modellrepository, Versionsverwaltung etc. Hier existieren viele Open-Source-Lösungen, die für normale Anforderungen vollkommen ausreichen.
- Methoden zur Änderungsverfolgung definieren: beispielsweise Pflege einer Änderungshistorie im Dokument/Quellcode selbst, Richtlinien zu Kommentaren im Quellcode oder mit Unterstützung einer Versionsverwaltung. Selbst Officeprodukte bieten eine Änderungsverfolgung an.

- Den Konfigurationsstand einer abgeschlossenen Version auf DVD sichern. Dazu gehören sämtliche Arbeitsprodukte, wie Spezifikationen, Modelle und Programmcodes.
- Regelmäßig den Pflegestand der Arbeitsprodukte überprüfen, um die Qualität der Konfiguration zu bestimmen.
- Benennung eines Konfigurationsmanagers als übergreifende Funktion. Er ist idealerweise mit dem Verantwortlichen für das Vorgehensmodell identisch oder arbeitet mit diesem eng zusammen.

Beziehungen

Vorgänger	▪ Verändernde Anforderungen ▪ Keine Nutzung/Akzeptanz des Vorgehensmodells ▪ Kein eindeutig definiertes Vorgehensmodell
Nachfolger	▪ Mangelhafte Projektkontrolle ▪ Abnahme/Unterschrift wird verweigert ▪ Unmotivierte Mitarbeiter

Identifizieren und Überwachen

- **Endecker**: Projektleiter, Qualitätsmanager, Anforderungsmanager, Softwarearchitekt, Systemanalytiker, Softwaredesigner, Programmierer, Tester
- **Überwacher**: Qualitätsmanager, Systemanalytiker, Programmierer

7.8.15 Nicht geeignete Neueinführung eines Werkzeugs

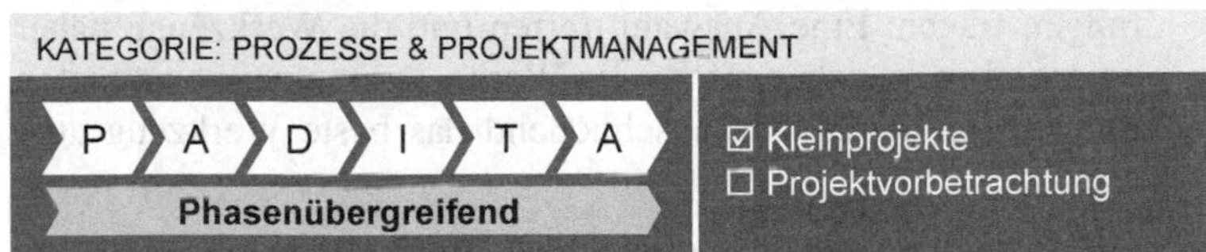

Risikosatz

Bei mangelndem Know-how des Projektteams, hohem Zeitdruck oder Vorgabe einer Vorgehensweise von außen könnte **die Neueinführung eines Werkzeuges** einen hohen Schulungsbedarf, Produktivitätseinbußen und Verzögerungen im Zeitplan bedingen.

Risikobeschreibung

Werkzeuge wie CASE-Tools oder spezielle Entwicklungsumgebungen werden oft durch das Management vorgegeben und Mitarbeiter werden geschult. Es könnte auch nicht berücksichtigt worden sein, wie die derzeitigen Methoden zum neuen Werkzeug passen.

Identifizieren

- Mitarbeiter sperren sich fundiert gegen die Einführung des Werkzeuges.
- Mitarbeiter benutzen alte Werkzeuge trotz Einführung parallel weiter.
- Mitarbeiter setzen das neue Werkzeug inkonsistent ein (Methode fehlt).
- Mitarbeiter glauben nicht an den Nutzen des Werkzeuges.
- Das neue Werkzeug weist Qualitätsmängel auf.
- Nutzen des Werkzeuges ist anhand von vorher ausgestellten Kriterien nicht gegeben.

Risikomatrix & Das magische Viereck

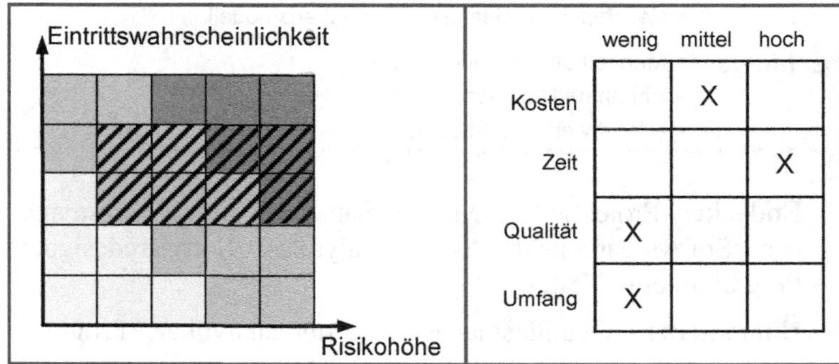

Maßnahmen

- Werkzeugauswahl strukturiert durchführen: Anforderungen an das Werkzeug spezifizieren, Marktübersicht erstellen, die die in Frage kommenden Werkzeuge identifiziert, Werkzeuge vom Hersteller vorführen lassen, Kunden des Herstellers nach Erfahrungen fragen. Eine Auswahl treffen und die Werkzeuge näher untersuchen, gegebenenfalls das Werkzeug in einem begrenzten Rahmen pilotieren und anschließend das beste Werkzeug auswählen.
- Piloten mit dem neuen Werkzeug durchführen.
- Einführung schrittweise vornehmen, ggf. kurzen Parallelbetrieb vorsehen.
- Berücksichtigung von Werkzeugschulungen im Projektplan.
- Zeitpuffer und kurzfristige Produktivitätsausfall einplanen, denn die Lernkurve für das neue Werkzeug muss einkalkuliert werden. Fragen Sie den Hersteller oder besser einen Kunden des Herstellers nach Erfahrungswerten.

- Softwareentwicklungsprozess und Werkzeug integrieren: Einsatz des Werkzeuges dokumentieren und ggf. den Prozess an das Werkzeug anpassen, sofern dies Vorteile mit sich bringt.
- Vorbereitende und zur Einführung parallel laufende Trainingsmaßnahmen für die Mitarbeiter durchführen.
- Akzeptanz und den Nutzen des Werkzeuges regelmäßig prüfen.
- Eine „Zurückrollstrategie" für jedes Werkzeug definieren, sollte es den erwarteten Nutzen nicht realisieren.
- Werkzeugeinführungen dürfen scheitern. Vor Einführungsbeginn Abbruchkriterien definieren.
- Einfluss des neuen Werkzeuges auf die bestehenden Arbeitsweisen der Mitarbeiter analysieren.

Beziehungen

Vorgänger	▪ Unpassendes Know-how der Mitarbeiter ▪ Kein eindeutig definiertes Vorgehensmodell
Nachfolger	▪ Mangelhafter Werkzeugeinsatz oder -verfügbarkeit ▪ Mangelnde Mitarbeitermotivation

Identifizieren und Überwachen

- **Endecker**: Projektleiter, Anforderungsmanager, Softwarearchitekt, Systemanalytiker, Softwaredesigner, Programmierer, Tester
- **Überwacher**: Projektleiter, Systemanalytiker, Softwaredesigner, Programmierer, Tester

7.8.16 Mangelhaftes Sicherheitskonzept

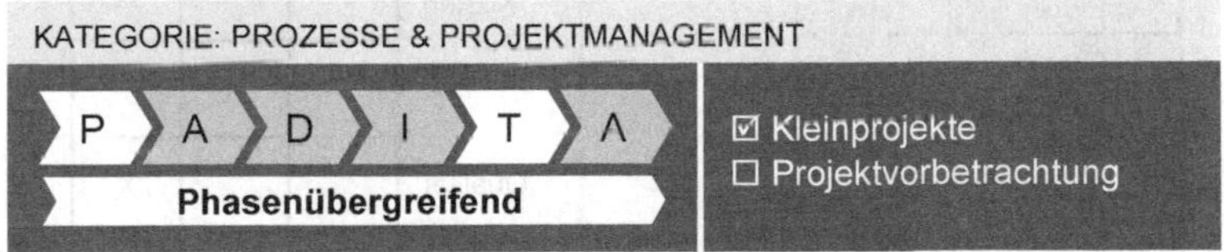

Risikosatz

Unzureichendes Know-how oder Erfahrung des Projektteams oder der Einsatz neuer Technologien können ein **mangelhaftes Sicherheitskonzept** bedingen, das nicht fähig ist, das Endprodukt und das Softwareentwicklungsumfeld zu schützen.

Risikobeschreibung

Ein IT-Sicherheitskonzept sollte organisationsweit definiert sein. Das untergeordnete projektinterne Konzept implementiert die globale Richtlinie. Im engeren Sinne gewährleistet es die Sicherheit einer

Software und eines Softwareentwicklungsumfeldes in folgenden Bereichen: Vertraulichkeit (Schutz der übertragenen bzw. gespeicherten Daten), Authentizität (Überprüfung einer Nachricht oder Verbindung auf Echtheit), Integrität (Schutz vor Änderung einer Nachricht oder Verbindung), Zugriffssteuerung (Welche Benutzer benötigen welche Rechte?), Nicht-Anfechtbarkeit (Übertragung einer Nachricht kann nicht geleugnet werden), Verfügbarkeit (Systeme möglichst lange erreichbar)

Indikatoren

- Niemand auf dem Projekt nimmt die Rolle eines Sicherheitsverantwortlichen wahr.
- Programmierer oder das Betriebsteam haben unterdurchschnittliche Erfahrungen mit Bedrohungslagen aus Viren, Würmern, Denial-of-Service-Attacken, etc. (Nach „CERT" erkundigen – es gibt einige „Computer Emergency Response Teams", die aktiv Sicherheitslücken aufdecken und diese publizieren).
- Es liegt kein Detailkonzept vor, das die Sicherheit in den unter „Beschreibung" genannten Bereichen für die zu erstellende Software regelt.
- Es existiert kein eigenes Projektlaufwerk mit Backupfunktion.
- Passworte der Mitarbeiter lassen sich erraten. Passworte werden aus dem Projekt frei weitergegeben.
- Passworte für Produktivumgebungen sind nicht sicher (Zeichenanzahl zu kurz, es werden real existierende Worte verwendet etc.).

Risikomatrix & Das magische Viereck

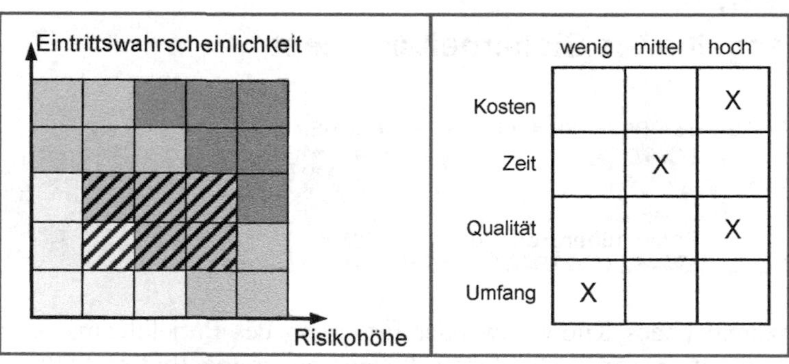

Maßnahmen

- Sicherheitskonzept für die zu erstellende Software aufstellen und daraus in der Analysephase nichtfunktionale Anforderungen ableiten.

- Sicherheitskonzept für das Softwareentwicklungsumfeld erstellen und Mitarbeiter schulen. Viele technische und organisatorische Grundlagen für die IT-Sicherheit sind im frei verfügbaren Grundschutzhandbuch des Bundesamts für Sicherheit in der Informationstechnik (http://www.bsi.de/gshb) zusammengefasst.
- Sicherheitsbewusstsein fördern: Mitarbeiter sensibilisieren, Workshops zur Identifikation von Sicherheitslücken veranstalten, einen Sicherheitsverantwortlichen benennen.
- Strukturanalyse der IT-Infrastruktur: Schwachstellen bestimmen, ggf. technische Maßnahmen (Firewall, VPN etc.) einleiten.
- Assessment der Systemsicherheit (extern oder innerhalb der Organisation).

Beziehungen

Vorgänger	▪ Unpassendes Know-how der Mitarbeiter ▪ Einsatz neuer Technologien
Nachfolger	▪ Mangelhafte Definition nichtfunktionaler Systemanforderungen/Qualitätsanforderungen ▪ Ungeeigneter Softwareentwurf

Identifizieren und Überwachen

- **Endecker**: Projektleiter, Qualitätsmanager, Anforderungsmanager, Softwarearchitekt, Systemanalytiker, Softwaredesigner, Programmierer
- **Überwacher**: Qualitätsmanager, Softwarearchitekt, Systemanalytiker, Softwaredesigner, Programmierer

7.8.17 Ungenügende Akzeptanz Projektleiter/Mitarbeiter

Risikosatz

Aus ungenügender Erfahrung des Projektleiters, fehlender sozialer Kompetenz des Projektleiters und/oder der Mitarbeiter, örtlicher Trennung zwischen Projektteam und Projektleiter, starkem Leistungs- und Fähigkeitsgefälle, kultureller Unterschiede oder mangelnder Zieltransparenz könnte es zu **Akzeptanzproblemen zwischen dem Projektleiter und dem Projektteam und zwischen den Teammitgliedern** selbst kommen, was zu Kommunikationsproblemen, unmotivierten Mitarbeitern und einem mangelhaften Teamwork führen kann.

Indikatoren

- Das Projektteam hält sich nicht an definierte und festgelegte Prozesse.
- Uneinsichtige Entwickler bzgl. Design und Analyse-Entscheidungen.
- Der Projektleiter wechselt das Projekt. Insbesondere ein konfliktbehafteter, ggf. auch erzwungener Wechsel erhöht das Risiko.
- Das Projektteam wurde erst spät über den Wechsel informiert.
- Der Projektleiter und das Projektteam arbeiten das erste Mal in dieser Konstellation zusammen. Dies muss nicht zu einer mangelhaften Akzeptanz führen, jedoch wird das Risiko erhöht.

Risikomatrix & Das magische Viereck

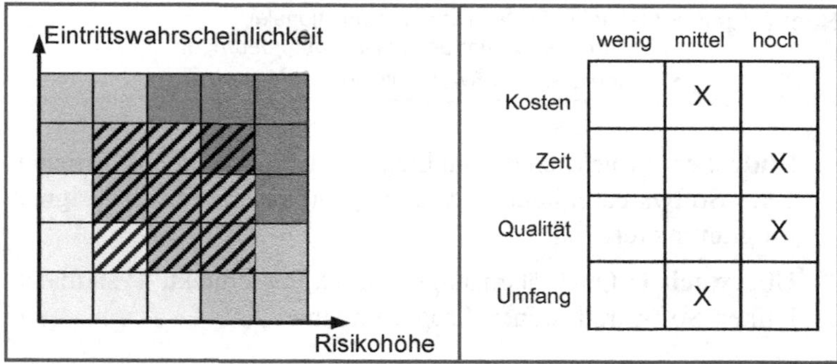

Maßnahmen

- Die Kommunikation von beiden Seiten fördern. Siehe Maßnahmen zum Risiko „Kommunikationsprobleme innerhalb des Projektes".
- Das Projektteam vom ersten Workshop an in einer freundlichen und offenen Atmosphäre regelmäßig zusammenführen.
- Eine gemeinsame Basis für das Projekt finden, mit der alle einverstanden sind. Dem Projektteam das Ziel, die Randbedingungen und das Vorgehen im Projekt mitteilen. Gegebenenfalls Verbesserungsvorschläge diskutieren.
- Vorgehensweisen, Arbeitsabläufe und Prozesse mit dem Projektteam abstimmen.
- Vertrauen aufbauen. Beispielsweise strategische Informationen zum Projekt mit dem Projektteam teilen oder Einblick in übergeordnete Bereiche geben.

- Gibt es bereits zu Projektbeginn Akzeptanzprobleme gegenüber dem Projektleiter oder umgekehrt, müssen diese noch vor dem Projekt durch offene Gespräche aus der Welt geschaffen werden.
- Der Projektleiter sollte eng mit dem Projektteam zusammenarbeiten und nicht nur zu Statusmeetings, Telefonkonferenzen und Workshops anwesend sein. Dafür muss ihm innerhalb des Unternehmens genug Freiraum gegeben werden.
- Den Projektleiter so auswählen, dass es möglichst eine geringe oder gar keine örtliche und organisatorische Trennung zum Projektteam vorhanden ist.
- Team- und Projektkultur entwickeln.
- Bei kommunikativen Problemen Aussprache suchen. Meta-Kommunikation betreiben („über die Kommunikation auf dem Projekt reden"). Konsens und Kompromiss in die Projektkultur integrieren.
- Teammitglieder sollten zielführend zusammenarbeiten: Fähigkeitsprofil ergänzt sich, wenig Konkurrenzdenken, Mentorenbeziehung bei starkem Fähigkeitsgefälle.
- Führungsstil entwickeln, beispielsweise durch Schulungen und das laufende Einholen von Feedback. Einheitlichen Stil an den Tag legen: Verantwortung delegieren, Mitarbeiter Entwicklungsmöglichkeiten geben, berechenbar sein. Vorbildfunktion übernehmen.

Siehe auch die Maßnahmen zum Risiko „Unmotivierte Mitarbeiter". Grundsätzlich können auch die Maßnahmen des Risikos „Keine Nutzung/Akzeptanz des Vorgehensmodells" relevant sein.

Beziehungen

Vorgänger	▪ Unrealistische Zielvorstellung ▪ Unrealistische Zeitplanung ▪ Unrealistisches Budget ▪ Projektleiterausfall/Projektleiterwechsel ▪ Unzureichende Aufgabenidentifikation ▪ Mangelhafte Hardware- und Ressourcenverfügbarkeit ▪ Ungenügende Erfahrung des Projektleiters ▪ Kommunikationsrisiko innerhalb des Projektes
Nachfolger	▪ Kommunikationsrisiko innerhalb des Projektes ▪ Unmotivierte Mitarbeiter ▪ Mangelhaftes Teamwork ▪ Mitarbeiter-Fluktuation

Identifizieren und Überwachen

- **Endecker**: Projektleiter, Teamleiter, Qualitätsmanager
- **Überwacher**: Projektleiter, Teamleiter, Steuerkreis, Qualitätsmanager

7.8.18 Unzureichende Einarbeitung neuer Mitarbeiter

Risikosatz

Aus Zeitmangel, ungenügender Erfahrung des Projektleiters, fehlender Kommunikation innerhalb des Projektes, ungenügendem Teamwork und fehlender Einführungsdokumente für neue Mitarbeiter könnte es zur **mangelnden Einarbeitung neuer Mitarbeiter** kommen, die zu unmotivierten Mitarbeitern, zeitlichen Verzögerungen und einer verringerten Produktivität führen könnte.

Indikatoren

- Formale Dokumente zur kurzfristigen Einführung in das Projekt, sowie zur Erläuterung der Organisation und der Prozesse des Projektes sind nicht vorhanden.
- Neue Mitarbeiter finden sich in ihrer Umgebung nicht zurecht und ihnen ist ihre Aufgabe oder ein Startpunkt für ihre Arbeit nicht bekannt.
- Neue Mitarbeiter verbringen mehr als einen Tag mit der Einrichtung von Arbeitsplatz und Hardware. Neue Mitarbeiter verbringen mehr als eine Woche mit dem Lesen von Dokumentationen und Foliensätzen.
- Neue Mitarbeiter sind oft allein und suchen nicht aktiv nach Unterstützung.

Risikomatrix & Das magische Viereck

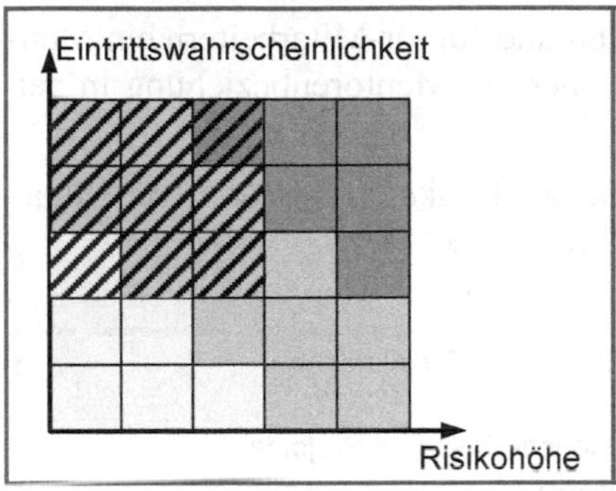

Eintrittswahrscheinlichkeit

Risikohöhe

	wenig	mittel	hoch
Kosten	X		
Zeit			X
Qualität			X
Umfang		X	

Maßnahmen

- Bei der Auswahl von Mitarbeitern darauf achten, dass diese zum Team passen und es sinnvoll ergänzen. Ebenso den Prozess erklären, wie sie in die Firma/das Projekt aufgenommen werden und was von ihnen in dieser Zeit erwartet wird.
- Abhalten eines speziellen Meetings mit dem einzigen Thema, nämlich der Vorstellung des neuen Mitarbeiters. Der Vorgesetzte führt den Mitarbeiter mit einer Beschreibung des Verantwortungsbereiches ein. Als nächstes erzählt der Neue über seinen bisherigen Werdegang, Projekte, Expertise etc. – idealerweise in Form von Anekdoten.
- Neuen Mitarbeitern Einführungsdokumentation zur Verfügung stellen (mit wichtigen Links innerhalb des Unternehmens, Vorgehensmodell, kurze Beschreibung des Projektes, für das er zugewiesen wurde, Kommunikations- und Eskalationswege und die Organisation des Unternehmens und des Projektes.
- Neuen Mitarbeitern gemeinsame Aufgaben mit erfahrenen Projektmitarbeitern geben, damit diese direkt in die Projektarbeit eingebunden werden.
- Einweisung in den jeweiligen Arbeitsbereichen durch vorherige Mitarbeiter oder einen Mitarbeiter mit ähnlichem Stellenprofil. Abstellung des Einweisers für die gemeinsame Arbeit in den ersten Tagen.
- Pair-Programming: In der Entwicklung die Technik des Programmierens in Paaren einsetzen, um Wissen an neue Mitarbeiter zu transferieren.
- Checklisten und Kurzanleitungen zur Verfügung stellen.
- Einführung des neuen Mitarbeiters in die Gruppe aktiv begleiten. Nur so kann auch die Gruppe von ihm lernen und es kann sichergestellt werden, dass nicht schlechte Gewohnheiten aus der alten Firma in das Team Einzug halten.

- Insbesondere bei Absolventen und Junior-Mitarbeitern ein Mentorenprinzip verfolgen und über die Mentorenbeziehung in den Projektalltag einführen.
- Siehe auch die Maßnahmen der Risiken „Unmotivierte Mitarbeiter“ und „Mangelhaftes Teamwork“

Beziehungen

Vorgänger	▪ Ungenügende Erfahrung des Projektleiters ▪ Sprachbarrieren ▪ Kommunikationsrisiko innerhalb des Projektes ▪ Mangelhaftes Teamwork
Nachfolger	▪ Kommunikationsrisiko innerhalb des Projektes ▪ Unmotivierte Mitarbeiter

Identifizieren und Überwachen

- **Endecker**: Projektleiter, Teamleiter, Qualitätsmanager
- **Überwacher**: Projektleiter, Teamleiter

7.8.19 Technologischer Fortschritt zur Projektlaufzeit

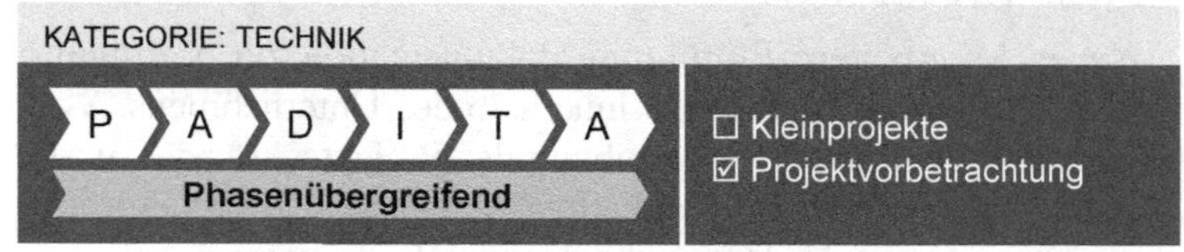

Risikosatz

Aus der Entwicklung und Verbreitung neuer Technologien während einer längeren Projektlaufzeit könnte eine **massive Änderung von technologischen Anforderungen** entstehen, die zu einem nachträglich ungeeigneten Softwareentwurf führt und den kalkulierten Nutzwert komplett in Frage stellt.

Risikobeschreibung

Dieses Risiko betrifft ausschließliche Projekte mit einer langen Laufzeit von mindestens zwei Jahren und mehr. Zu Beginn der Projektlaufzeit ist es nicht möglich, die spätere Basistechnologie wirtschaftlich festzulegen. Niemand kann die spätere Implementierung auf .NET oder J2EE oder den Funktionsumfang der späteren Datenbankversion vorhersagen. Diese Projekte stehen unter dem Risiko, dass Anforderung und technische Planungen zum Zeitpunkt der konkreten Implementierung praktisch bereits „veraltet“ sind und umfangreich angepasst werden müssen.

- Es wird für eine Softwareversion/Plattform entwickelt, die bereits einen Termin für den Auslauf des Anbietersupports hat.
- Ein Langläuferprojekt wird von vorneherein auf eine bestimmte Technologie ausgelegt: Planungs-, Analyse- und Designeinsätze zielen zu stark auf diese Vorgabe ab.
- Es existiert keine ständig angepasste IT-Strategie, die die technische und fachliche Marschrichtung der Technologien der Organisation vorgibt.

Indikatoren

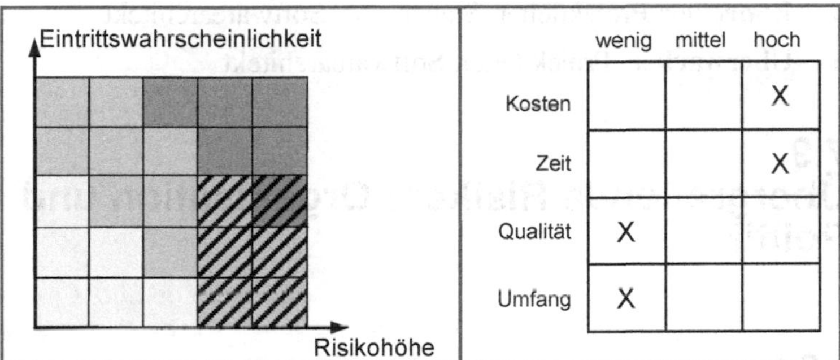

Risikomatrix & Das magische Viereck

- Die Aufnahme der funktionalen und nichtfunktionalen Anforderungen unabhängig von technischen Festlegungen beginnen.
- Es sollten zunächst die heute anerkannten allgemeinen Analyse- und Designkonzepte, wie Kapselung oder Modularisierung verwendet werden.
- Stabile Basisanforderungen erreichen und daraus einen Technologieentwurf für die Software entwickeln.
- Meilensteine für die Festlegung von Technologieentscheidungen in das Projekt einplanen. Dies sind die Zeitpunkte zu denen Alternativen diskutiert werden und dann eine Auswahl getroffen wird. Termine hierzu fortlaufend überprüfen.
- Die Auswahl der Technologie sollte zielgerichtet erfolgen. Beispielsweise auf Basis der IT-Strategie der Organisation, einer Evaluation von Stärken und Schwächen einzelner Lösungen, der vorhandenen Fähigkeiten der Mitarbeiter und natürlich einer wirtschaftlichen Nutzenrechnung.
- Ggf. Projektlaufzeit senken, über eine Teilung des Projektes in mehrere Teilprojekte oder einen sequentiellen Ablauf aus mehreren Projekten im Hinblick auf die Gesamtzielsetzung. Auch die Zerschlagung eines Systems in Teilssysteme kann Komplexität senken und damit Zeit einsparen.

Maßnahmen

Beziehungen

Vorgänger	▪ -
Nachfolger	▪ Mangelhafte Anforderungsqualität ▪ Mangelhafte Definition nichtfunktionaler Systemanforderungen/Qualitätsanforderungen ▪ Verändernde Anforderungen ▪ Ungeeigneter Softwareentwurf ▪ Erzwungener Architekturwechsel

Identifizieren und Überwachen

- **Endecker**: Projektleiter, Steuerkreis, Softwarearchitekt
- **Überwacher**: Projektleiter, Softwarearchitekt

7.9 Übergreifende Risiken: Organisation und Politik

7.9.1 Machtkämpfe

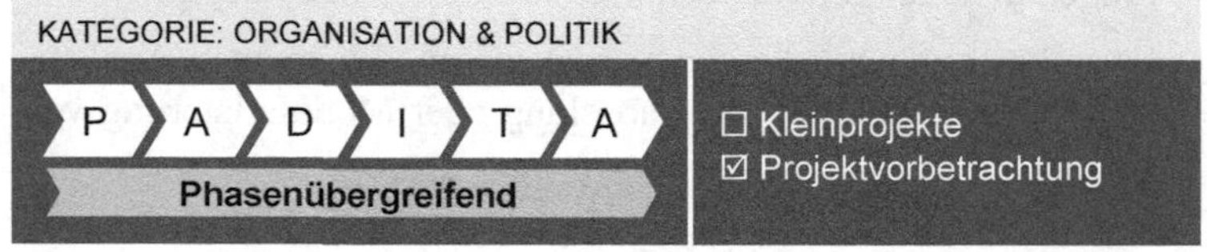

Risikosatz

Aus persönlichen oder organisatorischen machtpolitischen Beweggründen (Gewinn oder Verlust von Macht) könnten **unternehmenspolitische Machtkämpfe zwischen Personen oder Abteilungen** entstehen, die zu einer verminderten Produktivität des Projektes, Personalknappheit, verändernden Anforderungen und Zielsetzungen bis hin zu einer vollkommenen Blockade des Projektes führen können.

Risikobeschreibung

Die IT ist in den letzten Jahrzehnten immer mehr zum strategischen Faktor der Unternehmensführung geworden. Deshalb kann nicht vermieden werden, dass Verwicklungen mit der Unternehmenspolitik auftreten. Die Einteilung nach Gewinnern und Verlierern wird durch ein neues System oder einen neuen Prozess direkt beeinflusst. Negativ wirkt dieser Faktor, wenn es zu übertriebenen Machtkämpfen kommt, die der Zielsetzung des Projektes und der Organisation entgegenlaufen.

Machtquellen im Unternehmen sind grundsätzlich die Position, Leistung, persönliche Charaktermerkmale und Expertise eines Mitarbeiters. Sowie die Informationen und Ressourcen über die der Mitarbeiter verfügt.

Indikatoren

- Das Projekt bedeutet eine organisatorische Veränderung, die Fachbereiche oder Abteilungen stark in Gewinner und Verlierer trennt.
- Es sind persönliche Konflikte innerhalb des Managements bekannt, die Anforderungen an das Projekt stellen.
- Es gab bereits politische Entscheidungen im Vorfeld des Projektes, die in die Kategorien „Geplänkel" oder „Geschacher" fallen.
- Abteilungen verweigern die Zusammenarbeit oder die Herausgabe von Informationen.
- Kritische Entscheidungen werden hinter geschlossenen Türen getroffen und es erfolgt keine offene Begründung.
- Politische Probleme werden auf technischer Ebene diskutiert oder dorthin verschoben.
- Manager erkennen die politische Dimension des Projektes nicht offen an, beispielsweise wenn sie es beschreiben.

Risikomatrix & Das magische Viereck

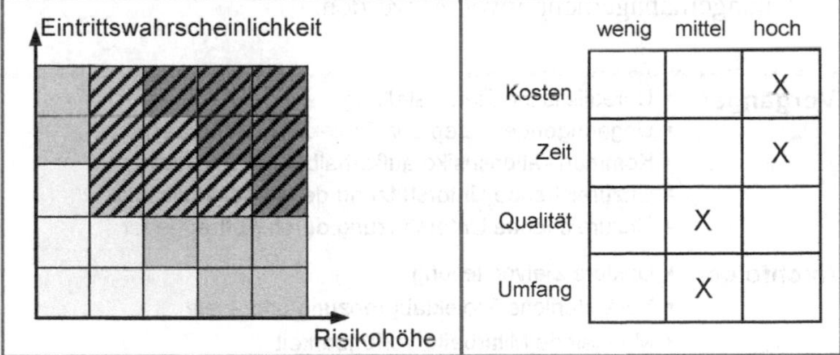

Maßnahmen

- Wirkungsbereiche einer Software berücksichtigen und analysieren: Was tut die Software? Was ändert die Software in der Arbeit der Organisation? Wie werden Mitarbeiter nach dem Projekt miteinander arbeiten? Wie verschiebt sich die politische Macht nach dem Projekt?
- Positive Beziehungen zum betroffenen Management der Fachbereiche und den Anspruchsgruppen entwickeln.
- Das Bild des Projektes, das nach außen in die Organisation wirkt, sollte proaktiv selbst gestaltet werden. Beispielsweise ü-

ber eine geeignete positive Kommunikation und ein Projektselbstbild, wie „dieses Projekt steht für die Lösung eines Problems“ – alles im Sinne der Ziele der Organisation.

- Bei Aussagen vom Auftraggeber, Management oder den Anspruchsgruppen genau hinhören, insbesondere auf die, die auf der Arbeitsebene getroffen werden.
- Unterstützung durch das obere Management erlangen. Einen „Paten“ für das Projekt gewinnen, der bei Machtkämpfen berät und hilft. Unterstützer werden dort gefunden, wo der realisierte Nutzwert des Projektes am größten ist.
- Eskalationswege definieren, die bei auftretenden Konflikten beschritten werden können. Ziele: Verantwortlichkeiten klar definieren sowie gegeneinander abgrenzen und dabei die Erreichung der Projektziele im Blick behalten.
- Eine gemeinsame Produktvision mit den Anspruchsgruppen und dem Management entwickeln. Die Personen in die Lösung einbinden – sie werden Teil der Lösung.
- Das Projekt mit Fakten und Zahlen hinterlegen („Sachargumentation“), beispielsweise durch einen Business-Case. Von sich aus die Gewinnperspektive und das erwartete ROI vorlegen.
- In Einzelfällen sollte ein Projekt auch um ein organisatorisches Changemanagement erweitert werden.

Beziehungen

Vorgänger	▪ Unrealistische Zielvorstellung ▪ Ungenügende Akzeptanz Projektleiter/Mitarbeiter ▪ Kommunikationsrisiko außerhalb des Projektes ▪ Unzureichende Unterstützung der Geschäftsleitung ▪ Unzureichende Unterstützung durch Auftraggeber
Nachfolger	▪ Unklare Zielvorstellung ▪ Veränderliche Projektabgrenzung und -ziele ▪ Mangelnde Mitarbeiterverfügbarkeit ▪ Budgetproblematik ▪ Verändernde Anforderungen ▪ Steigender Anforderungsumfang (Anforderungsexplosion)

Identifizieren und Überwachen

- **Endecker**: Projektleiter, Teamleiter, Steuerkreis
- **Überwacher**: Projektleiter

7.9.2 Kommunikationsrisiko außerhalb des Projektes

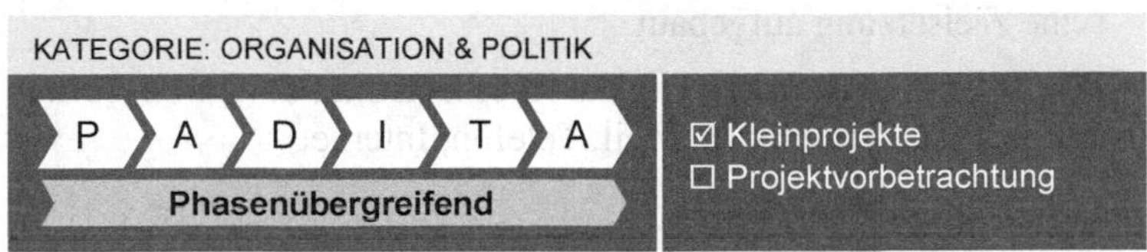

Risikosatz

Existierende Sprachbarrieren, kulturelle Unterschiede beteiligter Parteien, mangelnde Fähigkeiten des Projektleiters oder eine fehlende Beschreibung und Einhaltung von Kommunikations- und Eskalationswegen könnten zu **Kommunikationsproblemen außerhalb des Projektes** führen, welche zu unklaren Zielvorstellungen auf beiden Seiten (Auftragnehmer und Auftraggeber), Missverständnissen bei der Anforderungsaufnahme, zur fehlerhaften Entwicklung von Funktionen oder einer ungenügenden Benutzerakzeptanz führen können.

Risikobeschreibung

- Schlechte Kommunikation bedeutet konkret, dass für andere Personen oder Abteilungen relevante Informationen nicht fließen und somit kein ausreichender Austausch über Ideen, Anforderungen, Vorgehensweisen und Probleme erfolgt.
- Außerhalb des Projektes existieren noch weitere Anspruchsgruppen an das Projekt, mit denen eine regelmäßige Kommunikation wertvoll ist und die Informationen über das Projekt benötigen und selbst Informationen in das Projekt einbringen sollten. Dazu gehören beispielsweise Steuerungsgremien, weitere Projektleiter innerhalb des Programm- und Projektportfolios, Finanzcontroller, Qualitäts- und Prozessmanager, externe Berater, interne und externe Revisionsstellen etc.

Indikatoren

- Es existieren kulturelle Unterschiede. Dieser Punkt hat nicht nur bei internationalen Projekten Gewicht, sondern sollte auch innerhalb der eigenen Organisation beobachtet werden.
- Mitarbeiter in der IT, die eine Außenwirkung durch externe Kommunikation haben, verstehen die geschäftliche Problemstellung nicht ausreichend und kommunizieren zu technisch.
- Fachseite versteht die technische Dokumentation (Datenmodell, Use Cases, Spezifikationen) nicht und kann z.B. das Ergebnis der Systemanalyse nicht überprüfen.

- Das Projekt und sein Ziel werden nicht verstanden. Es „verkauft“ sich nicht fachlich und technisch nach außen. Dadurch wird extern kein Verständnis für die Abläufe im Projekt und seine Zielsetzung aufgebaut.
- Das Projekt ist stark verteilt und eine Kommunikation beruht lediglich auf Technik (E-Mail, Telefon, Internet).

Risikomatrix & Das magische Viereck

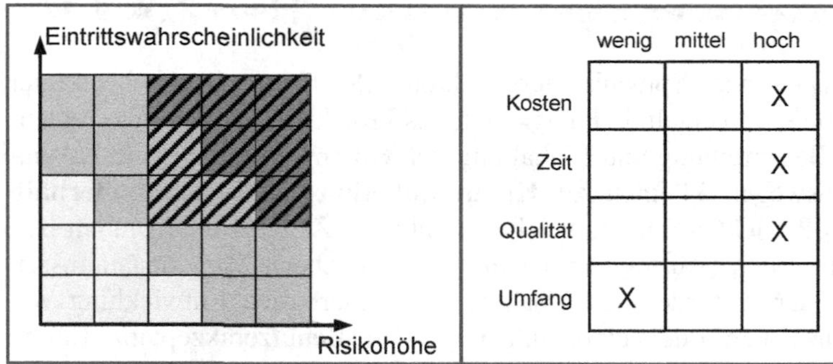

Maßnahmen

- Mit dem Auftraggeber eine gemeinsame Produktvision und Kommunikationsbasis schaffen, auf der das Projekt aufbaut.
- Workshops oder kürzere Meetings zwischendurch mit dem Auftraggeber organisieren, um den aktuellen Stand, Probleme und den Wissensstand beider Seiten auszutauschen. Bestehende Probleme gemeinsam angehen.
- Kommunikationswege definieren: Den Informationsfluss mit dem Auftraggeber festlegen. Hierzu werden Kommunikationswege und Ansprechpartner vereinbart, damit Probleme schnell adressiert werden können.
- In regelmäßigen Abständen den Auftraggeber und die Benutzer über den Status und Fortschritt des Projektes informieren. Damit können einerseits Missverständnisse vermieden werden und andererseits fördert es den regelmäßigen Kontakt zum Auftraggeber.
- Regeltermin für die Entwicklung der Beziehung außerhalb des Projektes vereinbaren.
- Die Zielsetzung des Projektes in regelmäßigen Abständen prüfen. Trotz ändernder oder hinzukommender Anforderungen sollte die Zielsetzung ein gewisses Maß an Stabilität besitzen. Vgl. hierzu auch die Maßnahmen zu den Risiken „Unklare Zielvorstellung“ und „Veränderliche Projektabgrenzung und -ziele“.

- Auf stark verteilten Projekten: Persönliche Berührungspunkte zwischen beteiligten Parteien schaffen, um eine Beziehung aufzubauen, beispielsweise Präsenzveranstaltungen.
- „Werbung" für das Projekt betreiben. Vorstellung der Inhalte und des Lösungsansatzes in übergreifenden Gremien oder Vorstellung bei den Benutzern bereits einige Zeit im Vorfeld einer Auslieferung.
- Bei internationalen Projekten kann die Einstellung eines interkulturellen Beraters oder eine entsprechende Schulung der Mitarbeiter erfolgen.
- Schulung der Kommunikationsfähigkeiten der Mitarbeiter mit Außenwirkung.
- Bewusst und gut vorbereitet kommunizieren, insbesondere bei Präsentationen.

Beziehungen

Vorgänger	▪ Sprachbarrieren ▪ Projektleiterausfall/Projektleiterwechsel ▪ Ungenügende Erfahrung des Projektleiters ▪ Machtkämpfe ▪ Ungenügende Benutzerbeteiligung
Nachfolger	▪ Unklare Zielvorstellung ▪ Veränderliche Projektabgrenzung und -ziele ▪ Ungenügende Benutzerbeteiligung ▪ Mangelhaftes Design der Gebrauchstauglichkeit (Usability) ▪ Mangelhafte Definition der funktionalen Anforderungen ▪ Mangelhafte Definition der nichtfunktionalen Anforderungen/ Qualitätsanforderungen ▪ Fehlende Benutzerakzeptanz

Identifizieren und Überwachen

- **Endecker**: Projektleiter, Teamleiter, Steuerkreis, Qualitätsmanager, Anforderungsmanager, Auslieferungsverantwortlicher
- **Überwacher**. Projektleiter, Auslieferungsverantwortlicher

7.9.3 Unzureichende Unterstützung der Geschäftsleitung

Risikosatz

Aus ungenügender Erfahrung des Projektleiters, Kommunikationsprobleme zwischen dem Projektleiter und der Geschäftsleitung, aus einer unklaren Zielvorstellung oder einer wechselhaften strategischen Ausrichtung des Unternehmens könnte es zu einer **unzureichenden Unterstützung der eigenen Geschäftsleitung/des eigenen Managements für das Projekt** kommen, was zu Personalknappheit, Machtkämpfen, Budgetproblemen und zu Problemen bei der Durchführung des gesamten Projektes führen kann.

Risikobeschreibung

- In kleinen und mittleren Unternehmen stehen die Projektleiter oft direkt unter der Geschäftsleitung. Bei großen Unternehmen sind Abteilungsleiter und das erweiterte Management dazwischen geschaltet. Dieses Risiko betrifft diese jeweils nächsthöheren Ebenen oberhalb des Projektleiters.
- Typisches Auftreten: Die Geschäftsleitung sieht in dem Projekt kein strategisches für den Unternehmenserfolg wichtiges Projekt und steht nicht dahinter.

Indikatoren

- „Themenspringen“: Das Interesse des Managements geht nach dem „Beschluss“ zum Start des Projektes oder der Planungsphase des Projektes verloren.
- Das Projekt ist Spielball unternehmenspolitischer Interessen.
- Konfliktlösungen zwischen Projekt und Organisation werden durch das Management aus mangelndem Interesse oder Kalkül nicht unterstützt.
- Unrealistische Erwartungen des Managements gegenüber dem Projekt und dem Projektleiter und dem Team.
- Spitzenkräfte werden durch das Management in andere Projekte involviert und stehen dem Projekt praktisch nicht zur Verfügung.
- Das Projekt wird seitens des Managements unterbewertet.

Eintrittswahrscheinlichkeit / Risikohöhe		wenig	mittel	hoch
	Kosten			X
	Zeit			X
	Qualität	X		
	Umfang		X	

Risikomatrix & Das magische Viereck

Maßnahmen

- Das Management aktiv in die Ziele des Projektes einbeziehen.
- Das Management regelmäßig über den Projektfortschritt informieren. Das Projekt darf bei der Geschäftsleitung oder dem Management nicht in Vergessenheit geraten.
- Ziel- und Vorgehenstransparenz für das Management herstellen. Dies sollte so früh wie möglich geschehen, damit die Unterstützung seitens des Managements vorhanden ist und der Projektleiter aus einer positiven Ausgangsposition heraus das Projekt starten kann.
- Vorteile und Nutzen des Projektes offensiv und regelmäßig kommunizieren.
- Die benötigten Ressourcen für das Projekt an das Management kommunizieren und geplante Aufwände belegen.
- Die Kommunikation mit dem Management anhand des fachlichen Bedarfs für die Software ausrichten. Technische Beschreibungen nur auf Nachfrage zur Verfügung stellen.

Beziehungen

Vorgänger	▪ Unklare Zielvorstellung ▪ Mangelhafte Projektkontrolle ▪ Mangelhafte Vertragsgestaltung ▪ Ungenügende Erfahrung des Projektleiters ▪ Sprachbarrieren
Nachfolger	▪ Machtkämpfe ▪ Budgetproblematik ▪ Mitarbeiterverfügbarkeit ▪ Mitarbeiterfluktuation ▪ Mangelhafte Hardware- und Ressourcenverfügbarkeit ▪ Unmotivierte Mitarbeiter

Identifizieren und Überwachen

- **Endecker**: Projektleiter, Steuerkreis
- **Überwacher**: Projektleiter

7.9.4 Unzureichende Unterstützung durch Auftraggeber

Risikosatz

Aus einer unklaren oder unrealistischen Zielvorstellung, Konflikten zwischen Auftragnehmer und Auftraggeber oder einer geringen Priorität seitens des Auftraggebers gegenüber dem Projekt könnte es zu einer **unzureichende Unterstützung durch den Auftraggeber** kommen, was zu Problemen in der Anforderungsanalyse, Problemlösungen und Benutzerbeteiligung führt und damit den Projektfortschritt behindert oder unmöglich macht.

Risikobeschreibung

- Eine solche Ausgangsituation ist für ein Projekt sehr gefährlich, da es im Projektverlauf zu einem Projektabbruch seitens des Auftraggebers kommen kann.
- Neben dem Auftraggeber könnte auch das Management der späteren Benutzer das Projekt nicht unterstützen, weil beispielsweise der durch die Lösung bewirkte Wandel nicht befürwortet wird.

Indikatoren

- Der Auftraggeber steht nicht hinter dem Projekt: Kooperation bei Meetings und Workshops ist mangelhaft.
- Unzureichende Kooperation während der Anforderungsaufnahme und in der Planungs- und Analysephase des Projektes. Beispielsweise stehen keine Benutzer zur Verfügung.
- Kommunikation mit dem Auftraggeber findet nicht regelmäßig statt oder findet vornehmlich auf der Beziehungsebene und nicht auf der Sachebene statt.
- Das Projekt läuft bei dem Auftraggeber nur nebenher und hat somit eine geringe Priorität. Hier sind z.B. Äußerungen des Auftraggebers ein mögliches Indiz.

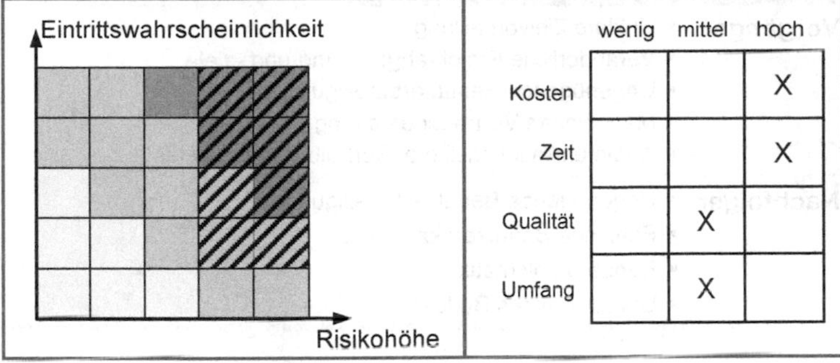

Risikomatrix & Das magische Viereck

Maßnahmen

- Mit dem Auftraggeber gemeinsam die Vision, Strategie und die Ziele für das Projekt und das Produkt erarbeiten. Auf dieser gemeinsamen Basis baut man anschließend das Projekt auf. Vgl. auch Maßnahmen des Risikos „Unklare Zielvorstellung“ bzw. „Veränderliche Projektabgrenzung und -ziele“.
- Kommunikation fördern. Siehe Maßnahmen Risiko „Kommunikationsrisiko außerhalb des Projektes“.
- Ist der Auftraggeber auch gleichzeitig der Anwender des zu entwickelnden Systems, sollte die Kommunikation doppelt so intensiv durchgeführt werden. Siehe Maßnahmen Risiko „Ungenügende Benutzerbeteiligung“ und „Fehlende Benutzerakzeptanz“.
- Dem Auftraggeber seine Pflichten für das Gelingen des Projektes aufzeigen und ihn in Entscheidungen einbinden.
- Vollständige Anforderungsaufnahme mit dem Aufraggeber durchführen. Siehe Risiken der Kategorie „Anforderungen“.
- Über Projektstatusberichte den Auftraggeber über Projektfortschritt, -planung und -steuerungsmaßnahmen sowie über Qualitätssicherung, Probleme, Risiken und Änderungen informieren.
- Mangelnde Unterstützung an höheres Management herantragen und dort nach Unterstützung suchen.
- Projektabbruch erwägen.

Beziehungen

Vorgänger	▪ Unklare Zielvorstellung ▪ Veränderliche Projektabgrenzung und -ziele ▪ Ungenügende Benutzerbeteiligung ▪ Mangelhafte Vertragsgestaltung ▪ Kommunikationsrisiko außerhalb des Projektes
Nachfolger	▪ Ungenügende Benutzerbeteiligung ▪ Fehlende Benutzerakzeptanz ▪ Budgetproblematik ▪ Unrealistisches Budget

Identifizieren und Überwachen

- **Endecker**: Projektleiter, Steuerkreis, Qualitätsmanager, Anforderungsmanager, Systemanalytiker, Auslieferungsverantwortlicher
- **Überwacher**: Projektleiter, Anforderungsmanager

7.9.5 Budgetproblematik

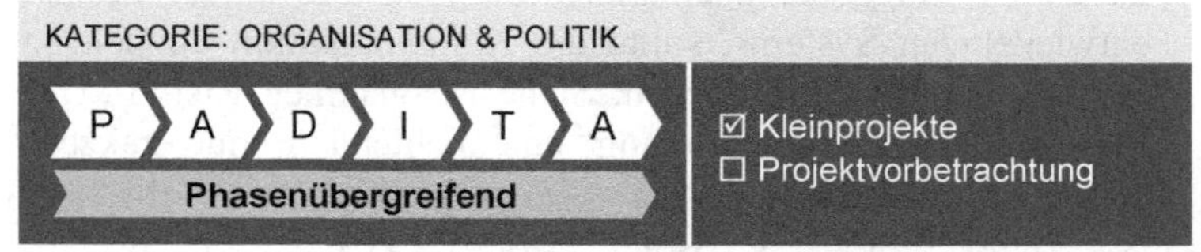

Risikosatz

Aus einer unrealistischen Zielvorstellung, ungenügender Erfahrung des Projektleiters, unrealistischer Budget- und Zeitplanung oder einem mangelhaften Anforderungsmanagement könnten **Probleme in Bezug auf das Budget** eintreten, was zu unmotivierten Mitarbeitern, Machtkämpfen, Budgetüberschreitungen und schließlich zu Problemen bei Abnahme des Projektes führen kann.

Risikobeschreibung

Beispiele bei internen Projekten:

- Ein Teil des Budgets wird für ein anderes Projekt benötigt, das eine höhere Priorität hat.
- Das Projekt hat intern an Bedeutung verloren, andere Projekte sind in den Vordergrund gerückt. Somit können Budgetverschiebungen auftreten.

Beispiele bei externen Projekten:

- Der Auftraggeber reduziert das zuvor bereitgestellte bzw. zugesagte Bugdet bzw. erweitert dies nicht, obwohl dies notwendig wäre.

Indikatoren

- Das Management ändert die Unternehmensstrategie und das Projekt steht weniger im Fokus der strategischen Ausrichtung, daraus kann eine Senkung der Priorität für das Projekt erfolgen und somit auch Budgetkürzungen.
- Innerhalb des Projektes musste eine geplante Investition vorgezogen werden, daher stehen für einen gewissen Zeitraum keine weiteren Finanzmittel zur Verfügung.
- Ein Lieferant erhöht die Preise für externe Dienstleitungen oder für eingekaufte Produkte bzw. Komponenten.
- Keine Kalkulation von Risikopuffern für eventuell notwendige zusätzliche Ressourcen am Anfang des Projektes. Hierbei kann es sich um zusätzliche Ressourcen oder Investitionen für bestimmte Technologien handeln.
- Mitarbeiter-Fluktuation führt zu einem enormen Ressourcenmangel und somit auch zu gravierenden Budgetproblemen.
- Es sind veraltete Technologien im Einsatz, was zu Investitionen in neue Technologien erfordert.

Risikomatrix & Das magische Viereck

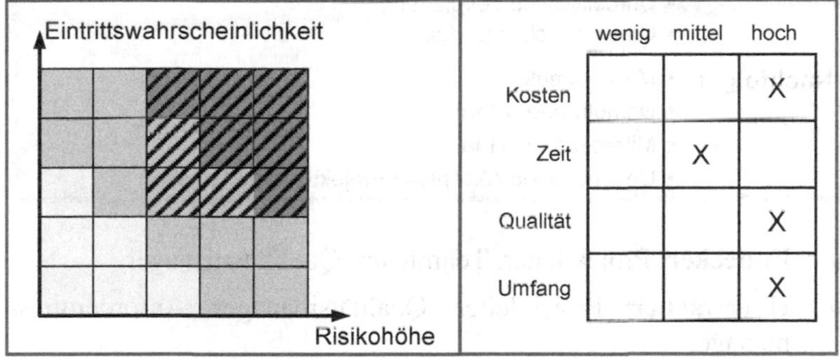

Maßnahmen

- Siehe hierzu auch die Maßnahmen für das Risiko „Unrealistisches Budget".
- Optimistische Kalkulationen am Anfang des Projektes vermeiden.
- Die Projektkalkulation laufend anpassen, denn sie sollte umso akkurater werden, je näher das Projektende rückt.
- Budgetengpässe möglichst früh an das Management weitergeben.
- Ausgabenseite (Personal, Ressourcen etc.) strikt kontrollieren.
- Bei zusätzlich benötigten Technologien, die am Anfang des Projektes nicht eingeplant waren, hat man eventuell die Möglichkeit

diese aus anderen bereits abgeschlossenen Projekten zu übernehmen.

- Budget für Wartung und Erweiterungen einplanen.
- Umfassende Anforderungsaufnahme (siehe hierzu die Risiken der Kategorie „Anforderungen").
- Inkrementelles und iteratives Vorgehen wählen. Die schrittweise Annäherung an das Projektziel und den zu realisierenden Nutzwert lässt eine akkuratere Kosten- und Zeitplanung zu. Denn hier besteht die Möglichkeit während des Projektes zu lernen.

Beziehungen

Vorgänger	▪ Unklare Zielvorstellungen ▪ Veränderliche Projektabgrenzung und -ziele ▪ Mangelnde Definition der funktionalen Anforderungen ▪ Mangelnde Definition der nichtfunktionalen Anforderungen/ Qualitätsanforderungen ▪ Steigender Anforderungsumfang ▪ Mangelnde Projektkontrolle ▪ Mangelhafte Vertragsgestaltung ▪ Unrealistische Zeitplanung ▪ Unrealistisches Budget
Nachfolger	▪ Machtkämpfe ▪ Unmotivierte Mitarbeiter ▪ Mitarbeiter-Fluktuation ▪ Ungenügende Akzeptanz Projektleiter/Mitarbeiter

Identifizieren und Überwachen

- **Endecker**: Projektleiter, Teamleiter, Qualitätsmanager
- **Überwacher**: Projektleiter, Qualitätsmanager, Anforderungsmanager

7.9.6 Mangelnde Mitarbeiterverfügbarkeit

Aus einer ungeeigneten Organisationsform, der Setzung ungeeigneter Prioritäten für Mitarbeiter, veränderlichen strategischen Zielen oder politischen Machtkämpfen und aus einer mangelhaften Ressourcenplanung könnte eine **mangelnde Mitarbeiterverfügbarkeit** resultieren, die das Projekt verzögern oder vollständig blockieren und die Qualität des Endproduktes senken kann.

Risikosatz

Die entscheidende Ressource in der Softwareentwicklung ist das fachliche und technische Personal. Eine Nichtverfügbarkeit von Mitarbeitern kann so zu einer projektgefährdenden Personalknappheit anwachsen. Zudem muss Zeit für die Personalsuche aufgewendet werden und in die Entwicklung der notwendigen Fähigkeiten investiert werden.

Risikobeschreibung

Ein nah verwandtes Risiko, auch bezüglich der Maßnahmen, ist die „Mitarbeiter-Fluktuation".

Indikatoren

- Projektmitarbeiter können nicht die eingeplante Zeit für das Projekt leisten, da sie Zusatzarbeiten für andere Projekte, Linienfunktionen etc. erbringen müssen.
- Es mangelt an Fähigkeiten im Projektteam bzw. der Fähigkeiten-Mix der Mitarbeiter entspricht nicht den Aufgaben. Dies kann sowohl fachliche als auch technische Fähigkeiten betreffen.
- Parallele Existenz von Projekt- und Linienorganisation: hohe Abstimmungsaufwände, um Personal zu bekommen und zu halten.
- Projektmitarbeiter haben mehr als einen Vorgesetzten zur gleichen Zeit, der ihnen Prioritäten setzt, die sich ggf. widersprechen. Diese Mitarbeiter haben dann schnell zwei volle Stellen zu je 100%.
- Unbefriedigende Überstundensituation für viele Mitarbeiter.
- Wichtige Schlüsselpositionen des Projektes werden mit Personen besetzt, die durch ihre geschäftliche oder technische Erfahrung einen hohen Wert für die Organisation haben. Diese Ressourcen werden als erstes dem Projekt entzogen.
- Keine frühzeitige Ressourcenplanung während der Auftragsklärung bzw. des Vertragsabschlusses.
- Ein Wandel der strategischen Ziele des Managements wertet den Nutzen des Projektes herunter.

Risikomatrix & Das magische Viereck

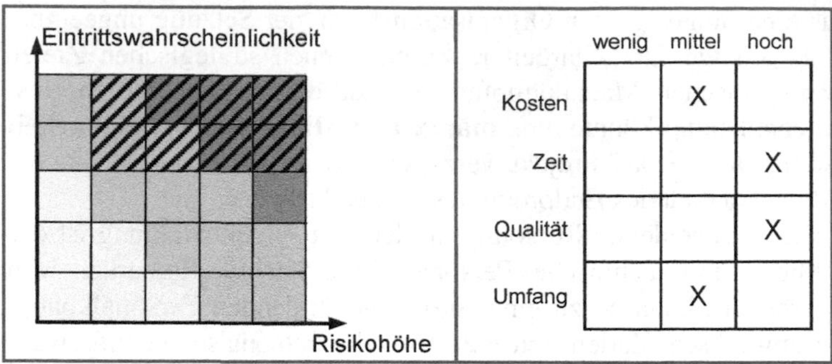

Maßnahmen

- Die Projektplanung sollte um einen Ressourcenplan ergänzt werden. Welche Art von Fähigkeiten wird benötigt? Welche Anzahl an Mitarbeitern wird für die identifizierten Aufgaben benötigt? Wie viel Zeit wird für welchen Mitarbeiter auf dem Projekt eingeplant? Alles am besten auf den Tag genau.
- Verfügbarkeit der Mitarbeiter bereits bei der Auftragsklärung klären oder im Vertrag selbst.
- Einen Anwesenheitskalender einführen, der einfach zugänglich ist. Mitarbeiter können sich so besser aufeinander abstimmen und es kommt nicht zu unnötigen Abstimmungsverlusten.
- Vertreterregelung unter Mitarbeitern und/oder Experten für bestimmte Bereiche sicherstellen, um Wissen zu verteilen und Abstimmungen schneller zu ermöglichen
- Spezielle Projektbüroräume schaffen, die von Mitarbeitern genutzt werden können, die neben dem Projekt noch weiteren Tätigkeiten nachkommen. Eine räumliche Trennung zu den „Nebentätigkeiten" fördert die Fokussierung auf die Aufgaben des Projektes und bietet diesen Mitarbeitern notwendige Rückzugsräume.
- Bei mangelnden Fähigkeiten der Mitarbeiter mit Schulungen, Workshops, gemischten Teamstrukturen etc. gegensteuern.
- Personalknappheit oder einer Überlastung von Mitarbeiter durch zu viele Prioritäten an das Management eskalieren. Jeder Mitarbeiter sollte die Grenzen seiner Aufgaben/Rolle kennen und vor sich widersprechenden Zielsetzungen geschützt werden.
- Lösung von Konflikten mit anderen Organisationseinheiten über Konsens oder Kompromiss versuchen. Alternativ auch an das obere Management zur Entscheidung eskalieren.
- Einen Fähigkeiten- und Personalpuffer aufbauen, um kurzfristige Schwankungen in der Verfügbarkeit auszugleichen.

- Wissensmanagement für das Projekt betreiben. Im einfachsten Fall ist das die Einrichtung einer speziellen Projektablage auf einem gemeinsamen Dateiserver einzuleiten, um Dokumente des Projektes zusammenzuhalten. In einem weiteren Schritt sollten Workshops zur Weitergabe von Wissen im Projektteam, ein Intranetauftritt für das Projekt oder ein Projekt-Wiki eingerichtet werden.
- Verhindern, dass wichtige Schlüsselpositionen des Projektes mit Personen besetzt werden, die durch ihre langjährige Erfahrung oder Wissen einen hohen Wert für die Organisation haben. Die Rolle dieser Mitarbeiter sollte auf das Nötigste begrenzt werden. Dies ist z.B. dadurch zu erreichen, dass der Projektinhalt (nicht der Projektnutzen!) ihnen gegenüber langweilig dargestellt wird.

Beziehungen

Vorgänger	▪ Machtkämpfe ▪ Kommunikationsrisiko außerhalb des Projektes ▪ Unzureichende Aufgabenidentifikation ▪ Unpassendes Know-how der Mitarbeiter ▪ Veränderliche Projektabgrenzung/-ziele ▪ Mitarbeiter-Fluktuation
Nachfolger	▪ Unpassendes Know-how der Mitarbeiter ▪ Unzureichende Einarbeitung neuer Mitarbeiter

Identifizieren und Überwachen

- **Endecker**: Projektleiter, Teamleiter, Steuerkreis
- **Überwacher**: Projektleiter

7.9.7 Unrealistische Zielvorstellung

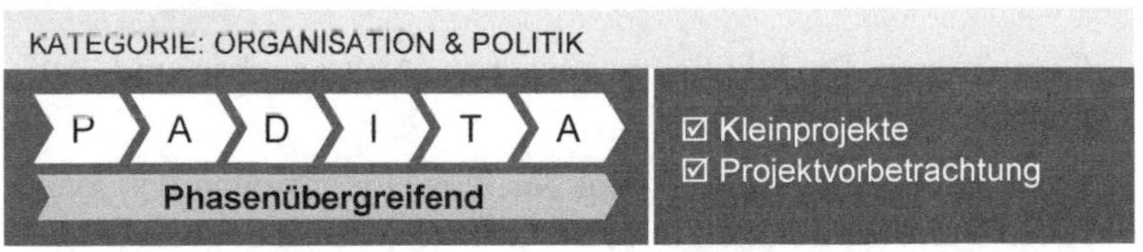

Risikosatz

Eine unklare Zielsetzung, fehlende Prüfung auf Machbarkeit, nicht ausreichender Analyse des erwarteten Nutzwertes oder Kommunikationsdefizite außerhalb und innerhalb des Projektes könnten zu **unrealistischen Zielen bezüglich Kosten, Zeit, Qualität und Umfang** führen, woraus sich eine unrealistische Zeit- und Budgetplanung für das Projekt ergibt, Planungen nicht gehalten werden und der Anforderungsumfang stark wächst.

Risikobeschreibung

Der Ursprung einer unrealistischen Zielvorstellung liegt in unrealistischen Erwartungen an das Projekt seitens der Projektparteien. Hier spielt ein starker Positivglauben in Verbindung mit Unwissenheit eine Rolle.

Indikatoren

- Der Auftraggeber hat bereits bei den Vertragsverhandlungen unrealistische Erwartungen, es wird ein größerer Nutzen erwartet, als geliefert werden kann. Daraus folgt, dass im Nachhinein mehr angepasst werden muss, als eigentlich sollte.
- Es wurde keine detaillierte Nutzwertanalyse durchgeführt und es liegt kein gerechneter Business-Case vor.
- Vorgabe von Projektzielen ohne Abstimmung mit den Projektbeteiligten (Auftraggeber, Projektleitung, Projektmitarbeiter und weitere Anspruchsgruppen).
- Es liegt keine Zielvereinbarung zum Projekt vor, die erreichbare Zielformulierungen verwendet. Wörter wie „Kostensenkung" oder „Produktivitätssteigerung" sind kein Ziel, weil sie nicht spezifisch und nicht messbar sind.

Risikomatrix & Das magische Viereck

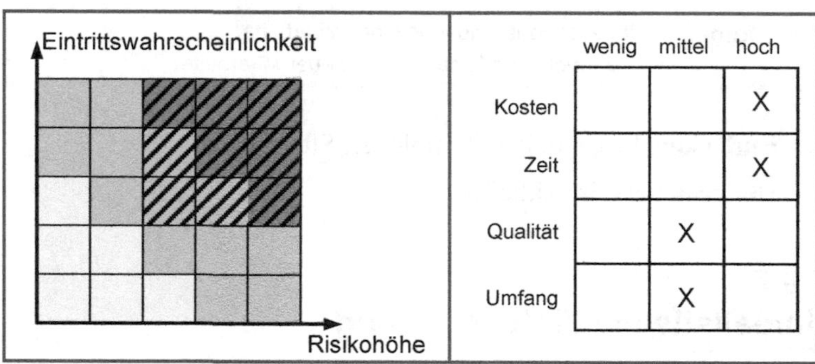

Maßnahmen

- Gemeinsame Produktvision zwischen Auftraggeber und Auftragnehmer entwickeln.
- Projektziele unter Betrachtung der vier Dimensionen des magischen Vierecks definieren: Kosten, Zeit, Qualität und Umfang.
- Erwartungsmanagement betreiben: Kommunikation welcher Nutzwert und welche Leistung zu erwarten sind.
- Machbarkeitsstudie durchführen, die den Aspekt der Realisierbarkeit bewertet. Ggf. auch die „Nichtziele" festlegen. Bei unklaren Aussagen können solche Punkte innerhalb der Zielbeschreibung sehr hilfreich sein.

- Die Projektziele sollten von allen Projektbeteiligten, das heißt vom Management, von den Auftraggebern, von den Anwendern und vom Projektteam, gemeinsam getragen werden. Nur durch die frühzeitige, gemeinsame Abstimmung der Projektziele kann im weiteren Projektverlauf sichergestellt werden, dass alle Projektbeteiligten am gleichen Strang ziehen.
- Im Anschluss der Definition und Abstimmung der Ziele, sollten diese formal vom Auftraggeber verabschiedet werden.

Bei der Zielvereinbarung an die **SMART-Regel** denken:

- S = Spezifisch (präzise und unmissverständlich für alle Beteiligten)
- M = Messbar (messbare Ziele hinsichtlich Qualität und Quantität, soweit möglich)
- A = Anspruchsvoll (Herausforderungen spornen an und motivieren)
- R = Realistisch (Überforderung demotiviert)
- T = Terminlich (Anfangs- und Endtermin)

Siehe auch die Maßnahmen des Risikos „Unklare Zielvorstellung" bzw. „Veränderliche Projektabgrenzung und -ziele".

Beziehungen

Vorgänger	▪ Unklare Zielvorstellung ▪ Mangelhafte Definition der Anforderungen ▪ Mangelhafte Definition der nichtfunktionalen Anforderungen/ Qualitätsanforderungen ▪ Kommunikation außerhalb des Projektes ▪ Ungenügende Erfahrung des Projektleiters
Nachfolger	▪ Veränderliche Projektabgrenzung und -ziele ▪ Steigender Anforderungsumfang ▪ Verändernde Anforderungen ▪ Unrealistische Zeitplanung ▪ Unrealistisches Budget

Identifizieren und Überwachen

- **Endecker**: Projektleiter, Qualitätsmanager, Anforderungsmanager
- **Überwacher**: Projektleiter, Anforderungsmanager

7.9.8 Veränderliche Projektabgrenzung/-ziele

Risikosatz

Aus einer unklaren Zielsetzung, einer veränderten strategischen Zielsetzung der Organisation, unrealistischen Erwartungen, Unterschätzung der Systemkomplexität oder die nicht ausreichende Definition der funktionalen Anforderungen könnten eine **Veränderung oder Erweiterung der Projektabgrenzungen und -ziele** entstehen, die zu veränderlichen Anforderungen, einem extremen Anforderungswachstum und zur Sprengung der Zeit- und Budgetplanungen führen könnten.

Risikobeschreibung

Dieses Risiko, im Englischen „Scope creep" genannt, tritt schleichend durch Hinzunahme und Änderung von Anforderungen auf, ohne die Zeit- und Budgetplanung bzw. die Projektorganisation anzupassen. Durch ein wankelmütiges Management kann das Risiko aber auch abrupt auftreten.

Folgende Ursachen können zudem in Betracht kommen:

- Einbeziehung von Benutzern zu Projektbeginn reicht nicht aus, um Ziele und Nutzwert für diese zu prüfen.
- Unwissenheit von Projektmanagern über Geschäftsbereiche und Geschäftsprozesse der zentralen Anspruchsgruppen.
- Nicht identifizierte Anspruchsgruppen.
- Undokumentierte Annahmen, die dem Projekt zu Grunde liegen.
- Unterdrückte Konflikte und mangelnde Konfliktlösefähigkeit zwischen Anspruchsgruppen (Einigung auf den maximalen Konsens).
- Das Scheitern eines Projektes oder das Zugeben von Fehlern in einem Projekt soll vermieden werden.
- Nicht ausreichende Definition der Projektziele und -grenzen zu Projektbeginn.
- Übertriebener Perfektionismus von Projektbeteiligten und Anspruchsgruppen.

Indikatoren

- Es werden neue Anforderungen „gefunden", die eine neue Funktionalität benötigen, die nur am Rande vom Kernsystem abgedeckt werden (es werden beispielsweise nur die Stammdaten und die Benutzerverwaltung des Systems genutzt).
- Die Software wird für viele, gegebenenfalls sogar stark unterschiedliche, Anspruchsgruppen entwickelt, die unterschiedliche Zielsetzungen verfolgen.
- Während der Laufzeit des Projektes kommen neue Anspruchsgruppen hinzu, die Anforderungen stellen.
- Es finden Reorganisationen in Geschäftsbereichen statt.
- Sprunghafte Managemententscheidungen beim Auftraggeber.
- Kein strukturierter Prozess für Änderungen der Ziele und Anforderungen.

Risikomatrix & Das magische Viereck

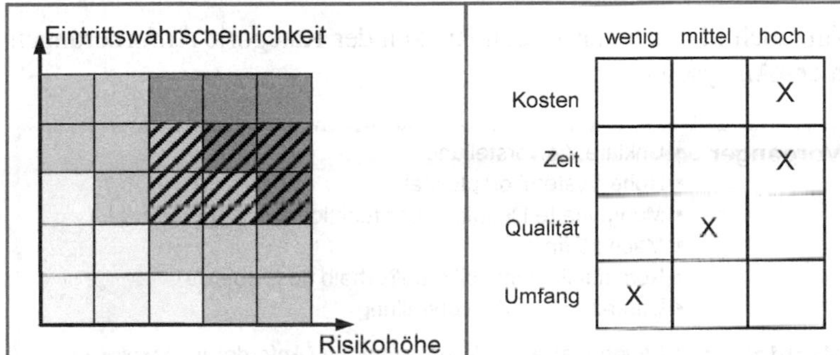

Maßnahmen

- Projektziele aktiv managen: Projektziele zusammen mit dem Auftraggeber/den Anspruchsgruppen regelmäßig überprüfen und aktiv ändern. Im gleichen Zug müssen die Budget- und Zeitplanungen angepasst und aktualisiert werden.
- Anforderungsmanagement: Anforderungen priorisieren in Gruppen wie „unbedingt umsetzen" und „wenn möglich umsetzen". Das Risiko für alle unbedingt umzusetzenden Anforderungen bewerten. Zusammen mit dem Auftraggeber das richtige Maß an Risiko für eine Projektversion wählen und ein iteratives und inkrementelles Vorgehensmodell verwenden.
- Anforderungen und Annahmen so detailliert wie möglich beschreiben und abstimmen. Hohe Anforderungsqualität sicherstellen.
- Erwartungsmanagement betreiben: Zu erwartenden Nutzwert und Leistung kommunizieren, um keine unrealistischen Erwartungen zu wecken.

- Changemanagement: Einen geregelten Prozess etablieren, wie Änderungen eingebracht werden, wie diese für die Implementierung beschrieben werden, wie diese implementiert werden und wie die Änderungen in ihre Dokumentation nachgetragen und aktualisiert werden.
- Aufkommende Anforderungen, die außerhalb der Projektabgrenzung liegen, verwalten und markieren, um deren Entwicklung nachverfolgen zu können.
- Anspruchsgruppen aktiv einbinden und zum Teil der Lösung machen.
- Endnutzer möglichst früh einbinden, um die Projektziele zu überprüfen: Falls eine Veränderung nicht abzuwenden ist oder sinnvoll erscheint, eine Entscheidung für die Veränderung aktiv herbeiführen und wenn möglich die Neuausrichtung gestalten.

Vgl. auch Maßnahmen zu den Risiken der Kategorie Anforderungen in der Analysephase.

Beziehungen

Vorgänger	▪ Unklare Zielvorstellung ▪ Hohe Systemkomplexität ▪ Mangelhafte Definition der funktionalen Anforderungen ▪ Machtkämpfe ▪ Kommunikationsrisiko außerhalb des Projekts ▪ Unrealistische Zielvorstellung
Nachfolger	▪ Steigender Anforderungsumfang (Anforderungsexplosion) ▪ Unrealistisches Budget ▪ Unrealistische Zeitplanung

Identifizieren und Überwachen

- **Endecker**: Projektleiter, Steuerkreis, Anforderungsmanager, Systemanalytiker
- **Überwacher**: Projektleiter, Steuerkreis

7.10 Übergreifende Risiken: Mensch

7.10.1 Sprachbarrieren

Risikosatz

Aus ungenügender Erfahrung des Projektleiters, unterschiedlichen individuellen Faktoren aller Projektbeteiligten (Fachgebiet, Umwelt, Fähigkeiten, Ausbildung, Projekterfahrung, usw.) und durch die unterschiedlichen Begriffswelten in den verschiedenen Fachbereichen könnten **Probleme in der Qualität der Kommunikation** auftreten, was zu Qualitätsproblemen bei den Anforderungsdokumenten, einer unklaren Zielvorstellung, Kommunikationsrisiken innerhalb und außerhalb des Projektes sowie verändernder Anforderungen führen kann.

Risikobeschreibung

Die Verwendung einer Fremdsprache als Projektsprache kann negative Konsequenzen für die Qualität von Arbeitsprodukten haben.

Indikatoren

- An einem Projekt ist mehr als ein Fachbereich beteiligt, wobei sich Fachbereiche mindestens in einem der folgenden Faktoren grundlegend unterscheiden: IT-Projekterfahrung, Ausbildung, Kompetenzmix, Alter, Fachbereich.
- Dieses Risiko tritt primär dort auf, wo Gruppen fachbereichsspezifisch arbeiten und durch die Unternehmenskultur größtenteils unter sich bleiben. Beispiele finden sich in den unterschiedlichen Begriffswelten der IT und der Wirtschaftswissenschaften, aber auch konkreter zwischen einzelnen Fachabteilungen im Unternehmen.
- Es treten Qualitätsprobleme in Anforderungsdokumenten auf (Missverständnisse, hoher Nachbearbeitungsaufwand, hoher nachträglicher Änderungsbedarf).
- Verwendung von Englisch bzw. einer Sprache als Projektesprache, die nicht die Muttersprache einiger Projektmitarbeiter ist.

Risikomatrix & Das magische Viereck

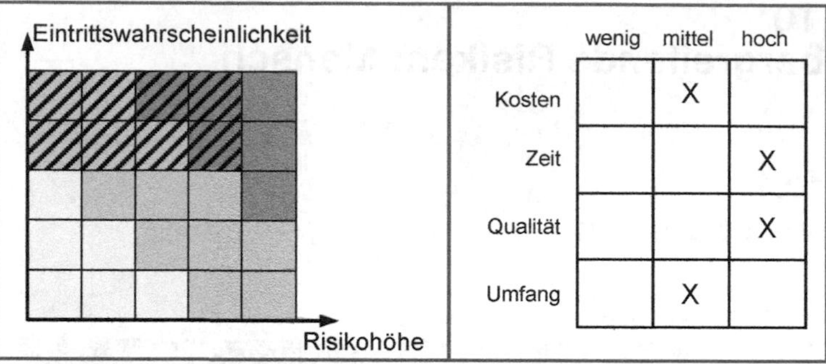

Maßnahmen

- Regelmäßig die Zielsetzung des Projektes prüfen, um den Fokus des Projektes zu jedem Zeitpunkt sicherstellen zu können.
- Kommunikation durch Modellierung unterstützen. Speziell bei der Kommunikation in der Anforderungsaufnahme, da diese Aktivität einen Erfolgsfaktor für das Projekt darstellt.
- Strukturierte Anforderungsanalyse durchführen: Methoden einsetzen (Interviewtechniken, Workshops), Anwendungsfälle analysieren, Geschäftsprozessanalyse. Ziel: Zuerst das Geschäft verstehen, bevor Designentscheidungen für die Software getroffen werden.
- Gemeinsames Anforderungsmanagement mit den Fachbereichen. (Vgl. auch Maßnahmen zum Risiko „Verändernde Anforderungen“).
- Bei einem englischsprachigem Projekt einen Übersetzer beschäftigen. Insbesondere für die projektkritischen Dokumente und Spezifikationen.

Beziehungen

Vorgänger	▪ Unpassendes Know-how der Mitarbeiter ▪ Ungenügende Erfahrung des Projektleiters ▪ Unzureichende Einarbeitung neuer Mitarbeiter
Nachfolger	▪ Unklare Zielvorstellung ▪ Veränderliche Projektabgrenzung/-ziele ▪ Mangelhafte Anforderungsqualität ▪ Mangelhafte Definition der Anforderungen ▪ Mangelhafte Definition der nichtfunktionalen Anforderungen/ Qualitätsanforderungen ▪ Verändernde Anforderungen ▪ Kommunikationsrisiko außerhalb des Projektes ▪ Kommunikationsrisiko innerhalb des Projektes

- **Endecker**: Projektleiter, Teamleiter, Qualitätsmanager, Anforderungsmanager, Systemanalytiker, Softwaredesigner, Programmierer, Tester, Auslieferungsverantwortlicher
- **Überwacher**: Projektleiter, Teamleiter, Qualitätsmanager, Systemanalytiker

Identifizieren und Überwachen

7.10.2 Kommunikationsrisiko innerhalb des Projektes

Risikosatz

Aus ungenügender Erfahrung und sozialer Kompetenz des Projektleiters, unzureichender Gruppendynamik, ungenügende Einarbeitung neuer Mitarbeiter und aus fehlender Akzeptanz zwischen Projektleiter und Mitarbeiter könnte eine **unzureichende Kommunikation innerhalb des Projektes** entstehen, die zu einer sinkenden Produktivität und Qualität der Arbeit der Mitarbeiter, mangelhaftem Teamwork oder unmotivierten Mitarbeitern führen kann.

Risikobeschreibung

Zur internen Kommunikation zählt die Kommunikation im Team, zwischen Teilprojektteams und zwischen dem Team und dem Projektleiter.

Indikatoren

- Die Mitarbeiter im Projekt ziehen sich zurück, es wird nur eingeschränkt horizontal und vertikal kommuniziert: Mitarbeiter sind über Veränderungen nicht informiert, es treten Doppelarbeiten auf, wichtige Aktivitäten bleiben auf Basis von Missverständnissen liegen, mangelhafte Teamarbeit.
- Die Ziele des Projektes sind nicht klar definiert oder wurden nicht regelmäßig mit den Projektmitarbeitern abgestimmt. Entsprechend existieren unterschiedliche Auffassungen zum Projektziel.
- Es existieren zwischenmenschliche Schwierigkeiten, z.B. durch fehlende soziale Kompetenz von Projektmitarbeitern und Projektleiter.

Risikomatrix & Das magische Viereck

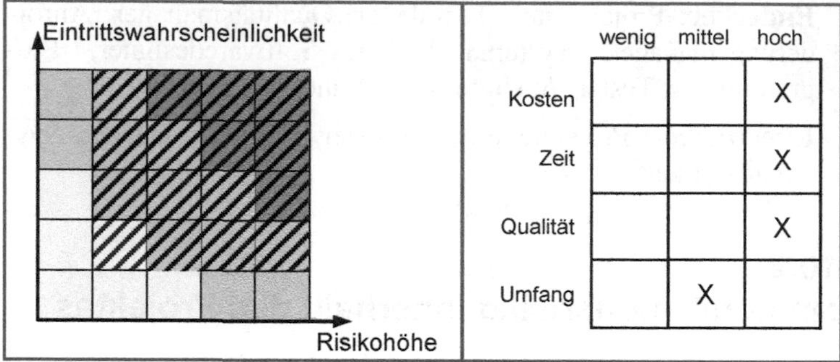

Maßnahmen

- Projektziele, Projektergebnisse und Projektprobleme an die im Projekt betroffenen Mitarbeiter regelmäßig und offen weitergeben. Insbesondere von Veränderungen, die sich ergeben haben. Dadurch können Missverständnisse vermieden und die Akzeptanz der Projektergebnisse gefördert werden.
- Auch die internen Kommunikationswege sollten festgelegt und dokumentiert werden. Vor allem hilft das den neuen Mitgliedern im Team.
- Nicht deckungsgleiche Erwartungshaltungen bei Mitarbeitern aus unterschiedlichen Fachbereichen sollten schnellstmöglich identifiziert werden. Zu späte Behandlung von Konfliktpotential absorbiert viel Energie von allen Beteiligten.
- Eine offene und regelmäßige Kommunikation schaffen: regelmäßige Statusmeetings und Workshops, wo Mitarbeiter effektiv in Entscheidungen eingebunden werden und die horizontale Kommunikation angeregt wird.
- Tägliche Kurz-Statusmeetings einführen: Maximal 10 Minuten und im Stehen. Jeder trägt bei woran er gerade arbeitet und was seine aktuellen persönlichen Herausforderungen sind.
- Spezielle teambasierte Arbeitsformen wählen: Beispielsweise einen Workshop mit Präsentation eines Teamergebnisses im Anschluss.
- Arbeitsaufträge an mehr als eine Person verteilen („gemeinsame Arbeitsprodukte“).
- „Management-by-walking-around“: Projektmanager besucht Mitarbeiter direkt am Arbeitsplatz und löst Managementprobleme direkt vor Ort.
- Teambindung: Soziale Bindung im Team erzeugen.
- Offene und konstruktive Feedbackkultur etablieren.

- Projektinterne Kommunikationsmittel nutzen: Projektintranetauftritt mit Nachrichtensystem, Projektnewsletter.

Kritik-Gespräch nach der Sandwich-Technik durchführen:

- Positiver Beginn (Ich-Botschaften)
- Fakten und Tatsachen benennen (Kritik)
- Positives Ende (Anerkennung bei Einsicht, Lösungsmöglichkeiten sammeln, Kompromisse schließen und Konsequenzen festlegen)

Beziehungen

Vorgänger	▪ Ungenügende Erfahrungen des Projektleiters ▪ Sprachbarrieren ▪ Unzureichende Einarbeitung neuer Mitarbeiter ▪ Ungenügende Akzeptanz Projektleiter/Mitarbeiter ▪ Mangelhaftes Teamwork
Nachfolger	▪ Unmotivierte Mitarbeiter ▪ Mangelhaftes Teamwork ▪ Mitarbeiter-Fluktuation ▪ Unzureichende Aufgabenidentifikation ▪ Implementierung startet ohne Design ▪ Mangelhafte Schnittstellen zwischen Anwendungen ▪ Mangelnde Arbeitsleistung

Identifizieren und Überwachen

- **Endecker**: Projektleiter, Teamleiter, Qualitätsmanager, Systemanalytiker, Softwaredesigner, Programmierer, Tester, Auslieferungsverantwortlicher
- **Überwacher**: Projektleiter, Teamleiter, Qualitätsmanager, Systemanalytiker, Softwaredesigner, Programmierer, Tester, Auslieferungsverantwortlicher

7.10.3 Mangelhaftes Teamwork

Risikosatz

Aus ungenügender sozialer Kompetenz des Projektleiters und der Mitarbeiter, großer Unterschiede zwischen Mitarbeitern, einer starken Karriereorganisation oder fehlender offener Kommunikation innerhalb des Projektteams könnte es zu einer **mangelnden Zusammenarbeit innerhalb des Projektteams** kommen, was zu unmotivierten Mitarbeitern, zu einer verminderten Arbeitsleistung-/Produktivität und zu Mitarbeiterfluktuation führen kann.

Indikatoren

- Es existieren viele Einzelkämpfer im Projektteam, die wichtige fachliche und technische Fähigkeiten mitbringen, diese aber nicht zur Steigerung der Teamleistung einbringen.
- Die Organisation besitzt eine starke Karriereausrichtung, die zu überzogenem Eigensinn führt („Ellenbogen-Prinzip").
- Bei den Mitarbeitern steht die Erreichung eigener Ziele im Vordergrund, die Team- und Projektziele werden nicht ausreichend berücksichtigt.
- Die Mitarbeiter behalten ihr Wissen für sich und geben Erfahrungen nicht weiter.
- Es werden beschönigende Statusberichte gegeben.
- Konflikte zwischen den Projektmitarbeitern intern und ein enormes Kommunikationsproblem innerhalb des Projektteams.
- Mobbing am Arbeitsplatz.
- Das Projektteam tauscht sich über Risiken, Probleme, Fortschritte und Erfahrungen nicht aus. Die Kommunikation im Team hält sich in Grenzen.
- Fehlende Kompetenzen des Projektleiters in Bezug auf Kommunikation, Teamentwicklung und Personalführung.
- Fehlende Kompetenzen der Mitarbeiter in Bezug auf die Gestaltung zwischenmenschlicher Beziehungen und Kommunikation.

Risikomatrix & Das magische Viereck

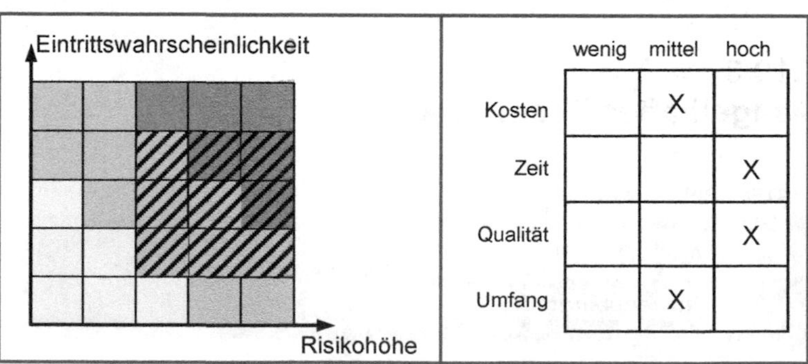

Maßnahmen

- Teamziele gemeinsam entwickeln und vereinbaren: Was möchte unser Team erreichen? („Team-Vision“)
- Kommunikation innerhalb des Projektes fördern. Siehe Maßnahmen des Risikos „Kommunikationsrisiko innerhalb des Projektes“.
- Projektmitglieder auch nach sozialer Kompetenz und Teamfähigkeit auswählen bzw. sie dort fördern.
- Team Balance: Komplementäre, sich ausgleichende, harmonische Teammitglieder zusammensetzen.
- Fachliche und technische Teams nicht räumlich trennen.
- Mitarbeiter in wechselnden Rollen im Projekt einsetzen.
- Projektleiter in Personalführung schulen und Führungskompetenzen entwickeln.
- Klare Verantwortlichkeiten und Rollen identifizieren und für alle Mitarbeiter ersichtlich festlegen, damit Nachfragen, Probleme und Entscheidungen eindeutig adressiert werden können.
- Arbeitsaufträge an mehr als eine Person verteilen („gemeinsame Arbeitsprodukte“).
- Maßnahmen zur Steigerung des Teamgeistes planen. Siehe auch Maßnahmen des Risikos „Unmotivierte Mitarbeiter“.
- Das Projektteam koordinieren, informieren und Konflikte managen.
- Das Projektteam sollte durch den Projektleiter zu selbstständigem und verantwortungsbewusstem Arbeiten geführt werden.
- Tägliche und kurze Statusmeetings im Stehen abhalten: Jeder bringt ein, was er heute macht und was aktuelle Herausforderungen für ihn und das Projekt sind.
- Beziehungen zum und im Projektteam aufbauen.
- Gemeinsame Spielregeln definieren.
- Meta-Kommunikation betreiben (über Kommunikation reden), um Konflikte zu lösen und Entwicklungsschritte zur offenen Kommunikation zu machen.
- Eine Feedbackkultur etablieren, die auf die Verbesserung der Teamleistung zielt. Es wird niemals die Person kritisiert, sondern der Wunsch einer Verhaltensänderung beim gegenüber formuliert.

Beziehungen

Vorgänger	▪ Kommunikationsrisiko innerhalb des Projektes ▪ Unpassendes Know-how der Mitarbeiter ▪ Unrealistische Zielvorstellung ▪ Projektleiterausfall/Projektleiterwechsel ▪ Unzureichende Aufgabenidentifikation ▪ Kein eindeutig definiertes Vorgehensmodell ▪ Unzureichende Einarbeitung neuer Mitarbeiter
Nachfolger	▪ Unmotivierte Mitarbeiter ▪ Ungenügende Akzeptanz Projektleiter/Mitarbeiter ▪ Mitarbeiter-Fluktuation

Identifizieren und Überwachen

- **Endecker**: Projektleiter, Teamleiter, Qualitätsmanager, Anforderungsmanager, Softwarearchitekt, Systemanalytiker, Softwaredesigner, Programmierer, Tester, Auslieferungsverantwortlicher
- **Überwacher**: Projektleiter, Teamleiter, Qualitätsmanager, Anforderungsmanager, Softwarearchitekt, Systemanalytiker, Softwaredesigner, Programmierer, Tester, Auslieferungsverantwortlicher

7.10.4 Unpassendes Know-how der Mitarbeiter

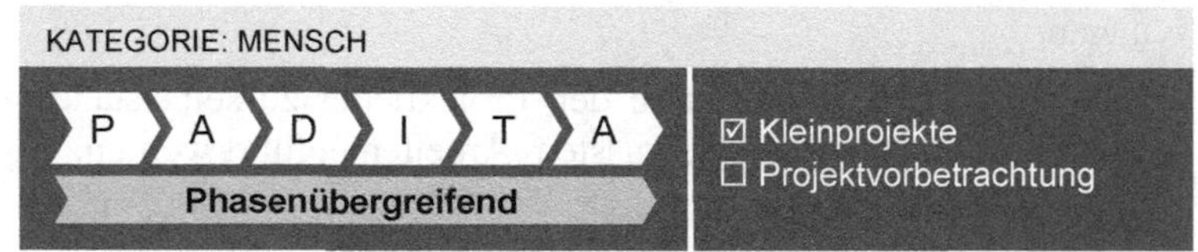

Risikosatz

Aus ungenügender Erfahrung des Projektleiters, fehlenden Erfahrungen der Mitarbeiter, Personalmangel oder dem Einsatz neuer Technologien könnte es zu einem **Mangel an Mitarbeitern mit benötigtem Know-how** kommen, was zu großen Zeit- und Kostenproblemen, unmotivierten Mitarbeitern und Qualitätseinbußen führen kann.

Indikatoren

- Fehlende Fähigkeiten/Erfahrung der Mitarbeiter. Einerseits fachlich (Geschäftsabläufe im Fachbereich etc.) und andererseits technisch (Verständnis von Methoden, Tools und von neuen Technologien etc.).
- Aus dem zur Verfügung stehenden Personal können nur inhomogene Gruppen gebildet werden (nur Techniker, nur Wirtschaftswissenschaftler, nur Unerfahrene etc.)

- Der Auftraggeber fordert den Einsatz einer neuen Technologie, für die der Auftragnehmer keine hinreichend ausgebildeten Mitarbeiter besitzt.
- Fehlende Erfahrung des Projektleiters in Bezug auf die Zusammensetzung von Projektteams.

Risikomatrix & Das magische Viereck

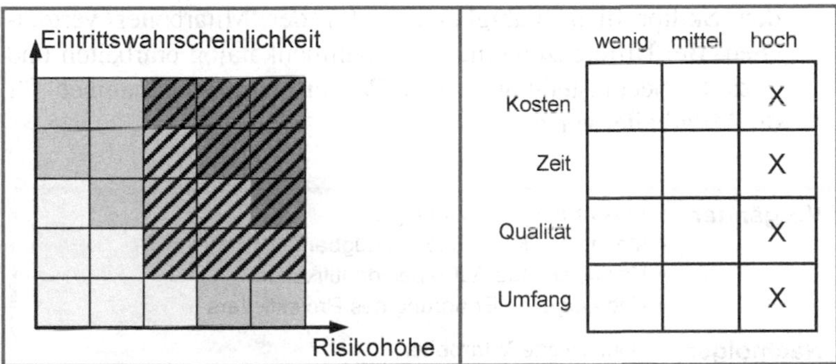

Maßnahmen

- Frühzeitig die personellen Ressourcen für das Projekt anfordern und sicherstellen, dass diese Ressourcen zum Start des Projektes frei und verfügbar sind.
- Fähigkeiten und Spezialisten extern einkaufen. Vorgeschlagene externe Mitarbeiter sollten unbedingt in einem persönlichen Gespräch bzgl. ihres Fähigkeitsprofils geprüft werden.
- Wissensmanagement im Projekt: Erfahrungsaustausch im Team organisieren. Wissensaustausch fördern: z.B. jede Woche ein Vortrag durch einen Mitarbeiter über sein Expertisegebiet.
- Interne Projekte dazu nutzen, um die Mitarbeiter für eine neue Technologie oder für eine neue bzw. vorhandene Methode auszubilden. Damit werden interne Projekte zu einem Versuchsfeld für die Ausbildung der Mitarbeiter.
- Anpassung der Prozesse auf dem Projekt an vorhandenes Know-how.
- HR-Management beinhaltet eine umfassende Betreuung und Weiterentwicklung der Ressource Mensch. Aufgrund der hohen Innovationsgeschwindigkeit in der Informationstechnologie sollte der Aus- und Weiterbildungsplan eine situationsgerechte und zukunftsorientierte Systematik beinhalten. Projektintern sollten insbesondere die Fortbildungen veranlasst werden, die direkt dem Projekt selbst zu Gute kommen.
- Gewährleisten, dass für die in der IT anfallenden Aufgaben Mitarbeiter zur Verfügung stehen, die geeignet ausgebildet sind.

Durch ein an den Geschäfts- und Projektzielen ausgerichtetes Skillmanagement kann sichergestellt werden, dass benötigte Skills beim Personal vorhanden sind oder angeeignet werden können.

- IT-Abteilungen im Großen und Projekte im Kleinen sollten Soll-Skill-Strukturen (Anforderungsprofile) erarbeiten und mit den Skillprofilen (Fähigkeitsprofile) der Mitarbeiter vergleichen. Bei Differenzen einen Maßnahmenkatalog erarbeiten und gezielte Neueinstellungen oder Weiterbildungsmaßnahmen für die Mitarbeiter vorsehen.

Beziehung

Vorgänger	▪ Einsatz neuer Technologien ▪ Mangelnde Mitarbeiter-Verfügbarkeit ▪ Unzureichende Aufgabenidentifikation ▪ Ungenügende Erfahrung des Projektleiters
Nachfolger	▪ Unmotivierte Mitarbeiter ▪ Mangelnde Arbeitsleistung ▪ Mangelhaftes Teamwork

Identifizieren und Überwachen

- **Endecker**: Projektleiter, Teamleiter, Qualitätsmanager, Anforderungsmanager, Softwarearchitekt
- **Überwacher**: Projektleiter, Qualitätsmanager

7.10.5 Mitarbeiterfluktuation

Risikosatz

Aus Unterforderung bzw. Überforderung durch unangemessene Aufgaben, schlechtem Betriebsklima, mangelnder Entwicklungsmöglichkeiten, unrealistischer Zeitplanung, unzureichenden Aufgabenzuordnungen, keiner Vereinbarkeit von Privat- und Berufsleben oder mangelndem Teamwork könnte es zum **Weggang von Mitarbeitern vom Projekt** kommen, was zu Produktivitäts- und Qualitätseinbußen durch den Wissensverlust und die Notwendigkeit zur Einarbeitung neuer Mitarbeiter führen kann. Darüber hinaus sind große Zeitverzögerungen möglich.

Eine Fluktuation im Projektteam kann in unterschiedlicher Form auftreten. Zum einen kann durch Krankheit oder Urlaub bedingt zeitweise Ressourcenmangel im Projekt entstehen. Werden diese Ausfallzeiten im Projektplan nicht eingeplant, kann das zu terminlichen Engpässen führen. Anders ist das bei einer vollständigen Fluktuation, das wäre der Fall, wenn Mitarbeiter das Unternehmen/Projekt ganz verlassen. Besonders gravierend ist es bei Mitarbeitern mit Expertenwissen oder Schlüsselpositionen im Projekt.

Risikobeschreibung

Bei internen Projekten: Es werden Mitarbeiter für ein anderes strategisch wichtigeres Projekt benötigt und aus dem Projekt herausgenommen.

Indikatoren

- Zeitlich begrenzte Ausfallzeiten (Krankmeldung, Schulung, Urlaub etc.) der Mitarbeiter steigen über den Jahresdurchschnitt.
- Schlechtes Betriebsklima (Druck, Desinformation, Überlastung, Stress, mangelndes Teamwork).
- Unzureichende Kommunikation im Projektteam und zum Projektleiter über Konflikte und Probleme.
- Mitarbeiter werden durch unangemessene Aufgaben unter- oder überfordert. Fähigkeitenprofil passt nicht zur Tätigkeit.
- Innerhalb des Projektteams werden einzelne Mitarbeiter gemobbt oder ungerecht behandelt.
- „Spannung" im Projekt fehlt: Keine Entwicklungsmöglichkeiten, kein angemessener Zeitdruck, zu viel Politik, zu wenig Lösungsorientierung, kein sichtbarer Fortschritt.

Siehe auch Indikatoren des Risikos „Unmotivierte Mitarbeiter".

Risikomatrix & Das magische Viereck

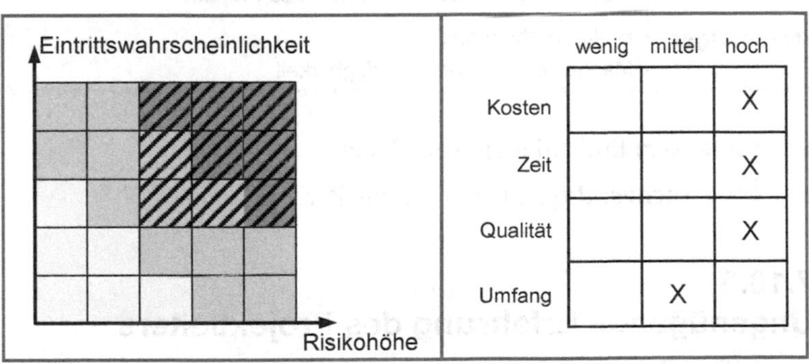

Maßnahmen

- Wissensmanagement betreiben, um beim Ausfall von Mitarbeitern nicht deren Wissen zu verlieren. Wissen ist in Softwareprojekten die wichtigste Ressource, die durch Mitarbeiterfluktuation stark bedroht ist. Daher das Projektwissen verteilen und dokumentieren.

- Expertenpositionen im Projekt doppelt besetzen. Aufgaben durch mehrere Mitarbeiter gemeinsam erledigen lassen.
- Abwanderung von Schlüsselpersonal vertraglich verhindern (Prämiensystem, Konkurrenzausschlussklausel, Firmenbeteiligung).
- Mitarbeitern Entwicklungsmöglichkeiten bieten, die sich an ihren eigenen Zielvorstellungen orientieren. Die Erwartungen der Mitarbeiter an ihre Aufgabe bei der Projektplanung berücksichtigen.
- Puffer im Projektplan für diverse Ausfallzeiten der Mitarbeiter einplanen. Solche Puffer sind nicht nur bei Mitarbeiterfluktuation, sondern für jeglichen Mangel von Ressourcen notwendig.
- Zeitlich begrenzte Ausfallzeiten durch Schulungen und Urlaub gleichmäßig über das Projekt und das Jahr verteilen, damit beispielsweise keine Überlastung in den Urlaubsmonaten entsteht.
- Offene Informationspolitik führen.

Mitarbeiter motivieren: Siehe Risiko „Unmotivierte Mitarbeiter".

Beziehungen

Vorgänger	▪ Unmotivierte Mitarbeiter ▪ Machtkämpfe ▪ Unpassendes Know-how der Mitarbeiter ▪ Unrealistische Zeitplanung ▪ Projektleiterausfall/Projektleiterwechsel ▪ Unzureichende Aufgabenidentifikation ▪ Kommunikationsrisiko innerhalb des Projekts
Nachfolger	▪ Budgetproblematik ▪ Mangelnde Mitarbeiterverfügbarkeit

Identifizieren und Überwachen

- **Endecker:** Projektleiter, Teamleiter
- **Überwacher**: Projektleiter, Teamleiter

7.10.6 Ungenügende Erfahrung des Projektleiters

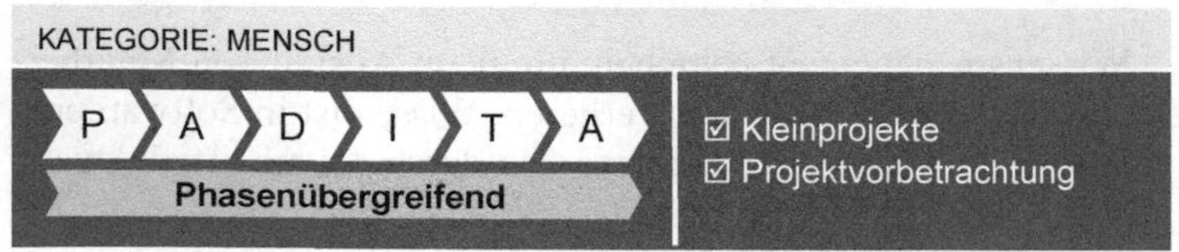

Aus unzureichender technischer und fachlicher Fähigkeiten, nicht ausreichendem Wissen in den Bereichen Teamarbeit, Mitarbeiterführung und Projektleitung könnte ein **Projektleiter über ungenügende Erfahrung verfügen**, was zu einer unzureichenden Aufgabenidentifikation, Quantitäts- und Qualitätsproblemen im Projekt, Kommunikationsproblemen, unmotivierte Mitarbeitern und einem mangelhaften Teamwork führen kann.

Risikosatz

Indikatoren

- Der Projektleiter hatte noch keine Gelegenheit Erfahrungen in Projekten als eigenständiger Projektleiter sammeln zu können.
- Fehlende Erfahrungen mit Projektteams und der Führung von Mitarbeitern.
- Projektleiter ist fachfremd zur Softwareentwicklung und besitzt kein breites Grundlagenwissen in Methoden der Softwaretechnik.
- Soziale Kompetenz ist durch die vorige Arbeit nicht ausgereift.
- Projektleiter kann den Projektstatus nicht wiedergeben.

Risikomatrix & Das magische Viereck

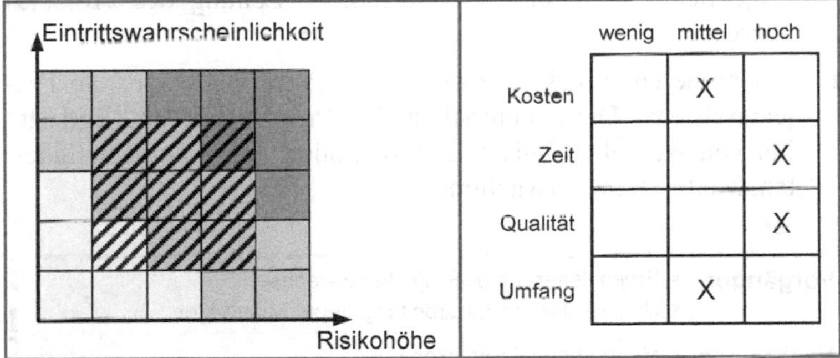

Maßnahmen

- Einen in der Organisation geachteten Mentor zur Seite stellen, der den Projektleiter durch das Projekt begleitet. Der Nachwuchsprojektleiter durchläuft eine Praxisschule:

1. Assessment: Mentor, Nachwuchsprojektleiter und Projektassistenz legen gemeinsam Verantwortlichkeiten und Vorgehen fest.
2. Einführung beim Auftraggeber: Nachwuchsprojektleiter wird beim Auftraggeber eingeführt.
3. Verantwortung: Nach einer gewissen Einarbeitungszeit des Nachwuchsprojektleiters werden die so genannten Minor Milestones festgelegt, für die künftig der Nachwuchsprojektleiter

verantwortlich ist. Dann wird der eigentliche Projektleiter entlastet.

4. Leitung von Teilprojekten: Je nach Projektgröße kann nach einiger Zeit dem Nachwuchsprojektleiter bereits die vollständige Leitung von Teilprojekten übertragen werden.
5. Leitung von Kleinprojekten: Im weiteren Verlauf kann der Nachwuchsprojektleiter erste Kleinprojekte übernehmen.

- Projektleiter-Schulungen für den Aufbau von Methodenkompetenz, Fachkompetenz, Sozialkompetenz und unternehmerischer Kompetenz durchführen.
- Managementdokumentation zur Verfügung stellen (Erfahrungsberichte). Erfahrungs- und Wissensaustausch zwischen mehreren Projektleitern fördern.
- Review von Projektplänen und Statusberichten von bereits abgeschlossenen Projekten, die eine ähnliche Größe oder Komplexität aufweisen. Übernahme von Ideen.
- Bei größeren Projekten eine Aufteilung in kaufmännische und technische Projektleitung vornehmen. Dem kaufmännischen Projektleiter wird dann die eigentliche Leitung des Projektes übergeben.
- Bei größeren Projekten eine weitere Rolle etablieren: die Projektassistenz. Diese unterstützt den Projektleiter und entlastet ihn von Aufgaben, wie z.B. Protokollen, Verwaltungstätigkeiten, Meilensteinüberwachung.

Beziehungen

Vorgänger	▪ Projektleiterausfall/Projektleiterwechsel ▪ Unzureichende Einarbeitung neuer Mitarbeiter
Nachfolger	▪ Mangelhafte Projektkontrolle ▪ Kommunikationsrisiko außerhalb des Projekts ▪ Unrealistische Zielvorstellung ▪ Unrealistische Zeitplanung ▪ Kommunikationsrisiko innerhalb des Projektes ▪ Unzureichende Aufgabenidentifikation ▪ Ungenügende Akzeptanz Projektleiter/Mitarbeiter ▪ Mangelhaftes Teamwork ▪ Unmotivierte Mitarbeiter

Identifizieren und Überwachen

- **Endecker**: Teamleiter, Steuerkreis, Qualitätsmanager
- **Überwacher**: Steuerkreis

7.10.7 Unmotivierte Mitarbeiter

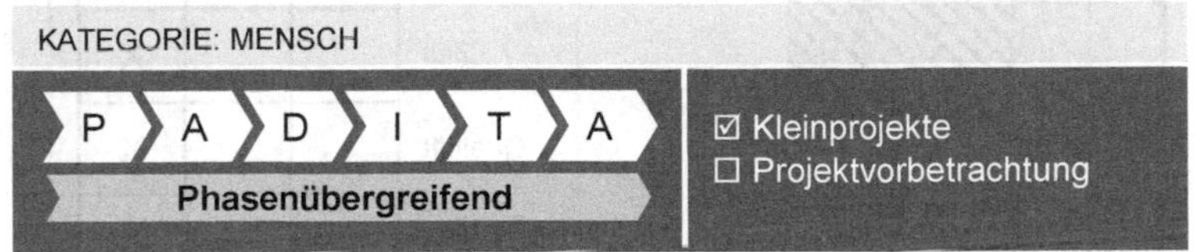

Risikosatz

Aus ungenügender Erfahrung des Projektleiters, keine eindeutige Zuordnung von Aufgaben, Rollen und Verantwortlichkeiten, unzureichende Einarbeitung neuer Mitarbeiter, ungenügende Kommunikation innerhalb des Projektteams und zwischen dem Projektleiter und den Projektmitarbeitern könnte die **Motivation der Mitarbeiter sinken**, was zu einer Erhöhung der Mitarbeiterfluktuation, zu einem Kommunikationsrisiko und einer mangelhaften Arbeitsleistung/Produktivität führen kann.

Risikobeschreibung

Die Motivation des Projektteams ist einer der Erfolgsfaktoren für die Produktivität eines Projektes und die Qualität der zu erstellenden Software. Maßnahmen zu Erhöhung der Motivation werden aber nur selten in der Projektplanung berücksichtigt, insbesondere weil Motivation nur schwer messbar ist.

Indikatoren

- Das Projektteam hält sich nicht an das vereinbarte Vorgehensmodell
- Frustration bei den Projektbeteiligten.
- Unangebrachter Zynismus und Sarkasmus auf dem Projekt.
- Arbeitspakete werden nicht in der möglichen Geschwindigkeit und der notwendigen Qualität erledigt.
- Häufige Krankheitsmeldungen.
- Mobbing zwischen einzelnen Projektmitarbeitern.
- Wenig Kommunikation innerhalb des Projektteams und zum Projektleiter.
- Keine eindeutige Aufgaben- und Zieldefinitionen für die Mitarbeiter. Die Mitarbeiter kenne ihre Rolle im Projekt nicht.
- Mitarbeiter können ihren Einfluss auf den Projekterfolg nicht benennen.
- Menschliche Bedürfnisse werden durch das Projekt und das Projektmanagement nicht berücksichtigt.

Risikomatrix & Das magische Viereck

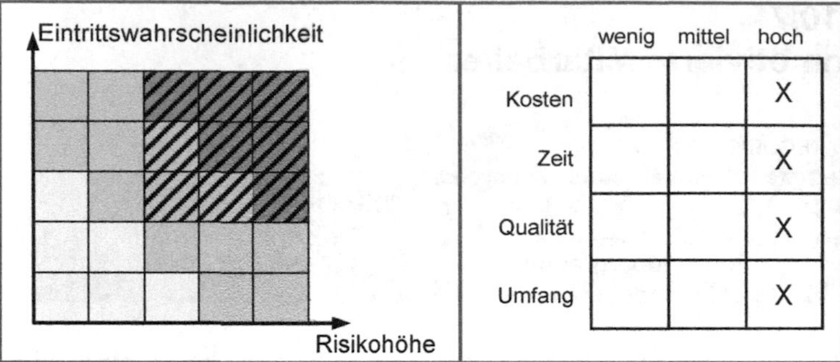

Maßnahmen

- Das Projekt soweit wie möglich an den Bedürfnissen der Mitarbeiter ausrichten: Richtige Stelle für die richtige Person, nach den Wünschen/Erwartungen der Mitarbeiter fragen und diese berücksichtigen.
- Mitarbeiter in ihrer Arbeit und den Aufgaben unterstützten: Produktive Arbeitsplätze, geeignete Werkzeuge, motivationsfördernde Maßnahmen (persönliches Wachstum, Fortbildung und Schulungen) einleiten und dadurch Kompetenzen des Einzelnen entwickeln.
- Teambildung fördern: Gemeinsame Unternehmungen und Freizeitaktivitäten anbieten.
- Klaren Ergebnisabsprachen treffen, gegenseitige Erwartungen klar formulieren.
- Kommunikations- und Eskalationswege bereitstellen (siehe auch Maßnahmen „Kommunikationsrisiko innerhalb des Projektes“).
- Kritikgespräche nach der Sandwichtechnik führen: Positiver Beginn, Äußerung der Kritik auf Basis von Fakten und Sachverhalten, positives Ende durch Sammlung von Lösungsmöglichkeiten und gemeinsames Festlegen von Konsequenzen für die Zukunft.
- **Motivation durch Kommunikation**: Eine gute und offene Kommunikation innerhalb des Projektteams und zum Projektleiter schafft eine vertrauensvolle Atmosphäre und baut eine Beziehung zwischen allen Projektbeteiligten auf. Der Projektleiter kann dadurch immer auf den aktuellen Stand bleiben und weiß, was im Team gerade an aktuellen Themen ansteht.
- **Motivation durch Ziele**: Den Projektmitarbeitern die Aufgaben und Ziele für das aktuelle Projekt mitteilen, ggf. können Projektprämien vereinbart werden. Ziele so wählen, dass sie realis-

tisch zu erreichen sind und dem „richtigen“ Mitarbeiter zugewiesen werden – Überforderung bremst die Motivation.

- **Motivation durch Verantwortung**: Das Projektteam an einigen Entscheidungen im Rahmen des Projektes teilhaben und eigenverantwortlich handeln lassen. Hierzu sollte Verantwortung übertragen werden.
- **Motivation durch Anerkennung**: Feedbackkultur leben. Leistungen der Mitarbeiter regelmäßig, entsprechend der Situation und der Persönlichkeit, anerkennen. Positive wie auch negative Aspekte offen und ehrlich kommunizieren.
- **Motivation durch Vorbildfunktion**: Als Projektleiter Offenheit und Ehrlichkeit vorleben. Die Freude an der Arbeit, die der Projektleiter vorlebt, wird von den Mitarbeitern übernommen, ebenso wie Leistungswille, Bereitschaft und Verantwortung übernehmen zu können.

Weitere allgemeine Regeln, die nicht nur bei der Motivationsförderung notwendig sind:

- Jeder Mensch steht nicht nur in dem System „Arbeit und Beruf“, sondern besitzt Bedürfnisse im Bereich Freundschaft, Gemeinschaft und Liebe.
- Jeder hat auf Grund seiner Abstammung, Erziehung, Erfahrung eine eigene Logik entwickelt, nach der er handelt. Das resultierende Verhalten der Mitarbeiter entspricht nicht immer den Erwartungen des Projektleiters, genauso, wie auch das Verhalten des Projektleiters individuell geprägt ist und für andere nicht immer nachvollziehbar ist.

Beziehungen

Vorgänger	▪ Unklare Zielvorstellung ▪ Unpassendes Know-how der Mitarbeiter ▪ Unrealistische Zielvorstellung ▪ Unrealistische Zeitplanung ▪ Projektleiterausfall/Projektleiterwechsel ▪ Unzureichende Aufgabenidentifikation ▪ Kein eindeutig definiertes Vorgehensmodell ▪ Mangelnde Hardware- und Ressourcenverfügbarkeit ▪ Ungenügende Erfahrung des Projektleiters ▪ Unzureichende Einarbeitung neuer Mitarbeiter
Nachfolger	▪ Mitarbeiterfluktuation ▪ Kommunikationsrisiko innerhalb des Projektes ▪ Mangelnde Arbeitsleistung ▪ Mangelhaftes Teamwork

Identifizieren und Überwachen

- **Endecker**: Projektleiter, Teamleiter, Qualitätsmanager, Anforderungsmanager, Softwarearchitekt, Systemanalytiker, Softwaredesigner, Programmierer, Tester, Auslieferungsverantwortlicher
- **Überwacher**: Projektleiter

7.11 Übergreifende Risiken: Externe Produkte und Lieferanten

7.11.1 Abhängigkeiten vom Zulieferer

Risikosatz

Durch Vorgaben bezüglich des zu verwendenden Lieferanten, einer Monopolstellung eines Lieferanten oder eine Lieferabhängigkeit aus Entscheidungen in der Vergangenheit könnte es zu einer **Abhängigkeit von einem Zulieferer** kommen, die zu eigenen Auslieferungsverzögerungen und Qualitätseinbußen führen kann, da der Lieferant keine Konkurrenz besitzt und ausgewählt werden muss.

Indikatoren

- Der Lieferant hat eine Monopolstellung mit einem Produkt oder einer Dienstleistung und muss gewählt werden.
- Die Auswahl eines Lieferanten führt zu Umstellung weiterer Systeme, um deren Kompatibilität sicherzustellen.
- Es wurde ein Rahmenvertrag mit einem Lieferanten abgeschlossen, der über mehrere Jahre oder Projekte läuft.

Risikomatrix & Das magische Viereck

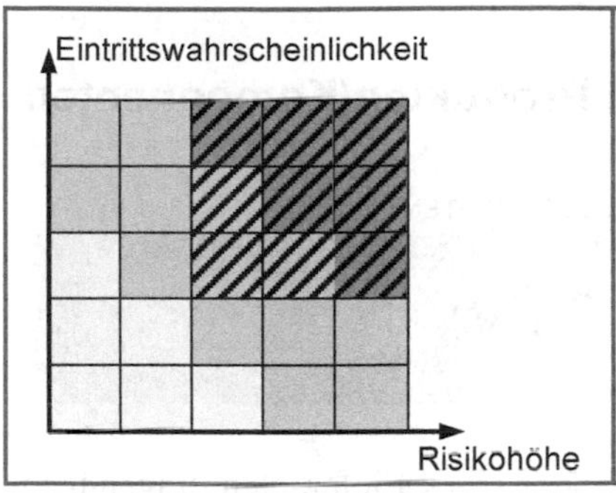

Eintrittswahrscheinlichkeit

Risikohöhe

	wenig	mittel	hoch
Kosten			X
Zeit		X	
Qualität		X	
Umfang	X		

Maßnahmen

- Auch bei bekannten und immer wieder neu beauftragten Lieferanten, müssen die Anforderungen, Ziele und die Qualität immer wieder neu kommuniziert und vereinbart werden. Gegebenenfalls über eine Zusatzvereinbarung pro Projekt.
- Qualitätsprüfungen für Lieferungen einplanen und gemeinsam mit dem Lieferanten überwachen.
- Trotz der langen und regelmäßigen Zusammenarbeit mit dem Lieferanten, in regelmäßigen Abständen eine gemeinsame Überprüfung bezüglich Qualität, Leistungsfähigkeit und Kosten durchführen.
- Abhängigkeit zum Zulieferer, wo dies wirtschaftlich möglich ist, begrenzen. Proprietären Komponenten durch offene Standards und gegebenenfalls durch erprobte Software aus dem Opensource-Bereich ersetzen.

Siehe Maßnahmen der Risiken der Kategorie „Externe Produkte und Lieferanten“.

Beziehungen

Vorgänger	▪ -
Nachfolger	▪ Mängel in externen Dienstleistungen ▪ Mängel in zugelieferten Produkten/Komponenten ▪ Einsatz neuer Technologien

Identifizieren und Überwachen

- **Endecker**: Projektleiter, Qualitätsmanager
- **Überwacher**: Projektleiter, Qualitätsmanager

7.11.2
Mängel in zugelieferten Produkten/Komponenten

Risikosatz

Aus mangelhafter Leistungsfähigkeit eines Lieferanten, ungenügender Erfahrung im Umgang mit externen Lieferanten, unzureichender Analyse der möglichen Lieferanten oder mangelnder Überwachung und Kontrolle der Lieferanten könnte es zu **Mängeln der zugelieferten Produkten und/oder Komponenten** kommen, die zu einer Budgetproblematik, zur Überschreitung des Zeitrahmens und der Behinderung der eigenen Entwicklung führen können.

Indikatoren

- Es ist kein Auswahlverfahren für die Beschaffung von externen Produkten und Komponenten durchgeführt worden.
- Es fand kein projektvorbereitender Test mit einer Referenzimplementierung statt.
- Die Lieferanten von kritischen Komponenten und deren Lieferungen werden nicht überwacht.
- Es fehlen Erfahrungen im Projektteam mit externen Lieferanten.
- Kommunikation findet nur statt, wenn Probleme oder Fragen auftreten.

Risikomatrix & Das magische Viereck

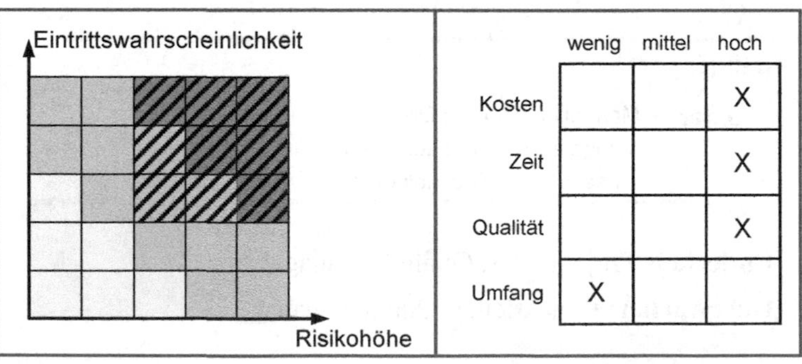

Maßnahmen

- Gemeinsame Anforderungsanalyse für betroffene Systembestandteile. Mitarbeiter des Komponentenanbieters hinzuziehen.
- Benchmarking für externe Komponenten und Produkte durchführen.

- Technische Analysen bezüglich der Auswahl der externen Komponenten und Produkten durch die technischen Mitarbeiter vor der Bestellung.
- Test von Demo- und Referenzimplementierungen.
- Kompatibilität und Integration der zugekauften Komponenten analysieren und testen. Probeläufe mit den zugelieferten Produkten/Komponenten durchführen. Hierzu einen Testplan und -rahmen erstellen.
- Vorabversionen zur Ansicht vertraglich vereinbaren und eventuell zum Probetesten bereitstellen lassen.
- Eigene Mitarbeiter in die Entwicklung beim Komponentenanbieter integrieren und als Ansprechpartner bereitstellen.
- Qualitätsanforderungen an externe Produkte und Komponenten definieren (Echtzeitverhalten etc.) und mit Lieferanten vereinbaren.
- Liefern, fordern und benutzen von Mock-Objekten gemeinsam mit dem Lieferanten. Diese Objekte simulieren das Verhalten einer Schnittstelle und lassen zur Entwicklungszeit bereits gegenseitige Tests zu.
- Entwicklungsfortschritte von zugelieferten Produkten/Komponenten analog der eigenen Entwicklung überwachen.
- Bei stark komponentenbasierter Entwicklung ist die Einrichtung eines zentralisierten Komponenten- und Lieferantenmanagements für das Projekt sinnvoll.
- An CMMI (Capability Maturity Model Integration) orientieren: Innerhalb des Level 2 im Projektmanagement ist ein Bereich zum „Management von Lieferanten" eingegliedert.
- Koordinator für die Zusammenarbeit mit dem Lieferanten festlegen, der über Frage- und Problemkommunikation hinaus für einen regelmäßigen Austausch verantwortlich ist.

Beziehungen

Vorgänger	▪ Abhängigkeiten vom Zulieferer ▪ Mangelnde Unterstützung durch Produkt-/Komponentenanbieter ▪ Kommunikationsrisiko außerhalb des Projektes ▪ Sprachbarrieren
Nachfolger	▪ Mängel in externen Dienstleistungen ▪ Mängel in zugelieferten Produkten/Komponenten

Identifizieren und Überwachen

- **Endecker**: Projektleiter, Qualitätsmanager, Softwarearchitekt, Programmierer
- **Überwacher**: Projektleiter, Qualitätsmanager, Programmierer

7.11.3 Mangelnde Unterstützung durch Produkt-/Komponentenanbieter

Risikosatz

Aus einer mangelhaften Vertragsgestaltung zum Service und Support seitens des Lieferanten oder aus einem unzureichenden Lieferantenmanagement heraus könnte es zu **Problemen bei der Unterstützung durch beteiligte Produkt- und Komponentenanbieter** kommen, was zu Budgetproblemen und Zeitverzögerungen im Projekt führen und die eigene Entwicklung behindern könnte.

Dieses Risiko bezieht sich auf zugekaufte Software und Hardware, die als Basis für das Projekt dient.

Indikatoren

- Keine oder ungenaue Vertragsgestaltung mit dem Lieferanten bezüglich der Unterstützung im Projekt.
- Es wurde keine Verantwortlichkeit seitens des Lieferanten bei eventuell auftretenden Fragen oder Fehlern benannt.
- Produktanbieter stellt keine passenden Supportstrukturen zur Verfügung (Umfang, Detailtiefe, 24/7 etc.).
- Es kommt eine noch nicht ausgereifte Software aus dem Opensource-Bereich zum Einsatz.
- Supportzeitraum für das Produkt des Anbieters läuft innerhalb der nächsten Jahre ab.
- Probleme werden durch den Anbieter nicht zufriedenstellend gelöst.

Risikomatrix & Das magische Viereck

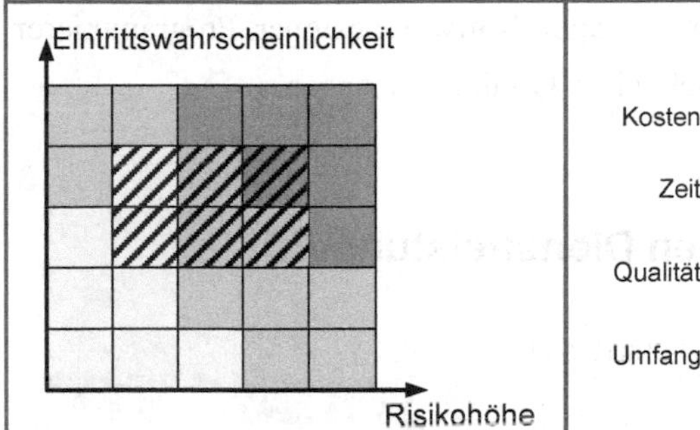

	wenig	mittel	hoch
Kosten		X	
Zeit			X
Qualität			X
Umfang	X		

Maßnahmen

- Siehe auch Maßnahmen des Risikos „Mängel in zugelieferten Produkten/Komponenten".
- Den Service und Support des Lieferanten mit anderen Lieferanten vergleichen und analysieren, keine reine Preisentscheidung treffen.
- Projektreferenzen, Erfahrungen und Erfolgsberichte anderer Unternehmen mit den Lieferanten einholen.
- Verträge über den Service und die Wartung der zugekauften Produkte und Komponenten erstellen. Prioritäten bei der Abarbeitung von Fehlern und Fragen vereinbaren.
- Bei der Bestellung von Produkten und Komponenten sollte bei eventuellen Problemen und Fragen ein Schnittstellen-Pate auf beiden Seiten für die Mitarbeiter bereitgestellt werden.
- Lieferantenmanagement einrichten bzw. einen festen Prozess zur Bestellung von Produkten etablieren (evtl. Checklisten erstellen), damit bei der Bestellung nichts übersehen wird.
- Mit dem Lieferanten die Ziele und Verwendung des Produktes besprechen. Lieferanten in die Produktvision integrieren.
- Eigenes Problemmanagement aufsetzen und die Anfragen und Fehler überwachen, die an den Anbieter übermittelt wurden.
- Dem Anbieter die Relevanz von Problemlösungen darstellen und mögliche Konsequenzen aufzeigen.

Beziehungen

Vorgänger	▪ Mängel in zugelieferten Produkten/Komponenten ▪ Abhängigkeiten vom Zulieferer
Nachfolger	▪ Budgetproblematik

Identifizieren und Überwachen

- **Endecker**: Qualitätsmanager, Softwaredesigner, Programmierer
- **Überwacher**: Projektleiter, Qualitätsmanager

7.11.4 Mängel in externen Dienstleistungen

Risikosatz

Aus mangelhafter Leistungsfähigkeit eines externen Dienstleisters, einem fehlenden Auswahlverfahren für externe Dienstleister, einer mangelhaften Vertragsgestaltung mit dem externen Dienstleister oder ungenügender Aufgaben- und Zieldefinitionen könnte es zu **Mängeln bei externen Dienstleistungen** kommen, was zu Budgetproblemen, zur Überschreitungen des Zeitrahmens und der Behinderung der eigenen Entwicklung führen könnte.

Indikatoren

- Die externen Mitarbeiter sind in das Projekt und dessen Zielsetzung nicht zureichend eingegliedert.
- Es wurde kein Auswahlprozess zur Prüfung der Kompetenzen, Referenzen und Passgenauigkeit zum Unternehmen durchgeführt.
- Die externen Mitarbeiter haben keine konkreten Aufgaben-/Terminvorgaben und kein eindeutiges Ziel definiert bekommen.

Risikomatrix & Das magische Viereck

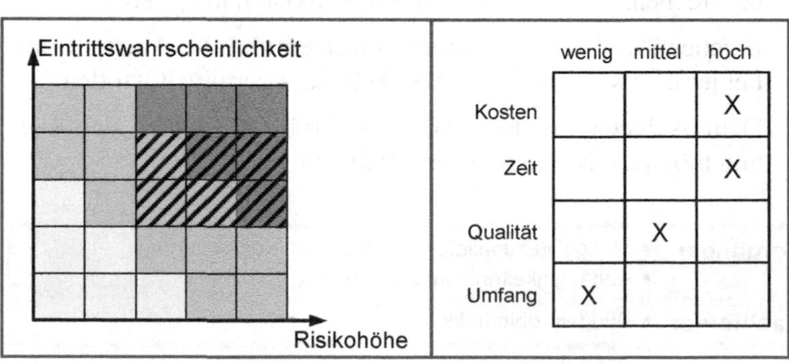

Projektreferenzen des externen Dienstleisters und den Dienstleister selbst vorher intensiv prüfen:

Maßnahmen

- Branchenkenntnisse
- Erfahrungen im Anwendungsgebiet
- Kompetenzen in bestimmten Technologien (Entwicklungsverfahren, Vorgehensweisen, Programmiersprachen, ERP etc.)
- Zuverlässigkeit
- Projektkompetenz mit den erwünschten Merkmalen für das Vorhaben (Komplexität, Fachgebiet, Technologie)
- Erfahrungen mit professionellem Projektmanagement und Qualitätsmanagement
- ISO 9001 Zertifizierung
- Mitarbeiterstruktur und -angebot
- Referenzkontakte anrufen und nach Zufriedenheit fragen.
- Vertrauensverhältnis zu externen Mitarbeiter aufbauen, eine offene Kommunikation sicherstellen, gemeinsame Produktvision schaffen und die gegenseitigen Leistungen anerkennen. Win-Win-Situation erreichen.
- Gemeinsames Risikomanagement etablieren.
- Beziehung zu externen Mitarbeiter definieren und vertraglich regeln.
- Gemeinsames Verständnis über Rechte und Pflichten in der Geschäftsbeziehung klar formulieren.
- Aufgaben und Verantwortlichkeiten für Projektziele, für die externe Mitarbeiter zuständig sind, eindeutig definieren und dabei die Ziele des Gesamtprojektes berücksichtigen.
- Qualitätssicherungsmaßnahmen nach jeder Projektphase vereinbaren. Regelmäßiges Review der Qualität durch den Auftraggeber.
- Vertragsstrafen bei Nichtlieferung bzw. verspätete Lieferung oder qualitativ schlechter Leistung vertraglich vereinbaren (Pönale).
- Die externen Mitarbeiter direkt in das interne Entwicklungsteam einbeziehen, die örtliche Trennung, wenn möglich, aufheben und eine Vertrauensbasis für die Zusammenarbeit aufbauen.
- Die Projektausschreibung sollte Zielsetzung, Aufgabenbeschreibung und erwartete Fähigkeiten bereits klar als Auswahlkriterium benennen.

- Objektive und regelmäßige Lieferantenbeurteilung durchführen, das hilft beiden Seiten, Stärken und Schwächen des Lieferanten zu erkennen und die Leistungsbeziehung zu optimieren.
- Standardisierte Projektkontrollpläne für die Überwachung und Kontrolle bei externen Dienstleistungen festlegen. Regelmäßig mit den Lieferanten den Projektstatus diskutieren und Projektergebnisse überprüfen.
- An CMMI (Capability Maturity Model Integration) orientieren: Innerhalb des Level 2 im Projektmanagement ist ein Bereich zum „Management von Lieferanten" eingegliedert.
- Koordinator für die Zusammenarbeit mit dem Dienstleister festlegen, der über Frage- und Problemkommunikation hinaus für einen regelmäßigen Austausch verantwortlich ist.
- Möglichkeit des Wissenstransfer auf eigenes Personal vereinbaren und gegebenenfalls für das Projektende fest einplanen.

Beziehungen

Vorgänger	▪ Kein eindeutig definiertes Vorgehensmodell ▪ Mangelhafte Vertragsgestaltung ▪ Kommunikationsrisiko außerhalb des Projektes
Nachfolger	▪ Budgetproblematik

Identifizieren und Überwachen

- **Endecker**: Projektleiter, Qualitätsmanager, Anforderungsmanager, Programmierer, Tester
- **Überwacher**: Projektleiter, Qualitätsmanager

7.12 Verwendete Literatur im Risikolexikon

Armour, Philip G. (2003): The Laws of Software Process: A New Model for the Production and Management of Software. Auerbach Publications: New York 2003

Boehm, Barry W. (1991): Software Risk Management. Principles and Practices. IEEE Software 8(1) 1991 (S. 32-41)

Brugger, Ralph (2005): IT-Projekte strukturiert realisieren. Situationen analysieren, Lösungen konzipieren - Vorgehen systematisieren. 2. vollständige überarbeitete und erweiterte Auflage. Vieweg & Sohn Verlag: Wiesbaden 2005

DeMarco, Tom; Lister, Timothy (2003): Bärentango. Mit Risikomanagement Projekte zum Erfolg führen. Hanser Verlag: München 2003

Dietrich, Nicole; Lederer, Thomas; Lindlbauer, Max (2002): Management-Technologien. Konvergenz von Konwledge-, Dokumenten-, Workflow- und Contentmanagement. Gerhard Versteegen [Hrsg.]. Springer Verlag: Heidelberg 2002

Ebert, Christof (2006): Risikomanagement kompakt. Risiken und Unsicherheiten bei IT- und Software-Projekten identifizieren, bewerten und beherrschen. ELSEVIER Spektrum Akademischer Verlag: München 2006

Gaulke, Markus (2002): Risikomanagement in IT-Projekten. Oldenburg Wissenschaftsverlag: München 2002

Goebels, G.; Schnorrenberg, U. (1997): Risikomanagement in Projekten. Methoden und ihre praktische Anwendung. Vieweg Verlag: Wiesbaden 1997

Hansel, Jürgen; Lomnitz, Gero (2000): Projektleiter-Praxis. Erfolgreiche Projektabwicklung durch verbesserte Kommunikation und Kooperation. 3. Auflage. Springer Verlag: Heidelberg 2000

Heldman, Kim (2005): Project Manager's Spotlight on Risk Management. Sybex Verlag: Alameda CA 2005

Kupper, H. (2001): Die Kunst der Projektsteuerung. Qualifikationen und Aufgaben eines Projektleiters. 9. Auflage. Oldenburg Wissenschaftsverlag: München 2001

Lientz, Bennet P.; Larssen, Lee (2006): Risk Management for IT Projects. How to Deal with Over 150 Issues and Risks. Butterworth-Heinemann: Oxford 2006

Maier, Hans-Heinz (1990): Software-Projekte erfolgreich managen. Planung, Steuerung, Kontrolle. WRS Wirtschaftsverlag, Recht und Steuern, GmbH & Co: München 1990

Mayr, Herwig (2005): Projekt Engineering. Ingenieurmäßige Softwareentwicklung in Projektgruppen. 2. neu bearb. Aufl. Hanser Verlag: München 2005

Mellis, Werner (2004): Projektmanagement der SW-Entwicklung. Eine umfassende und fundierte Einführung. Vieweg: Wiesbaden 2004

PMI - Project Management Institute (2004): A Guide to the Project Management Body of Knowledge (PMBOK Guide). 3. Aufl. Project Management Institute: Newtown Square PA 2004

Richardson, Jared R.; Gwaltney, William A. (2006): Ship it! Softwarepakete erfolgreich zum Abschluss bringen. Hanser Verlag: München 2006

Rupp, Chris (2002): Requirements-Engineering und -Management : professionelle, iterative Anforderungsanalyse für IT-Systeme. 2. überarb. Aufl. Hanser Verlag: München 2002

Seibold, Holger (2006): IT-Risikomanagement. Oldenburg Wissenschaftsverlag: München 2006

Sitt, Axel (2003): Dynamisches Risikomanagement. Deutscher Universitätsverlag: Wiesbaden 2003

Smith, Preston; Merritt, Guy M. (2002): Proactive Risk Management. Controlling Uncertainty in Product Development. Productivity Press: University Park IL 2002

Snedaker, Susan (2005): How to Cheat at IT Project Management. Syngress Publishing: Rockland MA 2005

Sodhi, Jag; Sodhi, Prince (2001): IT Project Management Handbook. Management Concepts Verlag: Vienna VA 2001

Sommerville, Ian (2004): Software Engineering, 7. Aufl. Pearson Education: Essex 2004

Spillner, Andreas; Linz, Tilo (2005): Basiswissen Softwaretest, 3. überarb. und aktual. Aufl. dpunkt Verlag: Heidelberg 2005

Streitz, Siegfried (2004): IT-Projekte retten. Risiken beherrschen und Schieflagen beseitigen. Carl Hanser Verlag: München 2004

Tate, Kevin (2006): Sustainable Software Development. An Agile Perspective. Pearson Education: Upper Saddle River NJ 2006

Versteegen, Gerhard; Salomon, Knut; Heinold, Rainer (2001): Change Management bei Software-Projekten. Springer Verlag: Berlin 2001

Versteegen, Gerhard (2000): Projektmanagement mit dem Rational Unified Process. Springer Verlag: Berlin 2000

Versteegen, Gerhard (2003): Risikomanagement in IT-Projekten. Gefahren rechtzeitig erkennen und meistern. Herausgegeben von Gerhard Versteeegen. Springer erlag: Heidelberg 2003

Vigenschow, Uwe; Schneider, Björn (2007): Soft Skills für Softwareentwickler. Fragetechniken, Konfliktmanagement, Kommunikationstypen und -modelle. dpunkt.verlag: Heidelberg 2007

Wallmüller, Ernest (2004): Risikomanagement für IT- und Softwareprojekte. Ein Leitfaden für die Umsetzung in der Praxis. Carl Hanser Verlag: München 2004

Literatur

Armour, Philip G. (2003): The Laws of Software Process: A New Model for the Production and Management of Software. Auerbach Publications: New York 2003

Audehm, Dieter (1995): Systematische Ideenfindung. Kreativitäts-Techniken bei der Entwicklung und Verbesserung von Produkten und Dienstleistungen sowie bei der Lösung betrieblicher Probleme. expert verlag: Renningen-Malmsheim 1995.

BITKOM (2006): ITK-Marktzahlen, Herbst 2006

Boehm, Barry W. (1989). Tutorial: Software Risk Management. IEEE Computer Society Press: Los Vaqueros Circle 1989

Buschermöhle, Ralf; Eekhoff, Heike; Josko, Bernhard (2006): Success 2006. Erfolgs- und Misserfolgsfaktoren bei der Durchführung von Hard- und Software-Entwceicklungsprojekten in Deutschland. BIS Verlag: Oldenburg 2006

Carr, Marvin J.; Konda, Suresh L.; Monarch, Ira; Ulrich, F. Carol; Walker, Clay F. (1993): Taxonomy-Based Risk Identification, (CMU/SEI-93-TR-6, ESC-TR-93-183) Software Engineering Institute, Carnegie Mellon University: Pittsburgh PA 1993

Chughtai, A.; Dörnemann, H.; Heinold, R.; Hubert, R.; Salomon, K.; Vogel, O. (2002): Software Management. Beherrschung des Lifecycles. Versteeegen, Gerhard [Hrsg.]. Springer Verlag: Heidelberg 2002

Covey, Stephen (2004): The 7 Habits of Highly Effective People, 15. Aufl., Free Press: New York 2004

DeMarco, Tom (1998): Der Termin. Ein Roman über Projektmanagement. Carl Hanser Verlag: München 1998

DeMarco, Tom; Lister, Timothy (2003): Bärentango. Mit Risikomanagement Projekte zum Erfolg führen. Hanser Verlag: München 2003

Durissini, Marco; Nett, Bernhard/Wulf, Volker (2005): Kompetenzentwicklung in kleinen Unternehmen der Softwarebranche in Stary, Christian [Hrsg.]: Mensch & Computer 2005: Kunst und Wissenschaft - Grenzüberschreitungen der interaktiven ART. Oldenbourg Verlag: München 2005 (S. 91-100)

Evasoft (2000): GfK Marktforschung GmbH/Fraunhofer-Institut für Experimentelles Software Engineering IESE/Fraunhofer-Institut für Systemtechnik und Innovationsforschung ISI: Analyse und Evaluation der Softwareentwicklung in Deutschland. Studie für das Bundesministerium für Bildung und Forschung. Dezember 2000

Geipel, Petra (2003): Der IT-Projektmanager. Arbeitstechniken, Checklisten und soziale Kompetenz mit Illustrationen von Jochen Faber. Addison-Wesley Verlag: München 2003

Gluch, David. (1994): A Construct for Describing Software Development Risks,(CMU/SEI-94-TR-14) Software Engineering Institute. Carnegie Mellon University: Pittsburgh PA 1994

Goebels, G.; Schnorrenberg, U. (1997): Risikomanagement in Projekten. Methoden und ihre praktische Anwendung. Hanser Verlag: Wiesbaden 1997

Heßeler, Alexandra; Hood, Colin; Missling, Stücka (2004): Anforderungsmanagement. Fornale Prozesse, Praxiserfahrungen, Einführungsstrategien und Toolauswahl. Versteeegen, Gerhard [Hrsg.]. Springer Verlag: Heidelberg 2004

Higuera, Ronald P.; Haimes, Yacov. Y. (1996): Software Risk Management, (CMU/SEI-96-TR-012, ADA 315789) Software Engineering Institute. Carnegie Mellon University: Pittsburgh PA 1996

Higuera, Ronald P.; Dorofee, Audrey J.; Walker, Julie A.; Williams, Ray C. (1994): Team Risk Management: A New Model for Customer-Supplier Relationships, (CMU/SEI-94-SR-05, ADA283987) Software Engineering Institute. Carnegie Mellon University: Pittsburgh PA 1994

Higuera, Ronald P.; Gluch, David P.; Dorofee, Audrey J.; Murphy, Richard L.; Walker, Julie A.; Williams, Ray C. (1994): An Introduction to Team Risk Management. (CMU/SEI-94-SR-01) Software Engineering Institute Carnegie Mellon University: Pittsburgh PA 1994

Johnson; Donna L. (2006): Risk Management and the Small Project, Vortrag auf der Software Engineering Process Group Konferenz 2006. Nashville TN 2006

Keil, Mark; Robey, Daniel (1999): Turning around troubled software projects: An exploratory study of the de-escalation of commitment to failing courses of action. J. Mgnt.: 1999 . Info. Syst. 15, 4 (S. 63–87)

Kotter, John; Rathgeber, Holger (2006): Das Pinguinprinzip. Wie Veränderung zum Erfolg führt. Droemer Verlag: München 2006

Kramer, Barbara: Vier-Seitige Kommunikation - oder was wir alles sagen, ohne es zu sagen! Kramer Consulting. Online verfügbar unter http://www.kramer-consulting-berlin.de/vierseitigekommunikation.html, zuletzt geprüft am 07.06.2007

Kyrer (2001): Witschaftslexikon. 4. Auflage. Oldenburg Wissenschaftsverlag München 2001

Manifest (2006): Broy, Manfred/Jarke, Matthias/Nagl, Manfred/Rombach, Dieter (Hrsg.): Manifest. Strategische Bedeutung des Software Engineering in Deutschland. Informatik Spektrum Bd. 29. 2006 (3, S. 210–221)

Moll, Karl-Rudolf; Broy, Manfred; Pizka, Markus; Seifert, Tilman; Bergner, Klaus; Rausch, Andreas (2004): Erfolgreiches Management von Software-Projekten, Informatik-Spektrum Bd. 27, Heft 5, 2004 (S. 419-432)

Noack, Jörg (2001) [Hrsg.]: Techniken der objektorientierten Softwareentwicklung. Springer Verlag: Heidelberg 2001

Nöllke, Matthias (2004): Kreativitätstechniken. 4. Auflage. Rudolf Haufe Verlag: München 2004

Picot, Arnold; Reichwald, Ralf (1991): Informationswirtschaft, in: Heinen, Edmund [Hrsg.]: Industriebetriebslehre, 9. Aufl. Gabler: Wiesbaden 1991 (S. 241-393)

Romeike, Frank [Hrsg.]; Finke, Robert B. [Hrsg.] (2003): Erfolgsfaktor Risiko-Management. Chance für Industrie und Handel. Methoden, Beispiele, Checklisten. Gabler: Wiesbaden 2003

Schulz von Thun, Friedemann (1999): Miteinander reden, Bd. 1: Störungen und Klärungen. Rowohlt Taschenbuch Verlag: Hamburg 1999

Seibold, Holger (2006): IT-Risikomanagement. Oldenburg Wissenschaftsverlag: München 2006

Sitt, Axel (2003): Dynamisches Risikomanagement. Deutscher Universitätsverlag: Wiesbaden 2003

Sneed, Harry M. (1987): Software-Management. Verlagsgesellschaft R. Müller: Köln 1987

Smith, Preston; Merritt, Guy M. (2002): Proactive Risk Management. Controlling Uncertainty in Product Development. Productivity Press: University Park IL 2002

Sommerville, Ian (2004): Software Engineering, 7. Aufl. Pearson Education: Essex 2004

Standish Group International (2006): Chaos report 2006. Standish Group International: West Yarmouth 2006

Standish Group International (2004): Chaos demographics – 2004 third quarter research report. Standish Group International: West Yarmouth 2004

Standish Group International (2003): CHAOS Chronicles Version 3.0. Standish Group International: West Yarmouth 2003

Standish Group International (1999): CHAOS. A Recipe for Success. Standish Group International: West Yarmouth 1999

Stepanek, George (2005): Software project secrets. Why software projects fail. Springer Verlag: New York 2005

Stoner, James A. F. (1968): Risky and cautious shift in group decisions zit. von Meyer, Roswitha: Entscheidungstheorie, 2. Aufl. Gabler Verlag: Wiesbaden 2000

Van Scoy, Roger L. (1992): Software Development Risk. Opportunity, Not Problem, (CMU/SEI-92-TR-30, ADA 258743). Software Engineering Institute. Carnegie Mellon University: Pittsburgh 1992

Versteegen, Gerhard (2003): Risikomanagement in IT-Projekten. Springer Verlag: Berlin 2001

Versteegen, Gerhard; Salomon, Knut; Heinold, Rainer (2001): Change Management bei Software-Projekten. Springer Verlag: Berlin 2001

Versteegen, Gerhard (2000): Projektmanagement mit dem Rational Unified Process. Springer Verlag: Berlin 2000

Wallmüller, Ernest (2004): Risikomanagement für IT- und Softwareprojekte. Ein Leitfaden für die Umsetzung in der Praxis. Carl Hanser Verlag: München 2004

Dr. Wernecke, Irene A.: Kommunikation verstehen, Kommunikation verbessern. Universitätsklinikum Freiburg. Online verfügbar unter http://www.uniklinik-freiburg.de/psychosoziale-beratung/live/Dokumente/kommunikation.pdf, zuletzt geprüft am 07.06.2007.

Über die Autoren

Dipl.-Inf. Anita Marton (FH) ist selbstständige Unternehmensberaterin und arbeitet bei der T-Systems Multimedia Solutions GmbH in Dresden. Sie studierte Angewandte Informatik an der Fachhochschule Hannover und erwirbt derzeit ihren Master of Business Administration (MBA) an der Donau Universität Krems und der EIPOS in Dresden. Ihr Schwerpunkt liegt in den Bereichen Anforderungsmanagement, Projektmanagement, Risikomanagement, Strategisches Management und Prozessmodellierung.

anita.marton@risikomanagementleben.de

Dipl.-Inf. Fabian Ahrendts ist Unternehmensberater bei der Accenture GmbH in Kronberg und geschäftsführender Gesellschafter von Digital Designs, einem E-Business Dienstleister aus Braunschweig. Er schafft die Verbindung zwischen der strategischen Ausrichtung von Unternehmen und der technischen Unterstützung durch die Informationstechnologie. Er ist dabei in den Bereichen Anforderungsmanagement, Projektmanagement sowie Prozessberatung und Modellierung tätig. Das Studium der Informatik hat er an der Technischen Universität Carolo-Wilhelmina zu Braunschweig mit Auszeichnung absolviert.

fabian.ahrendts@risikomanagementleben.de

Sachverzeichnis

S

T

U

V

W

X

Z